抗日战争档案汇编

抗战时期中山陵档案汇编

1

南京市档案馆 编

中華書局

图书在版编目（CIP）数据

抗战时期中山陵档案汇编 / 南京市档案馆编. －北京：中华书局，2020.5

（抗日战争档案汇编）

ISBN 978-7-101-14441-3

Ⅰ. 抗… Ⅱ. 南… Ⅲ. 中山陵－抗日战争－历史档案－汇编 Ⅳ. K265.063

中国版本图书馆 CIP 数据核字 (2020) 第 037232 号

书　　名	抗战时期中山陵档案汇编（全二册）
丛 书 名	抗日战争档案汇编
编　　者	南京市档案馆
策划编辑	许旭虹
责任编辑	李晓燕
装帧设计	许丽娟
出版发行	中华书局 （北京市丰台区太平桥西里38号 100073） http://www.zhbc.com.cn E-mail:zhbc@zhbc.com.cn
图文制版	北京禾风雅艺文化发展有限公司
印　　刷	天津艺嘉印刷科技有限公司
版　　次	2020年5月北京第1版 2020年5月第1次印刷
规　　格	开本889×1194毫米 1/16 印张64¾
国际书号	ISBN 978-7-101-14441-3
定　　价	1000.00元

国家重点档案专项资金资助项目

抗日战争档案汇编编委会

编纂出版工作领导小组

组　长　李明华

副组长　胡旺林　王绍忠　付　华　刘鲤生

付　杰　白明标　邢建榕　刘玉峰　刘新华　许桂清
苏东亮　杜　梅　李华强　李宗春　吴志强　张荣斌
林　真　罗亚夫　郑惠姿　孟玉林　赵国强　赵　深
胡元潮　耿树伟　徐春阳　徐　峰　黄凤平　黄菊艳
常建宏　覃兰花　程　勇　程潜龙　焦东华　谭向文

编纂委员会

主　任　李明华

副主任　王绍忠

顾　问　杨冬权

成　员（按姓氏笔画为序排列）

于学蕴　于晶霞　马振犊　王　放　孔凡春　田　洪

编纂出版工作领导小组办公室

主　任　常建宏

副主任　李莉娜　孙秋浦

成　员（按姓氏笔画为序排列）

石　勇　李　宁　贾　坤

江苏省抗日战争档案汇编编委会

抗战时期中山陵档案汇编编委会

编纂委员会

总序

为深入贯彻落实习近平总书记「让历史说话，用史实发言，深入开展中国人民抗日战争研究」的重要指示精神，国家档案局根据《全国档案事业发展「十三五」规划纲要》和《「十三五」时期国家重点档案保护与开发工作总体规划》的有关安排，决定全面系统地整理全国各级综合档案馆馆藏抗战档案，编纂出版《抗日战争档案汇编》（以下简称《汇编》）。

中国人民抗日战争是近代以来中国反抗外敌入侵第一次取得完全胜利的民族解放战争，开辟了中华民族伟大复兴的光明前景。这一伟大胜利，也是中国人民为世界反法西斯战争胜利、维护世界和平作出的重大贡献。加强中国人民抗日战争研究，具有重要的历史意义和现实意义。

全国各级档案馆保存的抗战档案，数量众多，内容丰富，全面记录了中国人民抗日战争的艰辛历程，是研究抗战历史的珍贵史料。一直以来，全国各级档案馆十分重视抗战档案的开发利用，陆续出版公布了一大批抗战档案，对揭露日本帝国主义侵华罪行，讴歌中华儿女勠力同心、不屈不挠抗击侵略的伟大壮举，弘扬伟大的抗战精神，引导正确的历史认知，发挥了积极作用。特别是国家档案局组织有关方面共同努力和积极推动，「南京大屠杀档案」被联合国教科文组织评选为「世界记忆遗产」，列入《世界记忆名录》，捍卫了历史真相，在国际上产生了广泛而深远的影响。

全国各级档案馆馆藏抗战档案开发利用工作虽然取得了一定的成果，但是，在档案信息资源开发的系统性和深入性方面仍显不足。正如习近平总书记所指出的：「同中国人民抗日战争的历史地位和历史意义相比，同这场战争对中华民族和世界的影响相比，我们的抗战研究还远远不够，要继续进行深入系统的研究。」「抗战研究要深入，就要更多通过档案、资料、事实、当事人证词等各种人证、物证来说话。要加强资料收集和整理这一基础性工作，全面整理我国各地抗战档案、照片、资料、实物等……」

国家档案局组织编纂《汇编》，对全国各级档案馆馆藏抗战档案进行深入系统地开发，是档案部门贯彻落实习近平总书记重要指示精神，推动深入开展中国人民抗日战争研究的一项重要举措。本书的编纂力图准确把握中国人民抗日战争的历史进程、主流和本质，用详实的档案全面反映一九三一年九一八事变后十四年抗战的全过程，反映中国共产党在抗日战争中的中流砥柱作用以及中国人民抗日战争在世界反法西斯战争中的重要地位，反映国共两党「兄弟阋于墙，外御其侮」进行合作抗战、共同捍卫民族尊严的历史，反映各民族、各阶层及海外华侨共同参与抗战的壮举，展现中国人民抗日战争的伟大意义，以历史档案揭露日本侵华暴行，揭示日本军国主义反人类、反和平的实质。

编纂《汇编》是一项浩繁而艰巨的系统工程。为保证这项工作的有序推进，国家档案局制订了总体规划和详细的实施方案，明确了指导思想、工作步骤和编纂要求。为保证编纂成果的科学性、准确性和严肃性，国家档案局组织专家对选题进行全面论证，对编纂成果进行严格审核。

各级档案馆高度重视并积极参与到《汇编》工作之中，通过全面清理馆藏抗战档案，将政治、军事、外交、经济、文化、宣传、教育等多个领域涉及抗战的内容列入选材范围。入选档案包括公文、电报、传单、文告、日记、照片、图表等多种类型。在编纂过程中，坚持实事求是的原则和科学严谨的态度，对所收录的每一件档案都仔细鉴定、甄别与考证，维护档案文献的真实性，彰显档案文献的权威性。同时，以《汇编》编纂工作为契机，以项目谋发展，用实干育人才，带动国家重点档案保护与开发，夯实档案馆基础业务，提高档案人员的业务水平，促进档案馆各项事业的发展。

守护历史，传承文明，是档案部门的重要责任。我们相信，编纂出版《汇编》，对于记录抗战历史，弘扬抗战精神，发挥档案留史存鉴、资政育人的作用，更好地服务于新时代中国特色社会主义文化建设，都具有极其重要的意义。

抗日战争档案汇编编纂委员会

编辑说明

九一八事变爆发后，中国政府为了抵御日军侵略，在中山陵地区积极布防，修筑防空设施和防御工事。一九三四年，规定总理陵墓是防空四大重点地区之一。一九三六年初，当时的中山陵园管理机构总理陵园管理委员会允许军方介入陵园地区，加强对陵园的保护。一九三七年初，在陵园范围内的明平路、三茅宫、板仓村、王家湾、陵园东区事务所、东北区事务所等六处建立守备兵营，陵园地区逐渐建立防空的地下室、避难室、避难所，并配置通讯设备和防护设备。此外，总理陵园管理委员会还同意南京警备司令部办理封锁紫金山事宜，并协助构筑了铁丝网栏、岗亭等一系列封锁工程，一九三七年八月，在蒋王庙及黄马、青马地区构筑野战炮兵阵地。这些军事布置在南京保卫战中发挥了重要作用。紫金山的碉堡、战壕、铁丝网，筑成了南京保卫战主战场之一，是南京保卫战强有力的防线。一九三七年十二月，日军侵犯南京时，中山文化教育馆、总理陵园管理委员会办公楼、奉安纪念馆、永慕庐、陵园新村等建筑遭到严重损坏。据战后统计，除陵墓工程及纪念建筑等损坏较少外，其余房屋、道路、林木、苗圃等全部被日军夷为平地。一九四五年抗战胜利后，总理陵园管理委员会回南京接收，对陵园进行了恢复建设。

《抗战时期中山陵档案汇编》收录了南京市档案馆馆藏的关于中国政府为抵御日军侵略，在南京中山陵地区积极布防，修筑防空设施和防御工事，进行抗日宣传、支援抗战，及日军侵略对中山陵园造成的巨大破坏、中山陵园战后重建的部分档案。内容涵盖国民政府在备战中的各种训令、防空演习、抗战宣传、防御工事修筑、陵园区党部抗日动员等档案文件；中山陵园管理机构对陵园财产损失统计、陵园接收和兴复方面的各种训令、计划、维修、经费等档案文件，共一百六十五组（件）。特别挑选了国民革命军阵亡将士公墓和航空烈士公墓档案，这两个公墓安葬了在抗战中牺牲的英烈们，体现了中国政府对为国捐躯的烈士们的褒奖。书中还特别挑选了战后总理陵园管理委员会对陵园损失情形调查报告、各项损失统计及阵亡官兵档案。其中，对照损失调查报告中全部被毁的建筑，特别选取了陵园六个派出所、陵园新村、奉安纪念馆、藏经楼、国民革命军阵亡将士公墓等战前财物清单来说明其财产损失情况，可以直接或间接反映当时日军对陵园地区造成的毁坏。

本书选稿起自一九三一年，迄至一九四八年。全书分两册，按照「主题—时间」体例编排，共分为九个部分：一、防空与防御工事，二、抗日宣传，三、支援抗战，四、阵亡将士公墓，五、各项损失调查与赔偿，六、阵亡官兵调查及抚恤，七、还都，八、恢复计划，九、恢复工程，分别按时间排序。只有年份、月份而没有日期的档案，排在该月或该年末。

选用档案均为本馆馆藏原件全文影印，未作删节；如有缺页，为档案自身缺页。原标题完整或基本符合要求的使用原标题；原标题有明显缺陷的进行了修改或重拟；无标题的加拟标题。标题中的机构名称使用机构全称或规范简称，历史地名沿用当时地名。文字使用规范的简化字，繁体字、错别字、不规范异体字、异形字等予以径改。档案所载时间不完整或不准确的，作了补充或订正。限于篇幅，本书不作注释。

由于时间紧，档案公布量大，编者水平有限，在编辑过程中可能存在疏漏之处，考订难免有误，欢迎专家斧正。

编 者

二〇一九年十月

目　录

二、抗日宣传

三、支援抗战

第二册

五、各项损失调查与赔偿

六、阵亡官兵调查及抚恤

七、还都

八、恢复计划

九、恢复工程

一、防空与防御工事

国民政府为公布施行《要塞堡垒地带法》致总理陵园管理委员会训令（一九三一年九月十八日）

附：要塞堡垒地带法

1001:184

196

國民政府訓令

事由	擬辦	決定辦法	備考
立法院呈送通過之要塞堡壘地帶法請公布施行案經府會決議通過公布明令公布通令施行並指令知照	存查 二十年九、十九		

附件：內載

收文 字第976號

二十年九月十九日 時到

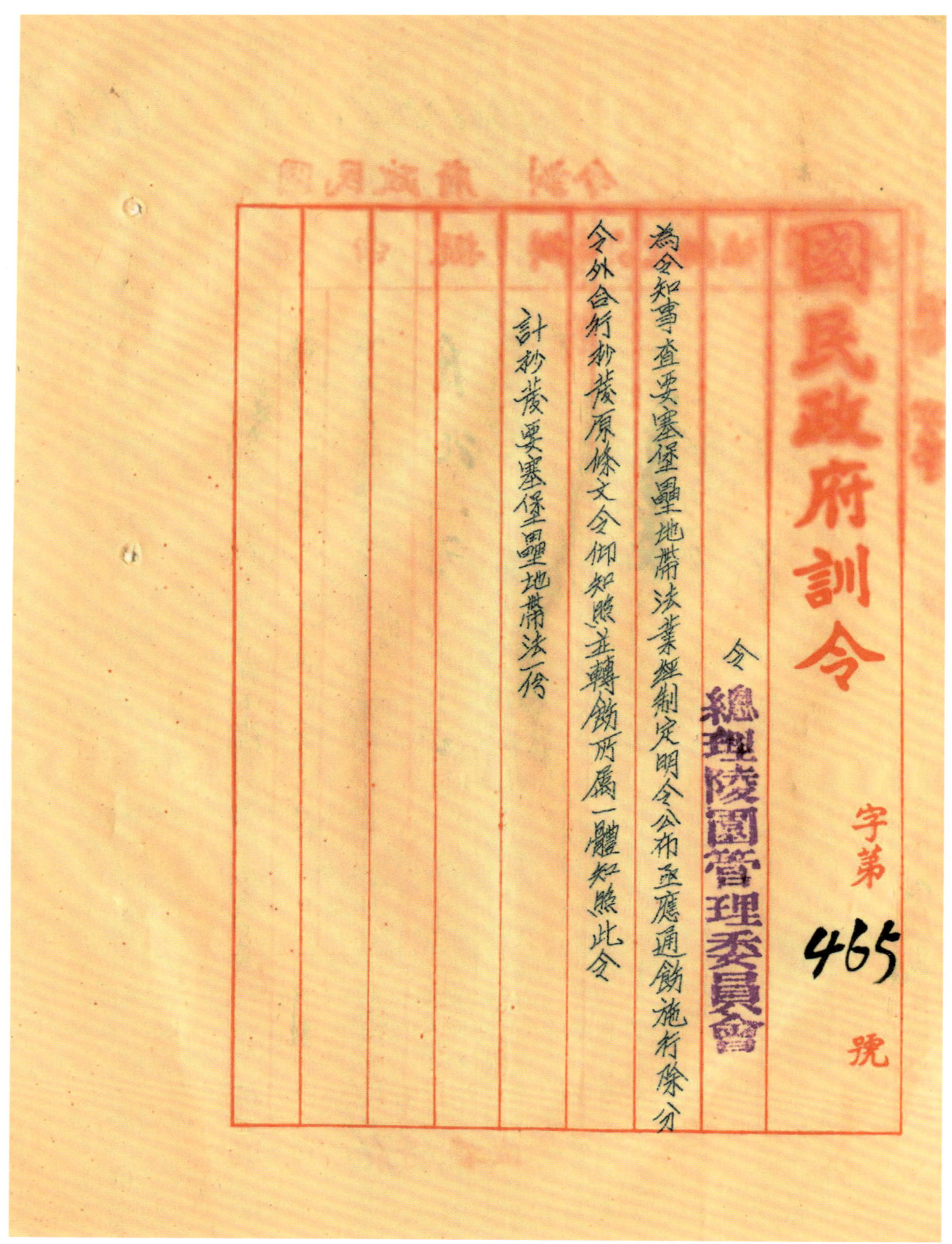

國民政府訓令　字第465號

令總理陵園管理委員會

為令知事。查要塞堡壘地帶法業經制定明令公布，亟應通飭施行。除分令外，合行抄發原條文，令仰知照，並轉飭所屬一體知照。此令。

計抄發要塞堡壘地帶法一份

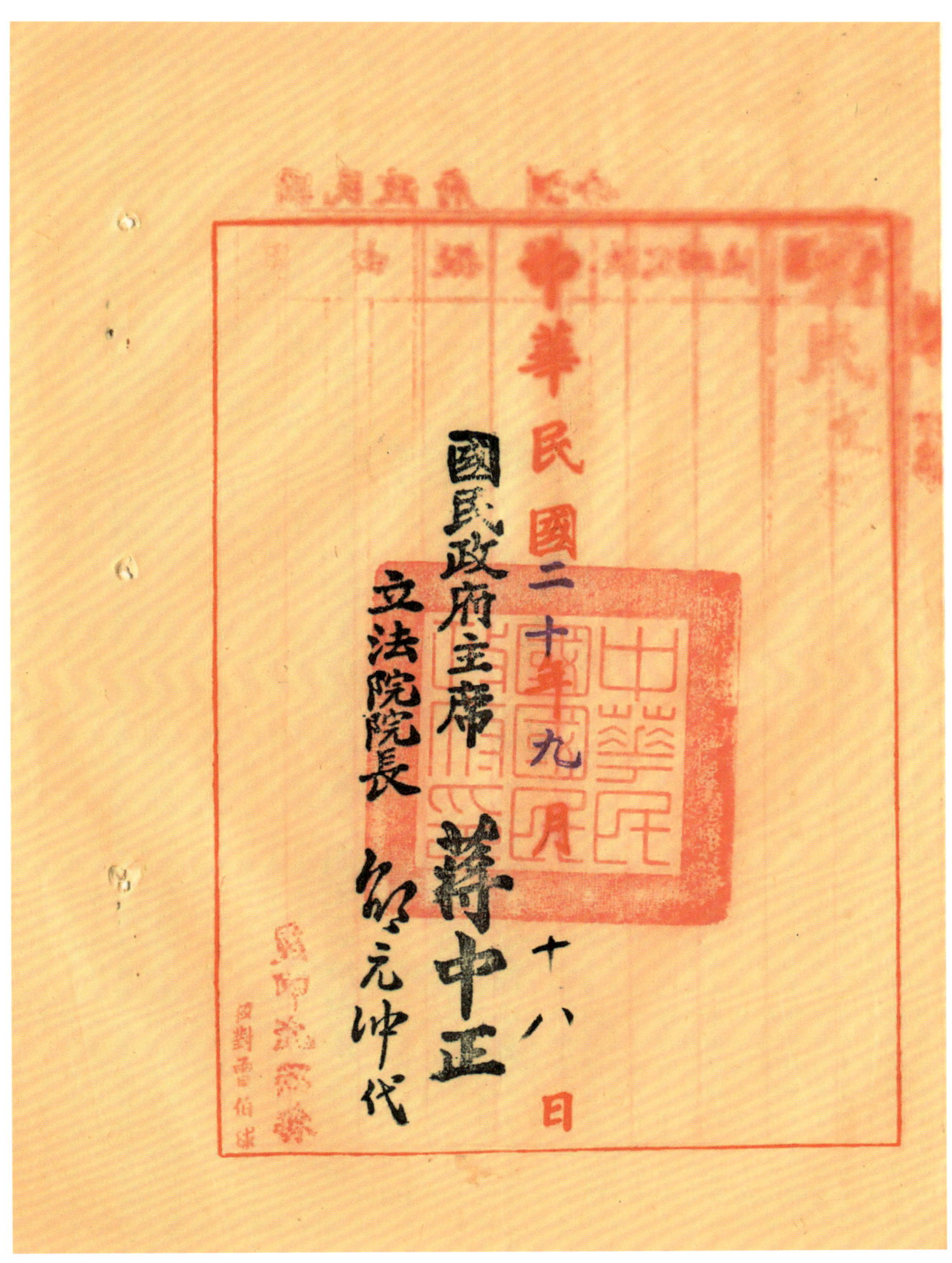

中華民國二十年九月十八日

國民政府主席　蔣中正

立法院院長　邵元沖代

要塞堡壘地帶法

第一章 總則

第一條 國防上所設各種要塞堡壘，其周圍之區域，稱為要塞堡壘地帶。

第二條 要塞堡壘地帶之幅員，以要塞堡壘各據點為基點，自此點之外緣起，至前方規定一定之距離，均屬之。

第三條 要塞堡壘地帶，無論陸地水面，均分為兩區，規定如左。

一、自基點外緣起，至其前方六百公尺以內為第一區。

二、自基點外緣起，至其前方五千公尺以內為第二區。

前項各區由軍政部協商參謀本部定之，但與軍港，

要塞一

要港、或海軍防禦建築物相關連之區域，與海軍部協商定之。均應會同公告。

第二章 限制及禁止事項

第四條 非經要塞司令之許可，無論何人，不得對於要塞堡壘地帶內水陸方面從事測量、攝影、描繪、記述及其他關於軍事上之偵察事項。

航空器不得於要塞堡壘地帶之空間飛行。

前二項之規定，於必要時得適用於第二區境界外一萬公尺以內之區域。

第五條 要塞司令對於入要塞堡壘地帶以內之人，認為有窺察軍事之嫌疑者，得令其立行退出或押出要塞堡壘地帶以外。

第六條 在第一區內，非經要塞司令之許可，不得為漁獵採藻，繫船，泊艦，掘沙，鑿土等事。

第七條　左列各項，在第一區域内不得新設。

一、以不燃質物築造房屋，倉庫及超過一公尺高之建築物。

二、固定之爐竈及窖室。

第八條　左列各項在第一區内，非經要塞司令之許可，不得新設。

一、前條第一項所規定外之房屋，倉庫及其他建築物等。

二、水車，風車及水井。

三、竹籬及木造圍牆。

四、墳墓。

第九條　左列各項，在第二區内，非經要塞司令之許可不得

要塞二

新設。

一、以不燃質物築造之房屋，倉庫及其他超過二公尺高之建築物。

二、墳墓。

第十條　左列各項、在各區内、非經要塞司令之許可、無論屋内外不得堆積。

一、在第一區内高二公尺，第二區内高三公尺以上之不燃質物及石炭等。

二、在第一區内高四公尺，第二區内高五公尺以上、之薪炭竹木等。

第十一條　在各區内、非經要塞司令之許可、不得改築或增築房屋，倉庫及其他建築物。

第十二條　左列各項、在各區内、非經要塞司令之許可、不得新

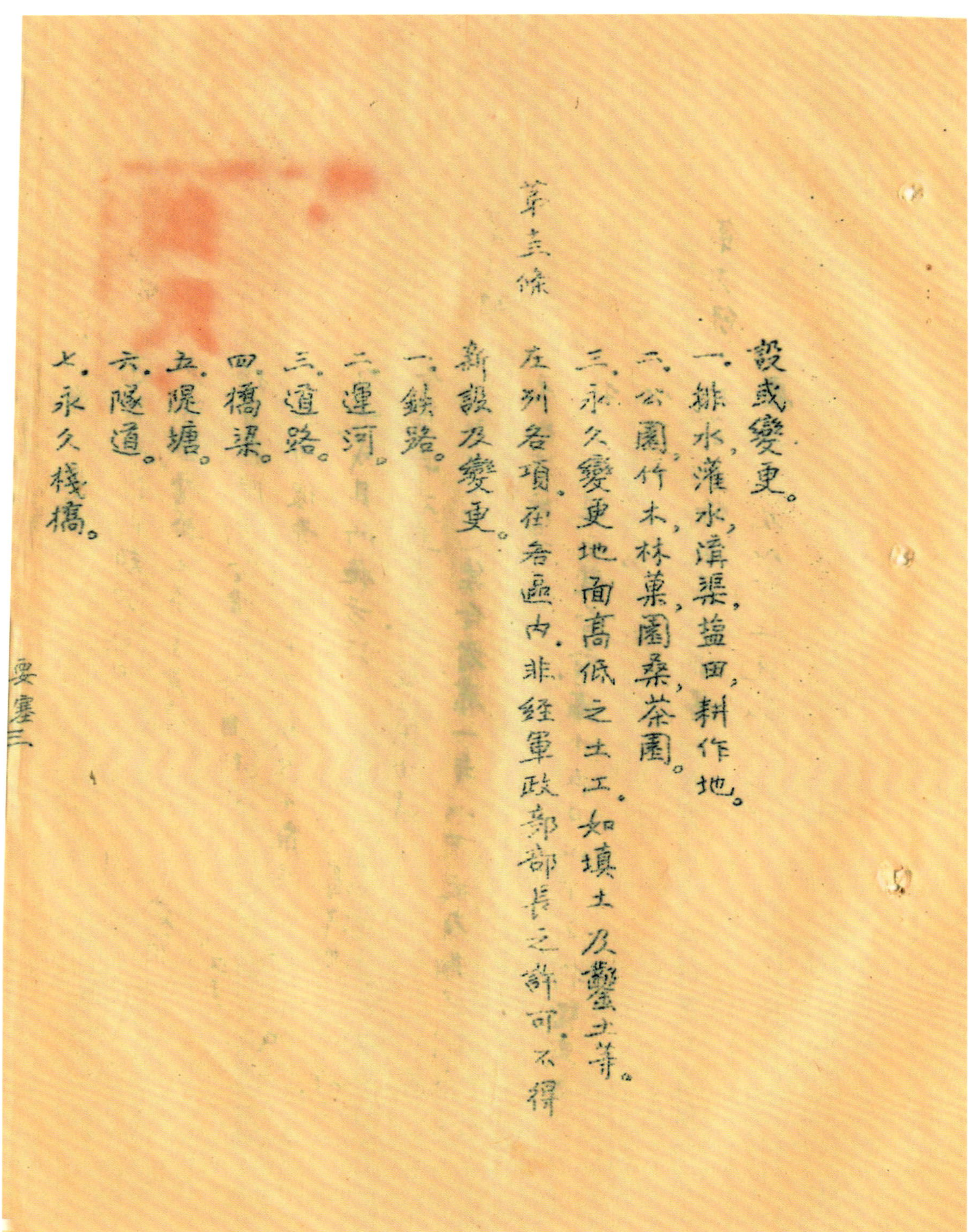

設或變更。

一、排水，灌水，溝渠，鹽田，耕作地。

二、公園，竹木，林菓，園桑，茶園。

三、永久變更地面高低之土工。如填土及鑿土等。

第十五條　左列各項。在各區內。非經軍政部部長之許可不得新設及變更。

一、鐵路。

二、運河。

三、道路。

四、橋梁。

五、隄塘。

六、隧道。

七、永久棧橋。

要塞三

第三章 懲罰

第十四條 違背本法所規定之禁止及限制事項。無論新設變更，改築，增築之房屋，倉庫並其他之建築物或堆積物等。應限期令違背者自行拆除。如係變更地形。應令其回復原狀。倘在限期內不能完全除去或回復原狀，或其所施方法不適合時，官署得逕自執行，或令第三者執行之。其費用由違背者擔負。

第十五條 犯第四條之禁令者。處一年以下之有期徒刑或百元以下之罰金。

犯第六條之禁令者。處十五日以下之拘留或五元以下之罰金。

第十六條 犯第七條至第十條第十二條第十三條之禁令者。處五十元以下三元以上之罰金。

第七條　犯第十一條之禁令者，處三元以下之罰金。

第八條　私行移動或毀壞要塞堡壘地帶區域內所設各種標識，如標石、標木等類者，處二月以下之拘役或處五元以上四十元以下之罰金。如係出於過失者，處三元以下之罰金。

第九條　凡違背本法之禁止及限制，致受處分而有不服者，自宣告處分之日起，三十日以內，得上訴於軍政部。但在上訴期中，仍得執行處分。

第四章　附則

第十條　已經決定建設要塞堡壘之地區，在未建設之前，亦得公告適用本法之規定。

第十一條　本法所禁止及限制事項，軍政部部長得斟酌時宜，就某區域內解除其全部或一部，但應公告周知，以

要塞[illegible]

後遇有變更時，亦同。

第二十二條　戰時要塞司令按情勢之必要，得於要塞地帶內，勒令除去建築、堆積、種植諸物。

第二十三條　適用本法之要塞堡壘，由軍政部會商參謀本部或海軍部後，以命令定之。

第二十四條　本法自公布日施行

南京警备司令部为据呈送防空计划实施步骤及各队人员表准予备案致陵园警备区马湘指令（一九三一年十一月二十日）

南京警備司令部指令

事由	擬辦	決定辦法	備考
為據呈送防空計劃实施步驟及各隊人員表准予備案由 附件	存卷 范良 十一、廿二	閱 十一、廿三	

字第　號　年　月　日　時到

收文　字第　號

南京警備司令部指令

參字第1774號

令陵園警備區指揮官馬湘

呈一件爲呈送防空計劃實施步驟及各隊人員表仰祈鑒核備案由

呈悉，准予備案，附件存，此令。

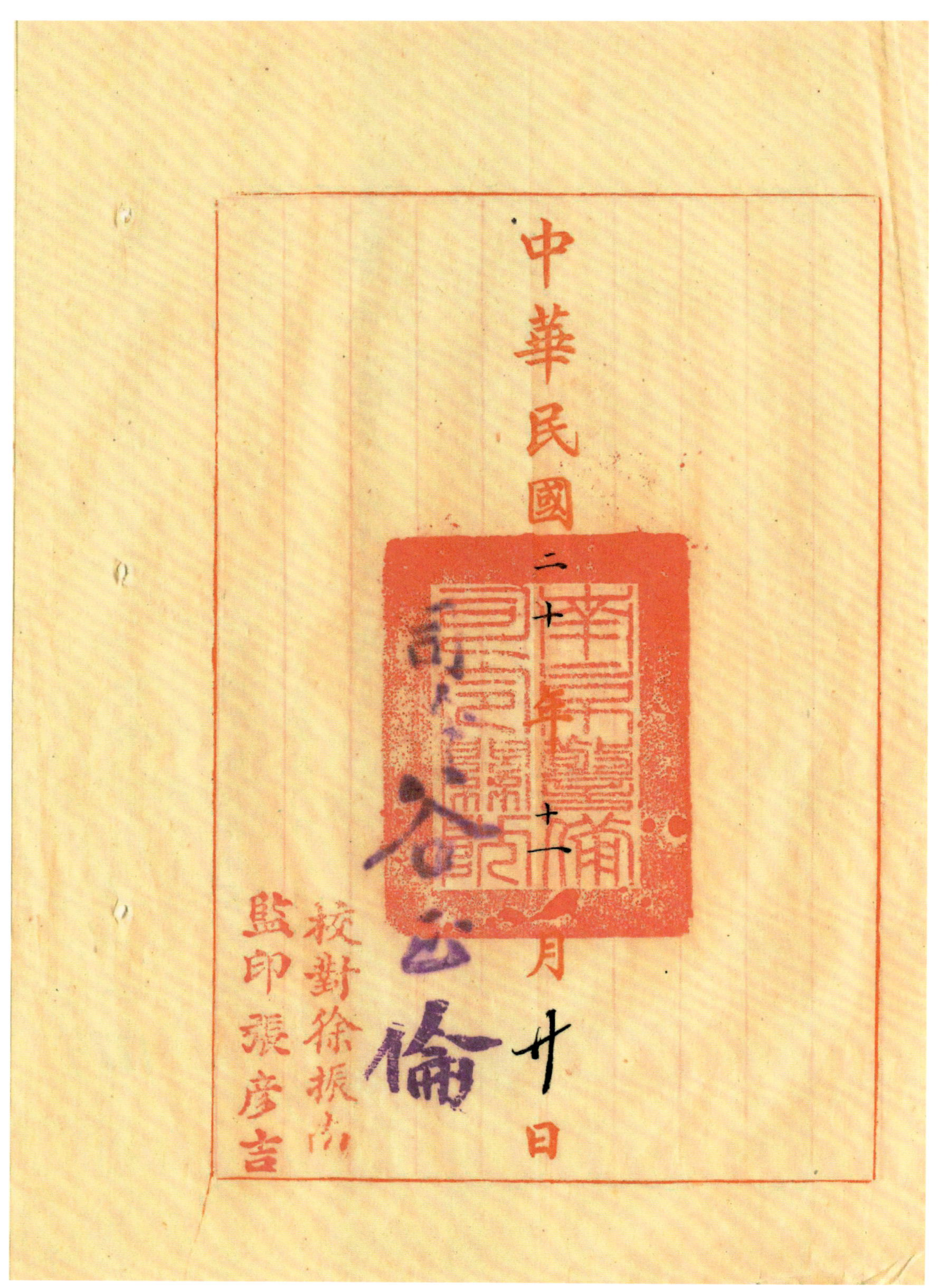

中華民國二十一年十一月廿日

校對徐振南

監印張彦吉

总理陵园管理委员会为应付紧急时局办法致林焕廷委员函（一九三二年二月四日）

總理陵園管理委員會稿

2004.64

432

來文字第號	文別	送達機關	類別	附件
	函	林焕廷委員		

事由：為奉令應付緊急時局辦法請隨時電示機宜由

常務委員

處長

主任

擬稿員

中華民國二十一年

交辦	擬稿	核簽	判行	繕寫	校對	蓋印	封發
月日時	二月四日時	月日時	月日時	月日時	月日時	月日時	二月四日時

去文字第號

檔案字第514號

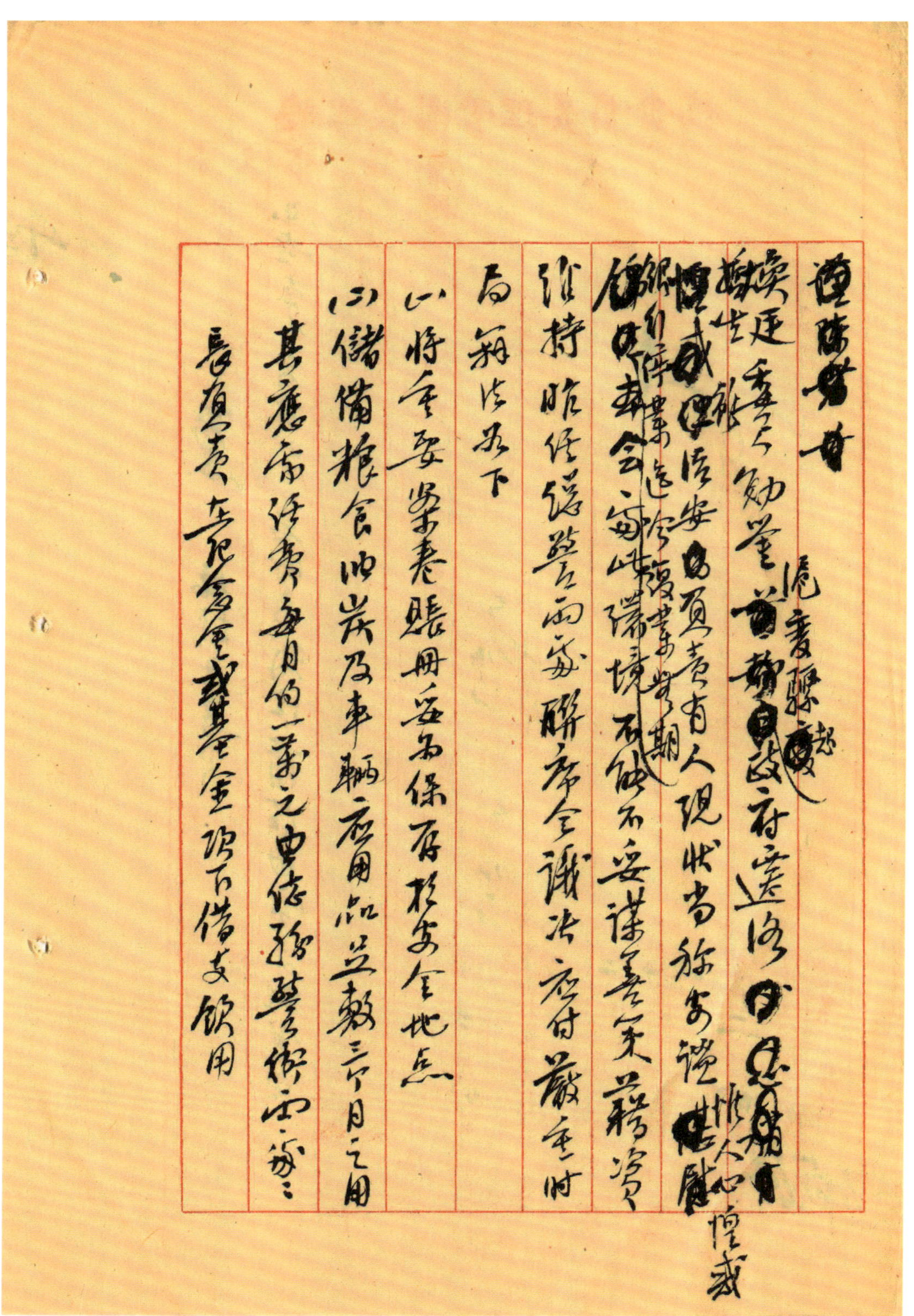

迳启者：

案奉钧会[illegible]自政府迁渝后，管理处仍负责有人，现状当能安谧，惟人心惶惑，银行停业，迄今复业无期，本会处此境地，不能不妥谋善策，藉资维持。昨经召集两处联席会议，决定应付严重时局办法如下：

(一)将重要案卷账册妥为保存于安全地点；

(二)储备粮食、油、炭及车辆应用品，足敷三个月之用。

其应需经费每月约一万元，由总务、警卫两处处长负责在纪念金或基金项下借支领用。

（三）所有园林工程处组之短工一律遣散，长工之自愿

离去者准予离去

（四）职员士兵夫役工人，在此时期内仍旧伙食

（五）全山范围由园林组协同各乡区及村民即日划

出以防火巷

关于第一项，现已派员购保险铁箱数隻，更将重要案

卷账册契据合同等要为分储并于地窖内另辟密室

先行封存一部分，以期万全

关于第二项，现已先行储备粮食一月，两月油炭

以免临时无法购买。所有车辆一律修理，并购

置備臨時應急之用。備汽油机油等項，亦需其價，因[?]現價較目前[?]為要。撙節估價，詳附表，將來事實上能省則省，決不虛糜。又表內糧食一項，係照去年[?]率。會職之僕九十人，每人伙食以十元計算，應為九百餘元。但士兵及長工去從者七百餘人，除自願前去者外，一時未能遣散，每人伙食以六元計算，需四千餘元之鉅數，為數亦大。其購置汽油係每月必不可少之數，至於購置備臨及汽車備係為維持交通，以為急需，退回[?]專人[?]。將來在京所有房物要運來能移料[?]，故亦[?]將等

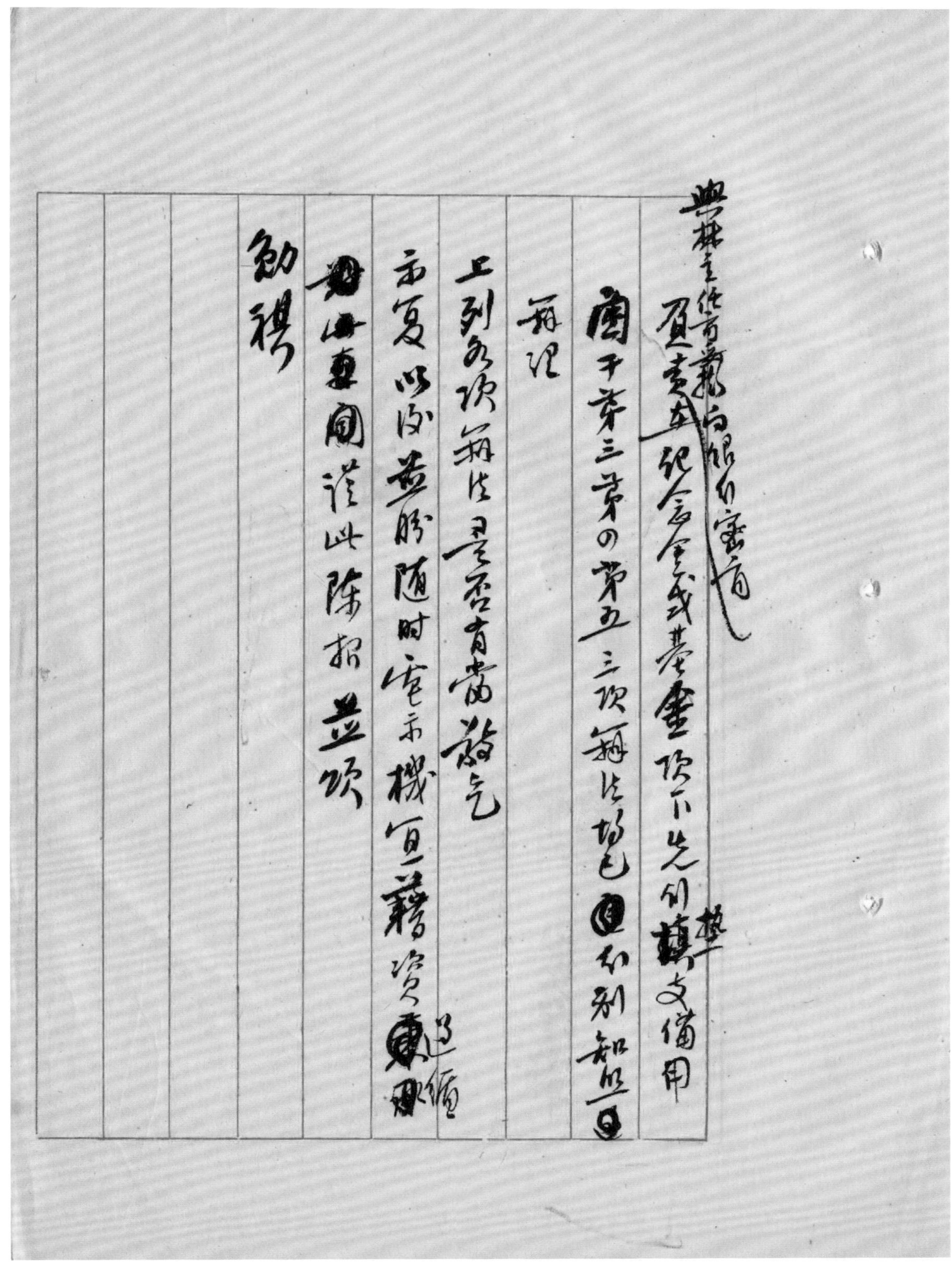

與林主任商議向館方暫借

貴處紀念館基金項下先行墊支備用

關于第三節の第五、三項辦法均已[illegible]分別知照

辦理

上列各項辦法是否有當，敬乞

示復，以資遵循，並盼隨時電示機宜，藉資秉承

專此函聞，謹此陳報，並頌

勛祺

中華民國 年 月 日
繕寫
校對
監印
簽名蓋章

总理陵园管理委员会为需要资金购买粮食、汽油、炭等给林焕廷委员的电报原文（一九三二年二月）

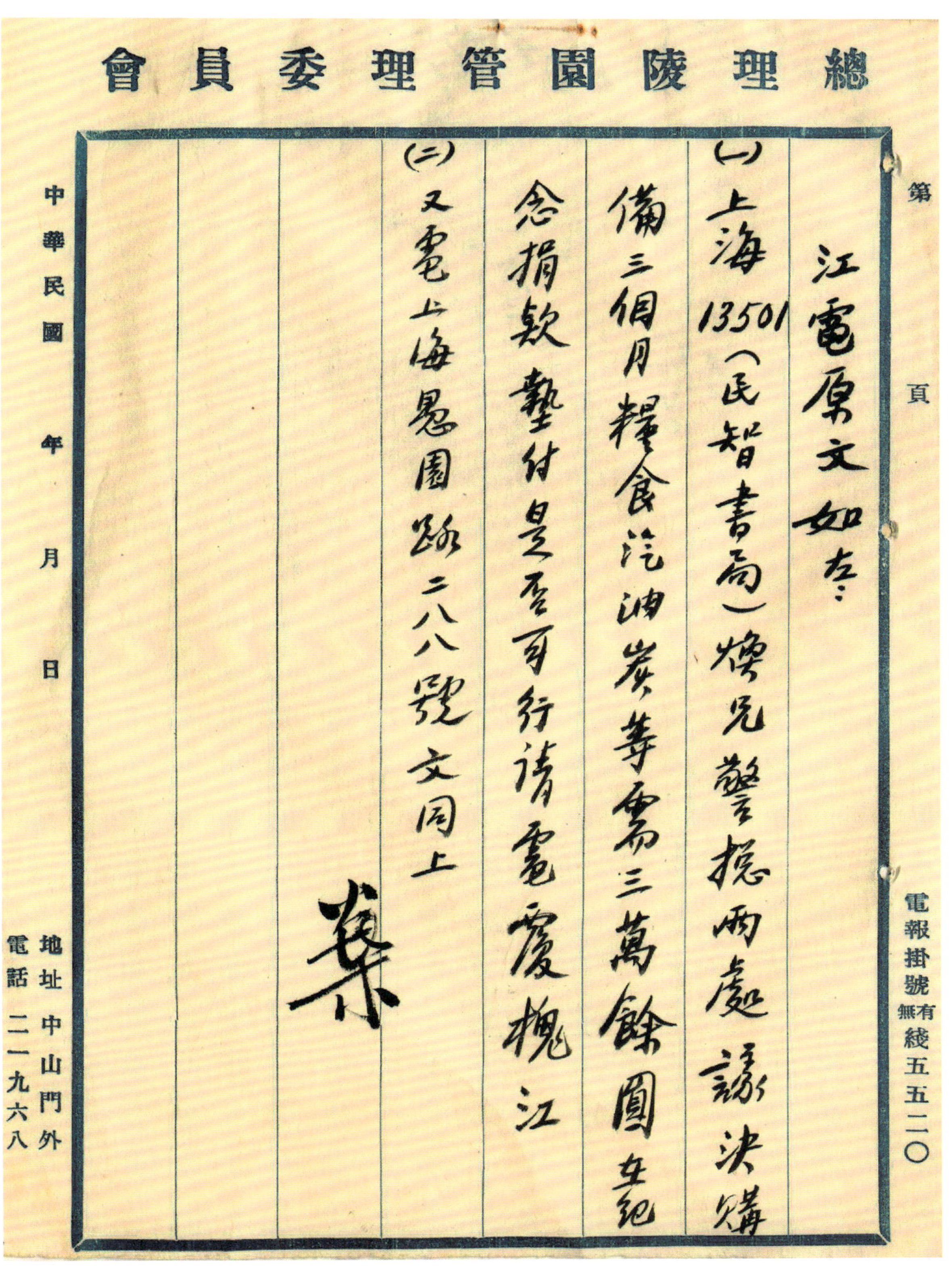

總理陵園管理委員會

第　頁

江電原文如左：

（一）上海13501（民智書局）煥兄鑒：揔兩處議決備三個月糧食汽油炭等需三萬餘圓，在紀念捐款墊付，是否可行，請電覆。槐江

（二）又電上海愚園路二八八號，文同上。

葉

中華民國　年　月　日

地址　中山門外

電話　二一九六八

電報掛號　有線 無綫　五五二〇

参谋本部陆地测量总局印制的《孝陵卫地图》（一九三四年四月）

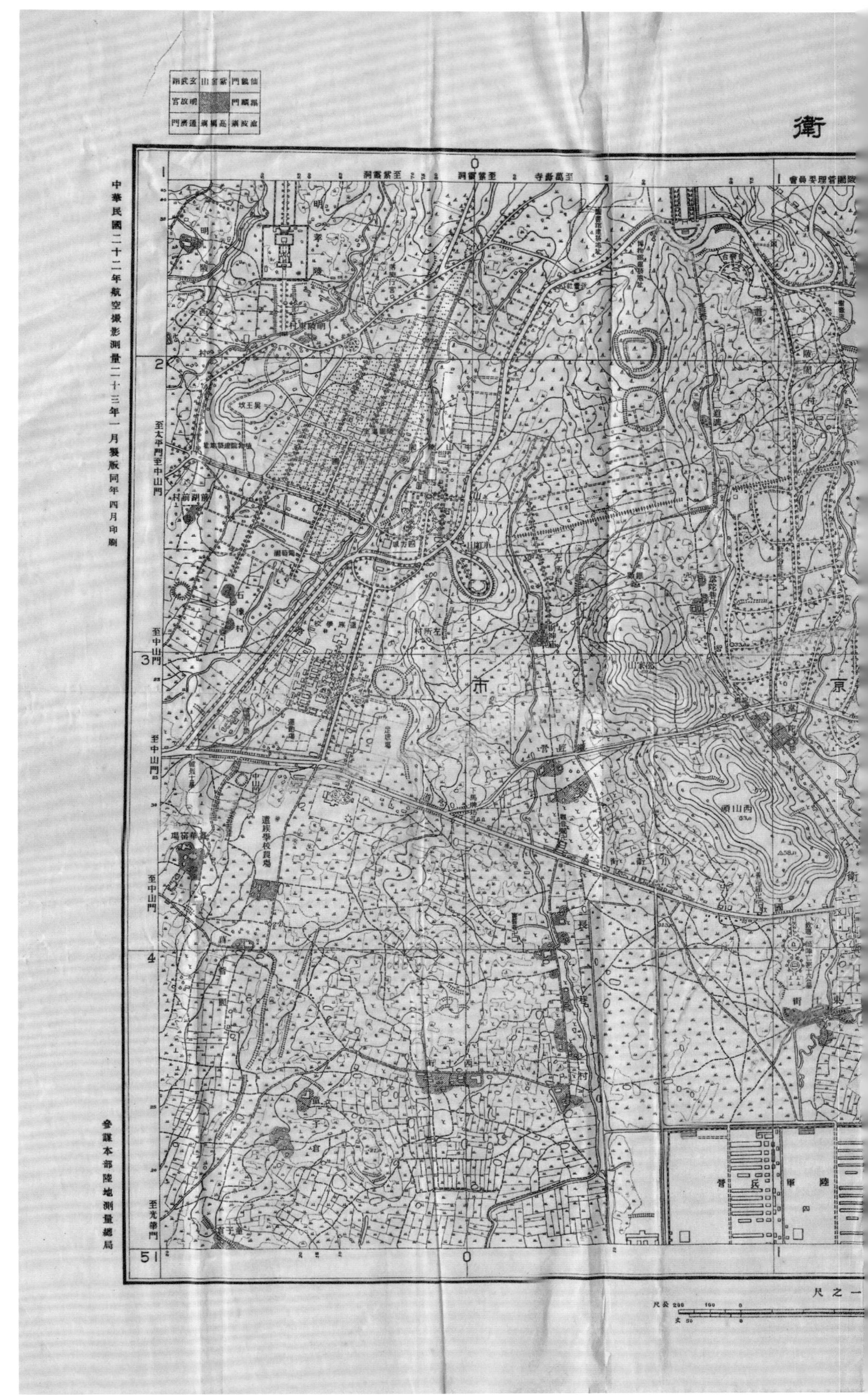

中華民國二十二年航空撮影測量二十三年一月製版同年四月印刷
參謀本部陸地測量總局
衛
明孝陵
至太平門至中山門
至中山門
至光華門
市
京

参谋本部陆地测量总局印制的《紫金山防御工事大致位置图》（一九三四年七月）

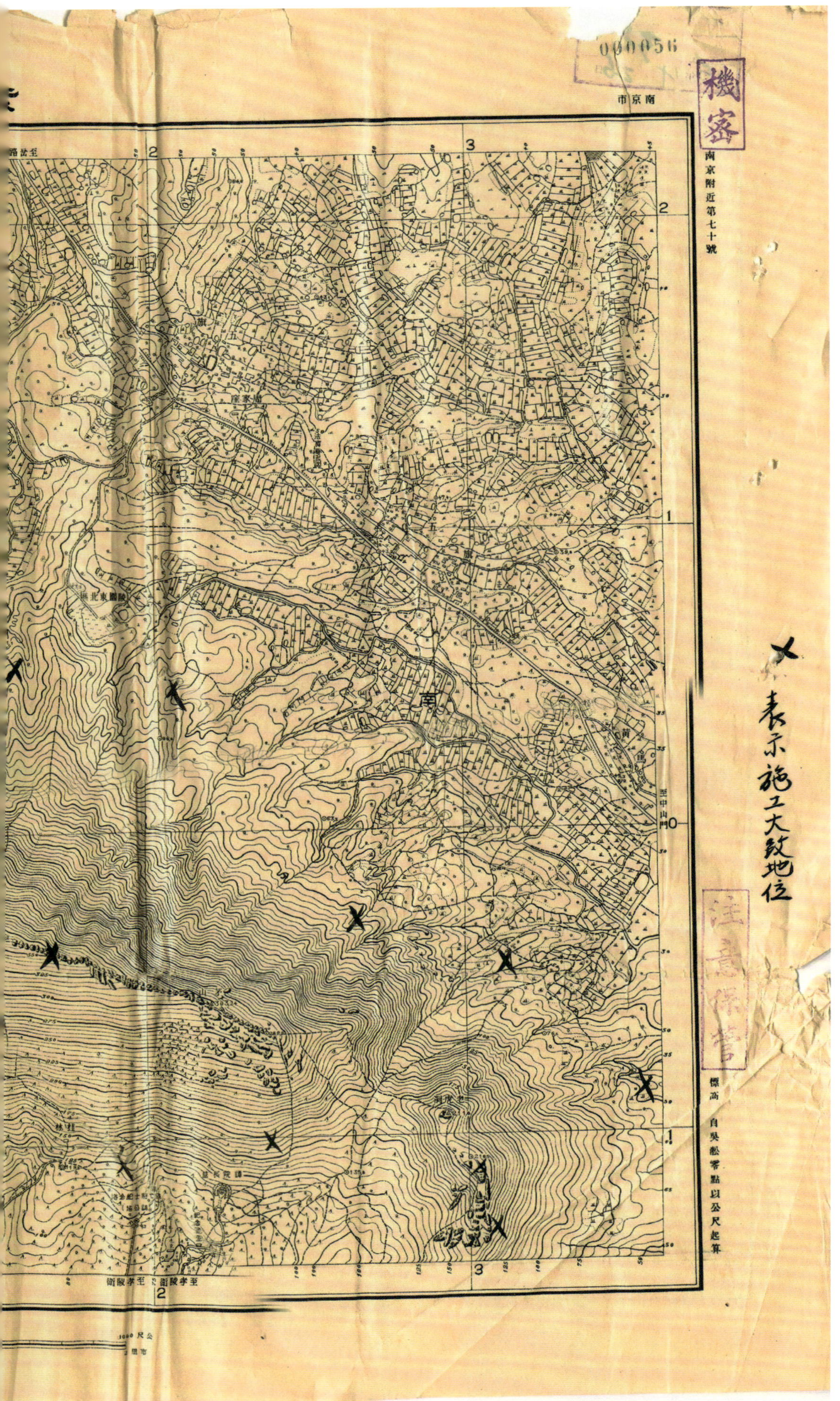

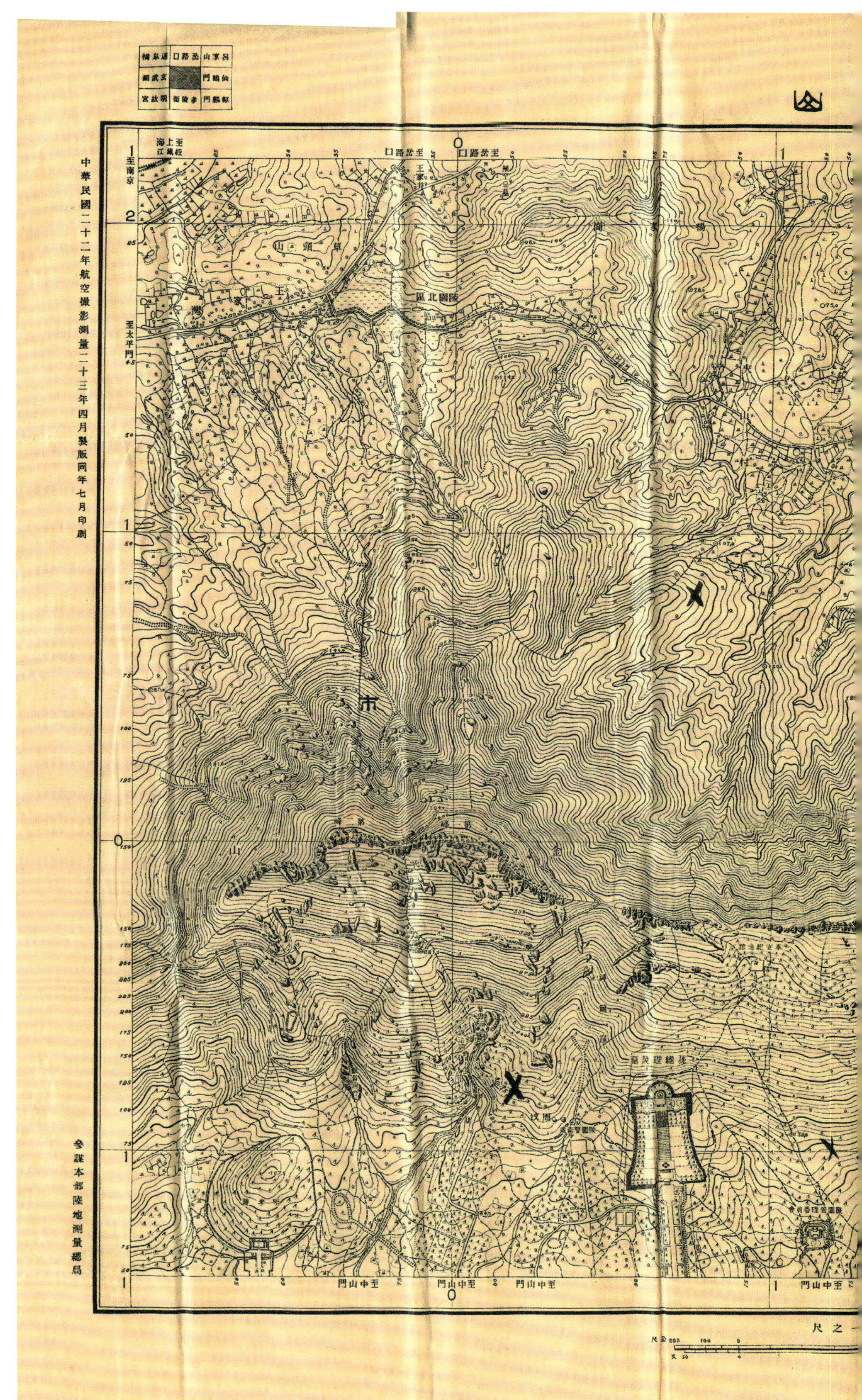

中華民國二十二年航空撮影測量二十三年四月製版同年七月印刷
參謀本部陸地測量總局
呂家山
仙鶴門
麒麟門
孝陵衛
至岔路口
至南京
至太平門
陵園北區
市
總理陵墓
至中山門

总务处为参谋本部城塞组奉令实地查勘紫金山永久工事位置，特派课员张大鹏会同调查事致警卫处函（一九三五年一月三十日）

來文機關	總務處
文別	函
附件	
事由	函為參謀本部城塞組奉令實地查勘紫金山永久工事位置特奉諭特派課員張大鵬會同調查希查照轉飭遵照由
擬辦	擬交張課員查照 蔭 一、卅
批示	
備考	照辦 一、卅

字第　號　廿四年元月卅日收到　已亦告張 一、卅

密。

總理陵園管理委員會

總務處第33號通知

逕啟者頃奉

常務委員交下參謀本部城塞組公函一

件內開「本組奉令實地查勘紫金山

永久工事位置，請查照」等由。奉

諭：照錄。查勘時擬派本會警衛處管理

課課員張大鵬會同調查等因。奉此，除

遵照函復外，相應錄諭轉達，即希

查照轉飭遵照為荷。此致

警衛處

總務處處長 林槐棻

二十四年一月卅日

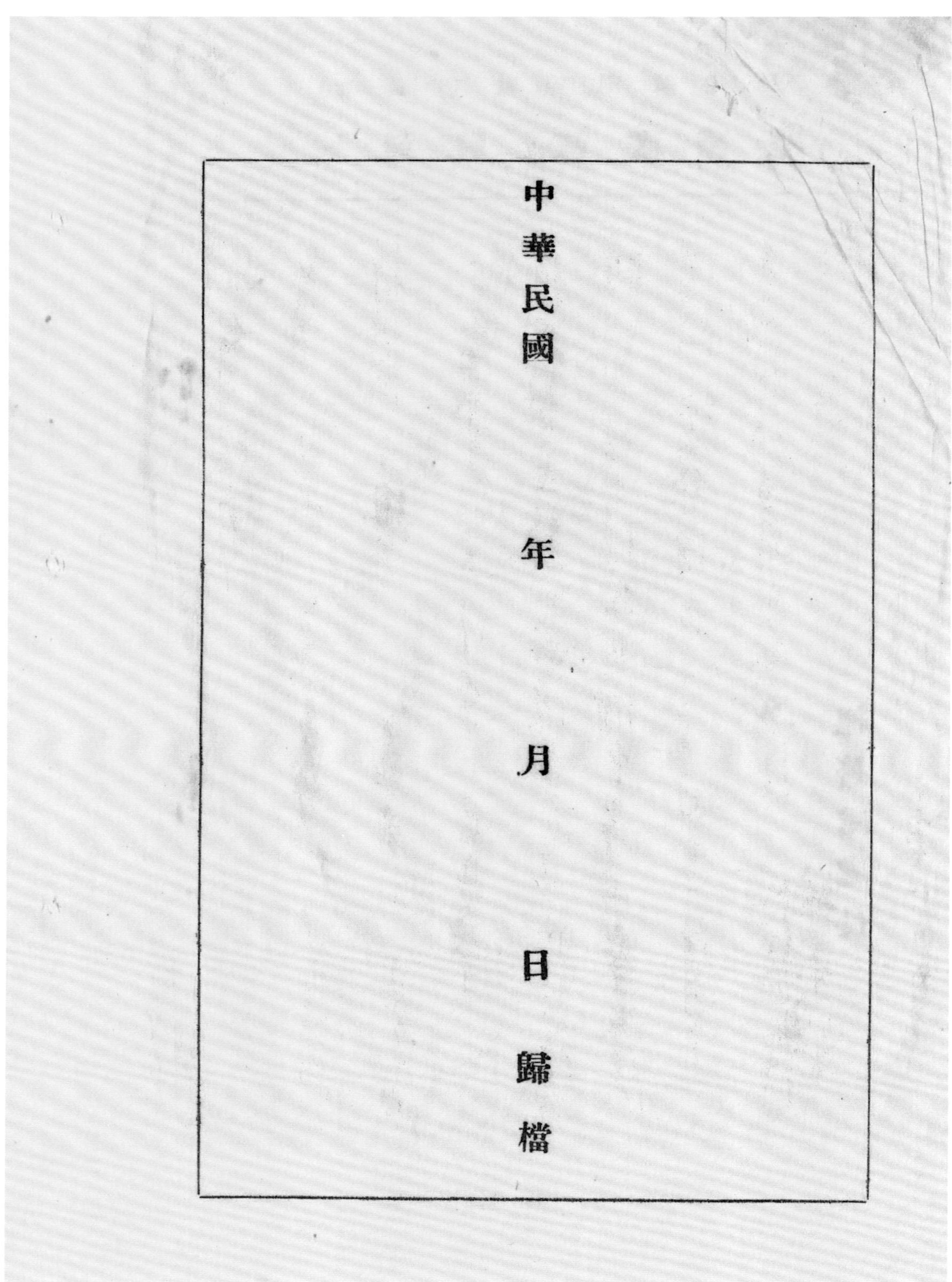
中華民國　年　月　日歸檔

总务处为转送中央军校教导总队入陵区通行证致警卫处函及附件（一九三五年三月十一日）

來文機關	總務處
文別	函
附件	
事由	函為轉送中央軍校教導總隊入陵區通行證乙份抄函乙件希飭屬知照予以便利由
擬辦	擬將通行證油印令飭各派出所注意 檢查 範 三、十二
批示	如擬 秉鈞
備考	

字第　號 二四年三月十二日收到 存 范 三、十三

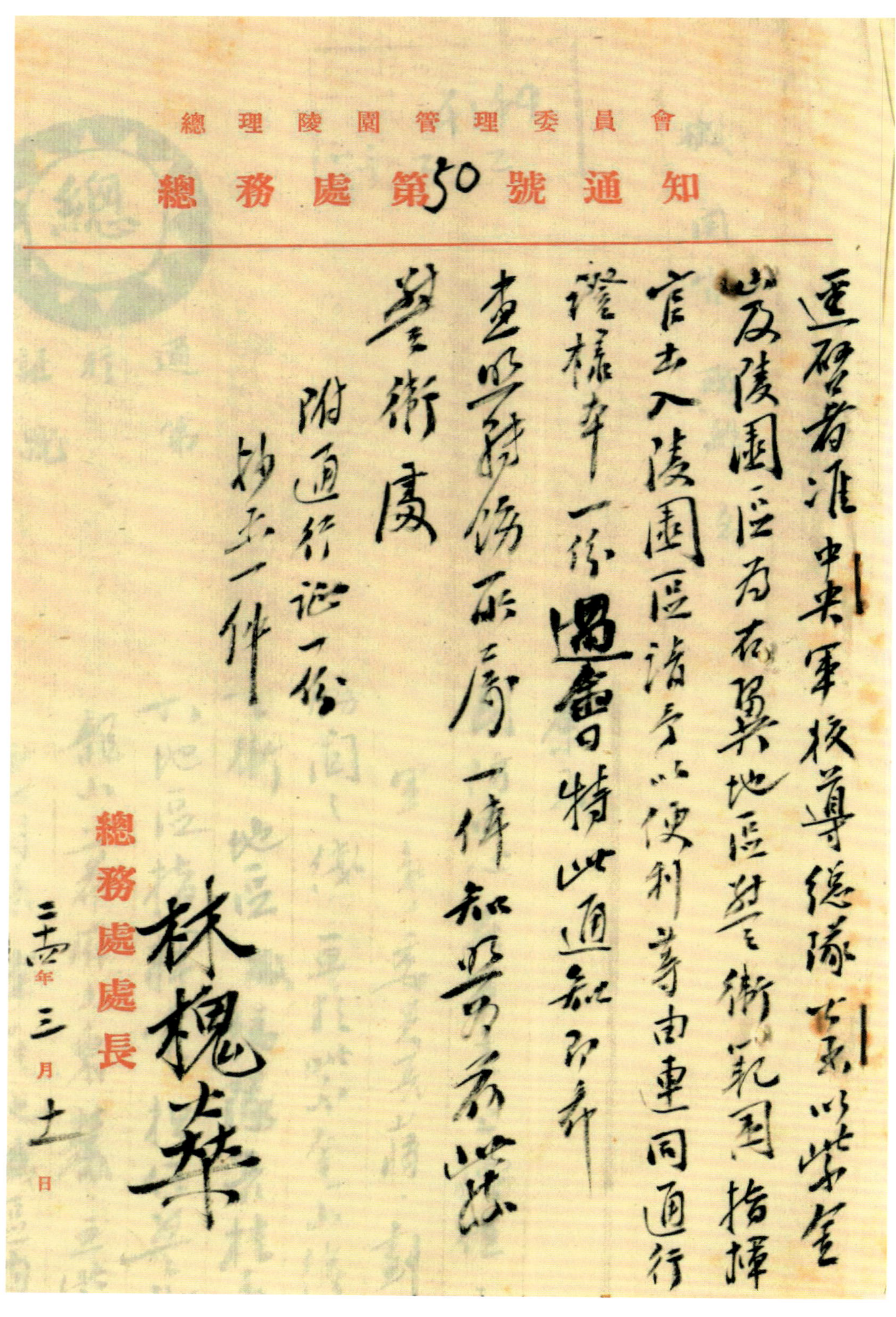

總理陵園管理委員會

總務處第50號通知

逕啓者准中央軍校導總隊大函以紫金山及陵園區為右翼地區警衛範圍指揮官出入陵園區請予以便利等由連同通行證樣本一份過會特此通知即希查照轉飭所屬一體知照為荷此致

警衛處

附通行證一份

抄函一件

總務處處長 林槐華

二十四年三月十一日

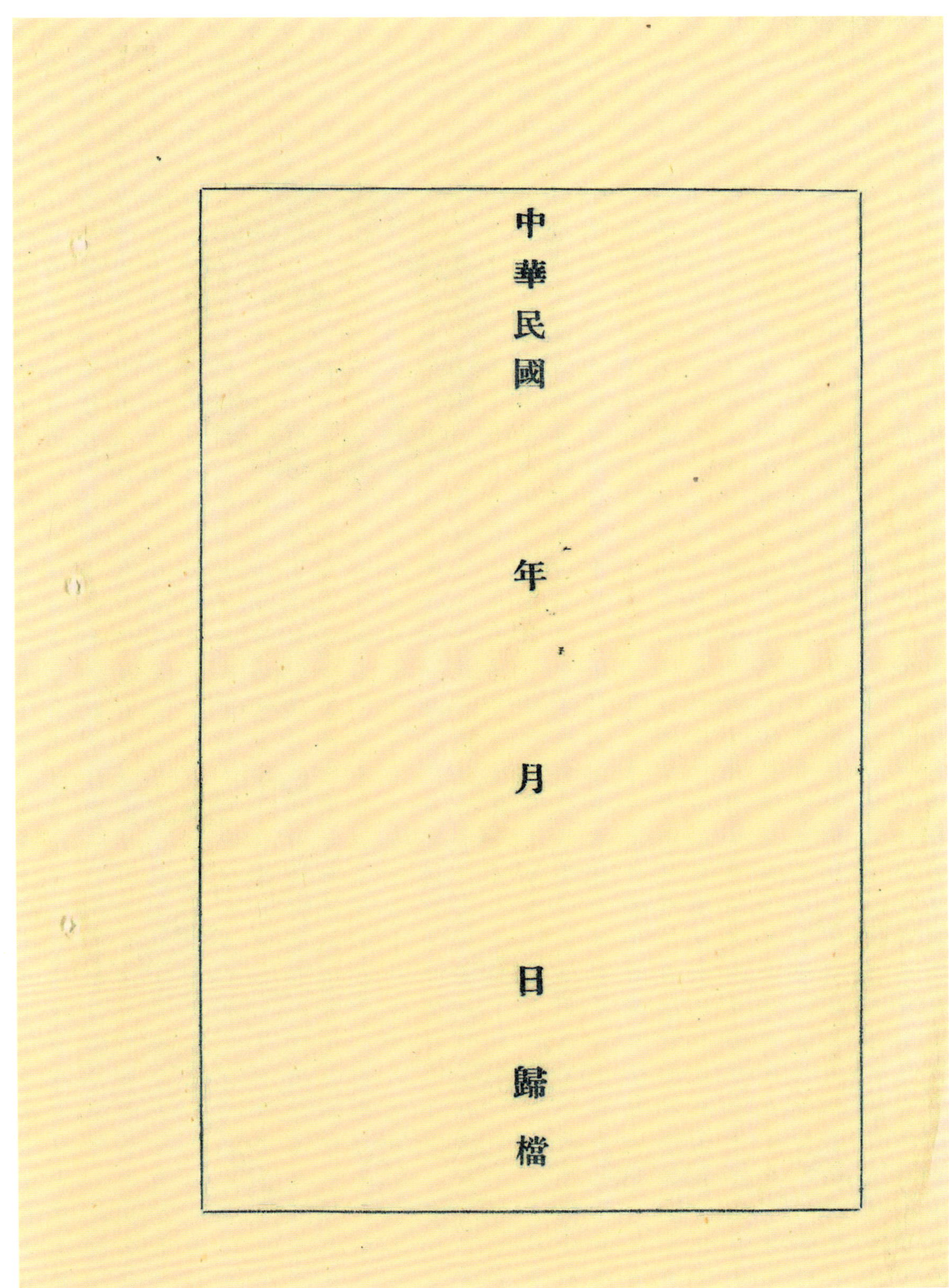

中華民國　年　月　日歸檔

附（一）通行证及使用简则（一九三五年三月二日）

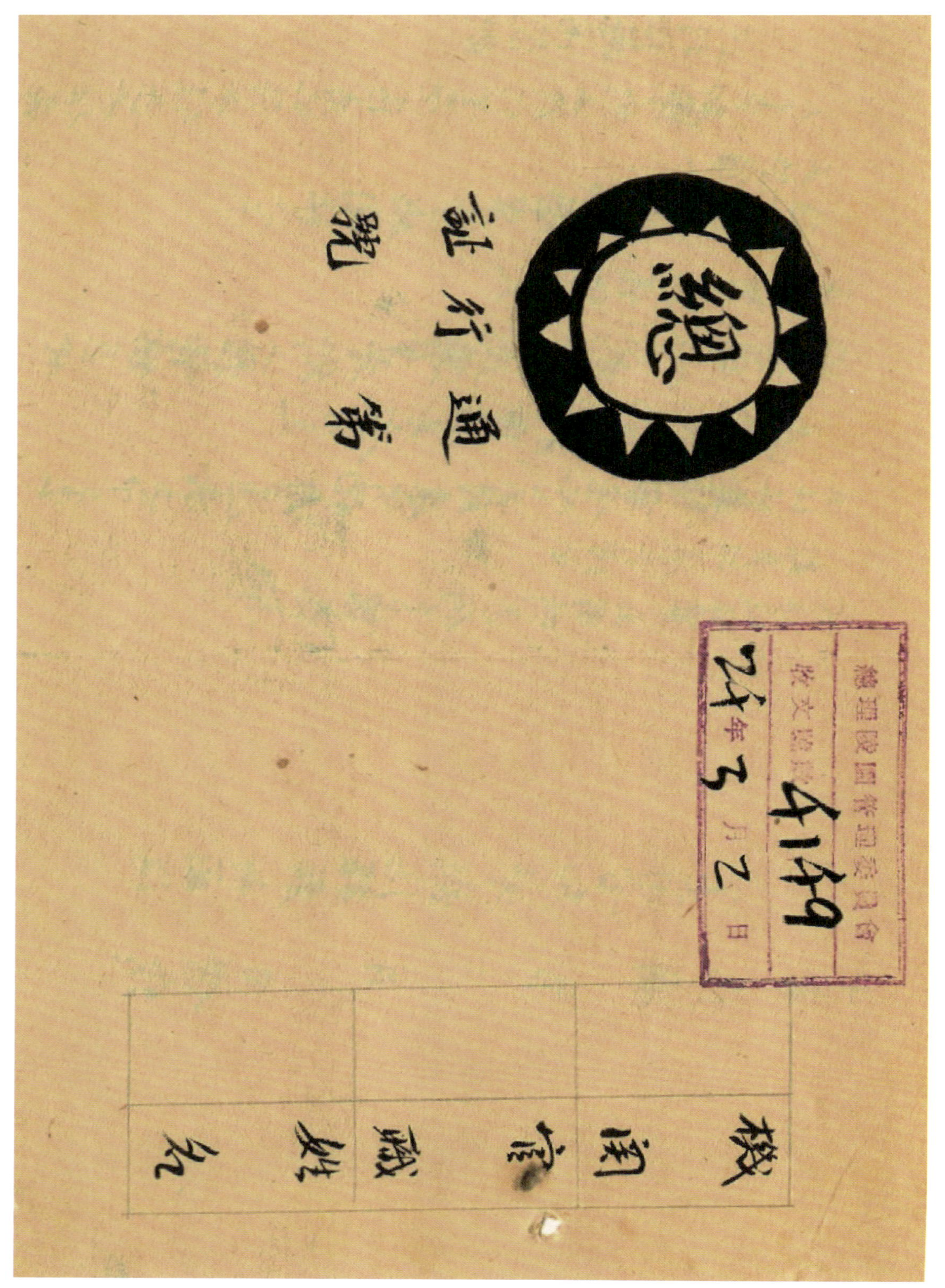

總

通行證

第　　號

總理陵園管理委員會
收文總號 4149
24年3月2日

機關	
官職	
姓名	

通行証使用簡則

一、凡入首都警衛工程作業地區者必持此証無此証者不許擅入

二、持此証者須佩帶軍事機関証章

三、此証不得借給他人

四、此証僅適用於正在建築之警衛工程區域其他建築完成之工程區域不適用之

五、此証應慎密保管不得遺失倘有遺失立即呈報声明遺失理由

六、此証公畢不用時應仍呈繳總部

蓋用首都警衛總指揮部関防

中華民國　年　月　日發給

附（二）抄教导总队原函

抄教導總隊原函

逕啟者：查首都為國防中心，在軍事上價值至重且要。客秋已經軍事委員長蔣劃小金莊、幕府山、大勝關之線，亘於紫金山後方地帶，為首都戰術地區。敝總隊長桂永清奉令為右翼地區指揮官，擔任其戰術區域，為周家山、烏龍山、幕府山東麓，亘紫金後方地帶之線。數月來除在地域區內構築野戰工事外，現正選擇要點構築永久工事。此項工程務須秘密，為嚴防閑人擅

入警衛工程作業地區起見曾經軍事委員
會總字第二二一號訓令規定使用通行證
並頒發樣本在案。查紫金山及陵園區適
在敝總理警衛範圍之內，擬總陵處以及幕
僚人員須不時到紫金山等要並視察陵地，
相應抄同軍事委員會訓令及通行證樣
本，函請查照予以便利，實紉公誼。此致

警卫处为参谋本部城塞组在前湖马路中建筑铁门致总理陵园管理委员会呈文（一九三五年五月二十九日）

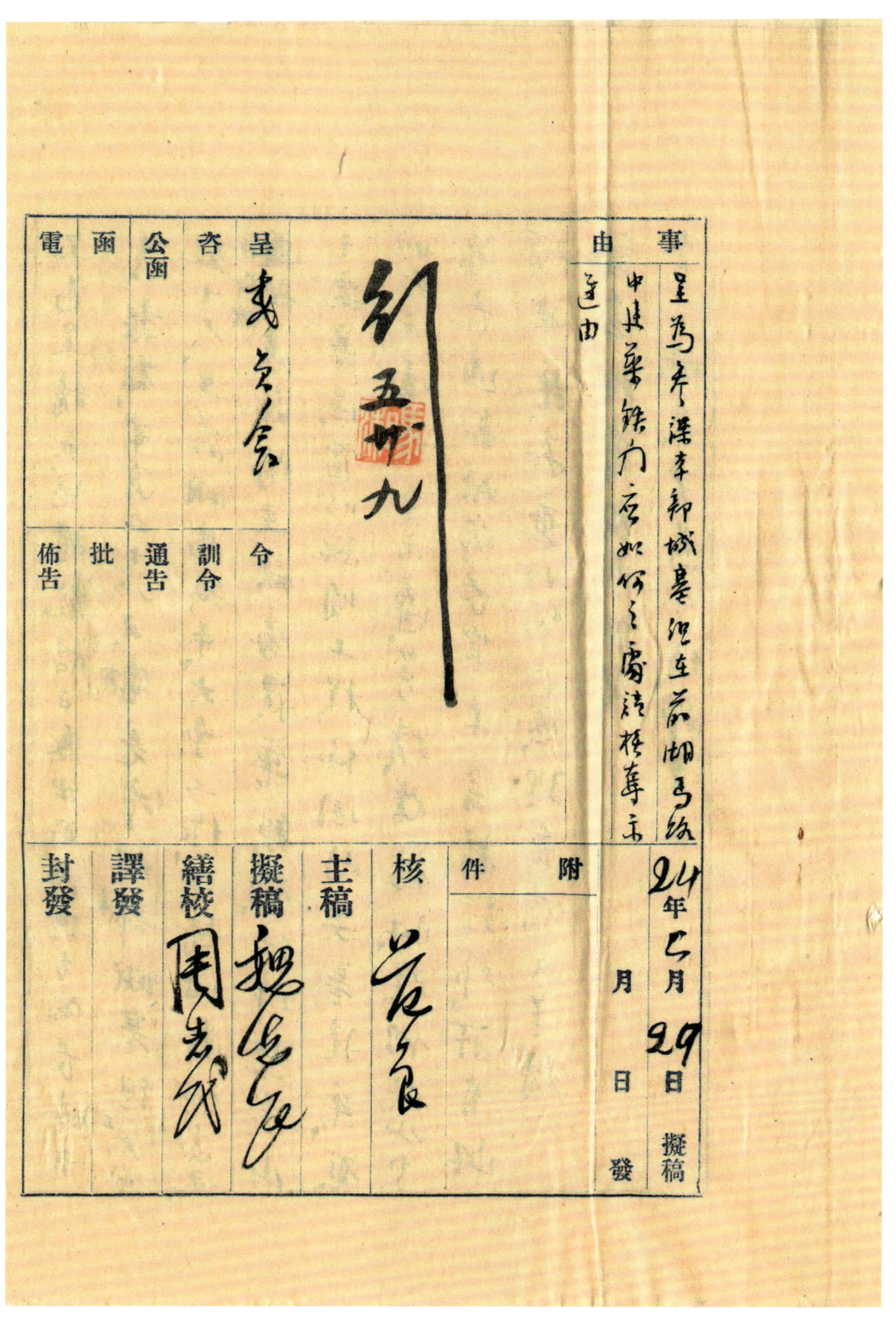

事由：呈为参谋本部城塞组在前湖马路中建筑铁门应如何之处请核夺示遵由

呈 委员会

刻 五廿九

24年5月29日拟稿

月 日發

呈 咨 公函 函 電

令 訓令 通告 批 佈告

附件

核 主稿 擬稿 繕校 周 譯發 封發

呈為呈請事，現據龍脖子派出所代理分所長孫吉秀報稱，本月二十八日，實是參謀本部城塞組工兵隊數十人，在前山馬路中，大事工作，並頓時斷絕交通，及始詢其該隊在該處建築鐵門，保障黃金山之要塞區，當以此項工程，係國防要塞建築，應如何之處，請令示遵，等情。據此，除俟該代分所長通知該隊長官來所接洽外，所有此項建築，究應如何之處，理合備文呈請

鈞鑒，核奪施行。謹請

令示祇遵，實為公便。謹呈

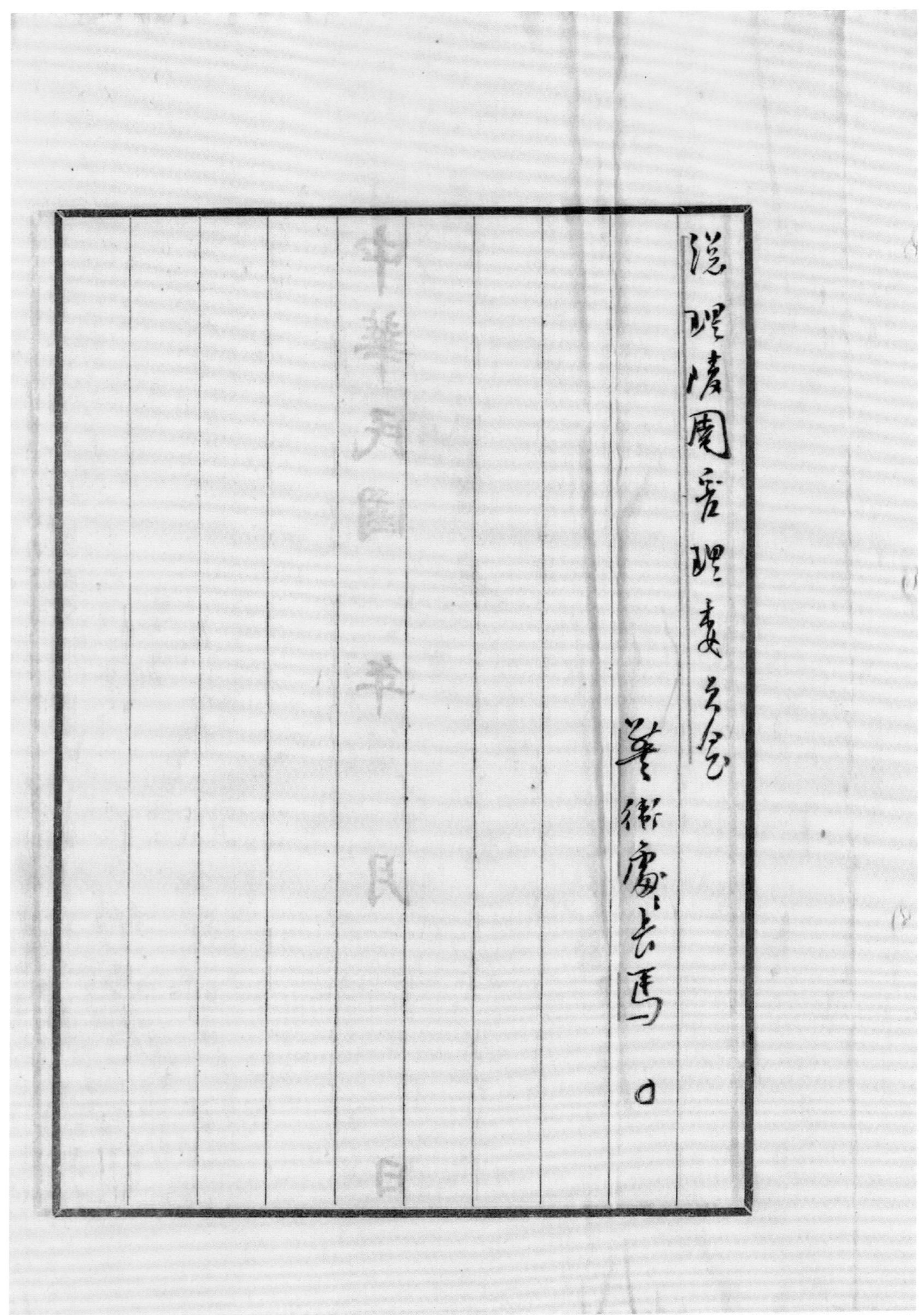
總理陵園管理委員會

警衛處長馬□

中華民國 年 月 日

中華民國
年
月
日

军事委员会召集防空演习筹备会议纪录（一九三五年十月七日）

軍事委員會召集防空演習籌備會議紀錄

地點　軍事委員會

時間　十月七日上午九時

出席代表（以簽到先後為序）

黃鎮球　防空委員會　黃靜波　防空委員會

陳又新　警官高等學校　張讓　防空委員會

曹寶清　防空委員會　鄔康齡　衛生署

包惠僧　防空委員會　陳輝　軍醫署

沈寶瑩　防空委員會　林栢森　工兵學校

何心濬　防空委員會　吳晉藩　訓練總監部

王鵰　防空委員會　陳焯　警察廳

賈勤　海軍部　宣鉅平　步兵學校

胡光璠　航空委員會辦事處　陸企雲　外交部

葉周達　實業部　　蘇怡和　軍政部
趙文藻　叅謀本部　　楊隆祐　審計廳
馬超俊　市政府（宋希尚）　　周　斌　軍委會高一組
張郁嵐　兵工署　　朱祖漢　總理陵園
湯文聰　內政部　　鄭　釗　總理陵園
陳　銘　行政院　　黄振華　軍事叅議院
蕭　訓　鐵道部　　司組良　自來水管理處
黄康卿　市党部　　孟健民　中央民運會
劉德宗　中央宣委會　　李治華　中央大學
胡承祜　軍委會　　劉　光　軍委會
朱　昌　警備司令部　　熊守一　銓敍廳第二處
陳大武　財政部
陳祖平　防空協會

主席　朱主任

紀錄　劉炳炎

開會如議：

甲：主席報告：（畧）

防委會黃副主任報告籌備演習概况．（畧）

乙．討論事項：

（一）二十四年度京抗鎮防空聯合演習，首都各机關應行準備及設備事項，請於十月底準備完成案．

决議：由各關係机關，從速準備，如遇有不明瞭或不能做到者，逕向防空委員會接洽辦理，但務於十月底以前，完成一切準備工作．

（二）擬定本年度防空演習各机關學校檢查規則，請公决案．

决議：通過．（檢查規則第八條刪去，第九條改為第八條，（餘

條均依數遞改）

（三）檢查委員會擬於十月二十五日組織成立，於十一月一日至七日爲檢查日期，并指定各組主任案。

決議：檢查委員會主任委員暨各組主任分配如下：主任委員由軍事委員會派員担任，行政机關由行政院諸秘書長担任，各大學校由教育部派員担任，南京市黨部及各級党部各机關各中小學校及人民團体由南京市政府派員担任，以上各組担任人員均須於十月二十五日以前由各担任机關自行派定。

（四）各軍事學校凡有高射兵器、應否一律參加防空演習案。

決議：由防空委員會會同參謀本部詳密計劃後再爲办理。

（五）兵工署、防毒面具除借防委會一千五百具外并應否準

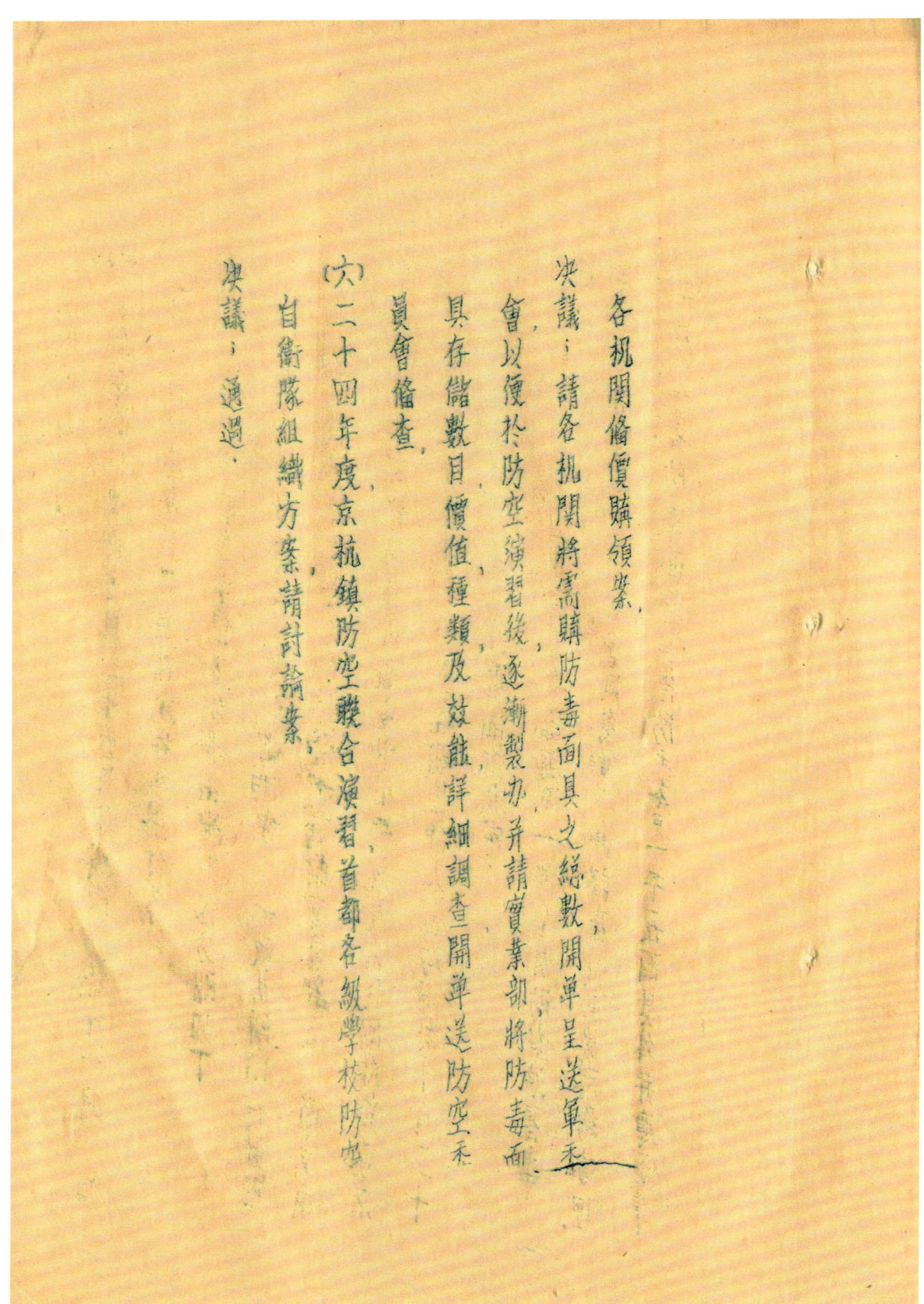

各机関備價購領案，

决議；請各机関將需購防毒面具之總數開单呈送单委會，以便於防空演習後，逐漸製办，并請實業部將防毒面具存儲數目價值種類及效能詳細調查開单送防空委員會備查。

(六)二十四年度京杭鎮防空聯合演習，首都各級學校防空自衛隊組織方案請討論案，

决議；通過。

南京警备司令部为送一九三五年度首都防空演习警备实施方案致总理陵园管理委员会警卫处密函及附件
（一九三五年十月十七日）

南京警備司令部密函

事由	擬辦	決定辦法	備考
為檢送廿四年度首都防空演習警備實施方案請先事準備由。附件			

收文　字第　號

字第　號　年　月　日　時到

南京警備司令部咨函

參字第1701號

案查二十四年度京杭鎮防空演習，所有關於首都及其附近警備事項，應就本部所轄警備區域範圍內，負完全治安及警備演習之責，並議定由本部擬訂警備演習實施方案，送呈 軍事委員會核定施行等語，當經本部擬訂『二十四年度首都防空演習警備實施方案』呈請 軍事委員會核示在案，茲奉防三字第一一四八號指令節開：「查該方案，大旨尚屬妥協，准予施行」等因，相應檢送此項方案一冊，即希貴處依照方案內所列各項，先事準備，以憑屆時實施演習為荷。

此致

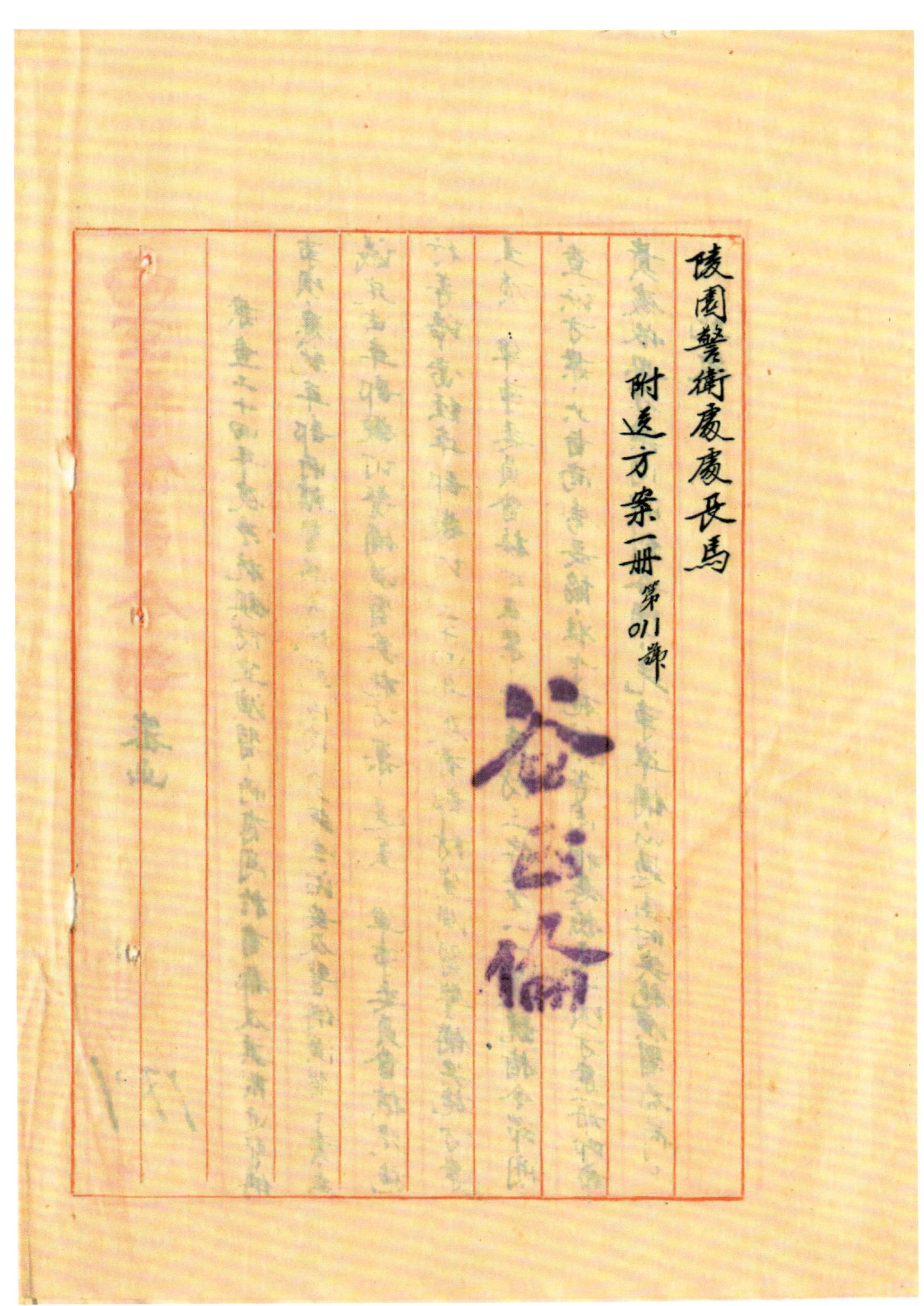

陵園警衛處處長馬

附送方案一冊

第011號

谷正倫

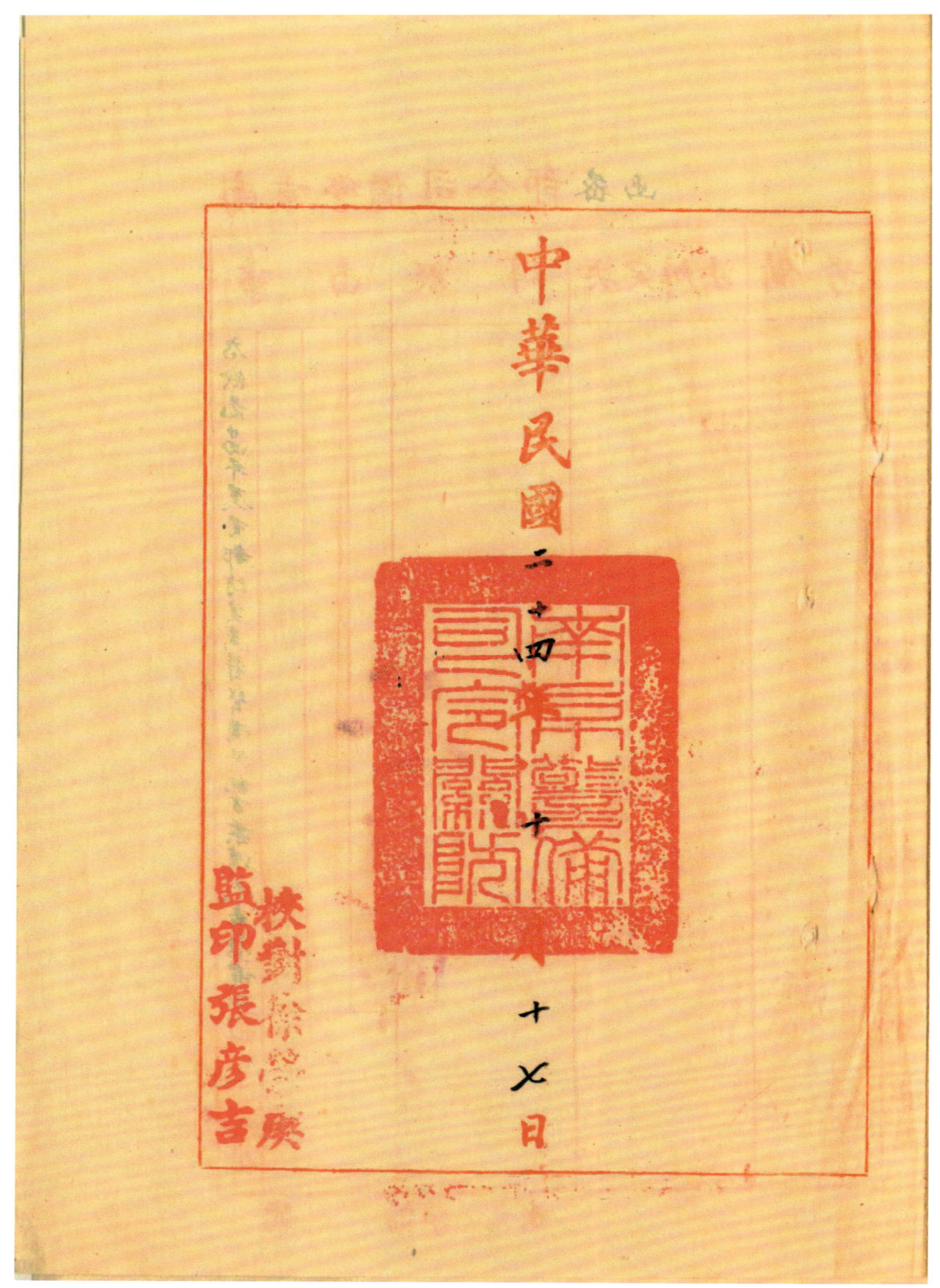

中華民國二十四年十月十七日

校對徐[illegible]庚
監印張彦吉

機密

軍事委員會召集防空演習籌備會議議事程序

甲 報告事項

本年度京杭鎮防空演習奉 令由防空委員會負責主办並分令各机関共同負責協籌防空委員會於本年八月二十六日召集各机関開第一次籌備會議并將應行準備事項冊分行有関各机関查照在案各小組會議亦經防空委員會分别召集開會共策進行現在為期已迫凡有関各机関亟應各就籌備情形共同討論以免延誤至於参加演習各机関所需經費遵照去年例准予作正報銷謹此報告（籌備概况另詳油印）

乙 討論事項

一、二十四年度京杭鎮防空聯合演習首都各机関應行準備事項請於十月底準備完成案

二、擬定本年度防空演習各机関學校檢查規則案

第9號

三、检查委员会拟于十月廿五日组织成立于十一月一日至七日为检查日期并指定各组主任委员案

四、各军事学校凡有高射兵器应否一律参加防空演习案

五、兵工署防毒面具除借防委会一千五百具外并应否准各机关备价购领案　〔批注〕

六、二十四年度京杭镇防空联合演习首都各级学校防空自卫队组织方案请讨论案

張士鵬
郝劍

二十四年度首都防空演習各關係機關代表及各大隊長聯席會議紀錄

時間　二十四年十月七日下午二時半
地點　陸軍大學第二講堂
出席代表及隊長以簽到順序為先後

1. 龍潭水泥廠　潘頤新
2. 差輪管理所　曹光宇
3. 電話局　許國榮　包恩庭
4. 首都電廠　楊本源　崔華東
5. 句容縣　夏湖隆
6. 江寧要塞　康龍英
7. 京市鐵路　樓惠人
8. 首都電話局　李廷鈺　萬鴻奎　李篤青
9. 憲兵司令部　徐志道
10. 浦口電氣廠　翁為（趙鶴士代）
11. 差輪管理所　徐恭平
12. 警廳醫務所　陳崇宗
13. 金陵海關　曹憲倫　桂蔭蔽
14. 警察廳　朱梓九

15. 工兵學校　王民寧代
16. 水上公安隊　周元庚
17. 學兵隊　汪逢栗
18. 下關車站　張理覺
19. 市党部　郭栒
20. 紅卍字會　吳道權
21. 江南鐵路公司　闞廣綸　陳植林　華毓鐘
22. 外交部　陳宣人
23. 憲兵第七團　張
24. 江寧縣　梅雨順
25. 京滬路　陳發祥　孫立達
26. 衛生事務所　王祖祥
27. 航委會　胡光瑨
28. 自來水廠　司組良
29. 中宣會　劉德榮
30. 防空協會　袁啟人
31. 人民自衛會　孟繼民
32. 兵工署　王光址
33. 首都電廠　陸法曾
34. 市党部　王禹九
35. 軍医署　郭昌錦
36. 消防隊　吳宏幹
37. 人民自衛會　喬龍章
38. 衛生事務所　李英標

39，救火聯合會　舒敦甫
40，童軍總委會　李覺吾
41，訓練總監部　潘仲素
42，電报局　殷國楨
43，工務局　梅成章
44，陵園管理委員会　張大鵬
鄭劍
45，軍医学校　潘作新
46，市政府　蔡孝强
47，國民軍訓委會　何志浩
48，軍医署　陳輝
顧誠
劉運炎
49．廣播電台　鄭敬甫
50 海軍部　賈勤
51 警察廳　王榮樫
52 社會局　劉策勛
53，衛生署　金寶善
54 市政府　徐文山
55，医師公會　狄畫三
56 本會　曹處長　黃副主任
王處長　黃靜波　于卓
趙炳坤　甘國安　周濤
劉推泰　侯渾　馬樹章
李北崑　東周久　陳洵
劉炳炎　林中逵　賀傑

主席　黄副主任
纪录　刘嗣邦
开会　行礼如仪
一、主席报告
本年度防空演习范围实较去年为大，南京为首都所在地，为军事政治文化交通等中心区域，其重要性远胜于其他各处，吾人应如何领导民众以完成此首都防空任务，实为本会及各机关、机关所不可诿卸之共同责任。镇江、杭州两处之防空演习业由两省政府积极筹备多日，首都方面更应如何完成其准备，则又有赖于各关系机关赞助，行以达此共同之任务。本日会议蒙各大队长暨各代表踊跃参加，情况至为热烈，足徵各机关热心赞助，不遗余力，斯本年度之防空演习前途殊抱乐观也。

、介紹本會各組負責人員而各該大隊長案

消防大隊長　王濟　本會負責人　吳宏軒　東周久　代隊長

灯火管制大隊長　李蕃青　本會負責人　李北崑

交通管制大隊長　朱梓九　本會負責人　甘國安

避难大隊長　朱梓九　本會負責人　侯湶

工務大隊長　梅成章　本會負責人　趙炳坤　石蘇

救護大隊長　金寶善　本會負責人　史國藩　馬樹章

防毒大隊長　陳輝　本會負責人　周濤　黄君禹

宣傳　劉德榮　本會負責人　干卓

電影　嚴鶴鳴　吳佑人

偽裝大隊長　王民寧　本會負責人　劉推太

烟幕大隊長　阮續熙　本會負責人　陳洵

三、各大隊長報告該隊組織及成立經過案

國時聞辦廸後暑

主席对本案之補充(1)各隊開會防委會負責人須参加以資聯絡而免彼此隔膜之弊(2)各大隊之中隊分隊之劃分最好依照警廳或憲兵之區分以昭劃一

關於訓練原則案

各大隊長應于本月十四日前擬定訓練計劃送會再由本會於十四日召集各大隊長各副大隊長及防空協會與下列各民众團体計有童軍整委會人民自衛會國民軍事訓練委員會市農會市商會工人福利會及婦女協會

海軍部之兵艦灯火管制訓練由該部自動訓練

訓練日期及地点案

十四日由本會召集各大隊長會議十五日開始訓練至遲十月底完成至於訓練地点則由各大隊自行規定

5、關于確定各大隊個别演習或檢查日期案

因訓練完成有先後之不同各隊訓練如已完成則俟先由本

會負責人協商規定檢查日期

6、臨時動議

工務大隊長提議由本會酌量津貼四十輛汽車汽油案

决議　援去歲成案辦理

附（三）召集各大队联席会议应行注意事项

召集各大隊聯席會議應行注意事項

1、主席報告開會宗旨。
2、介紹本會各組負責人員與各該大隊長。
3、各大隊長報告各該隊組織狀況及各種設備情形（限五分鐘）。
4、確定各大隊訓練原則。
a、訓練分防空一般的概念與特種訓練兩種。
b、訓練事宜由各大隊長及本會各該組負責人員主持之。
C、訓練日期最好同時舉行，以期劃一，請即定出。
D、訓練地点，由各該大隊長自行規定。
5、確定各大隊個別演習或檢查日期。
6、各大隊如有困難問題，請提出以便解決。

陵園防空談話會紀錄

日期　十一月五日上午十時

地址　陵園警衛處會議室

出席者

馬湘　陵園警衛處　　朱祖漢　陵園警衛處

范良　仝右　　魏克民　仝右

黃惠三　仝右　　鄭漢藻　仝右

黃文修　仝右　　鍾華　仝右

李武　仝右　　黃康民　仝右

黃洪初　仝右　　李桐　仝右

高瑞林　仝右　　鍾根裳　仝右

劉祥　仝右　　趙廣怡　仝右

出席代表

吳恩炳　遺族學校　　吳文懷　中山文化教育館

徐鑣　園体專校　　陳辰雲　天文研究所

鄭和　地政學院　　侯德林　憲兵隊

夏奇峯　陸根記　俞祥林　李森記

王式君　新金記　甘維邁　建業公司

王桂雲　白馬群村　周維功　二道溝

曹家秀　郵政局　韓順記　二道溝

王雨亭　灵谷寺　馬慶和　苜蓿園

李得源　石像村　劉風祥　明孝陵

徐清安　前湖　王家球　王家灣

李風祥　韋陀巷　馬士奎　板倉村

程有全　西窪村　張裕泰　新村東區

周廣聡　上五旗　周慶禎　下五旗

楊善全　上三旗　袁辛浩　青馬

萬兆有　前湖　臧德澍　黄馬

主席馬湘

主席报告開会宗旨

会商結果

一、請貴邊族學校派童子軍十二名協助交通管制及灯火管制事宜

二、區内各機關學校應注意灯火管制

三、區内各機關學校暨鄉村住户應設備窗帘灯罩

四、各機關應自行組織警備班以資防衛倘不能組織警備班者最低限度要派定聯絡員二人

五、各機關學校應組織消防隊最低限度應設滅火機及太平水桶太平鈎沙包等件

六、每村應組織防護團凡有津貼之村々長皆為防護團指導員

散会

主席 馬湘

記録 龔[illegible]

一九三五年度京杭镇联合防空大演习预定程序（一九三五年十一月五日）

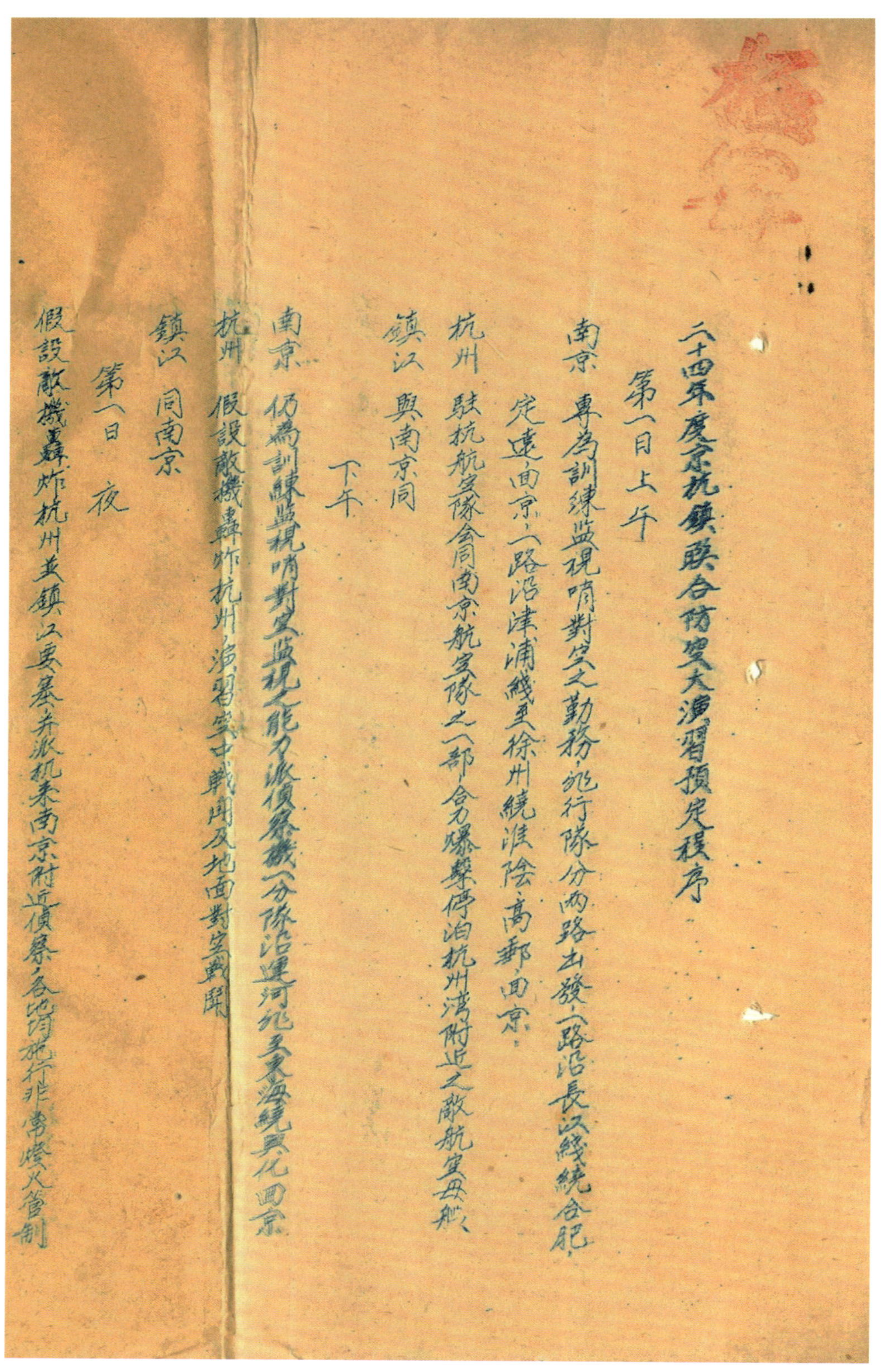

二十四年度京杭鎮聯合防空大演習預定程序

第一日上午

南京　專為訓練監視哨對空之勤務，施行隊分兩路出發，一路沿長江綫繞合肥定遠回京，一路沿津浦綫至徐州繞淮陰、高郵回京。

杭州　駐杭航空隊會同南京航空隊之一部合力爆擊停泊杭州灣附近之敵航空母艦

鎮江　與南京同

下午

南京　仍為訓練監視哨對空監視之能力，派偵察機一分隊沿運河飛至東海繞興化回京

杭州　假設敵機轟炸杭州，演習空中戰鬥及地面對空戰鬪

鎮江　同南京

第一日　夜

假設敵機轟炸杭州並鎮江要塞，并派機來南京附近偵察，各地均施行非常燈火管制

第一日 上午

南京 除派航空隊一部掩護友軍之退却外，餘部飛往首都四週作偵察狀態

但時間及路綫不發表

杭州 敵之陸軍逼近杭州，其飛行隊乘隙侵入大肆轟炸，杭州終為敵佔領

演習消極防空各種勤務

鎮江 同南京

第一日 下午

南京 乘敵在杭之佈置未週，派机隊飛杭轟炸敵之司令部及敵之飛机隊，

飛至太湖附近上空時與敵机遭遇，作空中戰鬥

杭州 敵軍由杭派机隊轟炸沿江要塞，及京鎮要地，以及京滬鐵道演習要塞

防空及鐵道防空

鎮江 因遭敵机之轟炸演習消極防空各種勤務

第一日夜

南京 敵机由杭州來襲京鎮，演習燈火管制及照測，以及高射兵器在夜間射擊動作

第二日 上午

南京 敵机由杭州大举来襲，演習空中及地面戰鬥，並消極防空各種動作，以及警備勤務

杭州 敵由杭派機襲擊京鎮

鎮江 同南京

第三日下午

南京 派機隊連合陸軍攻擊杭州之敵，演習由空中攻擊地面部隊法，杭州終被我軍克復，演習告終

杭州 施行警備演習

总理陵园管理委员会警卫处为送防空各队编成表及要略致防空委员会函及附件（一九三五年十一月十五日）

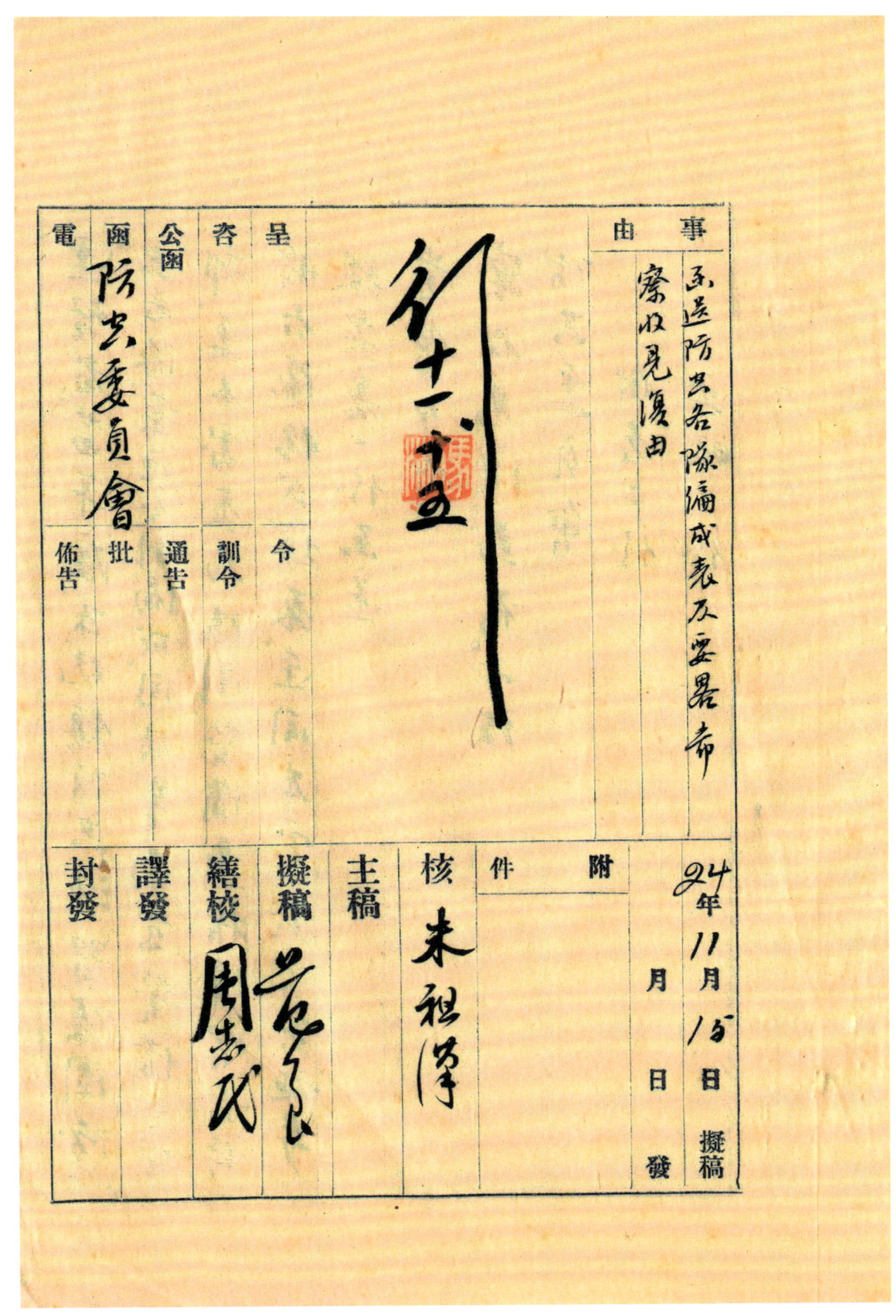
事由：函送防空各队编成表及要略希察收見復由

呈　令
咨　訓令
公函　通告
函　批
防空委員會
電　佈告

封十一月十五

附件

24年11月15日擬稿
月　日發

核：朱祖澤
主稿
擬稿：范〔?〕
繕校：周志民
譯發
封發

逕啓者：廿四年度京、杭、鎮、防空演習，陵園防空各隊，業經分别編成，同時奉南京警備司令部，委本處長為陵園警備區指揮官，並特將各隊依式填表，連同本處擬定實施步驟要畧一份，函送

貴會，即希

察收見復爲荷。此致

防空委員會

附表二份

要畧一份

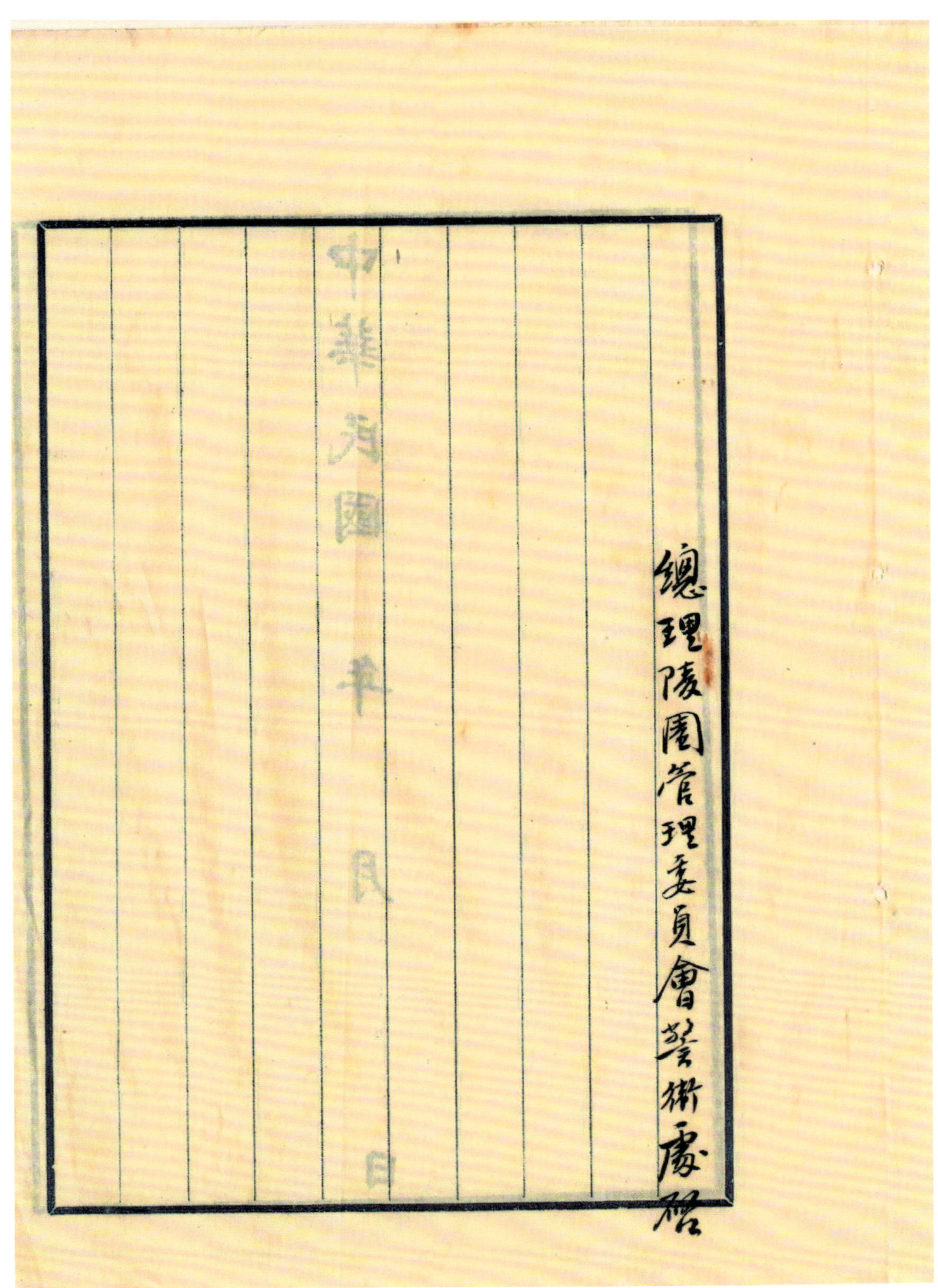

總理陵園管理委員會警衛處啓

中華民國　年　月　日

中華民國 年 月 日

總理陵園防空演習各隊人員表

隊號	職別	姓名	備攷
指揮	官	馬湘	
機要班	機要員	朱祖漢	策劃全區防空事宜
〃	〃	范良	
〃	〃	魏克民	
〃	〃	周志民	
情報班	情報員	張大鵬	管理各方情報事宜
〃	〃	趙廣怡	
〃	〃	嚴鴻翥	
〃	〃	李昌	

祝大鈞

警報傳達隊	隊長	劉醴泉	
警備隊	隊長	温燕	
〃〃	副隊長	張光耀	
交通管制隊	隊長	濤勝標	
灯火管制隊	隊長	鄭釗	
消防大隊	隊長	葉培忠	
工務大隊	隊長	楊光煦	
民衆防護團	指導員	李凤祥	區內各鄉村每村組織一防護團領導民衆參加演習
〃〃	〃〃	周繼功	
〃〃	〃〃	程正全	

民衆防護團	指導員	王家球
〃〃	〃	馬士魁
〃〃	〃	王桂雲
〃〃	〃	萬北五
民衆防護團	指導員	徐靖安
〃〃	〃	劉鳳祥
〃〃	〃	李德元
〃〃	〃	馬慶和

附（二）防空警备队编配表

防空警備隊編配表

隊號 / 班次	大隊部及訓練班	果園隊部	太平門隊部	音樂臺隊部	備考
步哨	一九	一四	一七	一一	
複哨	四	一	四	一	
單士哨	二				
檢查班	二	二	一	二	
巡查班	七	二	三	三	
灯火糾察班	五	二	三	二	
交通糾察班	三	三	一	一	
便衣偵探班	二	一			
預備隊	一				由訓練班担任

送防空委員會

附表二

消極防空各隊編成及担任科目地點概況表

隊號	編成		演習			附註
	担任機關	組織概況	科目	地點	出勤隊部	
陵園區指揮官	陵園警衛處	設機要班情報班	指揮各隊	陵園	陵園警衛處警衛大隊	
警報傳達隊	同右	以區內各派出所守望崗編成	傳達警報	同	右	
警備隊	同右	以所屬警衛大隊編成	步哨、檢查、巡查糾察偵探	同	右	
交通管制隊	同	右	交通管制	同	右	
燈火管制隊	同	右	燈火管制	同	右	
消防大隊	區內各機關	以各機關工友編成	消防	同右	區內各機關職員工友	
工務大隊	陵園工程組	以該組工友編成	工務	同右	陵園工程組職員工友	
民衆防護團	區內各村	每村組織一防護團	聯絡、防火、避難管理。	區內各村	村長鄉民	

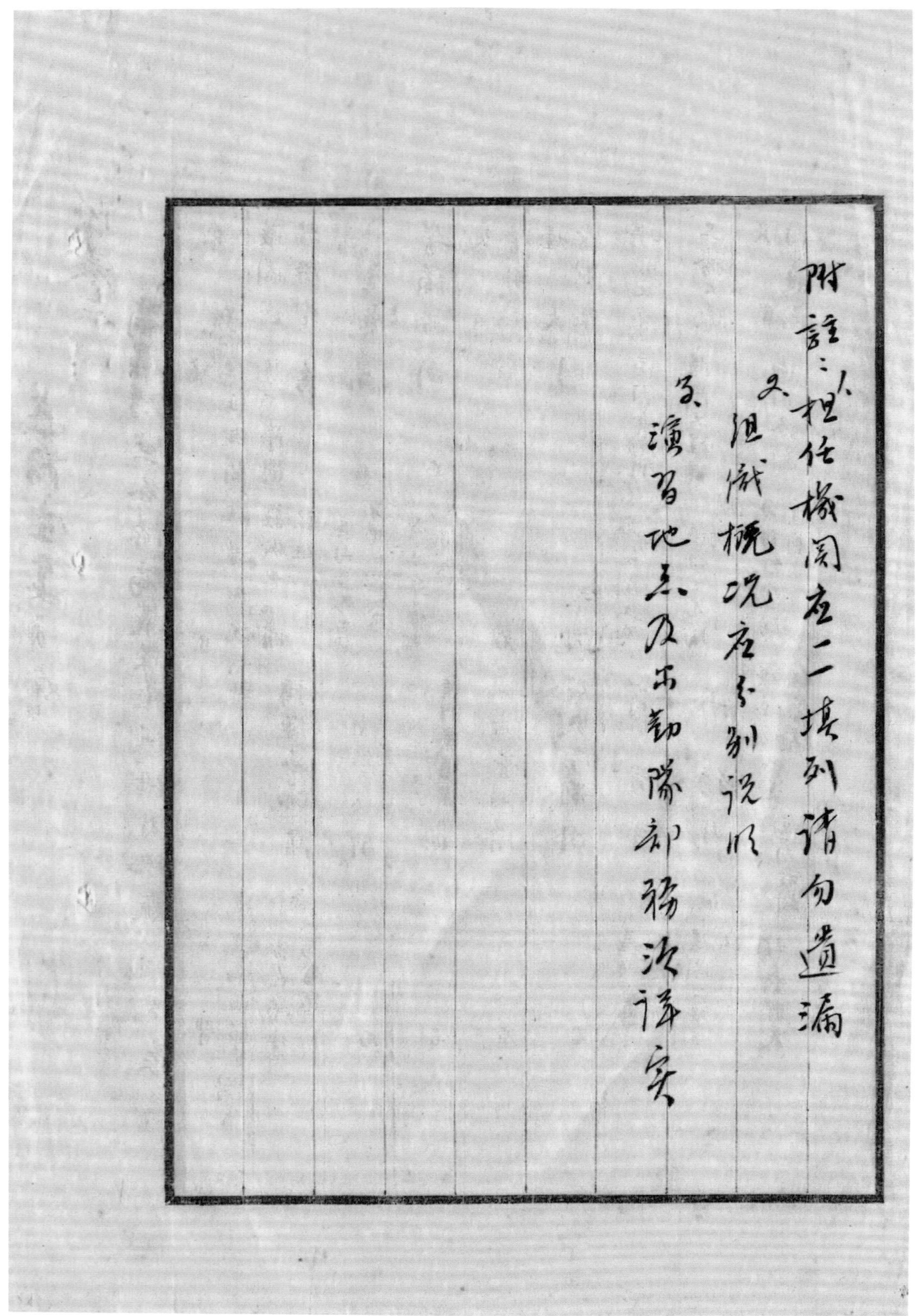

附註：一、擔任機關應一填列請勿遺漏

二、組織概況應分別說明

三、演習地點及出勤隊部務須詳實

南京警备司令部为送防空警报信号线路图致陵园警备区马湘密令（一九三五年十一月二十三日）

來文機關	南京警備司令部
文別	密令
附件	
事由	令送防空警報信號綫路圖乙份仰飭屬注意保護由
擬辦	擬飭屬注意保護 蒙長 十一、廿三
批示	通令全隊知照 十一、廿五
備考	

字第　號　二〇年十一月二三日收到

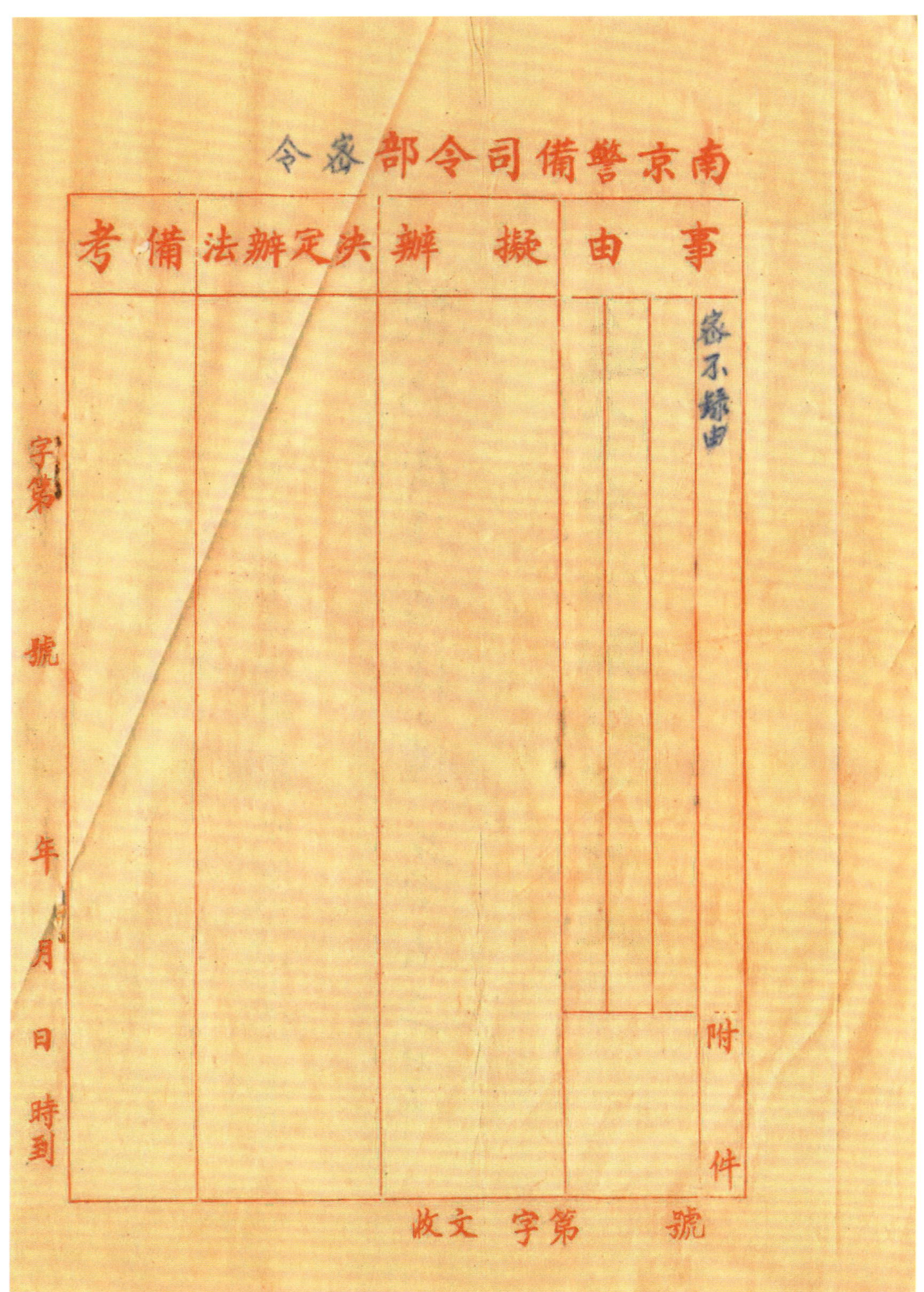
南京警備司令部令稿

事由	擬辦	决定辦法	備考
稿不録由			
附件			

收文 字第 號

字第 號 年 月 日 時到

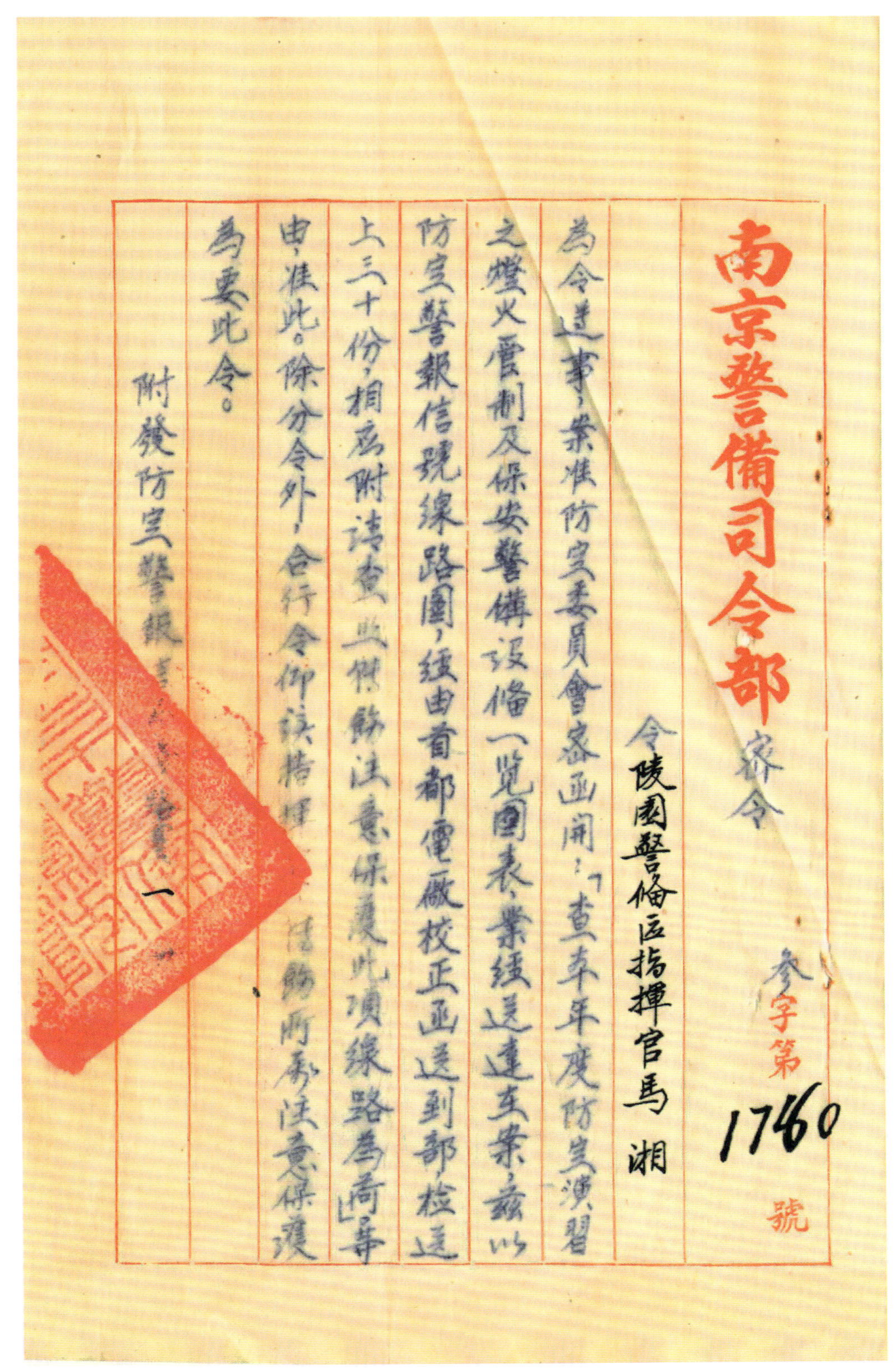

南京警備司令部訓令

參字第1760號

令陵園警備區指揮官馬湘

為令遵事。案准防空委員會函開：「查本年度防空演習之燈火管制及保安警備設備一覽圖表，業經送達在案。茲以防空警報信號線路圖，經由首都電廠校正函送到部，檢送上三十份，相應附請查照，並飭注意保護此項線路為荷」等由，准此。除分令外，合行令仰該指揮官轉飭所屬注意保護為要。此令。

附發防空警報線路圖一

中華民國二十四年十一月二十二日

司令谷正倫

校對徐振南

監印張彥吉

二十四年度首都防空演習各机關學校防空準備檢查

規則

第一條　本規則係規定民國二十四年度京杭鎮防空聯合演習檢驗南京各軍政机關應行防空準備之實施，以期達成演習之目的為主眼。

第二條　凡南京市管轄區域以內之各黨政軍机關，以及學校，均在檢查之列。

第三條　京中各机關按其性質，分由中央黨部，軍事委員會，軍政部，訓練總監部，行政院，內政部，市政府，及憲兵司令部，警察廳，市黨部，各別派員會同防空委員會，南京防空協會，組織檢查委員會，分別檢查。

第四條　軍事机關暨軍事學校，由軍事委員會會同參謀本部，軍政部，訓練總監部，憲兵司令部，派員組織檢查委員會，實施檢查。

五條　行政機關，由中央黨部，行政院會同有關各部院會，市政府，警察廳，防空委員會南京防空協會派員組織檢查委員會，實施檢查。

第六條　各大學校，由中央黨部會同教育部，市政府，防空委員會，南京防空協會，派員組織檢查委員會，實施檢查。

第七條　南京市黨部，及各級黨部，各機關，各中小學校，及人民團体，均由中央黨部，市政府，市黨部，警察廳，會同防空委員會，南京防空協會，派員組織檢查委員會，實施檢查。

第八條　各檢查委員會設主任委員一人由最高机關長官担任之，委員若干人由有關机關派員担任之。

第九條　被檢查各机關或學校之主管長官為陪檢委員

第十條　檢查委員會係依事實需要而產生，俟任務完畢即行撤消。

第十一條　檢查委員會之任務係依據一十四年度京杭鎮防空聯合演習各機關應行設備之事項而檢驗各機關自身防空設備之程度，以期改善。

第十一條　檢查之着眼依各機關本身之性質及設備之程度而側重其能力所能設備之各事項。

第十二條　檢查之事項如左；

1.　關於警報事項

2.　關於通信事項

3.　關於灯火管制事項

4.　關於消防事項

5.　關於救護事項

6. 関於防毒事項
7. 関於避難事項
8. 関於偽裝事項

第十四條 檢查委員對各机関防空設備之適當與否，得批評指導，并促其改善。

第十五條 各机関檢查之結果，分别由參加各委員會同簽具意見，分别送呈軍事委員會，以作改善各机関防空建設之參攷。

第十六條 各机関凡有特殊情形，不能依照應行設備事項準備完成者，須先期報請各所屬檢查委員備查。

第十七條 檢查日期另訂之。

一九三五年度京杭镇防空联合演习首都各级学校防空自卫队组织方案请讨论案（一九三五年十一月二十三日）

二十四年度京杭镇防空联合演習首都各級學校防空自衛隊組織方案請討論案．

一、由訓練總監部、教育部、市社會局，通令所屬各級學校，於照各該校學科組織下列各種防空自衛隊，并施以各種訓練，使於防空演習時，担任各該校本身防護業務，并協同各該區內防護部隊，担任各項任務．

二、各級學校應各依照各該校員生器材設備之可能範圍內，組織下列各隊，限於十月二十以前，編組就緒，送防空委員會備查．

（一）警備隊

（二）監視隊

（三）警報隊

（四）灯火管制隊

（五）交通整理隊

（六）避難所管理隊
（七）配給隊
（八）消防隊
（九）防毒隊
（十）救護隊
（十一）工務隊
（十二）收容隊
三、各級學校防空自衛隊之編成，分隊組班三級，以九十人爲隊，三十人爲組，十人爲班，視各該校人數之多寡，自行編定之。
四、各級學校防空自衛隊每隊設隊長一名，副隊長一名，每組設組長一名，副組長一名，每班設班長一名，副班長一名，由各學校當局自行遴派之。
五、各級學校之防空自衛隊在演習時，按各隊性質，受防空司令部、各省極防護大隊、指揮調遣。
六、各級學校防空自衛隊、每週須有一次以上之訓練、其訓練之方式及材料、由各該校依照防空委員會之規定辦理之。

南京警备司令部参谋处为送防空警报须知致总理陵园管理委员会警卫处函（一九三五年十一月二十三日）

來文機關	文別	附件
警備部參謀處	函	須知壹百份

事由	擬辦	批示	備考
函送防空警報須知壹百份請查收分發由	擬分發各隊 芝 十一、廿五	照办 十一、廿五	

字第 號

廿四年十一月廿五日收到

案奉

交下第委會防空委員會防三字第一三六九號密函一件，為案

查本年度京杭鎮防空聯合演習日期奉　令頒定另密函轉

達至本年度防空演習警報須知業經印就檢送一五千份

相應隨函送請查收希自分五日後分發所屬為荷此致等

因奉此除分函送外相應檢同該防空警報須知壹百分即請

查收分發為荷此致

陵園管理委員會警衛處

附送防空警報須知一百份

啟　十一月廿三日

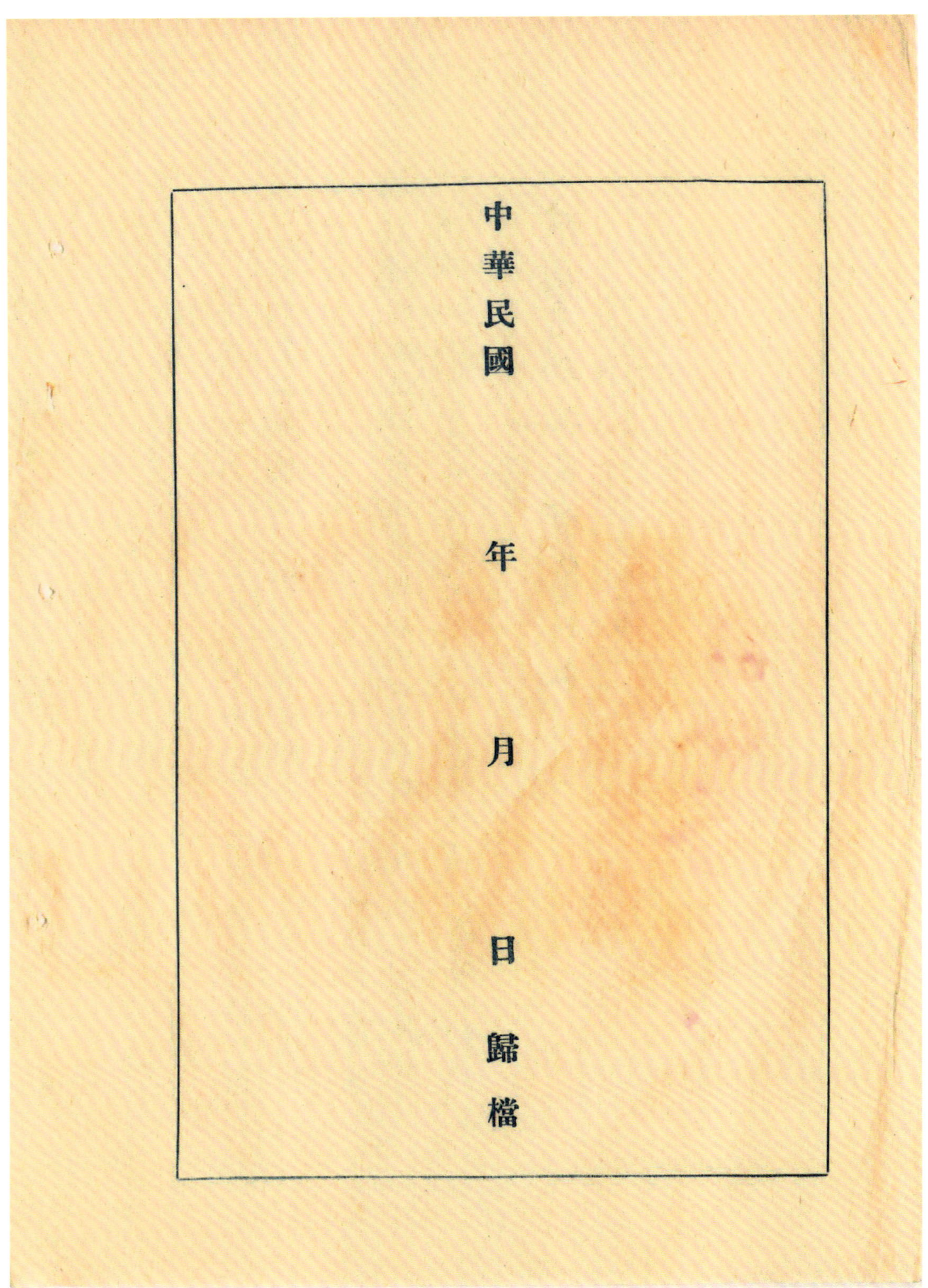

中華民國　　年　　月　　日歸檔

首都防空司令部以防空委员会编组为首都防空演习司令部等事致总理陵园管理委员会警卫处快邮代电

（一九三五年十一月二十六日）

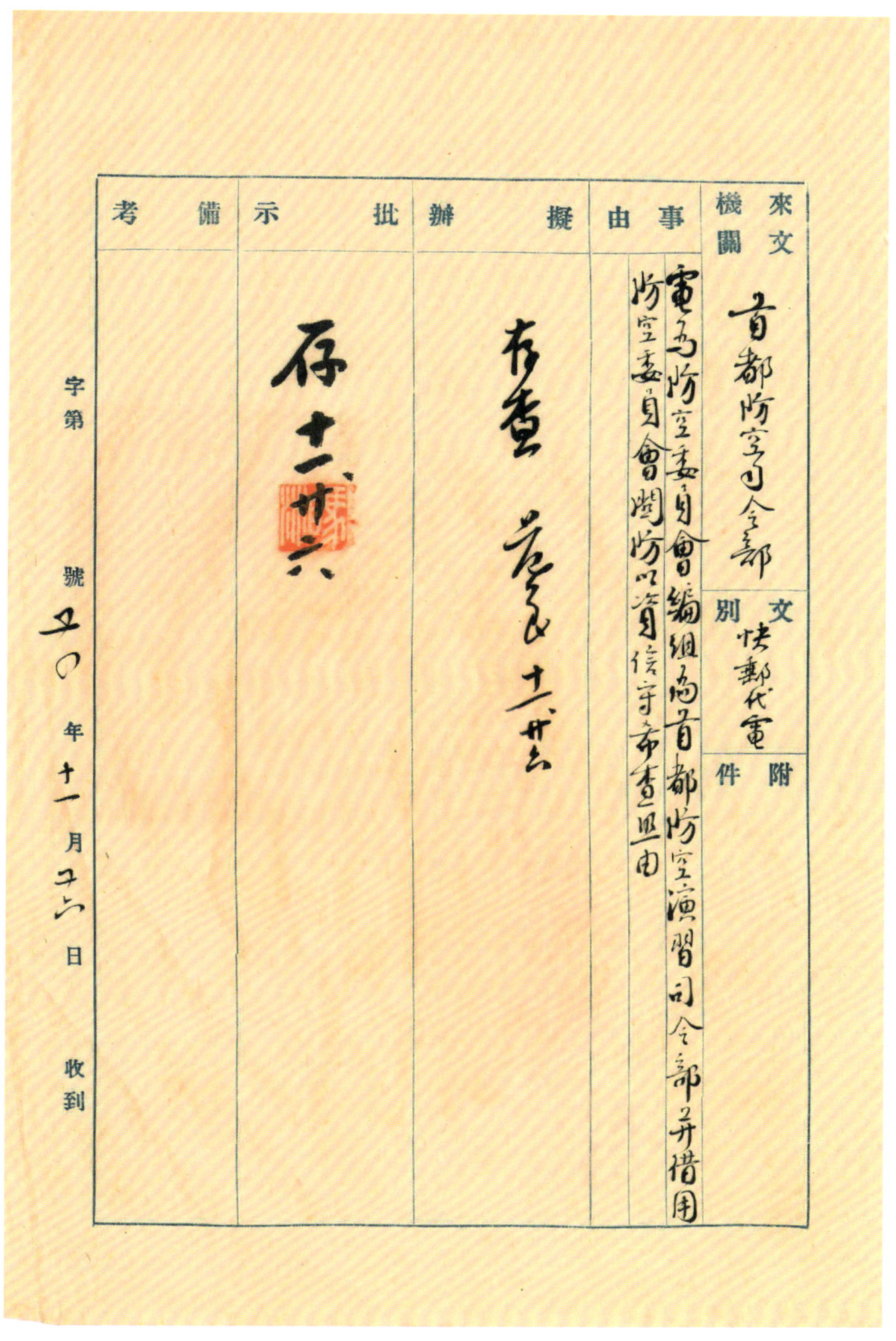

來文機關	首都防空司令部
文別	快郵代電
附件	
事由	電爲防空委員會編組爲首都防空演習司令部并借用防空委員會關防以資信守希查照由
擬辦	存查 蔭 十一、廿六
批示	存 十一、廿六
備考	

字第　號 五〇　年十一月廿六日收到

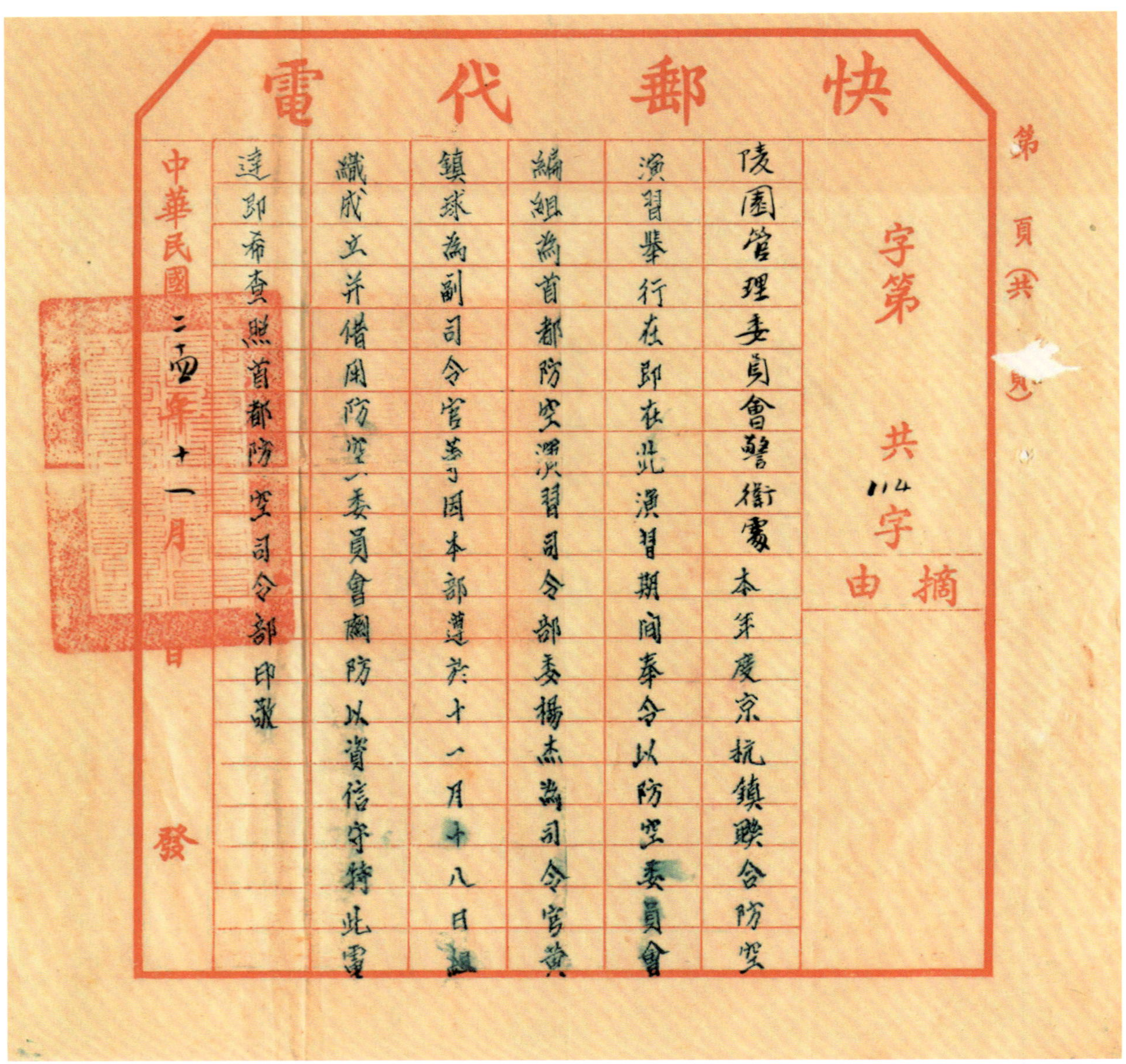

快郵代電

第　頁（共　頁）

字第　　共114字

摘由

陵園管理委員會警衛處：本年度京杭鎮聯合防空演習舉行在即，在此演習期間奉令以防空委員會編組為首都防空演習司令部，委楊杰為司令官，黃鎮球為副司令官。茲于因本部遵於十一月十八日組織成立，并借用防空委員會關防，以資信守。特此電達，即希查照。首都防空司令部印。敬

中華民國二十四年十一月　日發

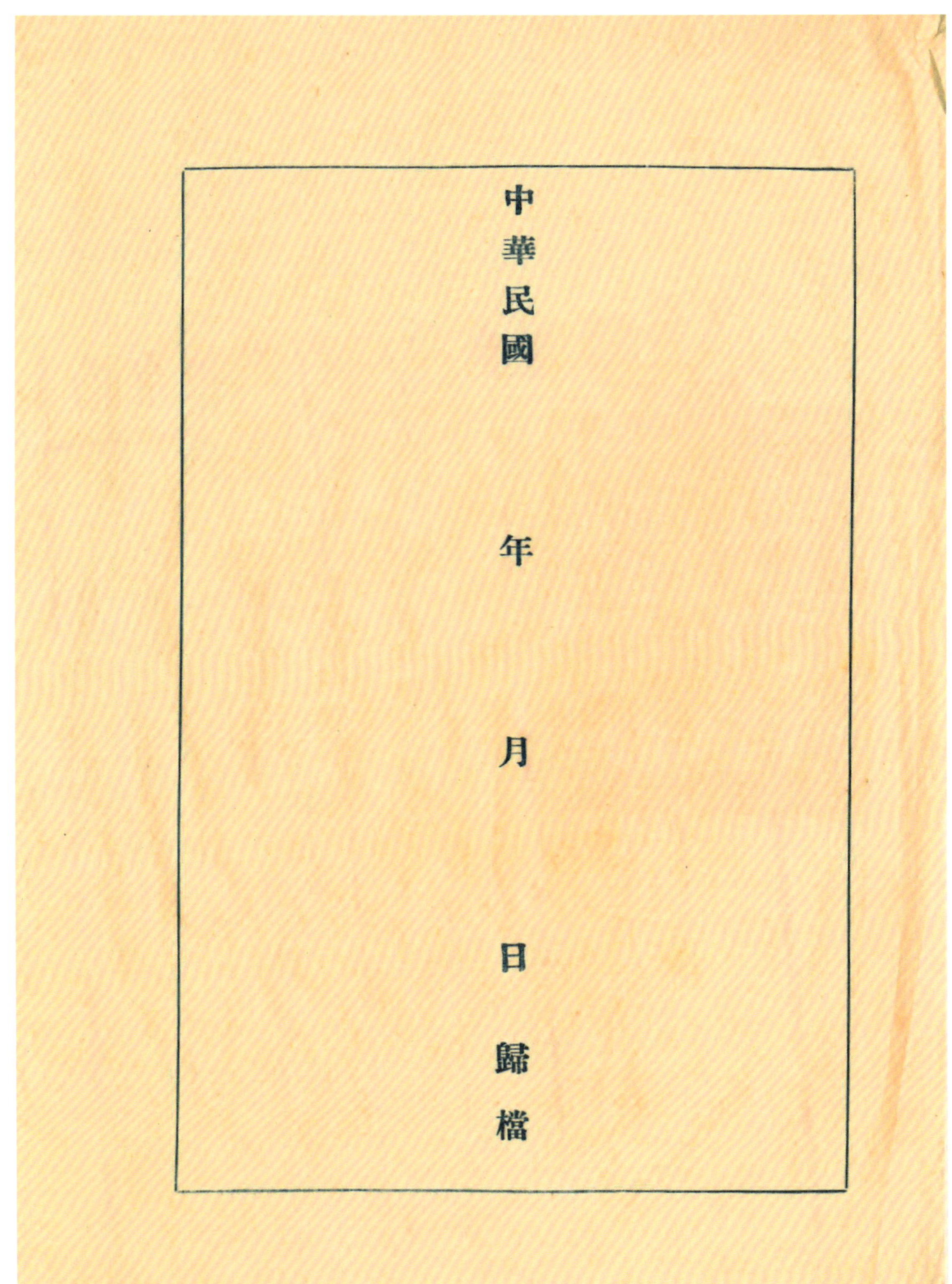

中華民國　　年　　月　　日歸檔

南京警备司令部为京杭镇防空联合演习事致陵园警备区马湘密令（一九三五年十一月二十七日）

南京警備司令部密令 參字第 號

令陵園警衛區馬湘 1813

案准

軍事委員會防空委員會防空字一五八六號密函開：

「查本年度京杭鎮防空聯合演習，業

令配備完畢，定本年十一月廿八日起演習至十一月三十日止，除演習經過另行規定分

別頒發有關機關外，相應密請查照並希轉飭所屬機關」

等由。准此，除分行外，合行令仰該區轉飭所屬知照。此令。

中華民國二十四年十一月 日

司令 谷正倫

南京警备司令部为送防空演习举行时拟定防空警报号音事致陵园警备区马湘密令（一九三五年十一月二十七日）

南京警備司令部密令

令陵園警備區馬湘　1814

案准

軍事委員會防空委員會防三字（一五七三）號密函開：

查本年度防空演習舉行時，擬定防空警報號音，

經奉

軍事委員會核定准予試用，並由軍政部通令施行在案，自應遵辦，除警報機關另設警報器外，相應檢附號音，送請查照轉飭各該防空部隊試用為荷。

等由。准此，除分令外，合行檢同警報號音，令仰該區轉飭所屬遵照。此令

附發防空警報號音一紙

中華民國二十四年十一月廿七日

司令官　谷正倫

首都防空演习陵园警备区报告书（一九三五年十二月五日）

刊十二五

首都防空演習陵園警備區報告書

一、演習地點：總理陵園

二、演習時間：

廿八夜八時十五分起至九時零一分止。

廿九日下午三時卅五分起至四時廿八分止。

廿九夜八時十五分起至九時十五分止。

三十日上午八時五十五分起至十時零五分止。

三、演習人員：本區參加防演習人員計有官佐衛士學生工友及各機關民衆團体，共六百三十一人。

四、演習想定：總理陵墓、區內各机關及偉大建築物、新村委員公館及鄉村居民，本區皆負有保護之責，故事先已擬定警備計劃，呈送核備，以為實施步驟，而達保護之目的。至關于鄉村方面，則勸諭每村組織防護團一團，並以各管村長為指導員，指導民衆挖掘地洞，以為避飛之所，此外如防空應設備之事件，無不在可範圍內，指導酌量設備，以資防護。

五、籌備配置之：本區為保護陵園安全計，於總理陵墓、各重要建築物以及新村委員公館，均派步哨班，并於陵墓前及交通地点，派交通糾察班，如係重要路口，則設複哨，或稽查班，或便衣偵探班，至巡查班則專任梭巡各馬路，並設灯火管制糾察班於各鄉村，而司灯火管制事宜，以上所述，乃事前準備配置之情形也。

六、演習實施經過：每次警報參加人員皆遵令迅速執行職務而卅八夜一三一三號汽車夫彭祥泰，馳驟車輛，破壞防空秩序，當即拘罰違法開釋。廿九日，查見中山门外簡易小學校，在緊急警報時，尚有小學生數十人，在該校操場觀看，並有少數行人站立路旁，有礙防空秩序，當即分別勸告避開，以免危險。又至廿八廿九兩夜，貴遠族學校，及新村以館，業經燈火管制，極力勸導，間有燈火透出戶外。

七、演習心得及意見：此次首都防空演習，本區經依照頒發方案實施，就演習實際經過情形觀察，交通及燈火管制方面，雖有缺點，但比較前次防空演習，進步殊多，倘能多加演習，或多事宣傳，使全國各地民眾，皆能從事防空，上下一致，如此，則縱有敵機來襲，想亦能

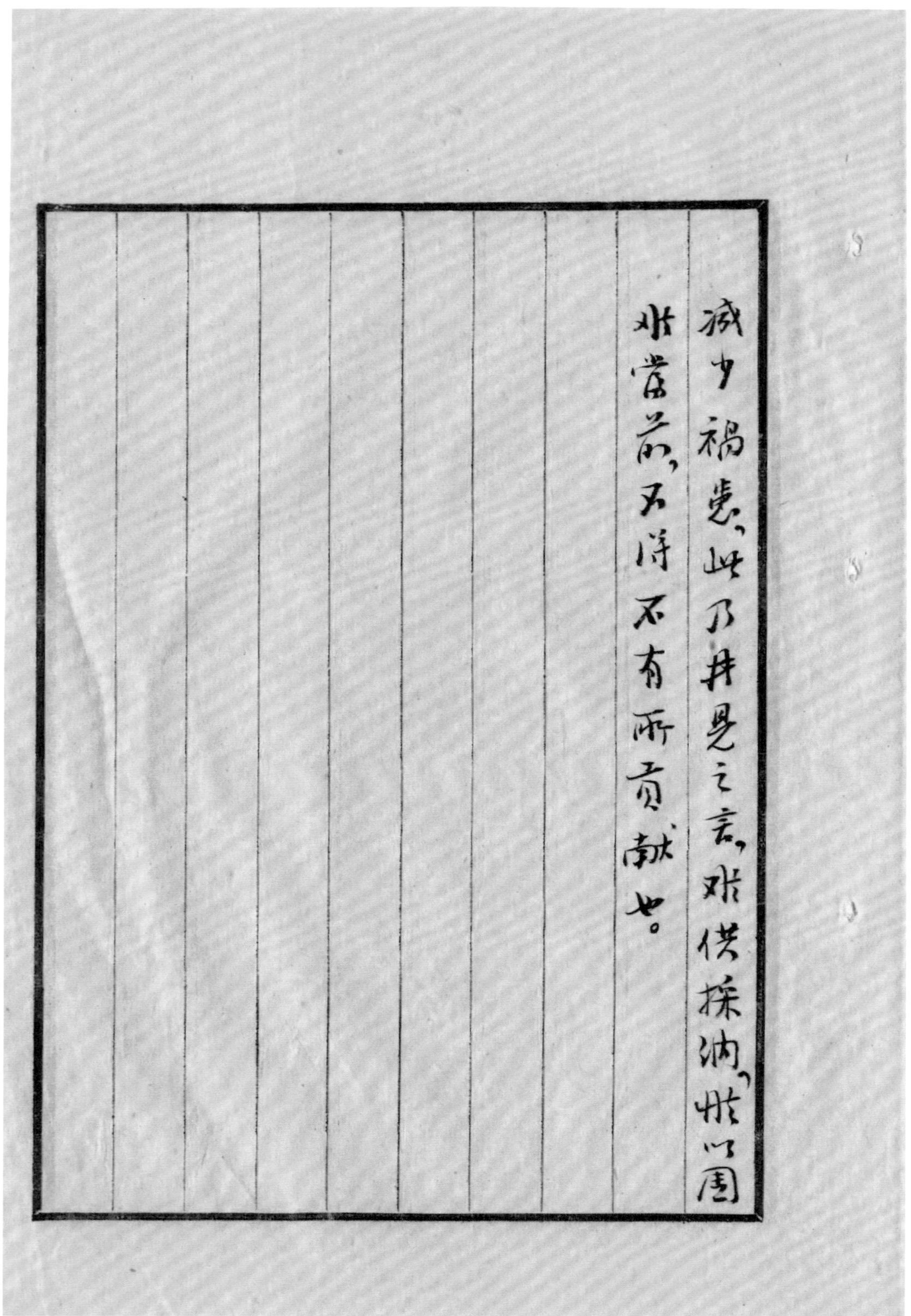

减少祸患，此乃井是之言，难供採纳，惟以国难当前，不得不有所贡献也。

南京警备司令部参谋处为发一九三五年度京杭镇联合防空演习南京警备司令部评判总报告书致总理陵园管理委员会警卫处密函（一九三六年一月七日）

附：一九三五年度京杭镇联合防空演习南京警备司令部评判总报告书

南京警備司令部密函

事由	擬辦	決定辦法	備考
密	擬閱存卷 范贊 一、八	特判存卷 一、八	

附件

收文 字第 號

字第 號 年 月 日 時到

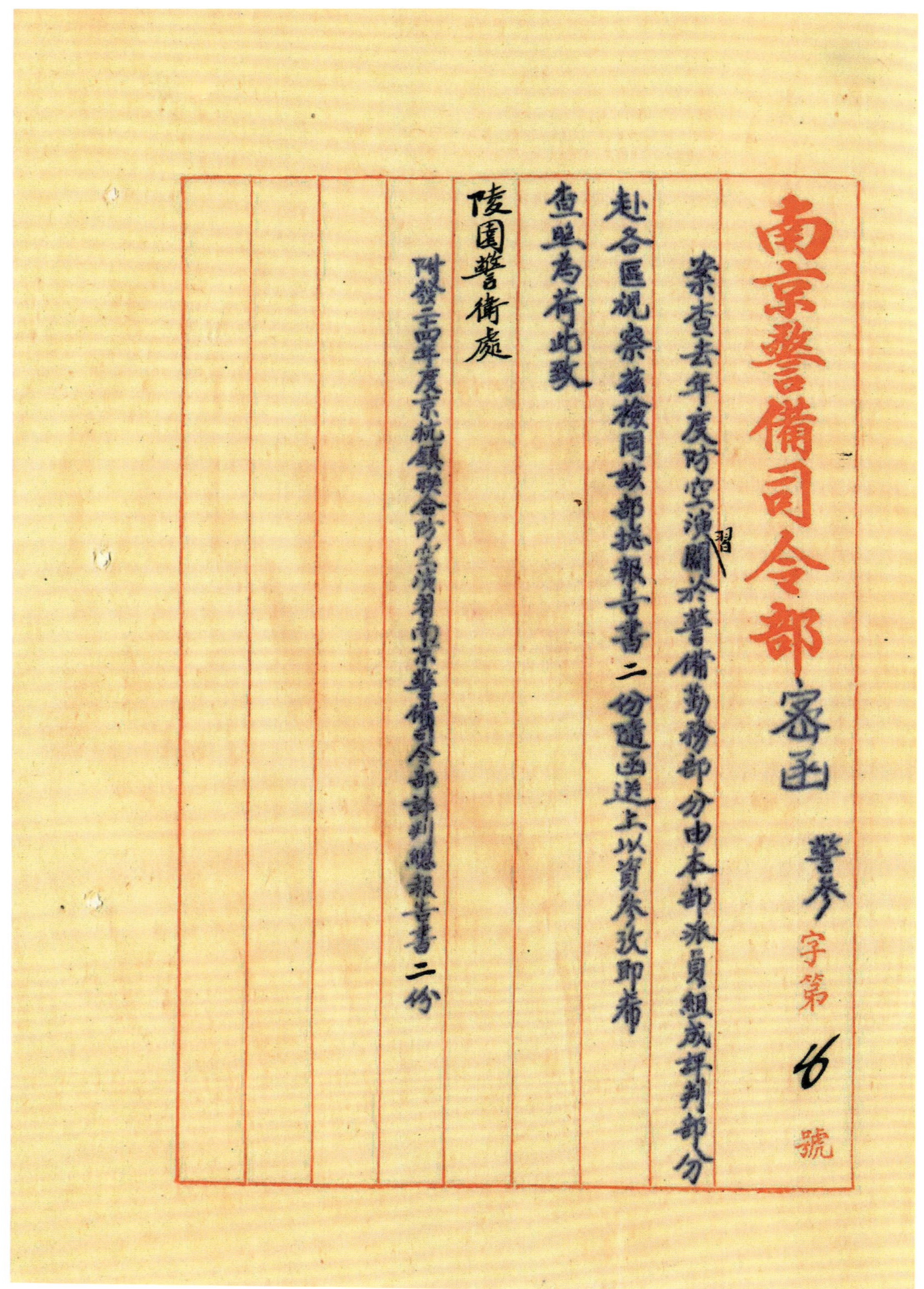

南京警備司令部密函 警參字第16號

案查去年度防空演習關於警備勤務部分由本部派員組成評判部分赴各區視察茲檢同該部擬報告書二份隨函送上以資參考即希

查照為荷此致

陵園警備處

附發二十四年度京杭鎮聯合防空演習南京警備司令部評判總報告書二份

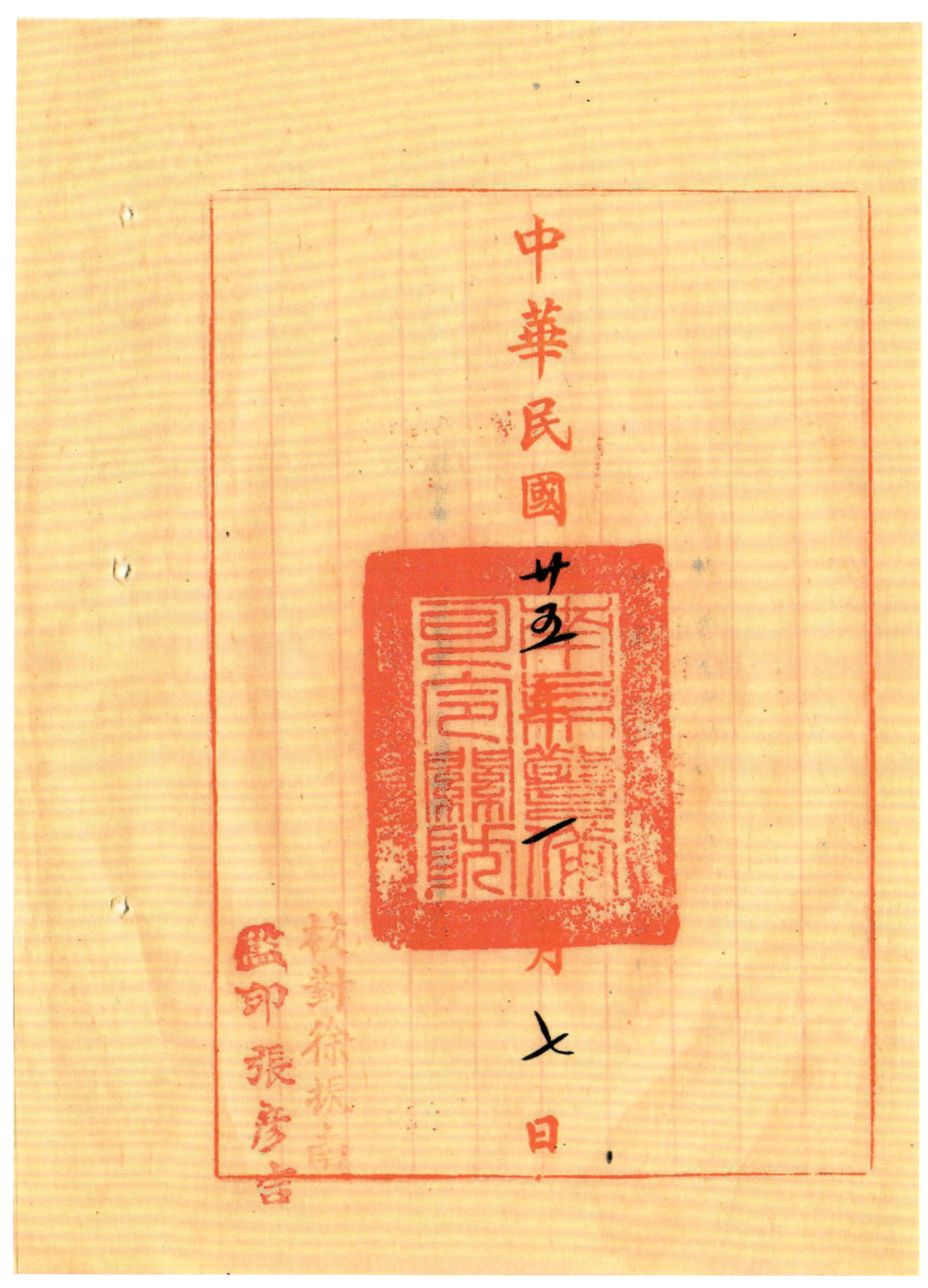

中華民國廿五年一月七日

校對徐枋[illegible]

監印張彥[illegible]

密存

二十四年度京杭镇
澄会防空演习
南京警备司令部评判总报告书

二十四年度京杭鎮聯合防空演習南京警備司令部評判總報告書

本年度防空演習，在首都已屬第二次，如此次演習範圍之擴大，各項設備之增進，參加人員之衆多，各種計畫之周密，較之上屆實有長足之進步，然按諸實際，尚未有能令人滿意者。查防空演習計畫方針有云：「並使軍民認清演習係實戰之表現，應急為自衛之防護，更將敵機轟炸之慘酷，務令逼真，使民衆咸有深刻之印象，自動而為防空事業上之建設」，而此次演習，民衆仍漠不關心，缺乏實戰觀念，對於本身毫無自動防護之準備，對於演習亦無協助合作之精神，實為此次演習之最大缺點，而我警備部隊，亦未能盡量協助，切實糾正，亦屬遺憾。但此次演習各員生兵，均能精神煥發，熱心從事，尤以集訓學生及童子軍之熱烈參加警備工作，實為最難能可貴之收獲，而遠勝于上屆者也。茲將此次感想及所見，研究于下，以供各部隊之參考，而留待尔後演習之改進焉

一、警備計畫

計劃之作為，即係依據方針，而籌劃各種必要之措置也，故無論作何事件必須先立周密之計劃，庶于實施時，始能有條不紊，從容應付。查此次防空演習，各區計劃，僅城廂區計劃頗為周密詳盡，其他各區，則僅寥寥數條，甚有未予呈出者，希望此後負責人員，務須注意為要。

二、警備地區之劃分

此次演習，對於地區之劃分，經多次之研究及顧慮實際，始行決定，而京郊第四區，雖有警備隊之區分，而其地區未予明確規定，頗有責任不明，指揮不便之缺憾，而城廂以下各區係顧慮憲警平時管區，而適當劃分之，但於實施時，仍有習慣上不便之感覺，關於此點，頗希望憲警雙方當局此後協商妥當之辦法，以適應事實上之要求

三、警備兵力

1.城廂区共約四千餘名

A.憲兵　不足一千名

B.警察　約一千餘名（實際編入警備部隊者每局約三四十名）

C.軍訓學生童子軍　約一千五百名

2.近郊区　約三百餘名（憲兵大部未參加）

3.陵園区　約二百餘名

4.遠郊一区　約一百餘名

5.遠郊二区　約二百名

6.總預備隊　約六百餘名

7.江面警備区　約五十名小型巡艇一隻

總計　約六千餘名（内軍訓學生童子軍無武器）

以本部警備地区之遼濶，首都之重要，僅此区区兵力，實嫌不敷，至少須增加

二三倍，方能確實達成，警備之任務

各警局對於參加警備之兵力特少，忽略其本身之重要任務，殊欠適當

四、警備行動

1.憲警協助尚不密切一致

2.演習人員防空智識尚欠訓練

3.其餘詳各組報告書

五、通信聯絡

1.因器材缺乏，以致軍用電話網難如期構成，各隊間仍使用普通電話，或竟無法通信，而利用郵局同時軍用電話亦殊欠清楚

2.其他補助材料，如机踏車，自行車等，均付闕如，若在實戰時電話易生故障，故對於各種補助手段，不可不盡力講求之

附各組報告書

第一組

二十八日　城東警備隊警備特別演習

一、日期　本日午時

二、地點　西華門附近

三、想定　如另紙

四、演習經過　如另紙

五、所見

A　侵入軍

1.化裝各色人等尚屬逼真精神頗佳惟欠缺訓練及兩隊間之連絡

2.甲便衣隊隊長無統一指揮由各班自由行動以致毫無聯絡呼應不靈被城東警備隊各個擊破

3.乙便衣隊隊長指揮頗稱適當其運用上亦極合戰術原則常以佯攻

之手段處處牽制及眩惑敵軍以有利主力方面之行動

4.乙便衣隊隊員均能利用地物及黑暗分散隱蔽分段躍進動作頗為[illegible]當甲便衣隊隊員則竟以密集隊伍行動目標既大以致招受敵方之射擊損失重大同時容易被敵包圍殲滅

5.便衣隊應於事先偵察敵步哨位置及其附近之電話於發動時首先將其破壞以切斷其與本隊間之通信同時務必將該步哨殲滅以免歸路斷絕及首尾不能兼顧之虞可見事先無周密之計劃

B.城東警備隊

1.隊部空氣緊張官兵精神興奮但稍欠整肅

2.門崗僅一人似嫌單薄

3.官長服裝應着馬靴或綁腿當細雨霏霏道路泥濘長腳褲行動較為艱難

4.該部電話雖派有專人接聽但未加以記錄

5.傳達方法雖以電話為最便捷但應講求其他補助方法以資準備如腳踏車等

6.隊長行動尚稱適當

7.警備配置尚為適宜

8.對便衣隊之作戰與實際情形不相合且欠缺方法

9.對於電廠汽車公司內部及外部警備尚嚴密適當

10.步哨聲音嘈雜有易被敵探知我位置兵力並招致損害之不利

11.步哨被敵眩惑應付不沉着以致縱敵主力易容透入

12.押解人犯耗費兵力過多

13.使用電筒應時明時熄並時常變更行動路線以免被敵識破此層大多未能注意

14、憲警協同尚不嚴密且各崗警尚有不知今日有特別演習而置身事外者

二十九日（十五時／二十時）視察城東北警備區

三十日 九時

一、事前各部隊均缺乏準備

二、指揮未能絕對統一號令亦欠嚴肅

三、各處羣衆圍觀看熱鬧各警備員并未能按照本方案第六章第十一條第二項規定實施殊為此次演習之最大缺點

四、步哨配備尚欠均匀如軍訓學生及童子軍應配置於責任稍小之地點並於重要地點憲警應感責任之重大自身擔負之不可多推諉於學生及童軍

五、軍訓學生童子軍其年齡較小者取締民衆不合演習規定多不生効力故必須多加憲警或年齡較大之學生

六、軍訓學生及童子軍雖有熱心，但對於本身任務未能徹底明瞭，防空智識亦欠充分，以後須多加以訓練。

七、崗哨在日間應視能機敏動作活潑，尤於燈火管制時間更應利用地物採取適當低矮姿勢透視四週，此層均欠缺訓練。

八、各街口及衝要地點均未設置檢查班，亦未見任何憲警實施其檢查任務。

九、各街道均未發現巡查班之蹤跡，僅太平路一處有憲兵三人形同巡查，但精神殊不振作。

十、演習狀況以兵工廠爲最，將車輛停止間驅使行人逃入避難所情景尚真，鼓樓新街口等處次之，以大行宮太平路最爲混亂，執行各種勤務人員均視若無睹。

十一、各崗哨於燈火管制時檢查行人及車輛，應以一人盤詰實行之，其餘則仍各按任務不動，不因一案而全部對付之，而忽視其他方面之變故。

十二、兵工廠及鼓樓附近憲兵兵力太少。

十三、城北警備隊隊部於灯火管制时熄燈甚遲（此时敵機声音已清晰可聞）樓上聲音嘈雜以後宜加注意約束

十四、敵機空襲时各警備員兵多仰視天空而忽略地面上之注意

十五、警備員兵一般精神尚佳出動亦迅速

十六、警備員兵對於燈火及交通管制未能儘量協助各該大隊執行之

十七、警備員兵有肩槍及背槍者殊不一致應以肩槍為適當

第二組

十九日（午後三時至四時）

一、內橋北端市民約四十八圍觀熱鬧，無人驅散，且有坐人力車之警察七八名亦常往進，當時熙來攘往情形不減平日

二、朝天宮建鄴路西頭及內橋附近，哨兵殊罕見，巡查雖偏然，居民較多且較複雜，尤以朝天宮為最，警備似欠周密

三、中華路南頭街道兩側之人群戶外圍觀，聚集同觀看熱鬧，毫無緊張狀態，尤以哨兵執紅旗標明投彈處所，群眾聚集為多，足徵缺乏宣傳，故市民防空常識薄弱

（午後八時半至十時）

一、新街口兩側電桿電線被敵機破壞，迨解除警報黃昏後之孩童嬉嬉而來

二、交通銀行樓上有二窗戶燈光，又時明滅，始終未熄

三、中華門城樓上原有警鐘，當時未聞發佈緊急警報，且城樓上燈光閃爍

急警報發出約五分鐘後始熄滅

四、中華門附近秦淮河南岸燈火熒熒，接映水光，沿河盡含歷歷在目

三十日下午九時至十時

一、中華路南頭及其城外行人殊为擁擠，車輛照常通行，據云是日演習並未完全斷絕交通，重在指導市民當有規則的行動等語，試問演習時急警報已到何種時機，果如所云則無須交通管制，大概亦設置可視察人員所乘之車輛亦無須通行證，要有規則的行動足矣，因如當時情形混亂，因中華門外交叉路口未曾見有憲兵以致無由視察警備部署，旋聞新街口地方憲兵要管制交通，警察要維持交通，幾乎衝突，其協助之精神亦可由此而推想，此後須多演習使其徹解防空意義逐漸增加防空上之經驗

六、太平路以南大行宮附近滿載乘客之公共汽車受交通管制停止一處計有六輛是時敵機飛在空中投彈萬一命中當完全爆破

三、新街口廣場防空部隊過於密集且不時運動不獨促敵機之注意且為其良好之轟炸目標

四、此次演習憲警軍訓學生童子軍因無統一指揮各自配備之故眾寡不均有則十餘人麕集一處無則沿途千餘公尺之距離不見一人嗣後此遇演習應將憲警配於重要街道軍訓學生及童子軍則在憲警指揮之下配於次要街道為宜

第三组

二十九日 卅日

一、汽車通行証去(二十三)年防空演習時初係貼於風窗上後因晚間燈火管制時不能看見常被阻止通行遂改貼於右邊之燈上(因交通警察在路之中央容易看見)不料今年仍規定貼於風窗上致踏由緩撤此後演習時應加改正

二、日间緊急警報發出後自中山路至下關途有通行証者外其餘交通完全斷絕並勸告行人在屋簷下行走故秩序甚佳而城中如大行宮太平路(此帶車輛仍照常行駛人民亦羣集一處看熱鬧)致毫無表示秩序甚壞其實為要使人民對防空有深刻印象計在緊急警報發出後須照下關一帶辦法

三、救護今年防空演習有避難所之設立除少數避難所(如夫子廟前新大戲院)實行演習避難外餘均等於虛設嗣後演習時緊急警報發出後應勸令或強制行人進入避難所藉以減少目標而免敵機危害

四、秦淮河及惠民河内須顧專船管制燈火以免遥喊雜燈不熄

五、凡較高處所須設監視哨以防漢奸在屋上以信號燈與敵機聯絡

六、今年演習時對於電筒仍任意使用且有對空射照者此後對於手電筒使用應有嚴格限制如左

(一)絶對禁止人民使用手電筒

(二)限制演習人員使用手電筒

七、救護女子身穿白衣目標甚大此後演習時應改着藍布衣服爲宜

八、各隊分區出動較去年進步但既有警備配置圖於空襲警報後下達命令而非遷就當地似乎機械

九、除橋樑十字路口丁字路口外街中步哨不知遊動致有監視不週並欠靈活之慨

十、步哨不知面向屋頂警戒而仍面向快車道殊屬失當

警卫处马湘为南京警备司令部封锁地段及本处执行警备情形事致总理陵园管理委员会呈文（一九三六年一月二十三日）

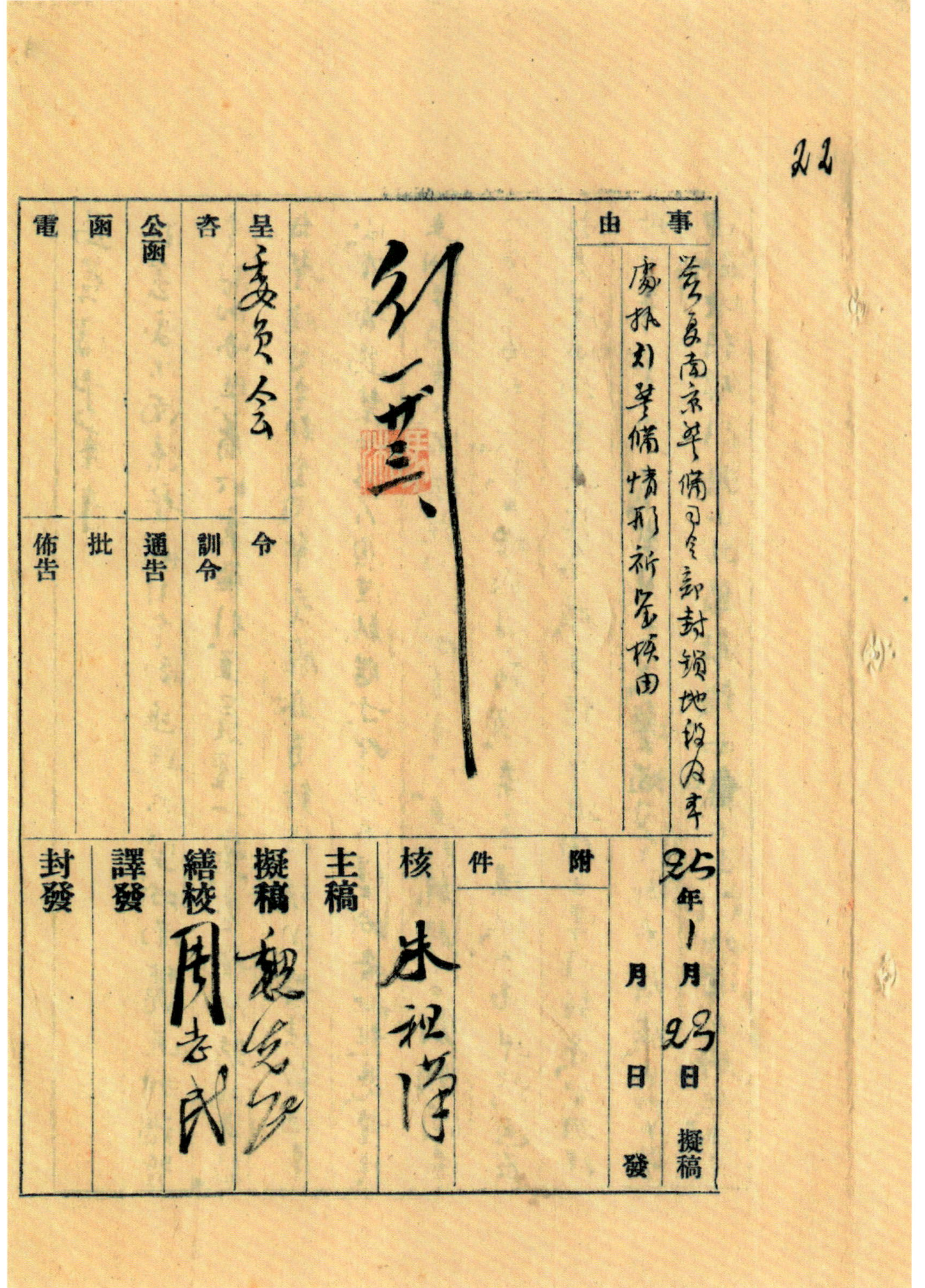

22

事由：為复南京警備司令部封鎖地段及本處執行警備情形祈鑒核由

呈 委员会

公函 咨 函 電

令 訓令 通告 批 佈告

25年1月23日擬稿

月 日發

附件

核 朱祖澤

主稿

擬稿 [illegible]

繕校 周志民

譯發

封發

為呈復事，案奉

鈞會令下南京警備司令部函送天堡城南麓道封鎖暫定臨時办法，着切實施行，並簽復一案，查環陵路明孝陵段，自警備司令部會同警察廳派員釘設鐵網將該路阻塞以，本處為禁止遊人由過龍脖子，登臨天堡城各地起見，業經在明孝陵東北，石像路附近，配置步哨，並於龍脖子龍頸間暨小營等處登山小路，增派遊動哨，晝夜梭巡，又為警備週密起見，茅山頂奉安紀念館，亦經派遣衛士常川駐守，分班梭巡茲峯茅山一帶。本月二十日，警備司令部參謀處，又以口头通知，決將環陵路山北段封鎖，西自太平門外墳子脚起東至馬群止，禁止車輛往來，徒步行人，仍可通過，當以該地段係屬陵園範圍，現由本處派衛士担任禁止車輛往來之責，至于諸墓加派崗位，所需用崗亭，已經籌備司令部允許籌款建築，而備應用，現查埂子腳鐵柵業已動工，馬群鐵柵，則未建築，又関于開墓區內住民之處理，前經由本處擬就通行証樣本，呈

請

鈞會核轉送南京市籌備司令部查照，函復照准，現已付印，一俟印就，即可分發開墓區內住民，以資通行，而重警衛，所有封鎖地點，及本處執行籌備情形，理合備文呈復

鈞會敬祈

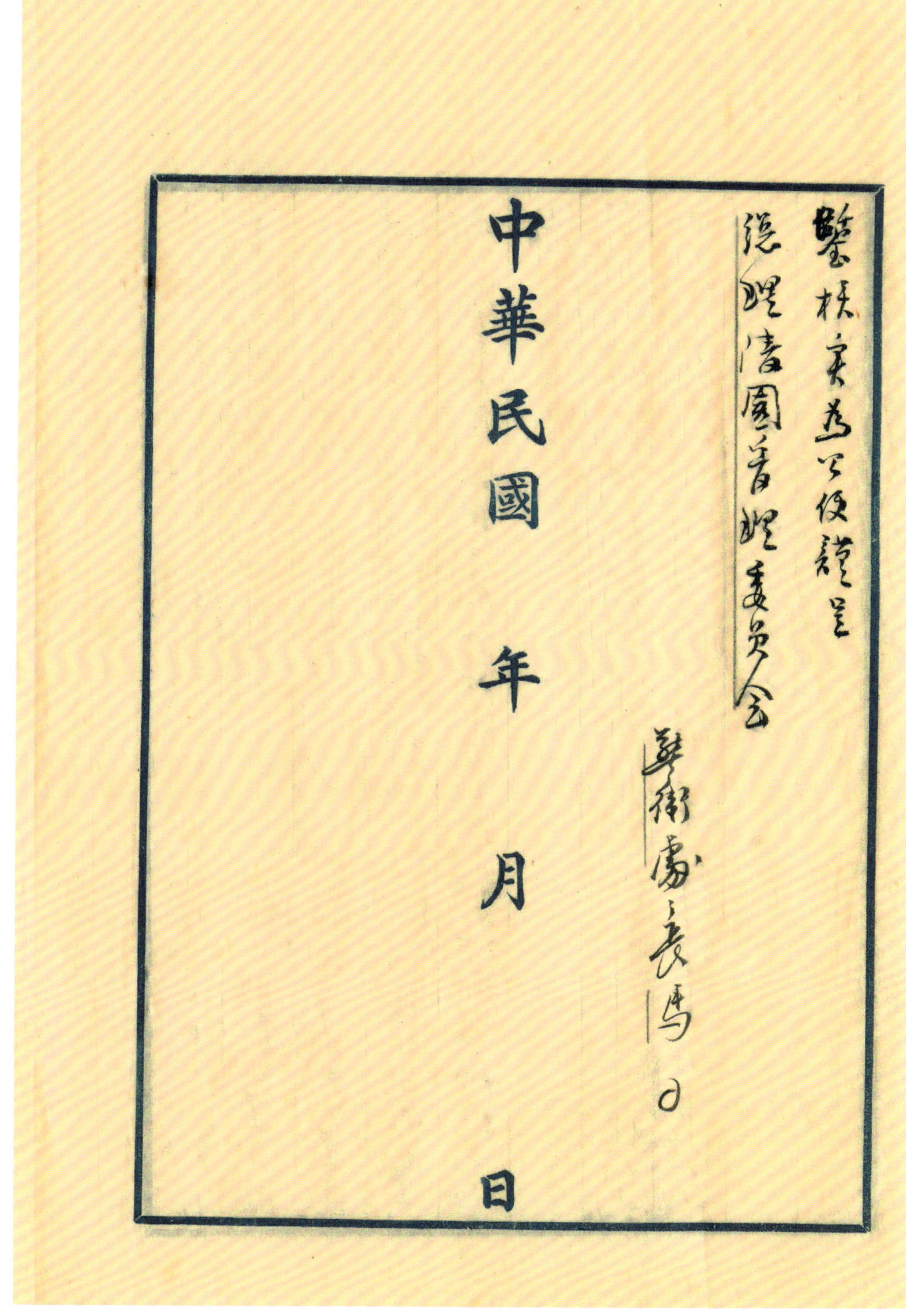
鑒核實為公便謹呈

總理陵園管理委員會

警衛處處長馬

中華民國　年　月　日

国民政府行政院为首都举行统制交通演习致总理陵园管理委员会训令（一九三六年三月六日）

附：首都公务人员车辆统制演习计划

国民政府行政院训令

令总理陵园

查统制交通，关系重要，兹规定三月八日首都举行统制交通演习，该员所乘之第四乙三号汽车，应于是日上午八时开到小营操场参加演习，事关统制，仰切实遵照为要，此令。

附发演习计划一份

院长 蒋中正

中华民国二十五年三月 六 日

首都公務人員車輛統制演習計劃

一、目的　在使公務人員乘用汽車、及司機、於緊急時徵用、得以迅速集中向指定地点補足所要之兵力。

二、演習部隊及車輛：

甲、演習車輛、將公務人員車輛徵用三百輛至四百輛。以補足一團為標準。按市府冊內登記者、臨時令調之。

乙、演習部隊、指定憲兵一團、由憲兵司令部調派

丙、演習指導人員、由交通兵學校指派之。

三、準備

甲、演習部隊、憲兵補充團。

乙、演習油料　由車主裝足汽車八加侖外加機油二分之一加侖。

四、時間　三月八日。（星期日）上午九時。（約下午三時完畢）雨雪停止

五、地區　南京烏龍山間。

六、演習想定　另令定之。

七、演習項目：

甲、汽車之動員。

乙、汽車之集中。

丙、汽車縱隊之編成（按汽車號目編造、編至一個單位內）

丁、演習部隊乘車、與下車。

戊、汽車縱隊之指揮。

6、汽車縱隊之引導。

八、車輛集合場之規定、小營大操場。

九、指導之注意：

1、乘車場之秩序。

2、部隊乘車及下車。

3、對空警戒。

4、前進時、車間、隊間、之距離、及速度。

5、下車場之選定。

6、途中車輛損壞時之處置。

十、交通之統制：

1、演習地區、道路上派交通兵一連，担任維持交通之整理及秩序

2、非縱隊之車輛、不得停留道路上。

十一、通信聯絡　得利用公路長途電話。

十二、給養　部隊官兵自行携帶乾糧、　司機伙食由車主備付

南京警备司令部为教导总队演习期间除龙脖子路不准通过外其他南京东郊各军路准予无通行证通过致各级队长令
（一九三六年六月十日）

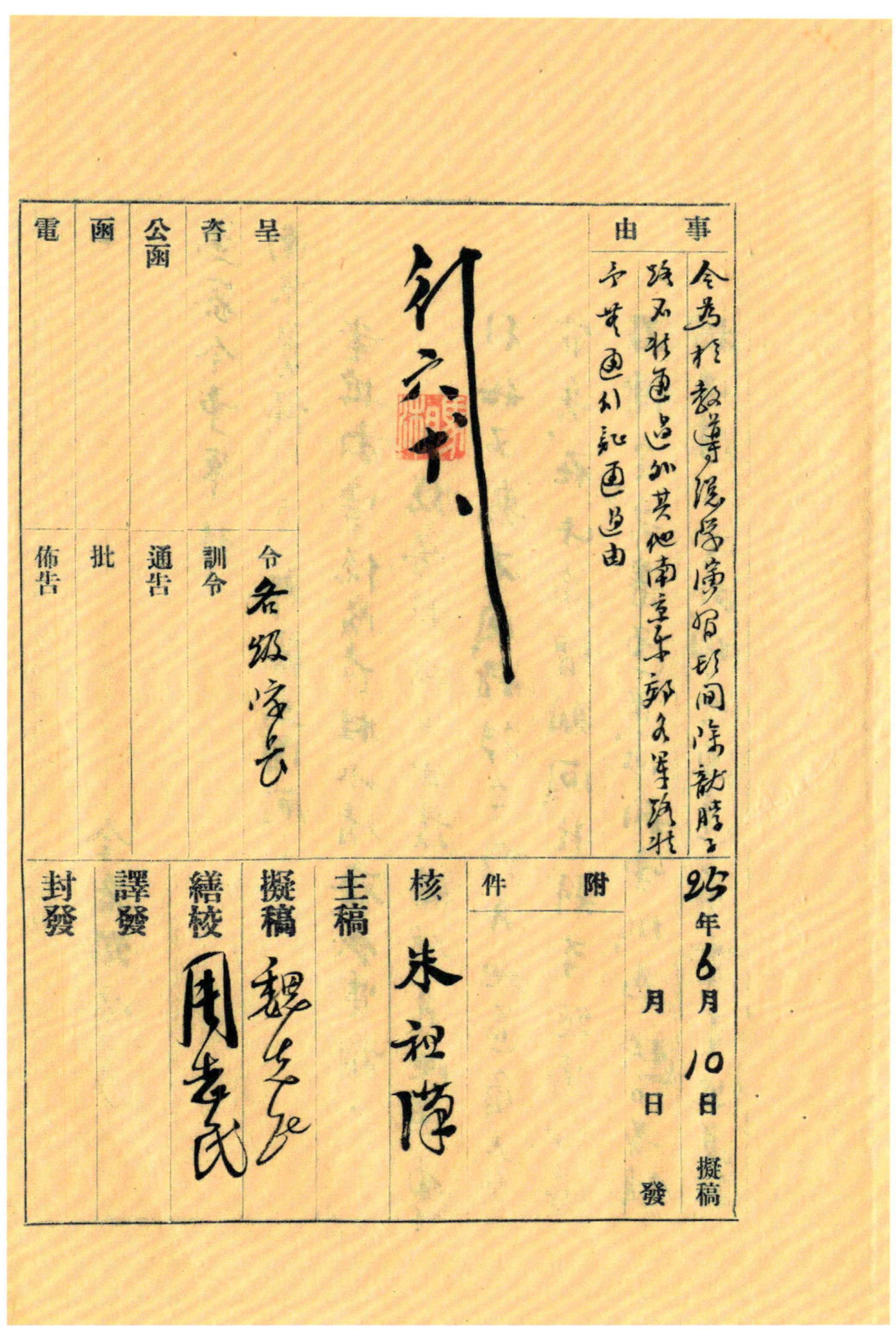

事由：令為在教導總隊演習期間除龍脖子路不准通過外其他南京東郊各軍路准予無通行證通過由

呈　咨　公函　函　電

令　各級隊長

訓令　通告　批　佈告

25年6月10日擬稿

月　日發

附件

核

主稿

擬稿

繕校

譯發

封發

令各級隊長

為密令事案准

南京警備司令部密函內開：

「案據教導總隊長桂永清齊辰電稱：

『本總隊於皓日出發演習各地區，通

行訊不敷應用，請轉令飭各地區負責

官兵，在此演習期間，准許本總隊部隊

及傳令官兵等通過，以利事機，為禱』。等情

據此，除分令外，相應函達貴處查照，並轉

飭所屬守衛部隊，於教導總隊演習期間，僅就勝子道路（即環陵路明年段）不准通過外，其他南京東郊各軍路，皆予無通行証通過爲荷。

等由准此，合亟密令各級隊長遵照，並飭屬巡山衛士知照，於教導總隊演習期間，僅就勝子道路（即環陵路明年段）不准通過外，其他南京東郊各軍路，皆予無通行証通過，爲要。此令。

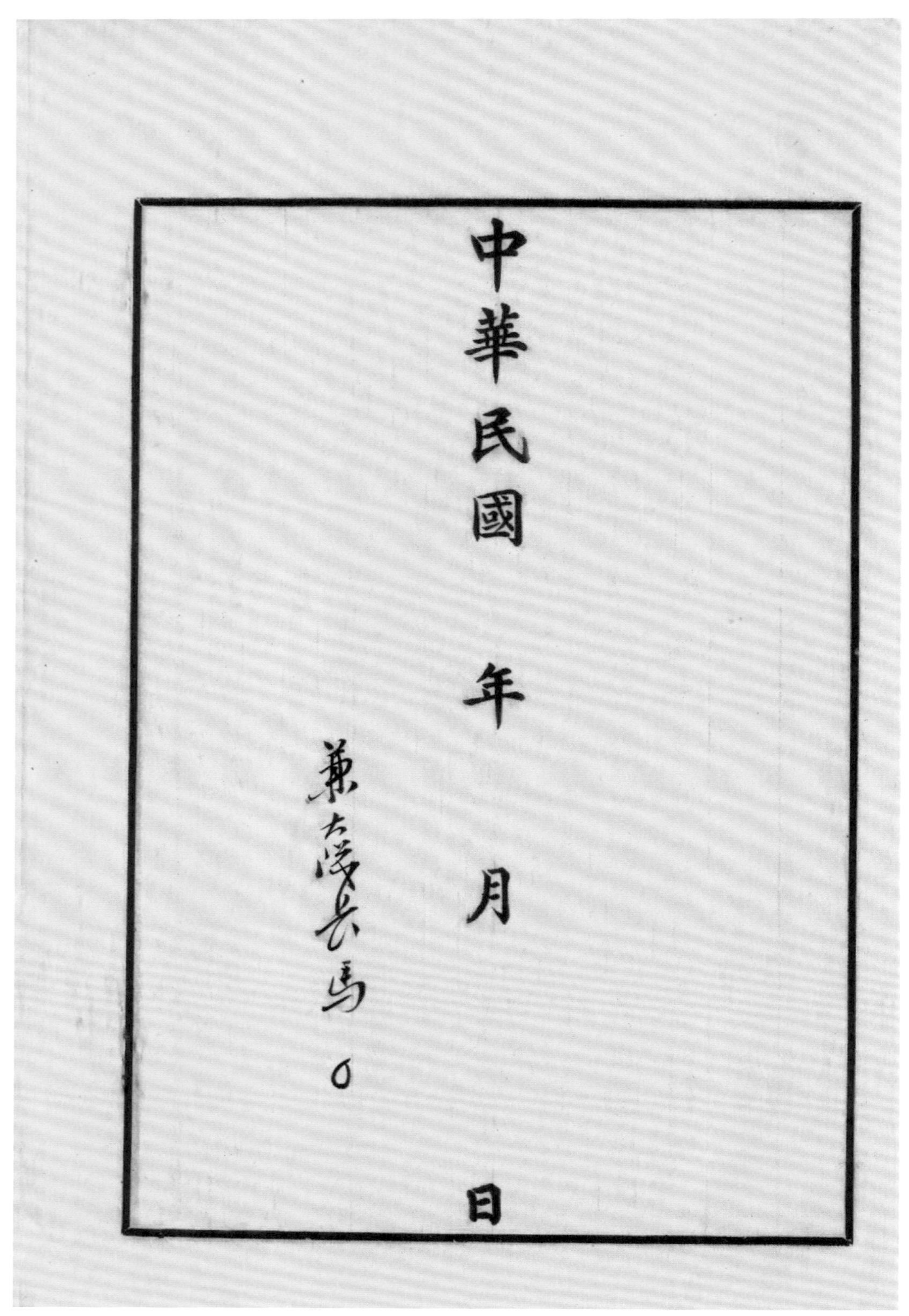

中華民國　年　月　日

兼大隊長馬〇

南京警备司令部为检送防空警报信号致总理陵园管理委员会警卫处公函（一九三六年六月二十九日）

附：首都各军事机关学校部队演习通报表（一九三六年六月一日、三日、十一日、三十日）

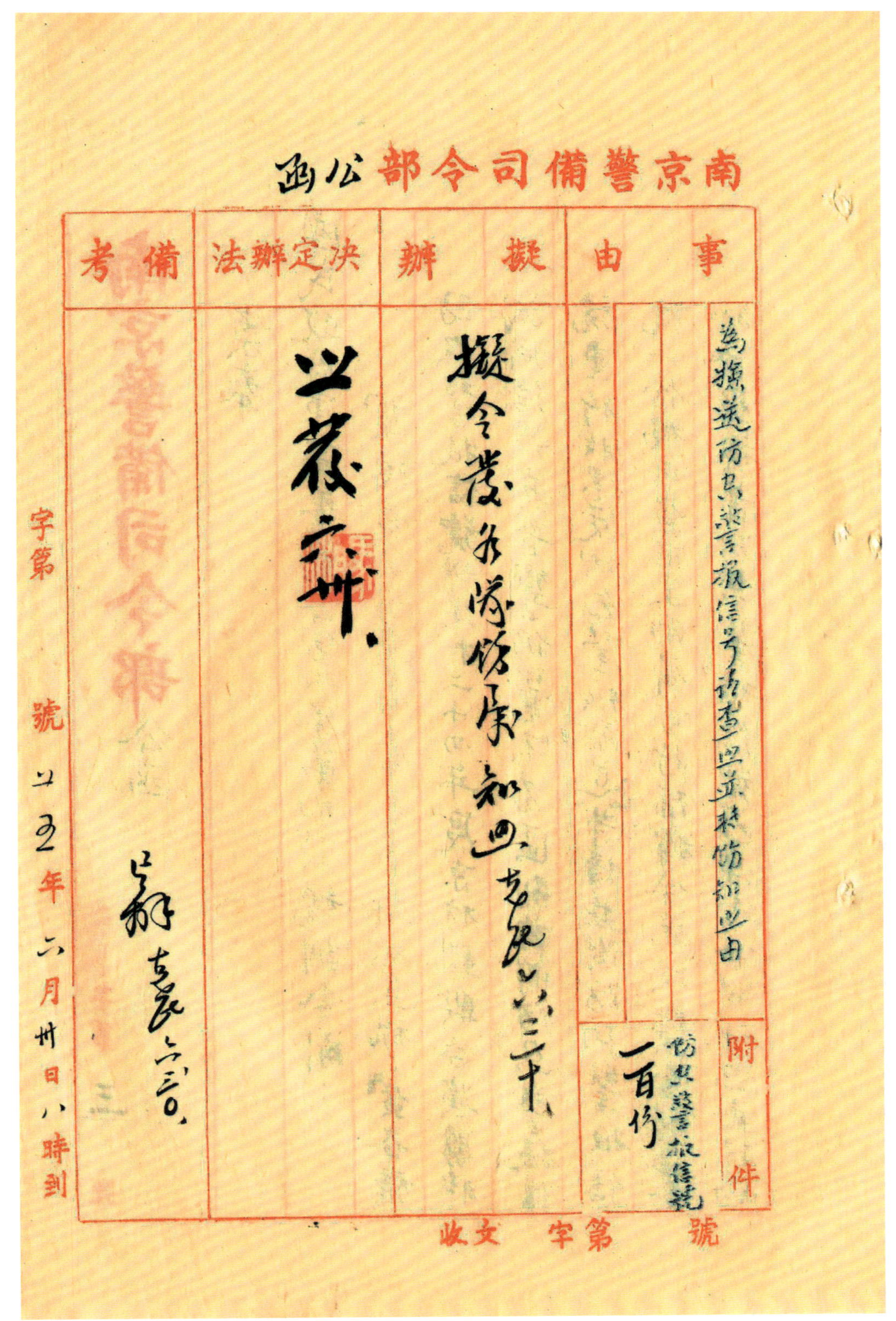
南京警備司令部公函

事由：為撿送防空警報信号請查照並轉飭知照由

附件：防空警報信號一百份

擬辦：擬令發各隊防處知照。

決定辦法：以發辦。

字第　號

廿五年六月卅日八時到

南京警備司令部公函

警防字第三號

案奉

國民政府軍事委員会防二字第九一一號訓令開：

「案據本会防空處處長黄鎮球呈称：『查各種防空警報信號規定於二十四年度京杭鎮聯合演習時試用結果，其音響仍覺不易區别，兹將防空警報信號重行釐定，伏乞鑒核示遵』等情，並附防空警報信號一份。據此，查所呈尚屬可行，除指令照准暨分别函令外，合亟檢發防空警報信號乙份，令仰知照，並轉飭所屬一体知照為要。此令。

等因。附發防空警報信號，等由。除分別函令外，相應檢

發防空警報信號一百份，函請

查照為荷。

此致

陵園管理委員會警衛處

附防空警報信號一百份

中華民國廿五年六月廿九日

首都各軍事機關學校部隊演習通報表

机關學校部隊名称	人員 指揮官	人員 參加者	地點	起訖日時	課目	備註
中央軍校	營長 李士奇	空軍入伍生營	徐坟將坟一帶	星期一二 六月一二日夜	夜間演習	

憲兵司令部警務處
六月一日

已通知 知照 袁 六、二、

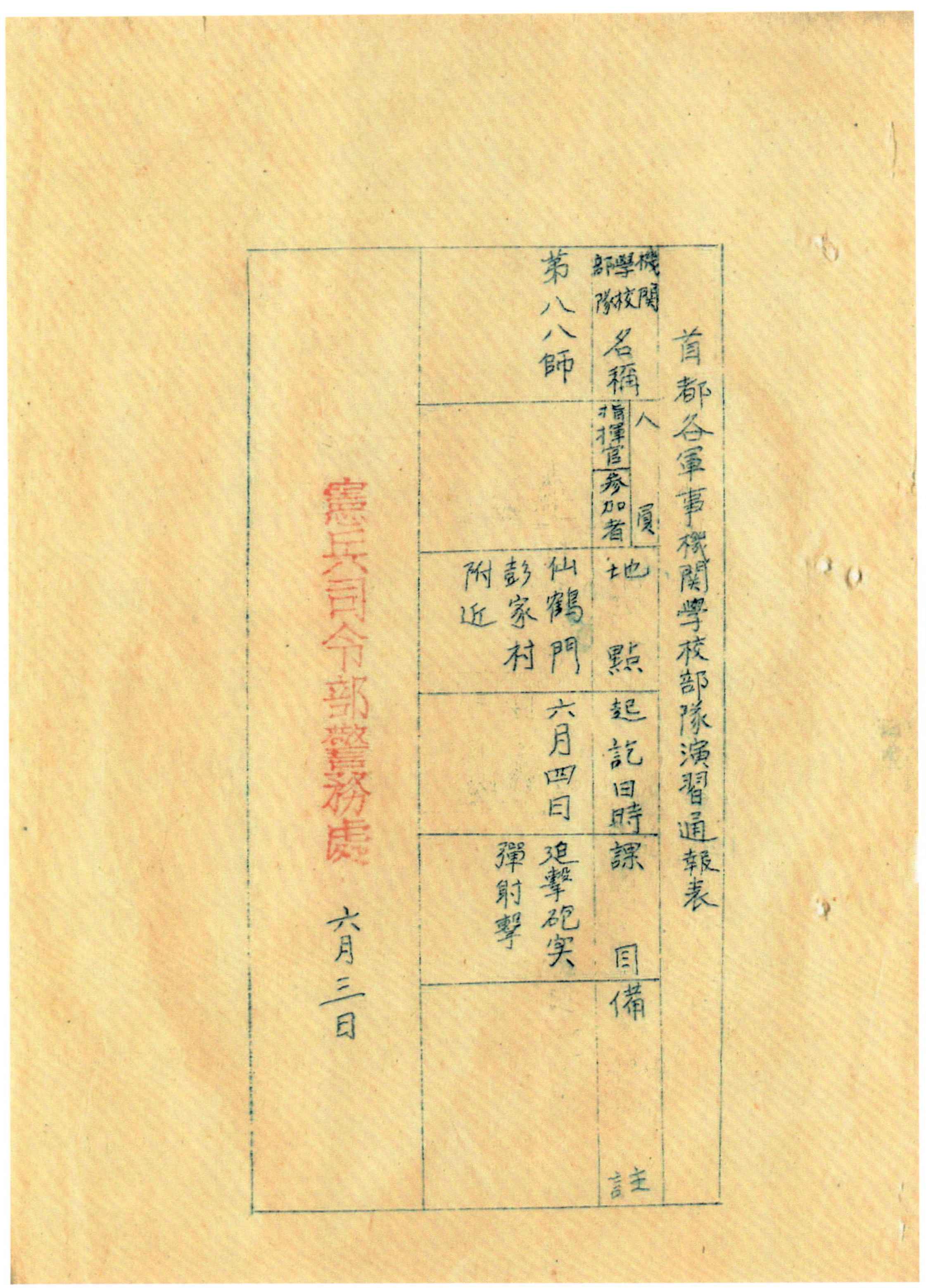

首都各軍事機關學校部隊演習通報表

機關學校部隊名稱	人員		地點	起訖日時	課目	備註
	指揮官	參加者				
第八八師			仙鶴門彭家村附近	六月四日	迫擊砲实彈射擊	

憲兵司令部警務處

六月三日

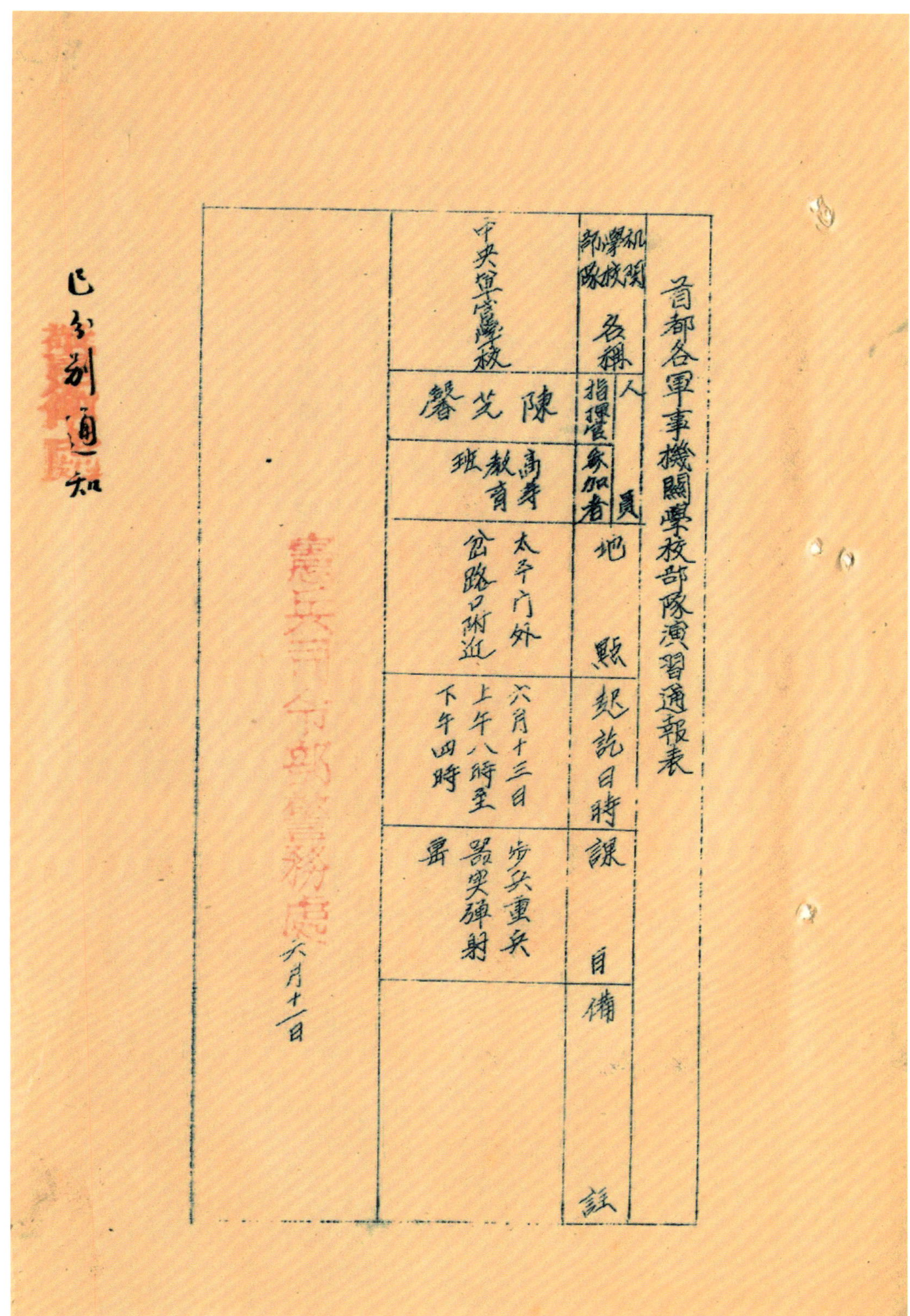

首都各軍事機關學校部隊演習通報表

機關學校部隊名稱	人員 指揮官	人員 參加者	地點	起訖日時	課目	備註
中央憲兵學校	陳芝馨	高等教育班	太平門外岔路口附近	六月十三日上午八時至下午四時	步兵重兵器實彈射擊	

憲兵司令部警務處
六月十一日

已分別通知

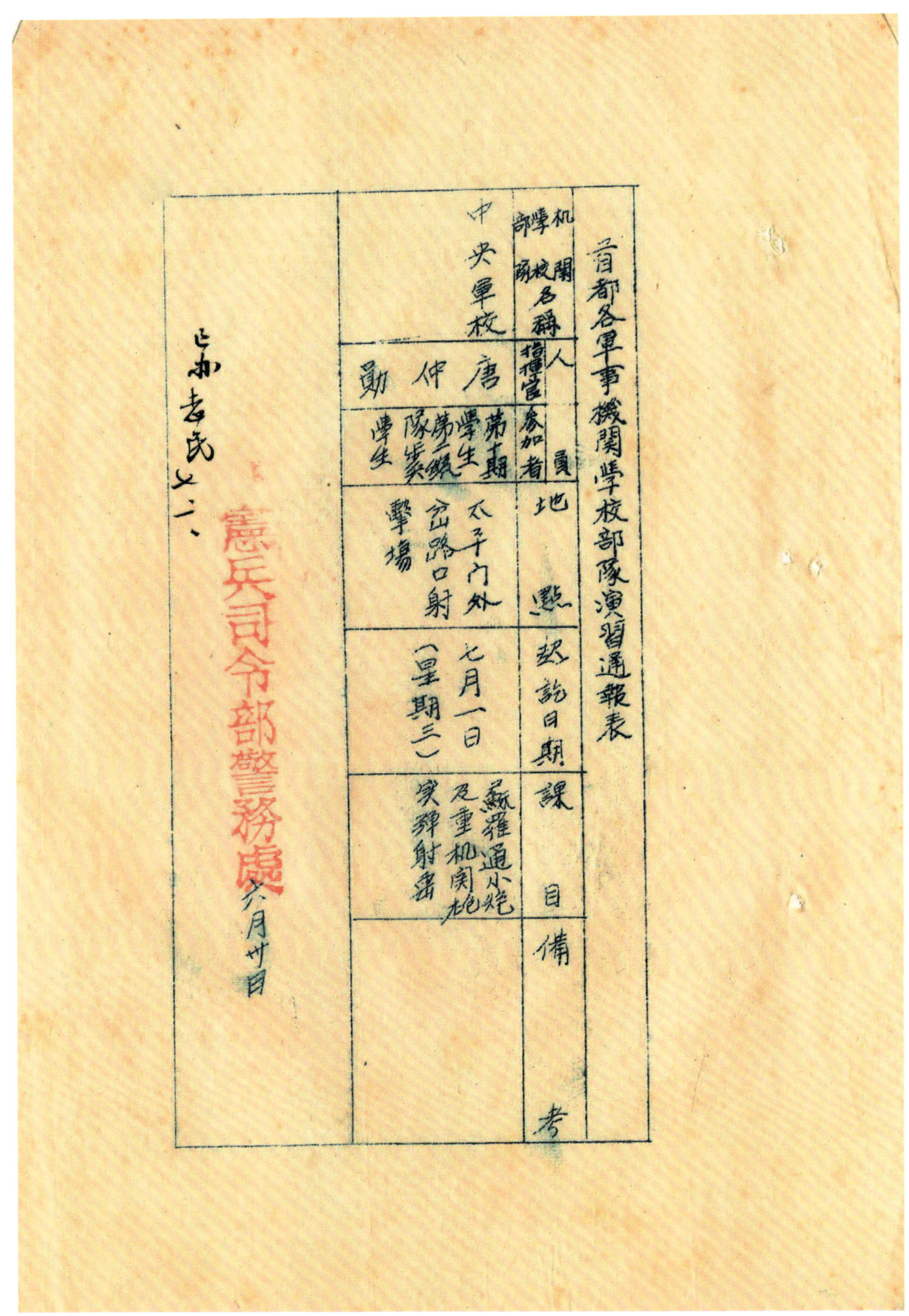

首都各軍事機關學校部隊演習通報表

機關學校部隊名稱	人員		地點	起訖日期	課目	備考
	指揮官	參加者				
中央軍校	唐仲勛	第十一期學生第二總隊炮兵學生	太平門外富山路口射擊場	七月一日（星期三）	蘇羅通小炮及重機關槍實彈射擊	

憲兵司令部警務處 六月廿日

总理陵园管理委员会警卫处为检送防空警报信号致地政学院等单位函（一九三六年六月三十日）

事由：函为检送防空警报信号，请查照由

發文：函　文教館　遺族學校　天文台　園林小校　地政學院

行七一

附件：防空警報信號　壹份

25年6月30日擬稿

核：林祖謙

擬稿：魏𢎞民

繕校：周𢎞民

全衔公函第　　号

案准

南京警备司令部公函内开：

「案奉

国民政府军事委员会防空字第九一一号训令开：

「案据本会防空处处长黄镇球呈称：「查各种防空警报信号规定于廿四年度京杭镇联合演习时试用结果，其音响仍觉不易辨别，兹将防空警报信号重行釐定，伏乞鉴核示遵」等情，并附防空警报一份，据此，查所呈尚属可行，除指令照准

暨分别函令外，合亟检发防空警报信号一份，令

仰知照并转饬所属一体知照为要，此令。等因，附发防

空警报信号等，除分别函令外，相应检发防空警报

信号一百份，函请查照。

等由准此，除分行外，相应检发防空警报信号贰份，函请

查照为荷。

此致

中山文化教育馆　国民革命军遗族学校

地政学院　中央国立体育专科学校

天文研究所

附防空警报信号贰份

中華民國　年　月　日

2013.2

軍校練習營部

最速件

事由	擬辦	批示	備考
為本營步兵砲連定於本月十四日在岔路口射擊場舉行重兵器實彈射擊希速賜曉諭軍民人等俾免誤會由	擬請 函達 警衛處 查照 定案 希予 七、十三	槐葉 七、十四	中央陸軍軍官學校練習營公函 警衛處

字第 號 廿五 七月十三 時到

收文 字第 675 號

中央陆军军官学校练习营为在岔路口射击场举行实弹射击一案致总理陵园管理委员会公函（一九三六年七月十三日）

中央陸軍軍官學校練習營公函

字第　號

敬啟者：前據本營步兵砲連連長秦昭訓報告：據本連教育計劃進度，亟應舉行重兵器實彈射擊，懇准予施行。等情，經呈報　校部批准，並發給各種砲彈在案。並定於本月十四日在公路口重兵器射擊場舉行迫擊砲及蘇羅通小砲實彈射擊，除屆時派兵警戒外，相應函請

查照，并希速賜曉諭有關軍民人等，俾免誤會，實紉公感！

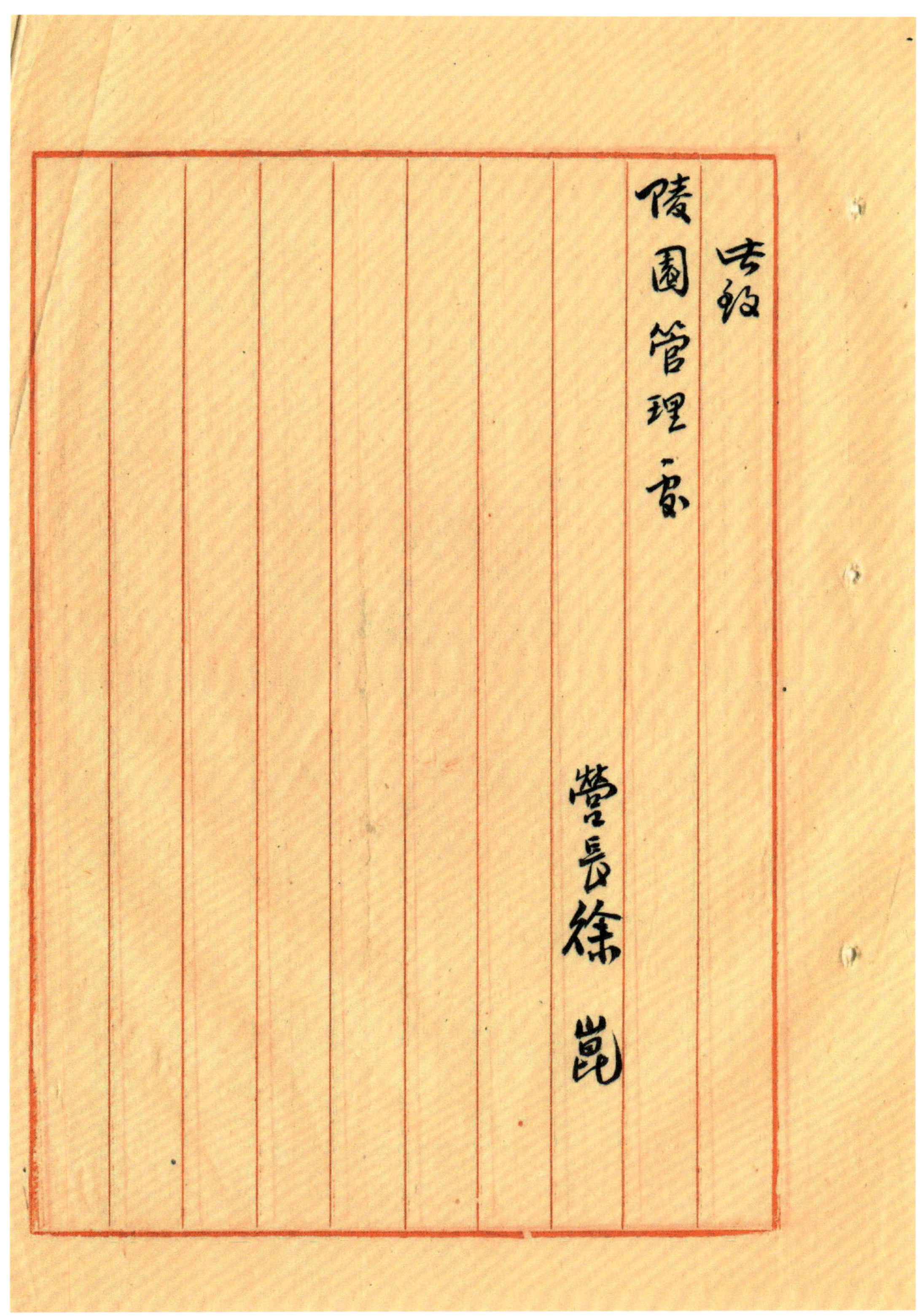

右致
陵園管理處

營長徐崑

中華民國二十四年七月十三日

总理陵园管理委员会为拟定本区团团长姓名致南京市防护团公函（一九三六年七月二十七日）

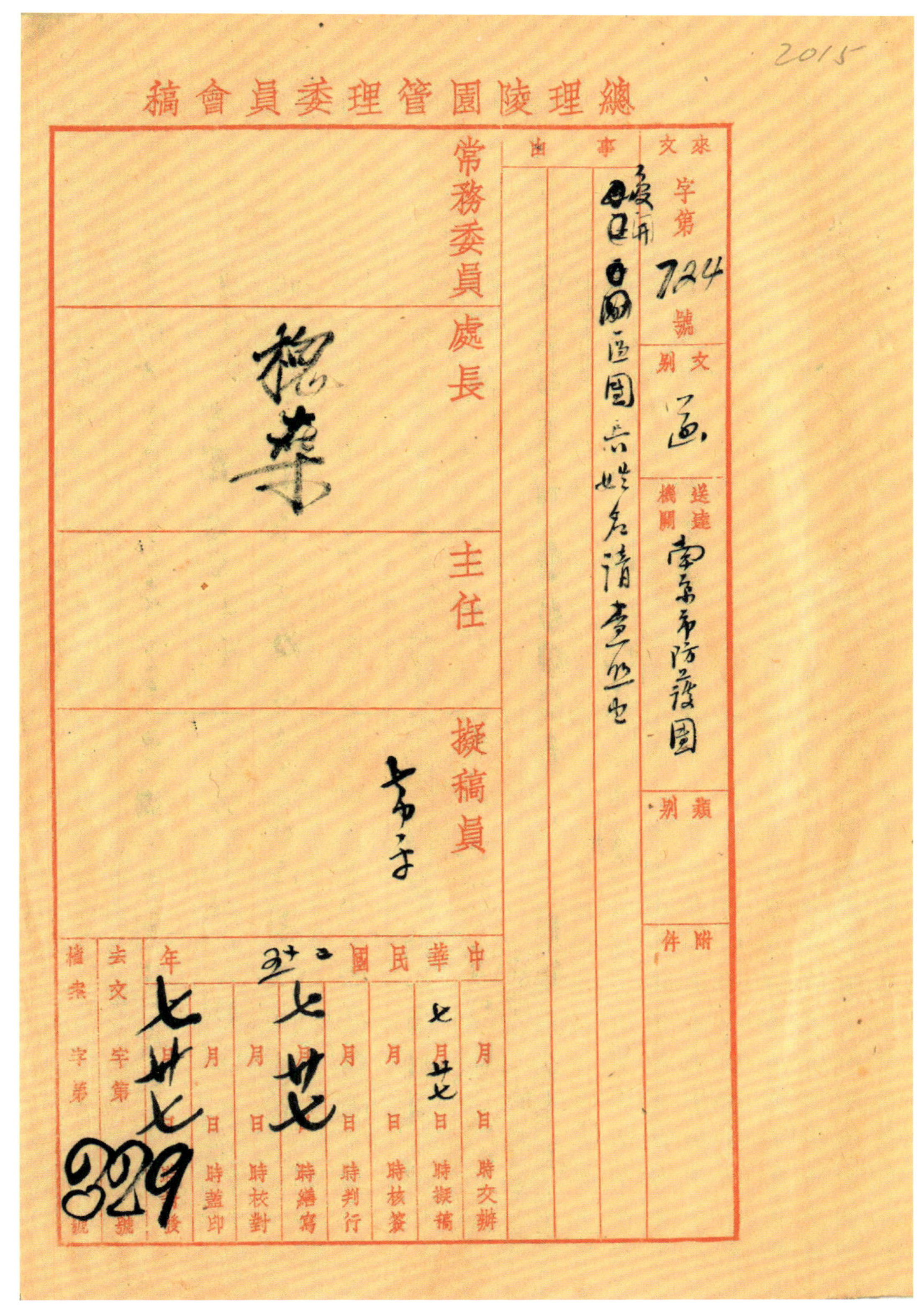
總理陵園管理委員會稿

來文	
字第	724 號
文別	函
送達機關	南京市防護團
類別	
附件	

事由：陵園區團長姓名請查照由

常務委員

處長：總華

主任

擬稿員：常平

中華民國 年 月 日 交辦
七月廿七日 擬稿
月 日 核簽
月 日 判行
廿五 七月廿七日 繕寫
月 日 校對
月 日 蓋印
七月廿七日 封發
去文 字第 3229 號
檔案 字第 號

案准

貴團佐字第四一一號公函略開：以本團業經成立，依照組織草圖規程及國務會議決定，擬依各區團團長副團長等職，以便完成區團組織。陵園警衛總隊長為十三區區團長，自治區區長、憲兵隊長、區黨部常務委員為副區團長，擬請查照開單見復，以便加委等由。准此，查陵園警衛大隊長為馬湘，其他如自治區長、憲兵隊長、區黨部常務委員，各陵園界內尚無是項組織，是以未能填送。相應函復，即希

青島市政府

此致

南京市防護團

中華民國廿五年七月廿七日

繕寫

校對

監印

总理陵园管理委员会为请装设防空电笛事致首都电厂公函（一九三六年七月二十八日）

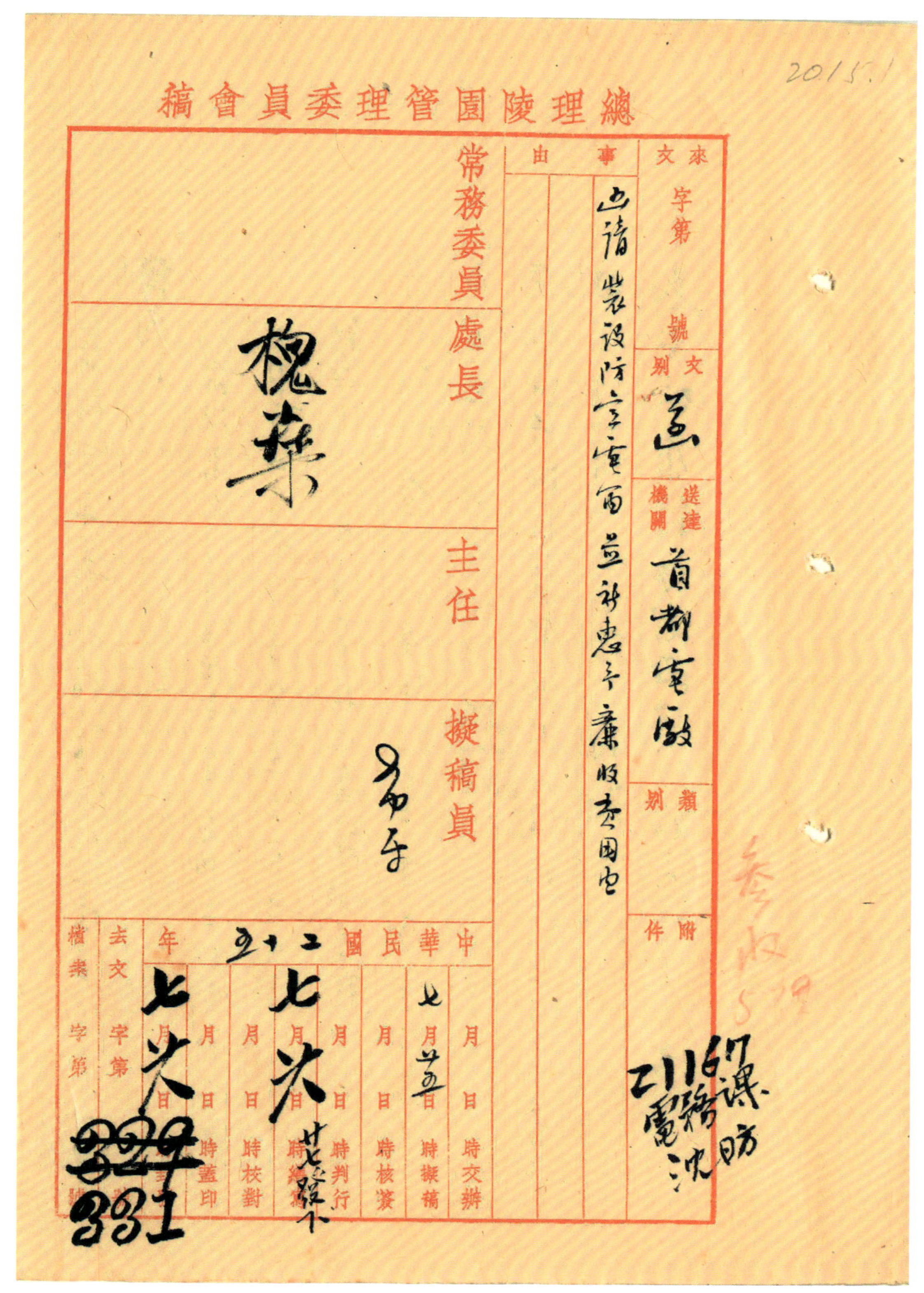
總理陵園管理委員會稿

來文字第號	文別	送達機關	類別	附件
	函	首都電廠		

事由：函請裝設防空電笛並討惠予廉價費用由

常務委員：

處長：槐蔡

主任：

擬稿員：希平

中華民國二十五年七月廿五日交辦 七月廿六日擬稿 七月廿七日繕寫 七月廿八日發

去文字第331號

案准军事委员会防空委员会防空字第八九〇号公函

内开：

「前准来函以设备防空壕为首都重要设施

令因前颁规定指导装置壕面等由……

饬知……并请查核迳复该厂办理」

等由，准此，查该项壕面设置本会空防急务，

自当照装，以应需用。拟请

贵厂迅予派匠装设，并于所开估价二千七百二十元

函原确切核以本会经费困难为荷

惠予低廉，俾得尤所俾减，相应函达，即希

專函布臆 並希

見覆為荷

此致

首都電廠

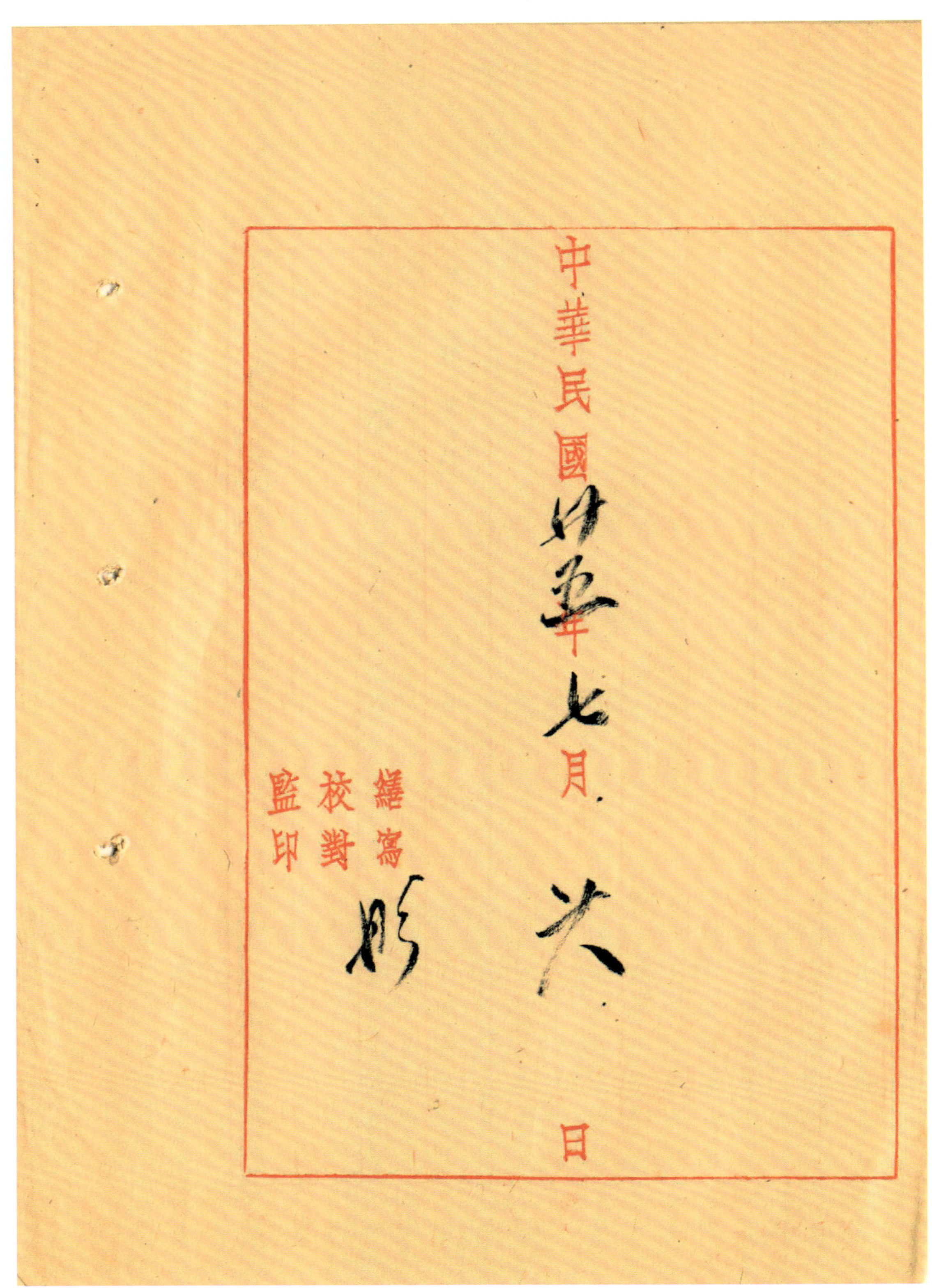

中華民國卅四年七月廿八日

繕寫 校對 [illegible]

監印

南京市防护团为函告本团组织成立致总理陵园管理委员会公函（一九三六年七月二十九日）

附：南京市防护团组织规程草案（一九三六年七月二十七日）

2015

南京市防護團公函　陵園管理委員會

事由	擬辦	決定辦法	備考
為函告本團組織成立由	擬存查 七、卅	檢案 七、卅	

附件：本團組織規程草案

字第　號　廿五年七月卅日到　時

收文　字第 7411 號

南京市防護團公函

總字第74號

查防護團之組織，原為推行防空業務之重要機關，其職責至繁且鉅。經於本年五月一日由警備司令部召集本市黨政軍警各機關主管長官，根據軍事委員會頒發之各地防護團組織條例會商成立各事。嗣經軍事委員會委任趙俊為本市防護團團長。當即由本團長按照商決各案，委派人員着手進

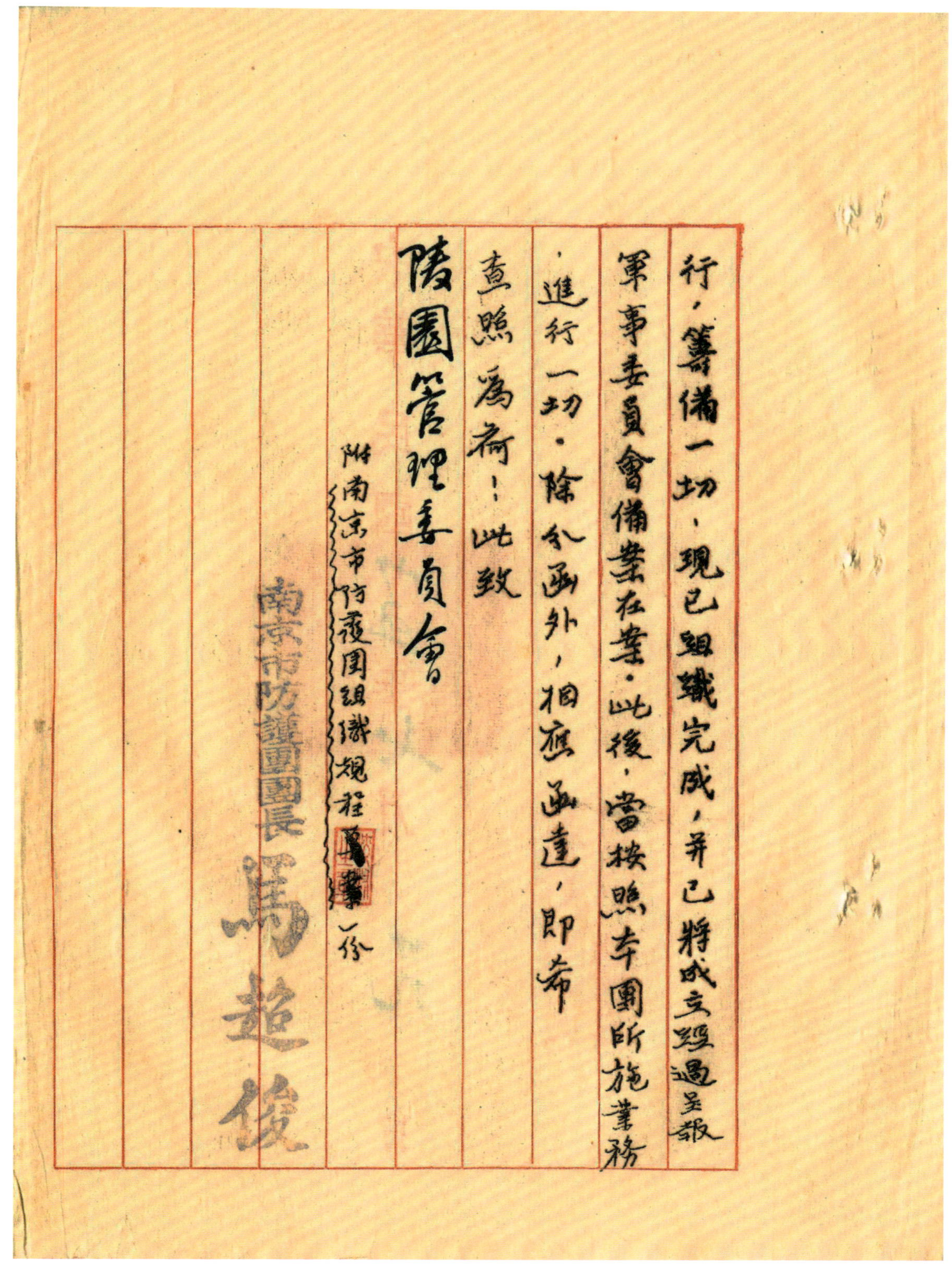
行，籌備一切、現已組織完成，并已將成立經過呈報
軍事委員會備案在案·此後·當按照本團所施業務
·進行一切·除分函外，相應函達，即希
查照爲荷！此致
陵園管理委員會
附南京市防護團組織規程一份
南京市防護團團長　馬超俊

中華民國廿五年七月廿九日

校對 楊郁文
監印 張開達

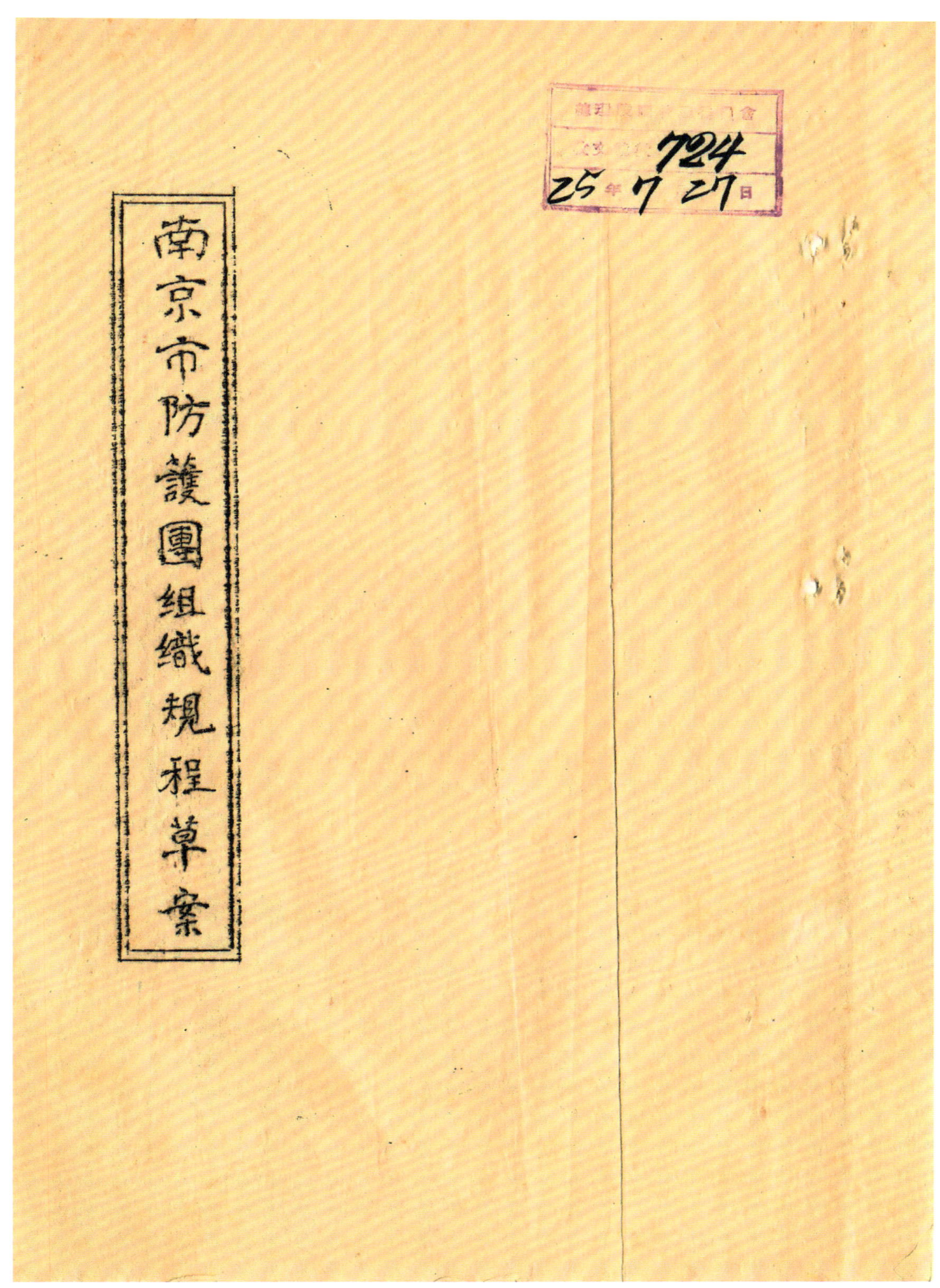

724

25年 7 27日

南京市防護團組織規程草案

南京市防護團組織規程草案

第一條 本團根據軍事委員會頒發之各地防護團組織條例第一條及各省市防空業務執行與推行機關之職責規定第一項組織之

第二條 本團設團長一人由本市市長兼任之總理本團一切事宜副團長四人由首都警察廳長市黨部常務委員一人本市社會局長首都國民軍事訓練委員會主任委員兼任之襄理團長處理一切事宜團長出勤時得指定副團長一人代行職務

第三條 本團以下得按本市警察管區設若干區團

第四條 各區團以下得設消防消毒警報燈火管制交通管制避難管制救護警備工務配給等

九班

第五條　本團團員以本市憲警人員為主幹會同童子軍國民軍訓學生壯丁婦女團体清潔衛生機關民間醫師消防隊與各種技術人員及其他贊助本團之旨趣者組織之其組織及任務分别於左

1、消防消毒班　以本市消防隊清潔隊童子軍及國民軍訓之學生壯丁等編成之担任本市之滅火消毒等事項

2、警報班　以本市憲警童子軍及國民軍訓學生壯丁等編成之担任本市之警報傳達等事項

3、燈火管制班　以本市憲警童子軍國民軍

訓學生壯丁及有関技術人員等編成之担任本市之灯火管制事項

4、交通管制班 以本市軍警憲童子軍國民軍訓學生壯丁及有関人員等編成之担任交通管制及避難指導事項

5、避難管制班 以本市憲警國民軍訓學生壯丁童子軍婦女團體及有関人員等編成之担任本市避難所之管理及出入指導等事項

6、救護班 以本市衛生機関及民間醫師童子軍國民軍訓學生壯丁及婦女团体等編成之担任本市之救急輸送治療等事項

7、警備班 以本市軍警憲童子軍國民軍

訓學生壯丁等編成之担任本市之一切警備事項

8. 工務班 以本市一切主管機關有關之技術人員編成之担任本市一切電氣水道交通等之修補另以國民軍訓學生壯丁等編成補助之

9. 配給班 以軍警憲童子軍國民軍訓學生壯丁婦女團體及有關機關人員等編成之担任各種粮食車輛器材物品之調配及供給事項

第六條 本團設總幹事一人由警備司令部防空處處長兼任之副總幹事三人由首都警察廳督察處處長憲兵司令部警務處處長首都國民軍事

第七條　訓練委員會專任委員一人兼任之承團長副團長之命處理一切事宜

本團團本部得設以下各股其組織及任務於后

1、總務股　設股主任一人由團長任命之承團長副團長之命受總副幹事之指導綜理全團一切文件庶務會計等事宜

設股員四人事務員三人錄事二人由團長派充之承股主任之指導分任各股之事務

2、消防消毒股　設股主任一人由警察廳擔任之承團長副團長之命受總幹事之指導担任本市之滅火消毒事宜

3、警報股兼宣傳　設股主任一人由本市人民自衛指

導委員會担任之承団長副団長之命受摠副幹事之指導掌理本市警報傳達及防空講演宣傳等事宜

4、灯火管制股

設股主任一人由警察廳担任之承団長副団長之命受摠副幹事之指導掌理本市之灯火管制事宜

5、交通管制股

設股主任一人由警察廳担任之承団長副団長之命受摠副幹事之指導掌理本市交通管制及避難指導等事項

6、避難管制股

設股主任一人由警察廳担任之承団長副団長之命受摠副幹事之指導

7、救護股 擔任本市避難所之管理及出入指導事項
設股主任一人由本市衛生事務所擔任之承團長副團長之命受總副幹事之指導擔任關於救急輸送治療等事宜

8、警備股 設股主任一人由憲兵司令部擔任之承團長副團長之命受總副幹事之指導辦理本市一切警備事項

9、工務股 設股主任一人由市工務局擔任之承團長副團長之命受總副幹事之指導辦理本市一切電氣水道交通等之修補檢查事宜

10、配給股 設股主任一人由市社會局擔任之承團長副團長之命受總副幹事之指導辦理關於各種粮食車輛器材物品之調配

及供給等事項

第八條　本團設團幹事若干人由本市有關機關中之專門人才遴任之承團長副團長之命受總副幹事之指導輔導各股辦理一切事宜

第九條　各區團各設區團長一人副區團長一人至三人由本市各警察局長自治區區長區黨部常務委員憲兵隊長兼任之承團長之命處理該區團內一切消極防空事宜并設區幹事若干人襄助各該區團長處理一切事宜均由團長任命之

第十條　各班各設班長一人副班長若干人由區團長就各班團員中遴派之

第十一條　各班團員數目為不公歡按其業務之需要規定之

第十二條　本團辦事通則另定之

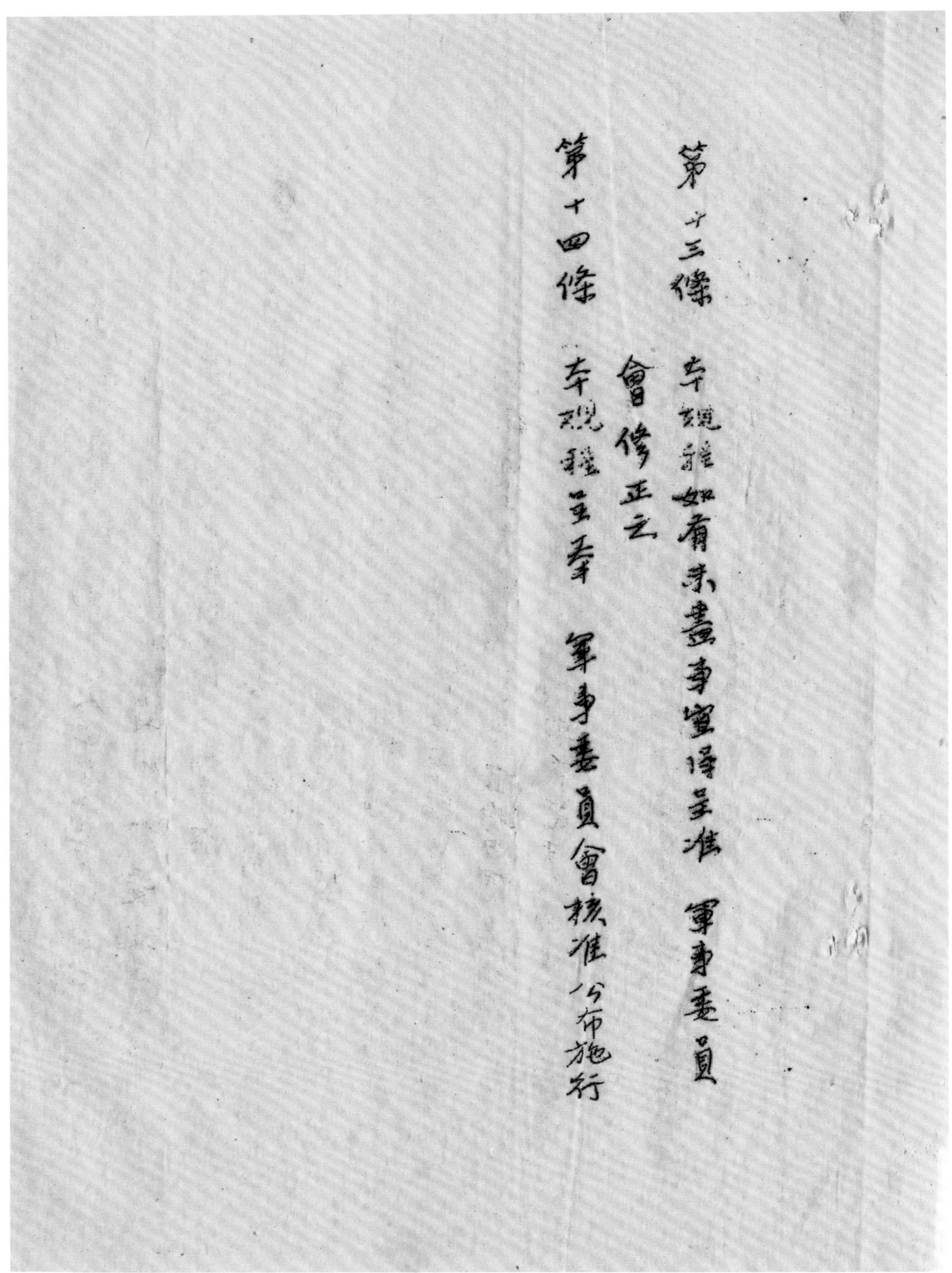

第十三條　本規程如有未盡事宜得呈准　軍事委員會修正之

第十四條　本規程呈奉　軍事委員會核准公布施行

关于在紫金山一带构筑工事的一组文件

参谋本部致总理陵园管理委员会公函（一九三六年七月二十八日）

附：蒋介石手令抄件

2010.1

参謀本部公函

事由	擬辦	批示	備考
密	擬送營衛處查照密飭多派出所嚴密防範 七、廿七	並函復請其通知憲兵司令部飭駐陵園區內憲兵查照 槐蓀 七、廿九	

附件：抄件一

（函）字第　號

廿五年七月廿九 到時

收文　字第733號

参謀本部公函

城字第11655號

本部奉

軍事委員會令構築紫金山一帶防禦工事當飭城塞組第一臨時工區負責辦理該區興工以來積極進行已將次第完成惟該地工事所係國防乃時有外人遊覽登山窺視閒人闖入任意遊行而零星材料亦常有遺失情事長此不加禁止非特已成工事剝裂就各項鐵件此後難免被竊尤恐漢奸間諜溷跡其間窺探秘密查各工事地點曾奉

委員長蔣手令應加意防範在案該項工事適在陵園範圍之內相應函請
貴會查照轉飭警衛處分飭各派出所切实保護嚴禁外人及閒雜人等侵入各工事地点以重國防而保秘密至級公誼
此致
陵園管理委員會
計附抄
蔣委員長手令一件

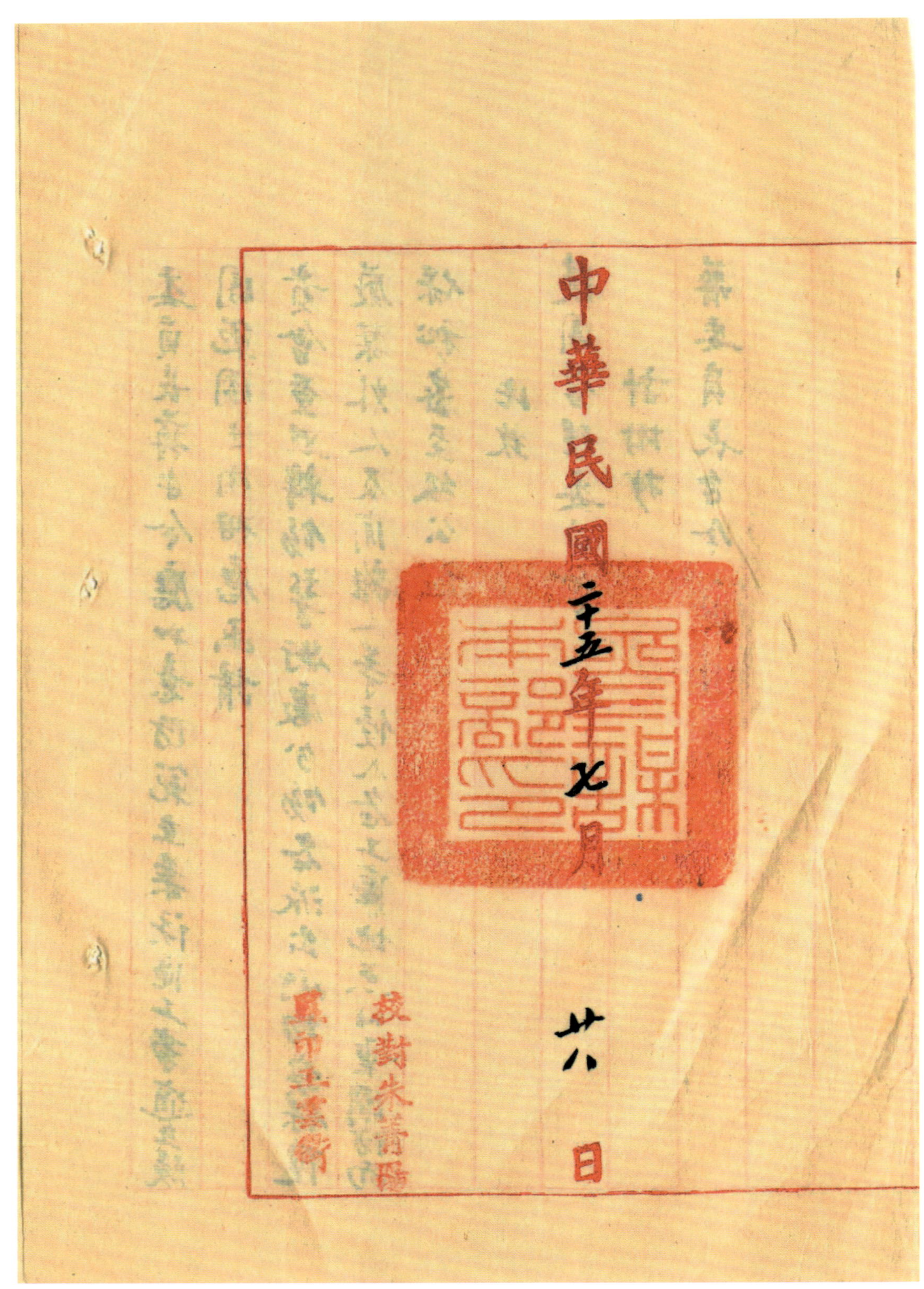

中華民國二十五年七月廿八日

校對朱菁[印]

監印王崇[印]

照錄

委員長六月二日手令

雨花台前方各工事掩體尚未完成且多未動工者乃太遲凡構築工事地點不先派兵日夜監視與堵絕勿以為他人不知即可節省兵力而無警戒也

总理陵园管理委员会致参谋本部的密函（一九三六年七月三十日）

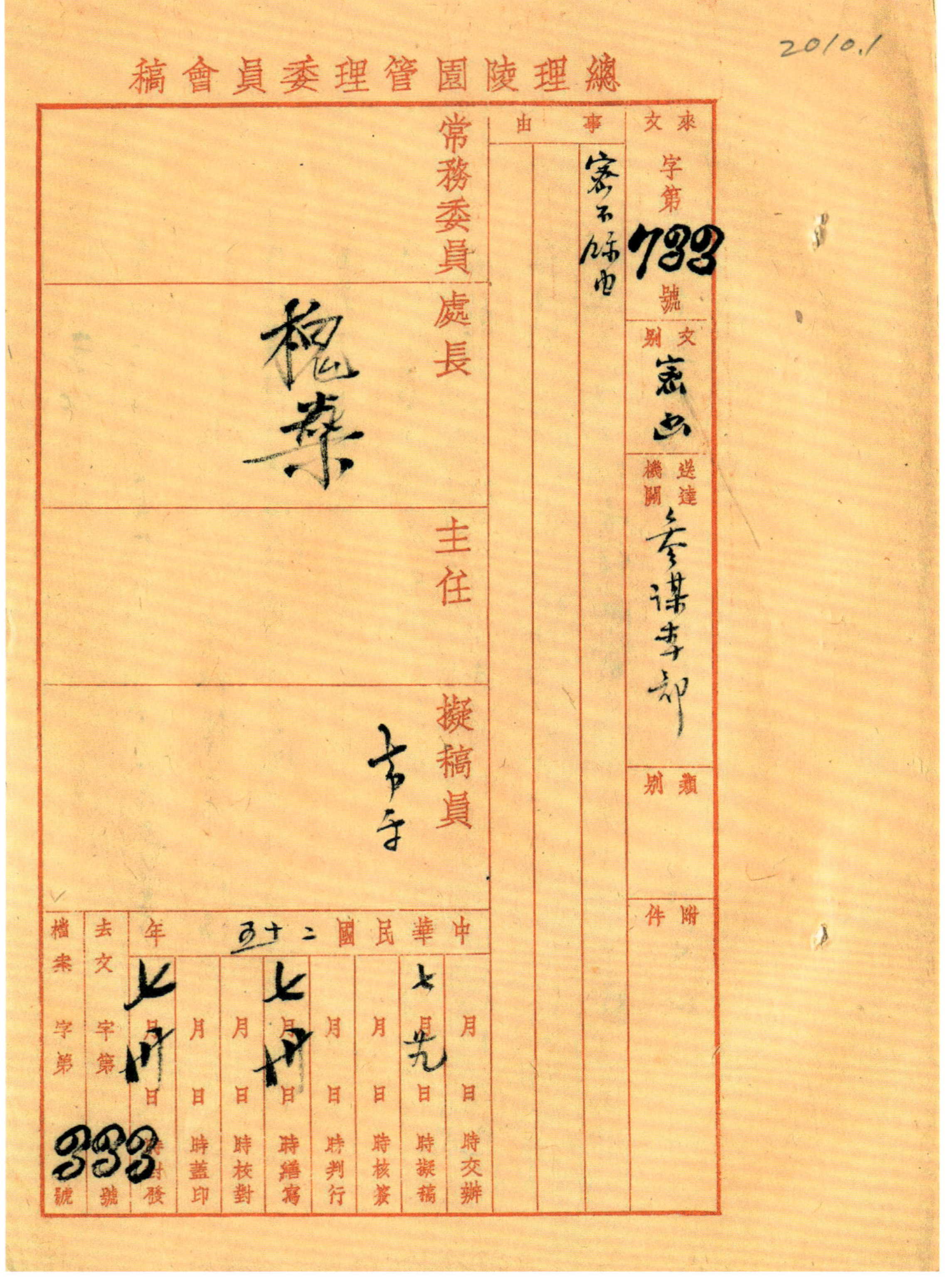

总理陵园管理委员会稿

2010.1

来文：字第 号
事由：密不脱由
文别：密函
送达机关：参谋本部
类别：
附件：

常务委员
处长：樾森
主任
拟稿员：方平

中华民国二十五年
交办：月 日 时
拟稿：七月廿九日 时
核簽：月 日 时
判行：月 日 时
缮写：七月卅日 时
校对：月 日 时
盖印：月 日 时
封发：七月卅日 时
去文：字第 733 号
档案：字第 号

案准

貴部二十五年七月廿六日城字第一一六五五號公函略以本部奉令構築紫金山一帶防禦工事關係國防甚重乃時有外人遊覽登山窺視閒人闖入任意遊行而所需材料亦常有遺失情事曾奉委員長蔣手諭應加意防範在案該區工事適在陵園範圍以內相應函請查照轉飭警衛處分飭各派出所切實保護並嚴禁外人及閒雜人等侵入各工事地點以重國防而保秘密等由准此查國防設施自應盡力維護陵園界內尚有憲兵駐守似應一併

飭知以並同防範，除飭令陵警衛處特務各派出所切實執行外，相應函達查照，並予轉函憲兵司令部飭屬遵照辦為荷。

此致

參謀本部

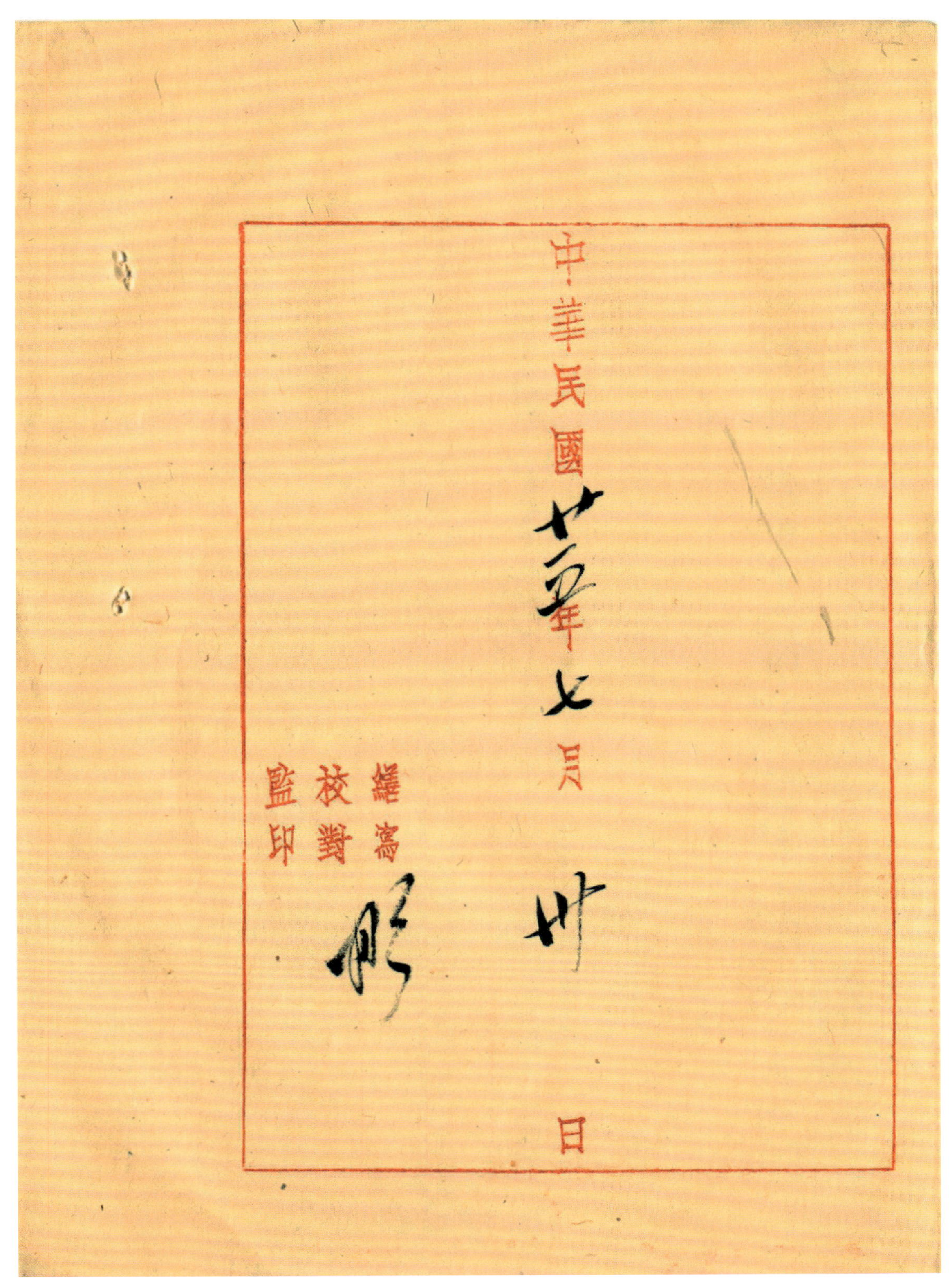

中華民國廿五年七月卅日

繕寫

校對 [illegible]

監印

南京警备司令部为首都附近军用各路禁止通行、龙脖子路附近建筑岗亭等事致总理陵园管理委员会密函（一九三六年九月二十二日）

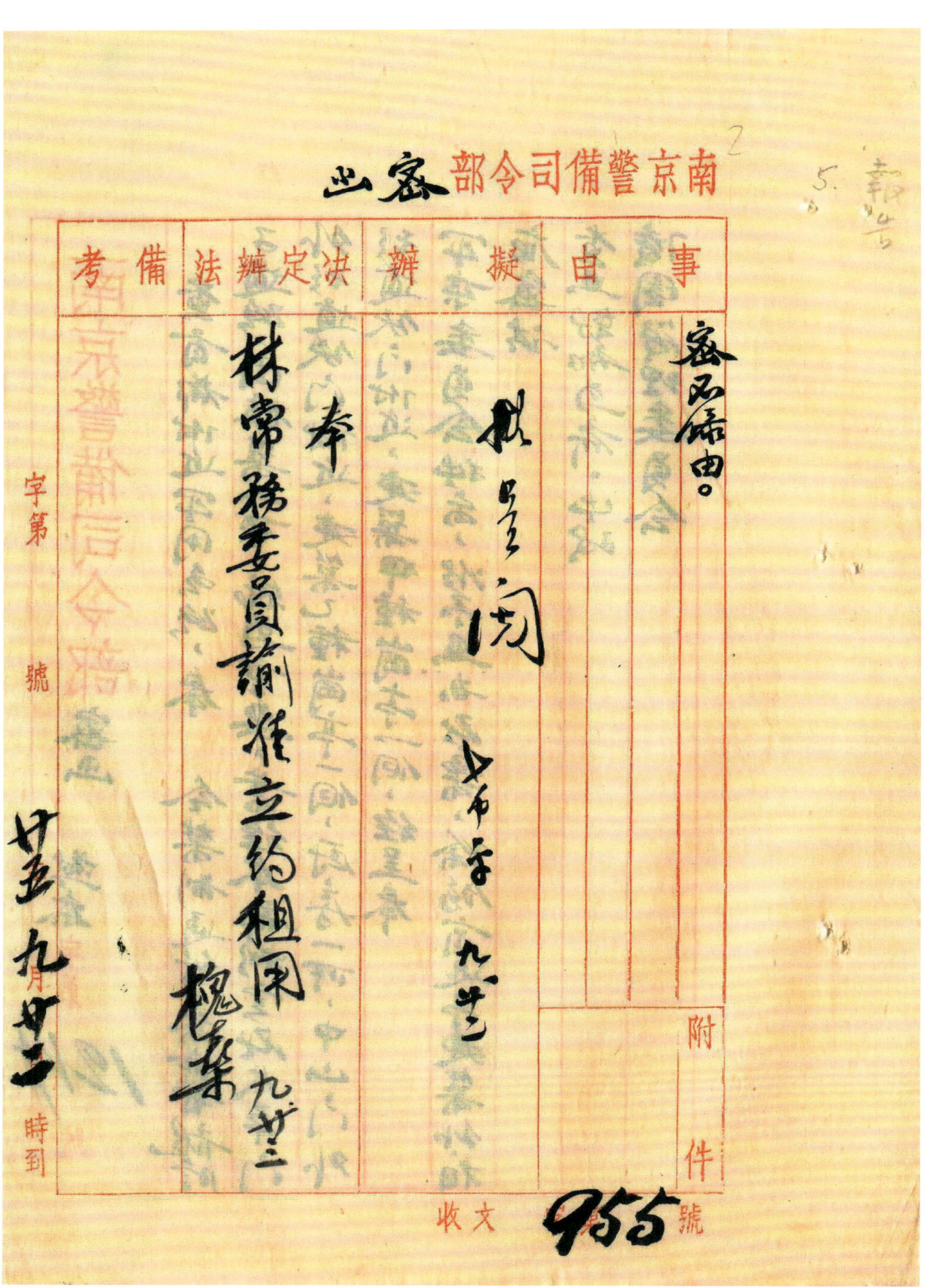

南京警備司令部 密函

事由：密函備由。

擬辦：擬呈閲 九廿二

決定辦法：奉 林常務委員諭准立約租用 槐桑 九廿三

備考

附件

字第 號

時到 廿五 九月 廿二

收文 955 號

南京警備司令部密函　警參字第1214號

查首都附近軍用各路，奉

令禁制通行一案，前因龍脖子道路，因橋梁工程，較為重要，業經本部核定於太平門外鐵道鐵門附近，建築乙種崗亭一個，厨房一所，中山門外鐵道鐵門附近，建築甲種崗亭一個，經呈奉

軍委會核示，准予照辦在案，除飭商從速建築外，相應密請

查照，轉知市府、財政

陵園管理委員會

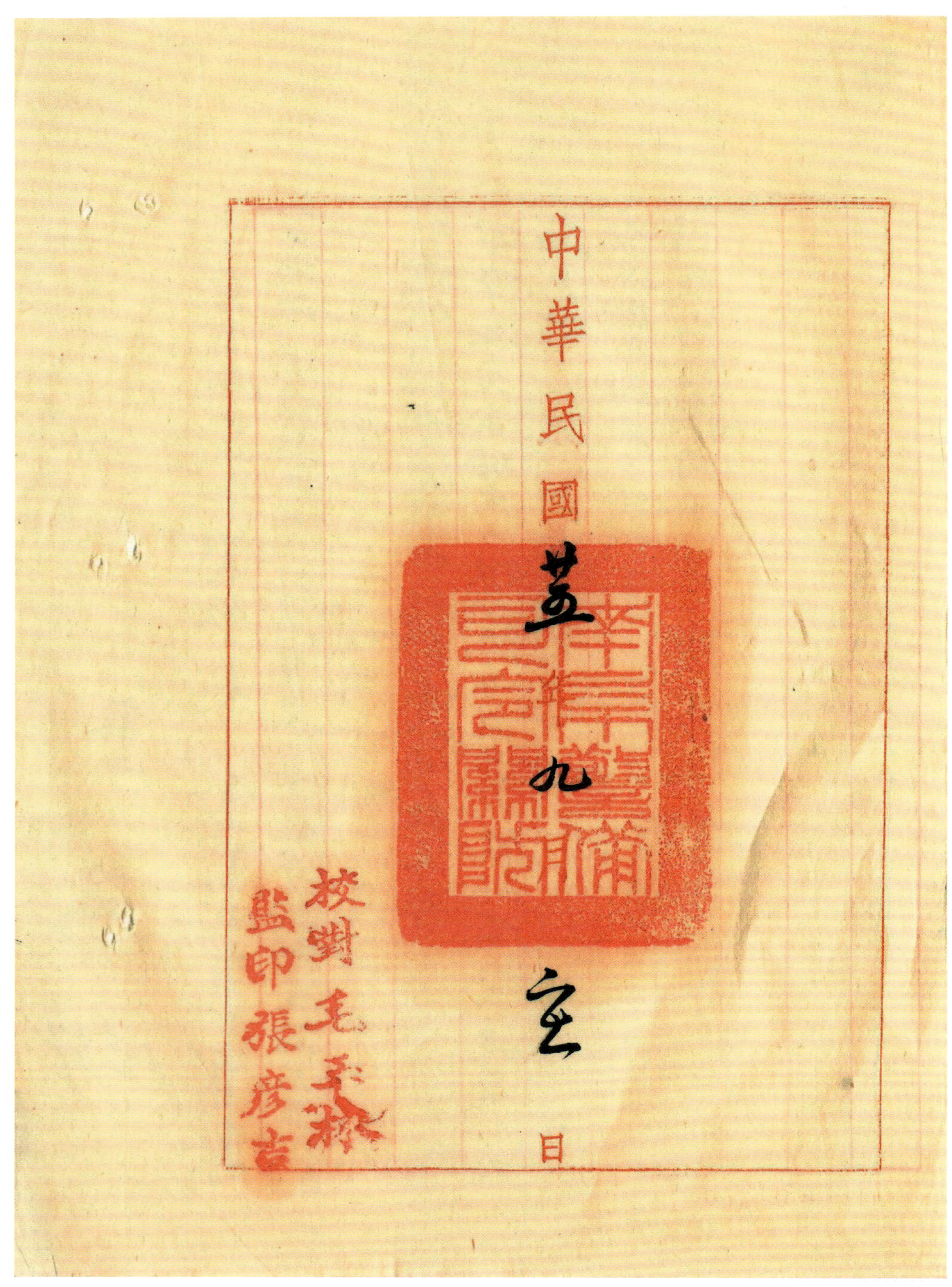

中華民國廿五年九月[illegible]日

校對 毛[illegible]

監印 張彥吉

国民政府军事委员会防空处为整理首都防空警报，请派员出席警报会议，讨论改进事项事致总理陵园管理委员会密函（一九三六年九月二十八日）

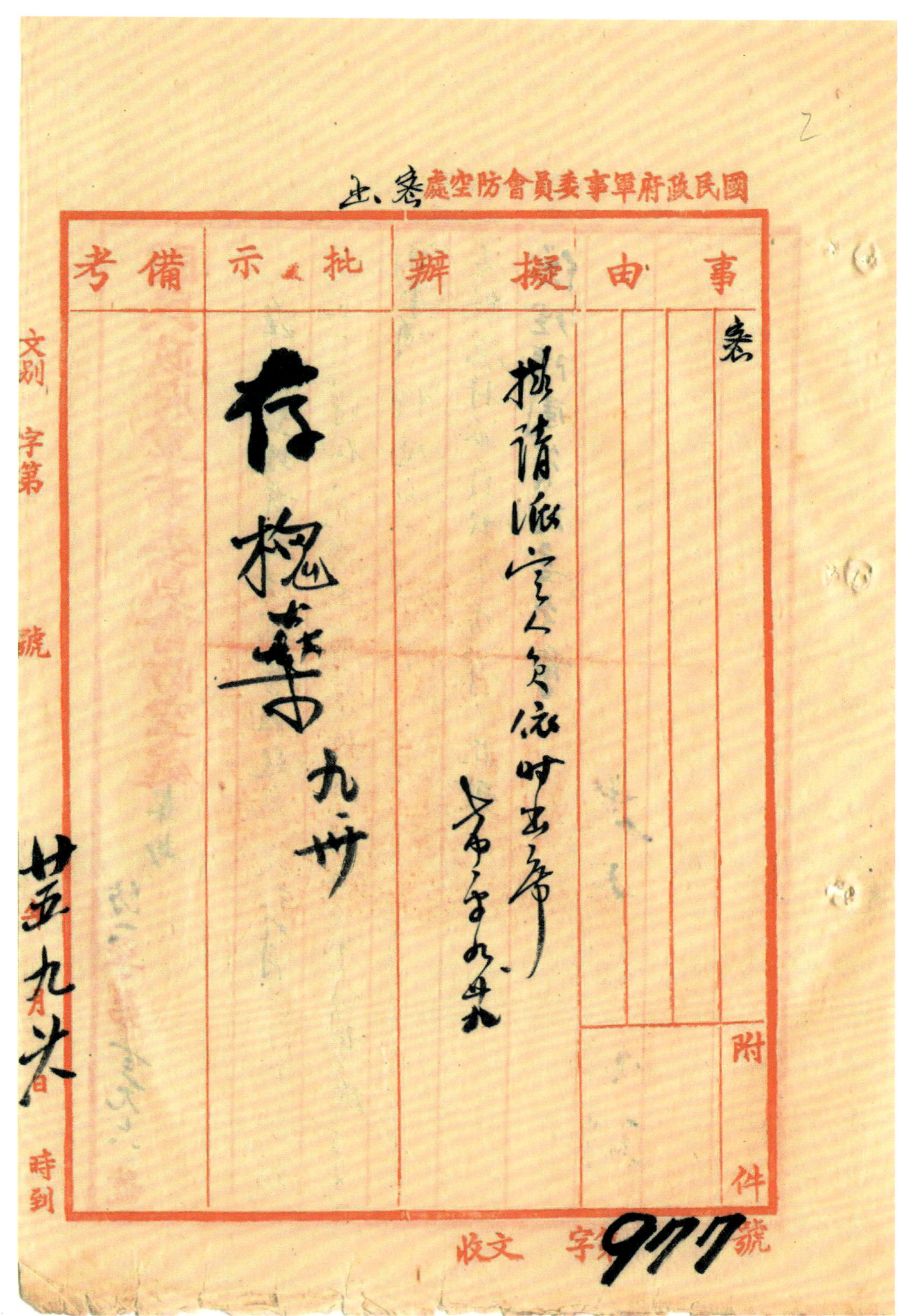
国民政府军事委员会防空处签、出

事由	拟办	批示	备考
密	拟请派室人员依时出席	存 槐蓀 九卅	

附件

文别 字第 号

廿五 九月 卅 日 到 時

收文 字第 977 號

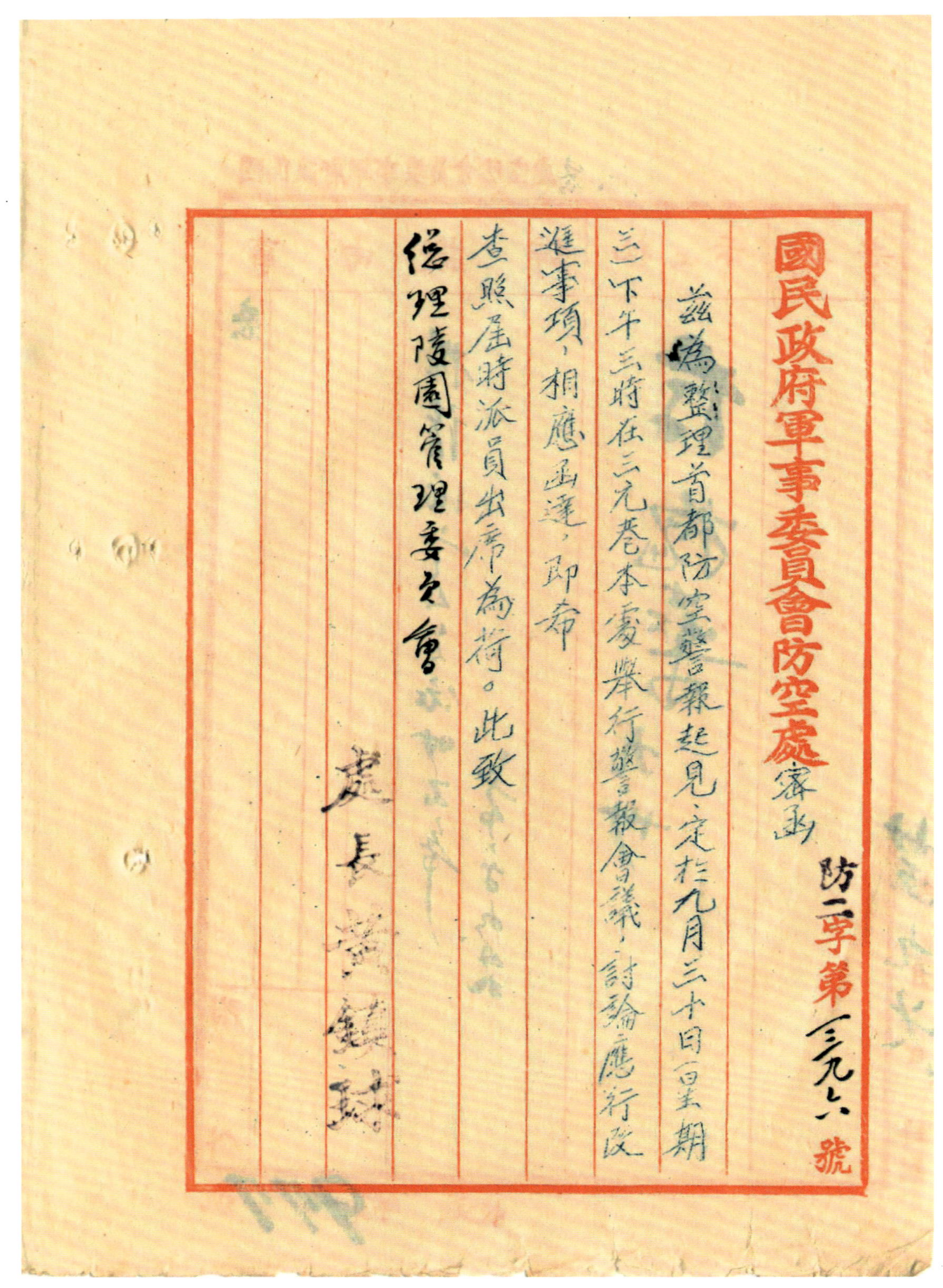

國民政府軍事委員會防空處　密函　防二字第一三九六號

茲爲整理首都防空警報起見，定於九月三十日（星期三）下午三時在三元巷本處舉行警報會議，討論應行改進事項，相應函達，即希查照屆時派員出席爲荷。此致

總理陵園管理委員會

處長　黄鎮球

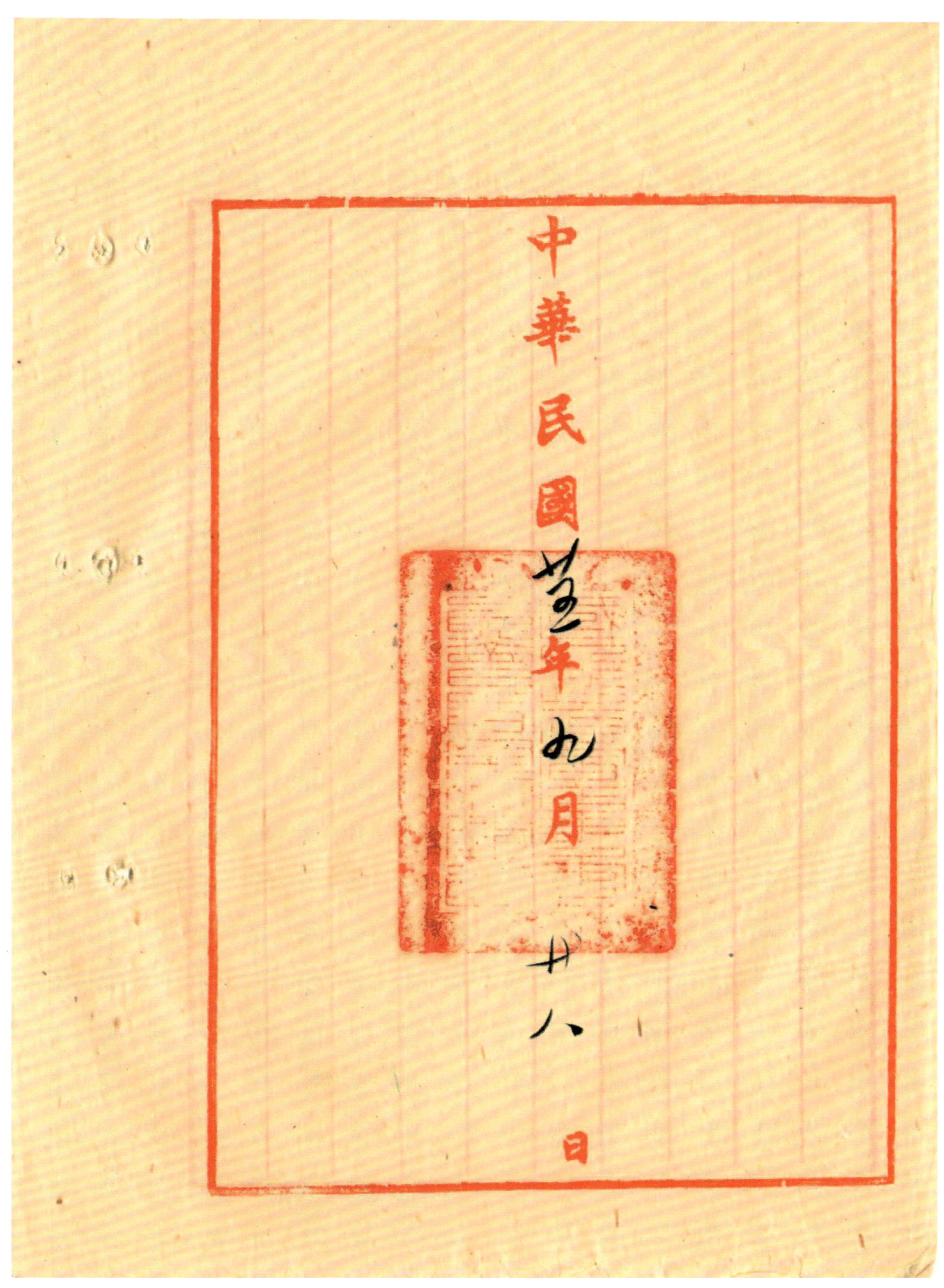
中華民國廿三年九月廿八日

南京警备司令部为封塞紫金山事致总理陵园管理委员会公函（一九三六年十月一日）

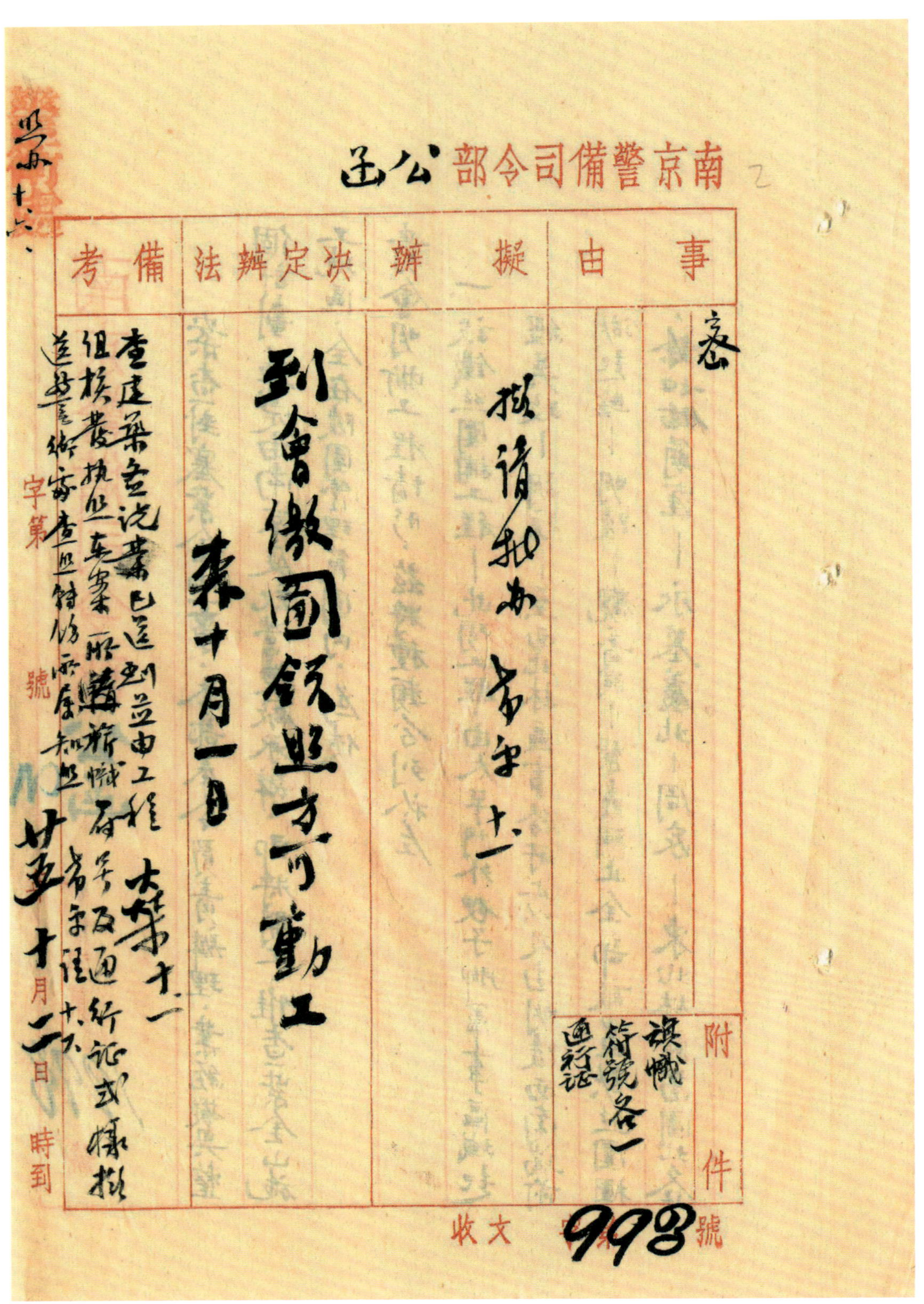

南京警備司令部公函

字第1998號

案查封塞紫金山一事，本部奉令負責辦理，業經擬具整個計劃，標定由南京庭記營造廠承辦，即將開工，惟查紫金山施工地區，全在陵園管理範圍內，為使

貴會明晰工程情形，茲將種類分列於左

一、設鐵絲圍攔工程——此項工程，由太平門外硬子腳軍事區域起經吳墳——胡墳——至西北林區事務所止以及由明陵西南端前湖起經——明陵——觀音洞——紫霞洞止全部設置鐵絲圍欄，餘如錦蔥窪——永慕廬北——周家——東北林區苗圃北各

要道及平坡易登之處，亟設以鉄絲圍欄阻絶之。

二、設欄地帶，除直通西北林事務所道路設三公尺木栅門外，餘查有陵園巡邏隊必須通行之小道，均設一公尺之木栅便門。

三、崗亭共計十二座，均設在鉄絲圍欄内部。

四、承辦商家，為便於就近工作，擬在硬子脚及明陵附近空地，搭蓋蓆蓬各一座，以便工人棲宿，工了後，即行撤清。

五、本工程限定六十五晴天完成之。

上列五項，為本工程計劃大要，關於該包商工作員工，已由本部製發臨時通行証——工人符號等件，相應檢同運料准許通行之汽車旗幟一面，工人符號一方，臨時通行証一紙，附請

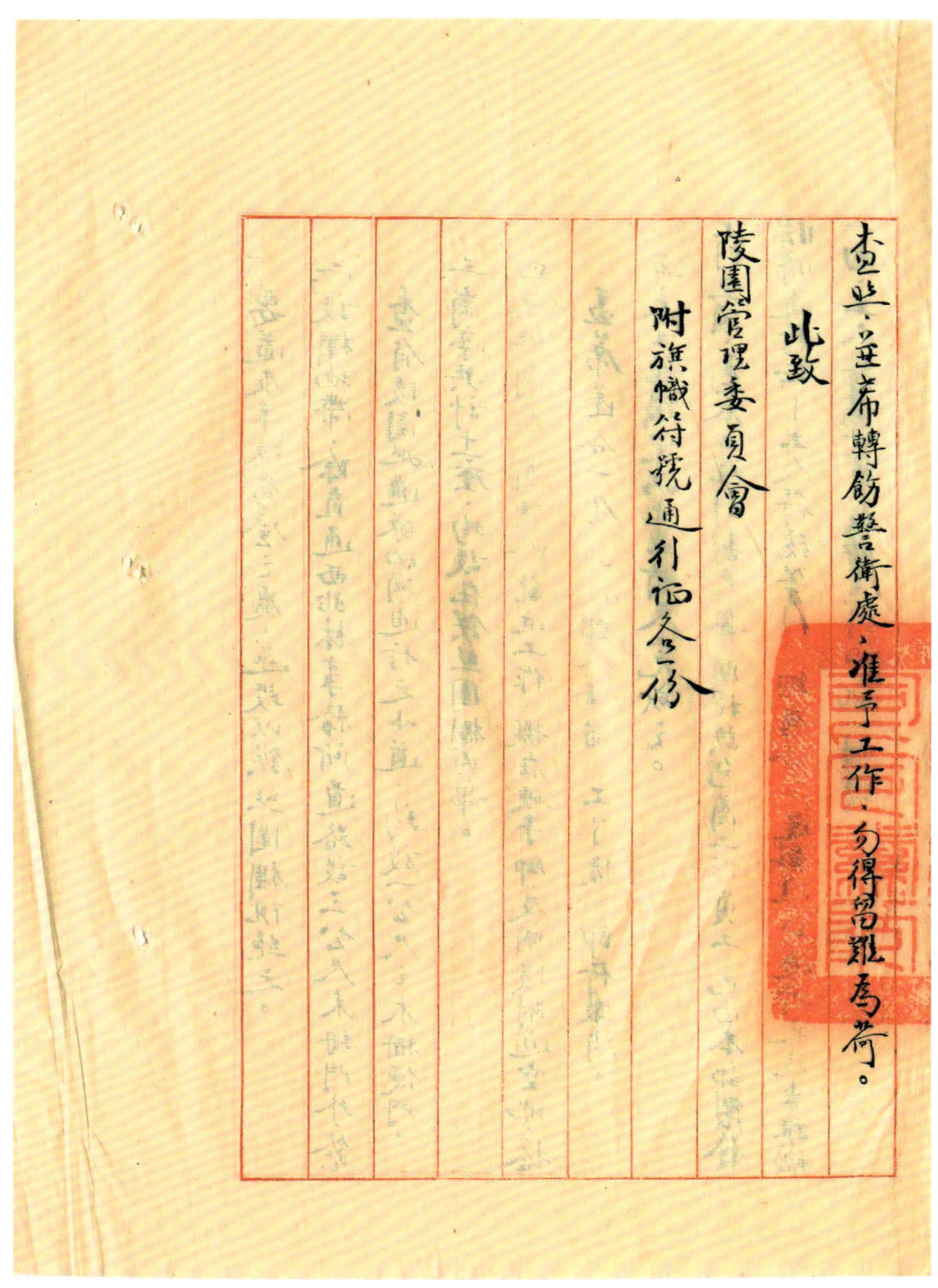

查照，並希轉飭警衛處，准予工作，勿得留難為荷。

此致

陵園管理委員會

附旗幟符號通行証各一份

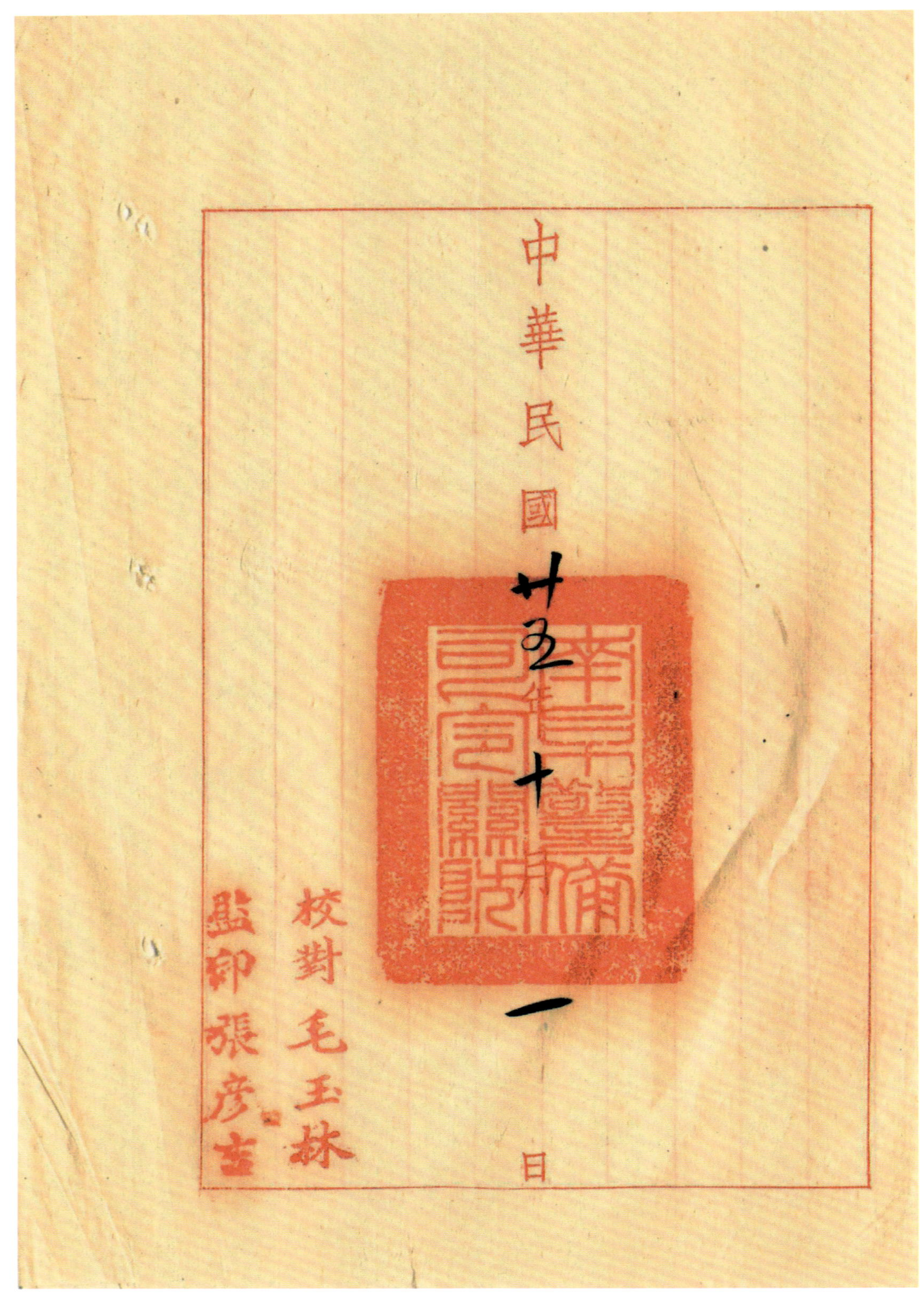
中華民國廿五年十一月　日
校對 毛玉林
監印 張彦吉

国民政府军事委员会防空处关于防空警报会议在本处开讨论会以及该会议未决事项致总理陵园管理委员会公函及附件（一九三六年十月四日）

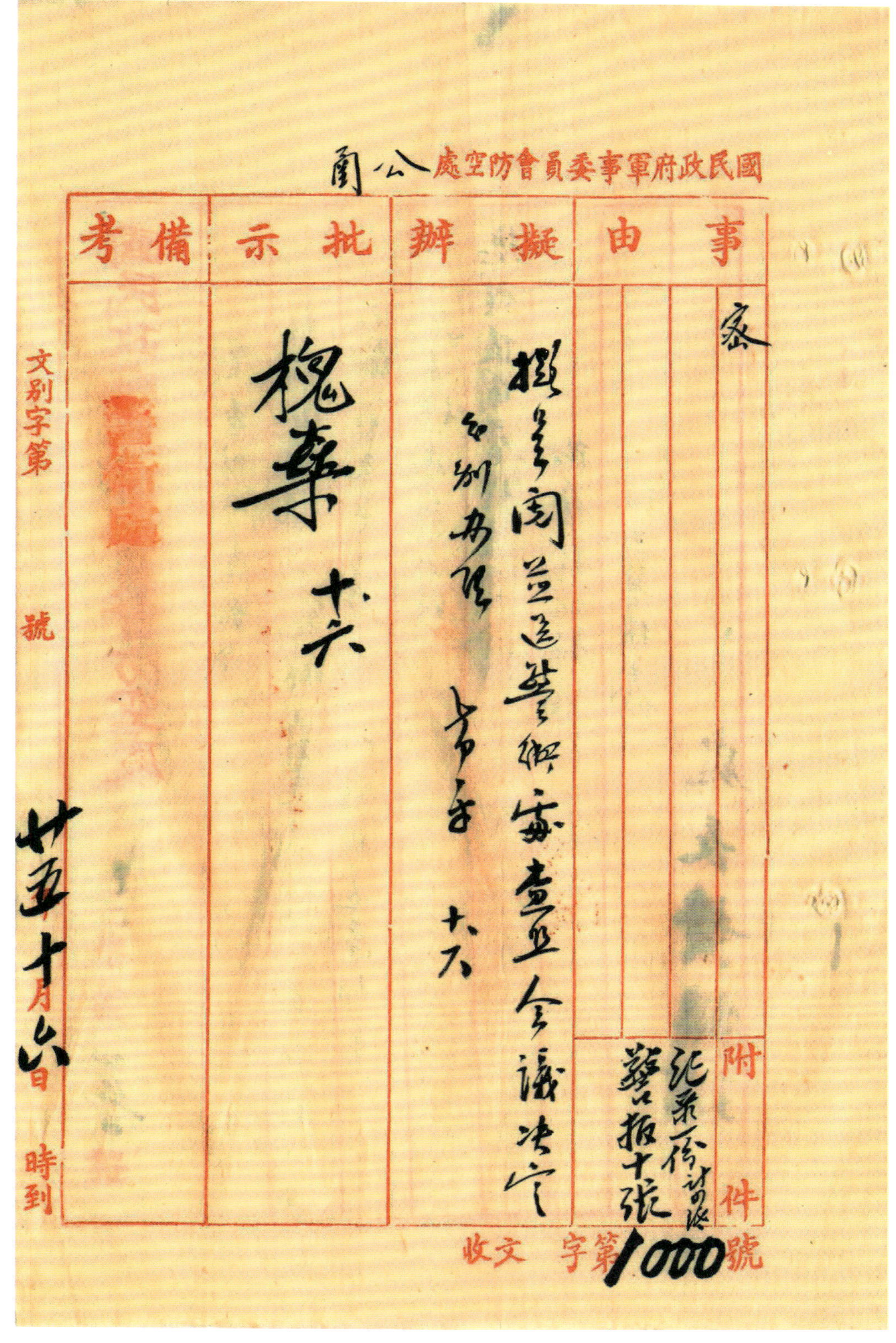
國民政府軍事委員會防空處公用

事由	擬辦	批示	備考
函	擬會閱並送警衛處查照	槐 棨	文別字第 號
附件	空襲警報會議決定 分別辦理	十六	廿五 十月 六日 時到
空襲[illegible]討論 警報十張	十六		

收文 字第1000號

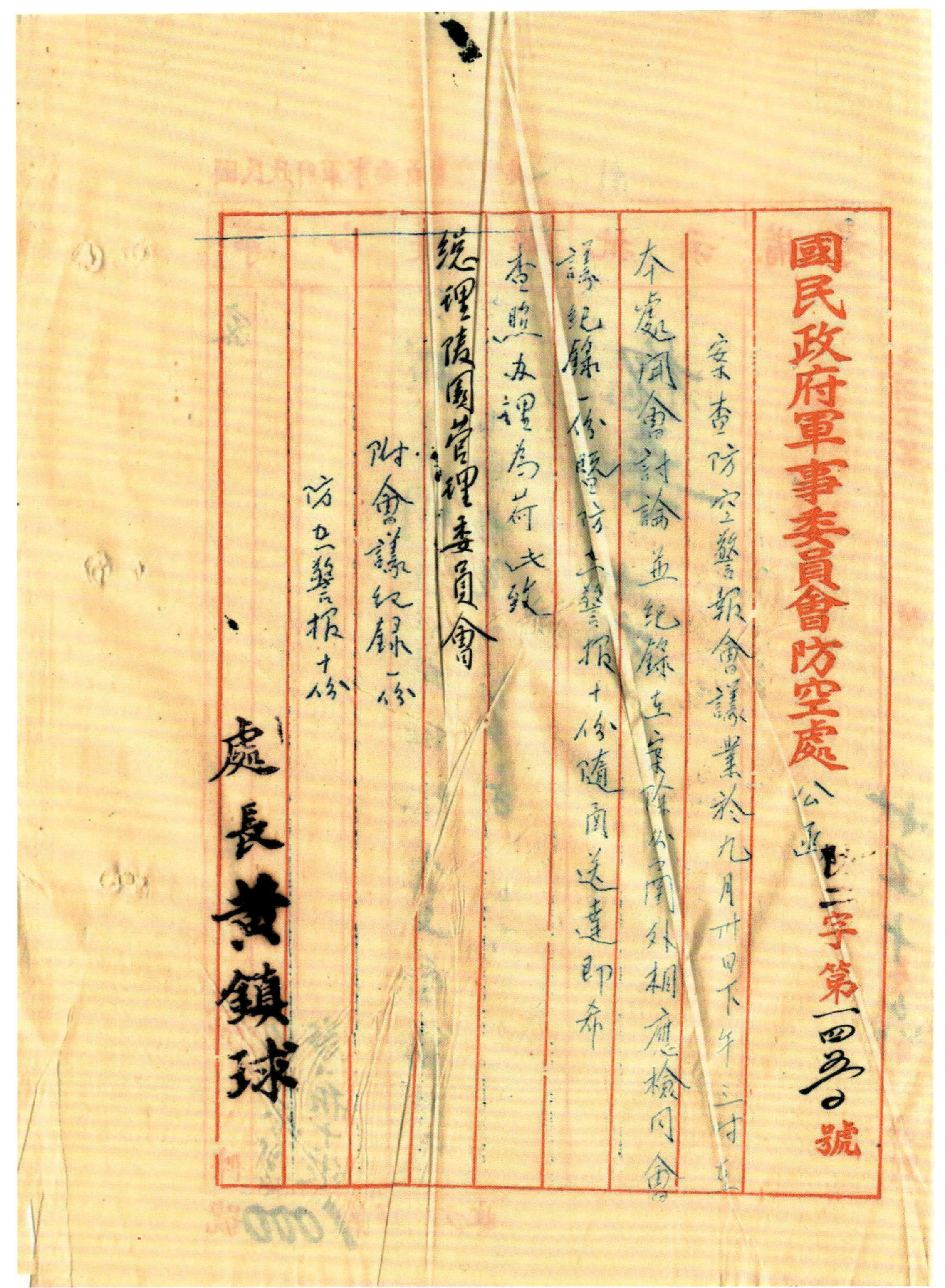

國民政府軍事委員會防空處公函 防二字第一四[illegible]號

案查防空警報會議業於九月卅日下午三時在本處開會討論並紀錄在案除分函外相應檢同會議紀錄一份暨防空警報十份隨函送達即希查照辦理為荷此致

總理陵園管理委員會

附會議紀錄一份

防空警報十份

處長 黃鎮球

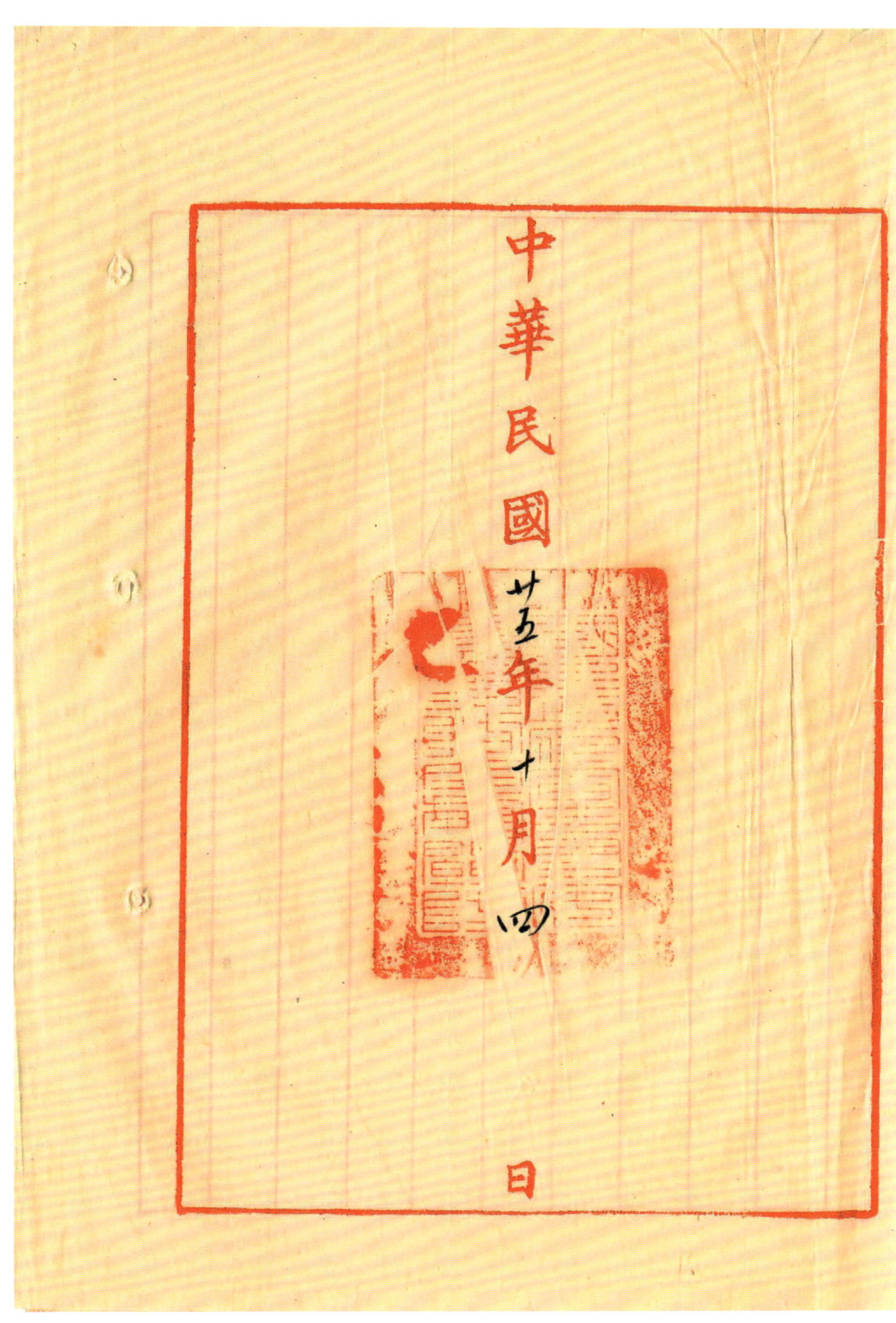

中華民國廿五年十月四日

附（一）军事委员会防空处召集防空警报会议纪录（一九三六年九月三十日）

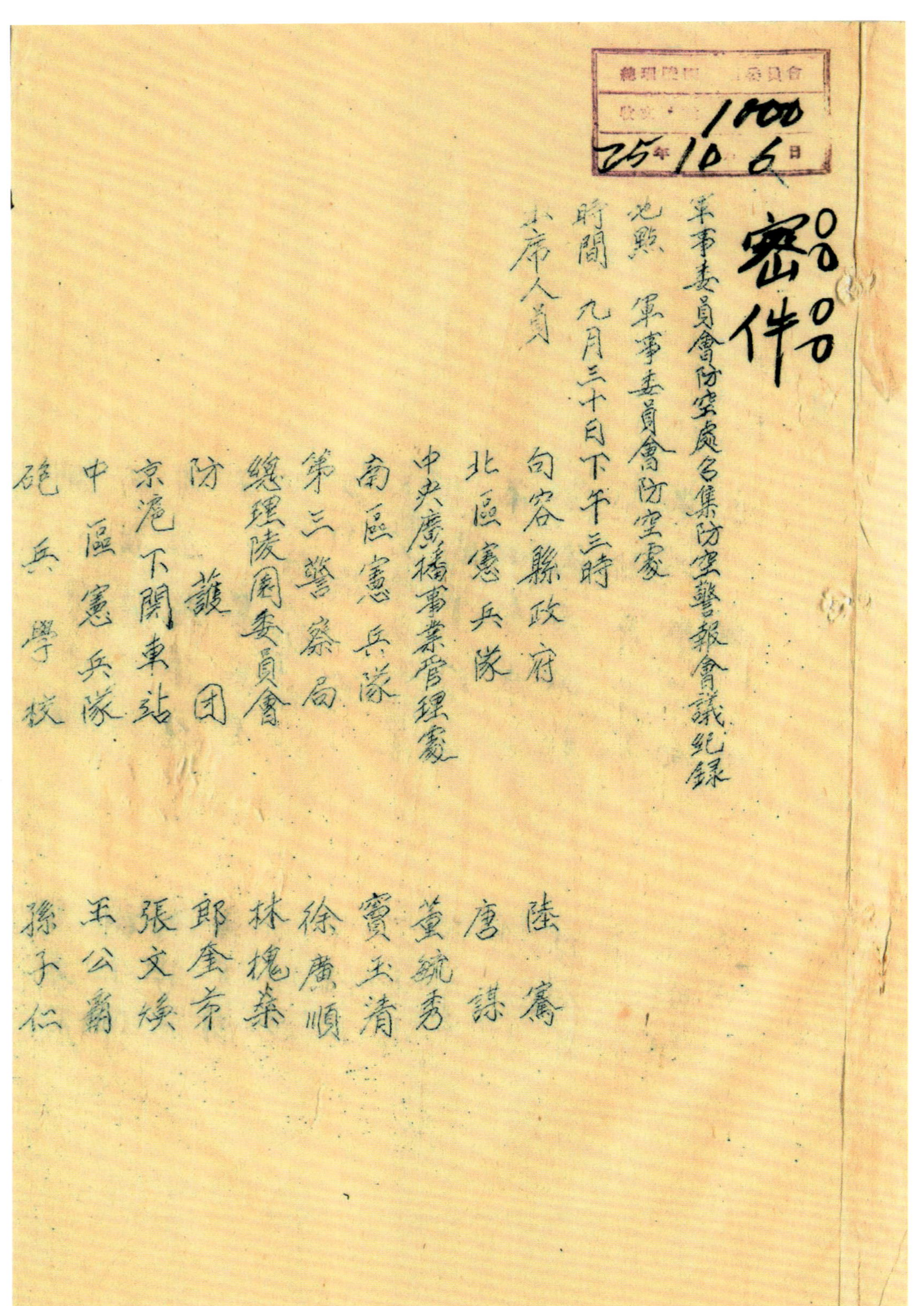

密件

軍事委員會防空處召集防空警報會議紀錄

地點 軍事委員會防空處

時間 九月三十日下午三時

出席人員

句容縣政府	陸騫
北區憲兵隊	唐謀
中央廣播事業管理處	董毓秀
南區憲兵隊	竇玉清
第三警察局	徐廣順
總理陵園委員會	林槐桑
防護團	郎奎帝
京滬下關東站	張文煥
中區憲兵隊	王公爵
砲兵學校	孫子仁

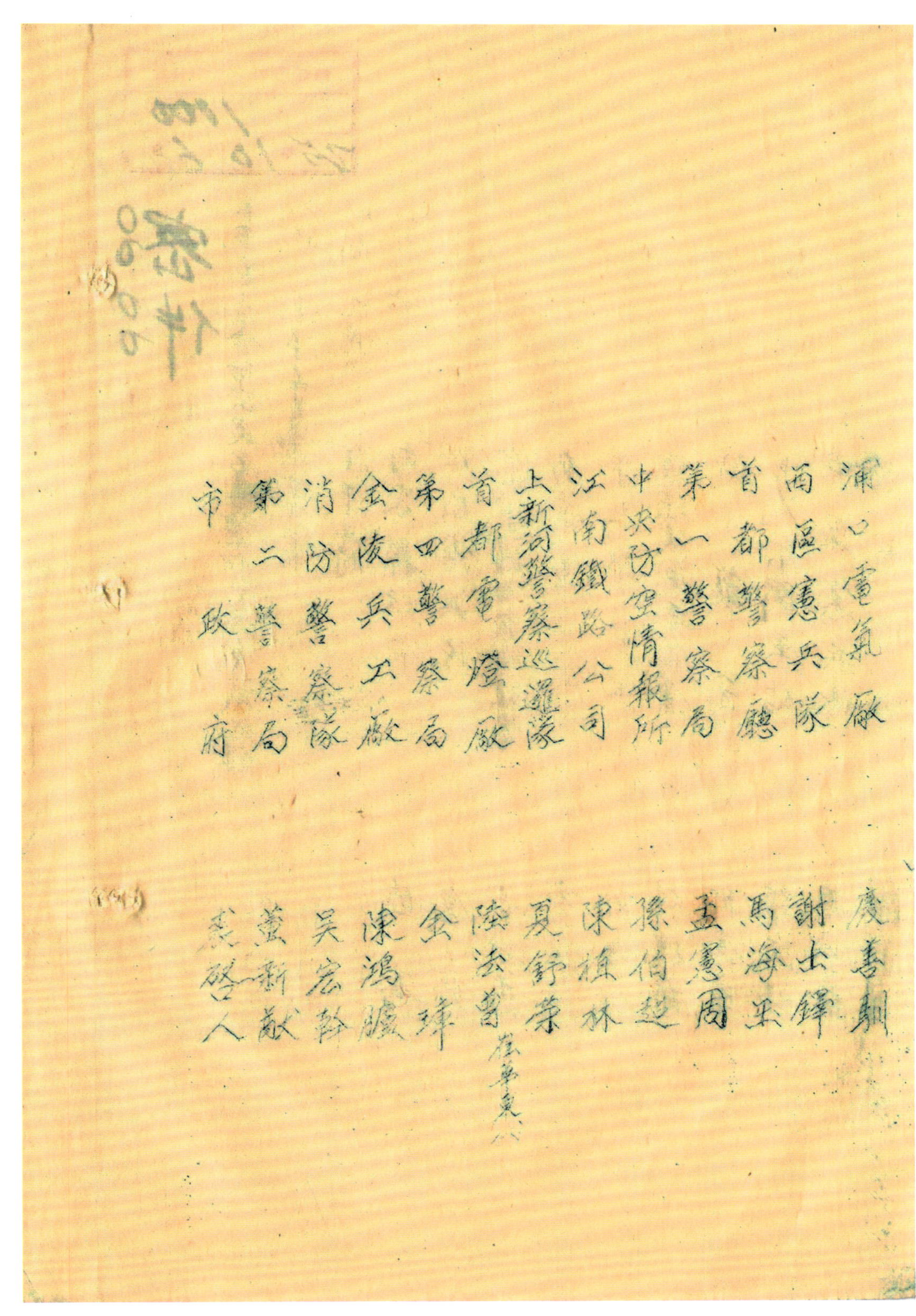

浦口電氣廠
西區憲兵隊
首都警察廳
第一警察局
中央防空情報所
江南鐵路公司
上新河警察巡邏隊
首都電燈廠
第四警察局
金陵兵工廠
消防警察隊
第二警察局
市政府

慶善馴
謝士鐸
馬海平
孟憲周
孫伯超
陳植林
夏舒榮
陸法曾（崔華東代）
金瑋
陳鴻臚
吳宏齡
董新猷
袁啓人

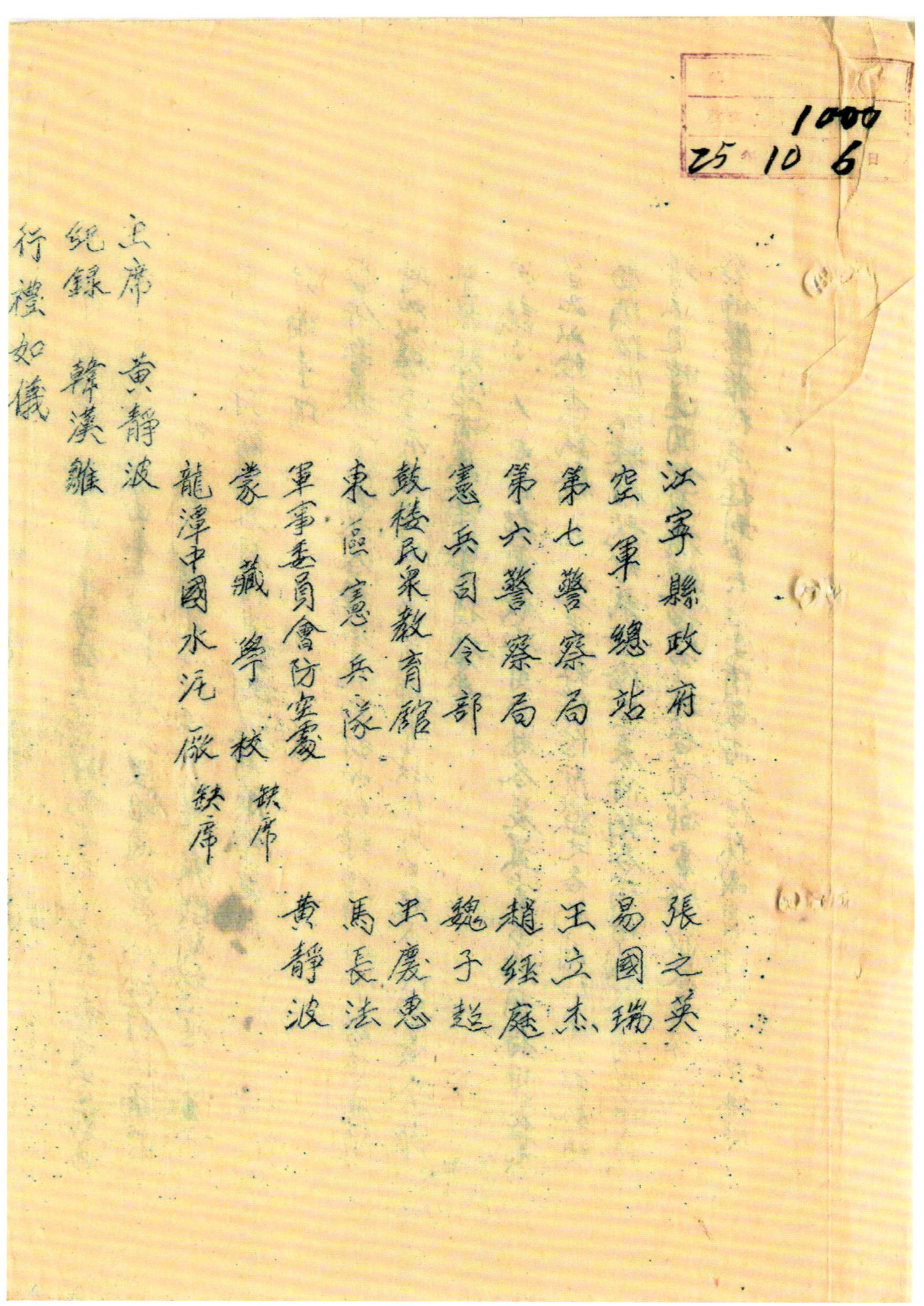

江寧縣政府　張之英
空軍總站　易國瑞
第七警察局　王立杰
第六警察局　趙綬庭
憲兵司令部　魏子超
鼓樓民衆教育館　王慶惠
東區憲兵隊　馬長法
軍事委員會防空處　黃靜波
蒙藏學校　缺席
龍潭中國水泥廠　缺席

主席　黃靜波
紀錄　韓漢雛
行禮如儀

主席報告　前去兩年防空演習所規定之防空警報因音響仍覺不易區別業由本處重行釐定呈准通飭頒佈施行在案茲為求更敏確實起見特請各擔任發佈警報機關將應行會商事項加以討論希各抒偉見以期屆時準確應付

一、討論事項：

一、發佈警報人員對於各種警報器材如紅綠信號燈電話等應隨時加以檢查有無損壞並由首都電廠於即日起派員檢查全部警報線路有無障阻或損壞案

決議：1、由首都電廠派員分赴各裝置電笛機關將汽笛電笛加以檢查試驗　2、裝置紅綠信號燈之各機關於每次試驗時務須按照紅綠信號燈試驗檢查表附記各項將試驗情形切實填注隨時送閱如有損壞望即逕告首都電燈廠派員修理

二、發佈警報機關接到中央防空情報所之信號或電話時應即按照

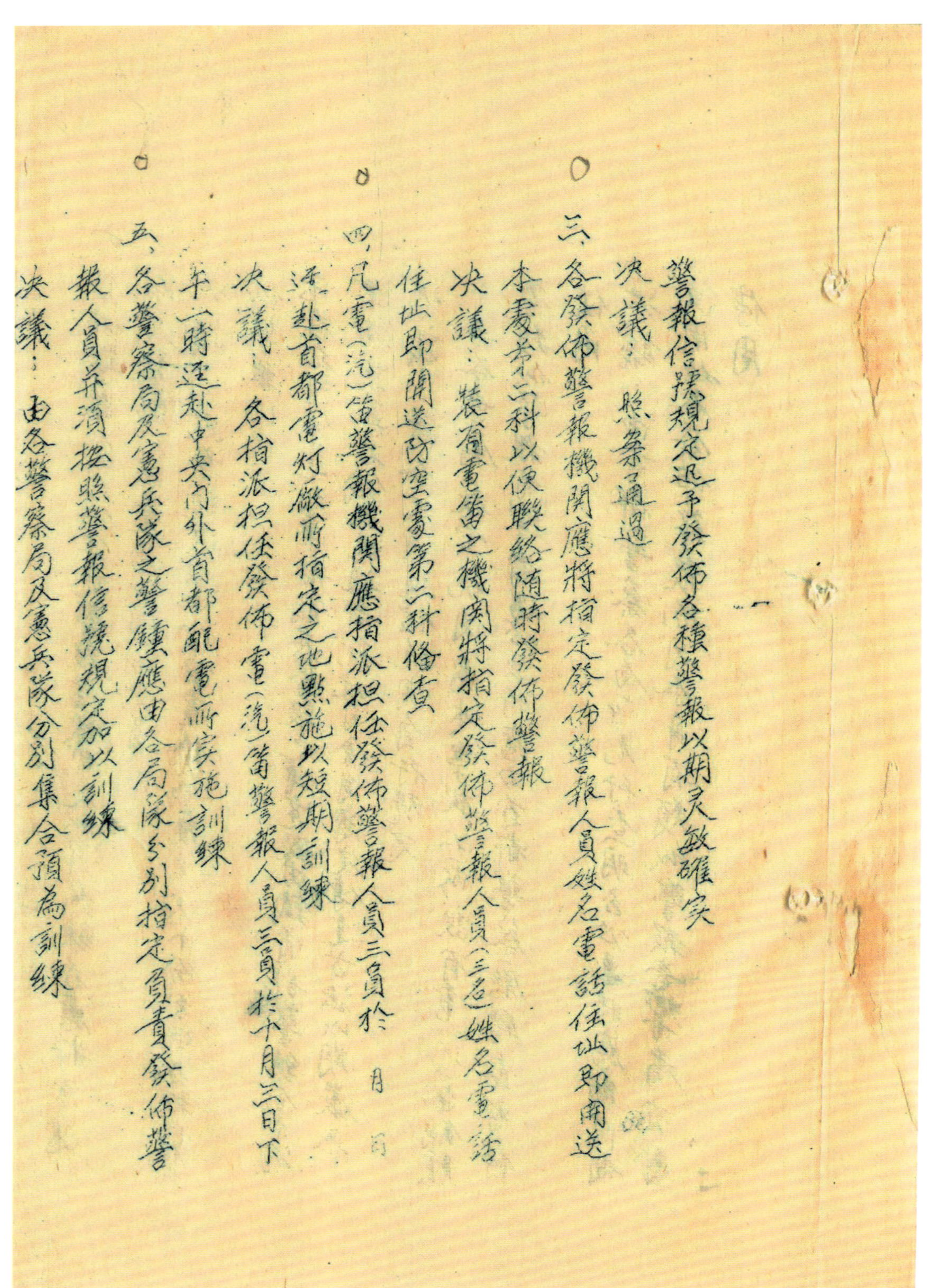

警報信號規定迅予發佈各種警報以期靈敏確實

決議：照案通過

三、各發佈警報機關應將指定發佈警報人員姓名電話住址即開送本處第二科以便聯絡隨時發佈警報

決議：裝有電笛之機關將指定發佈警報人員（三名）姓名電話住址即開送防空處第二科備查

四、凡電（汽）笛警報機關應指派担任發佈警報人員三員於　月　日逕赴首都電燈廠所指定之地點施以短期訓練

決議：各指派担任發佈電（汽）笛警報人員三員於十月三日下午一時逕赴中央門外首都電廠實施訓練

五、各警察局及憲兵隊之警鐘應由各局隊分別指定負責發佈警報人員并須按照警報信號規定加以訓練

決議：由各警察局及憲兵隊分別集合預為訓練

六、發佈警報人員須牢記警報信號規定以資熟練并應將信號規定張貼於警報器近側以免遺悞

決議：照案通過並由防空處檢警報信號十份分送各担任發佈警報机關

七、凡在行進中之列車船舶其警報之傳達擬由鐵道部隊警總局京滬、津浦京蕪各鐵及交通部航政司會同商定傳達方法以期嚴密

決議：請各交通通信机關自行規定

八、市內各寺廟、教堂、机關、團体、學校、工廠、設有電（汽）笛銅鐘等類似警報音響者遇必要時應由首都警察廳轉飭暫停使用

決議：由首都警察各局所先行查明至必要時應即限制使用如各發佈警報机關本身有類似警報音響者亦暫停用

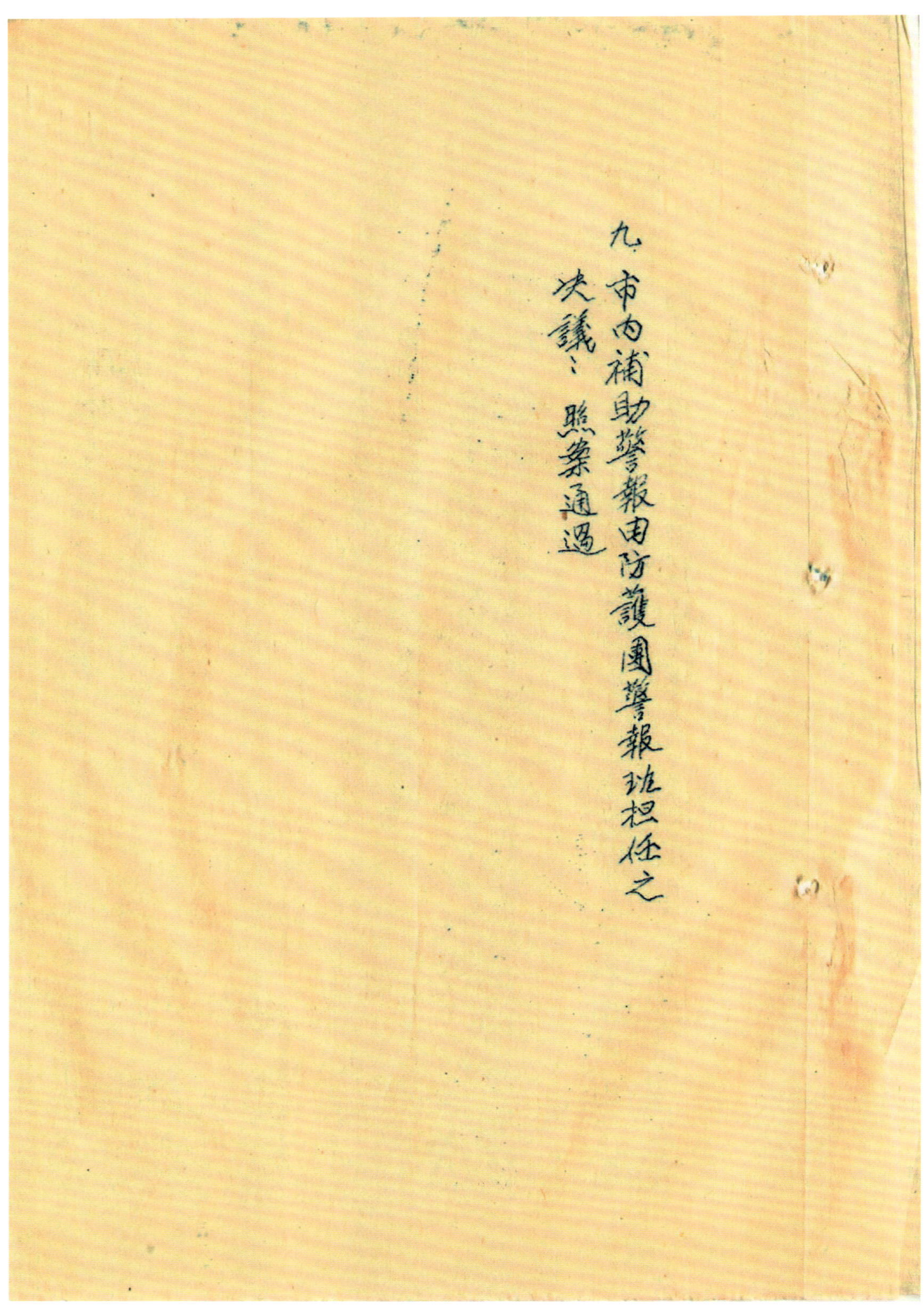

九、市内补助警报由防护团警报班担任之
决议：照案通过

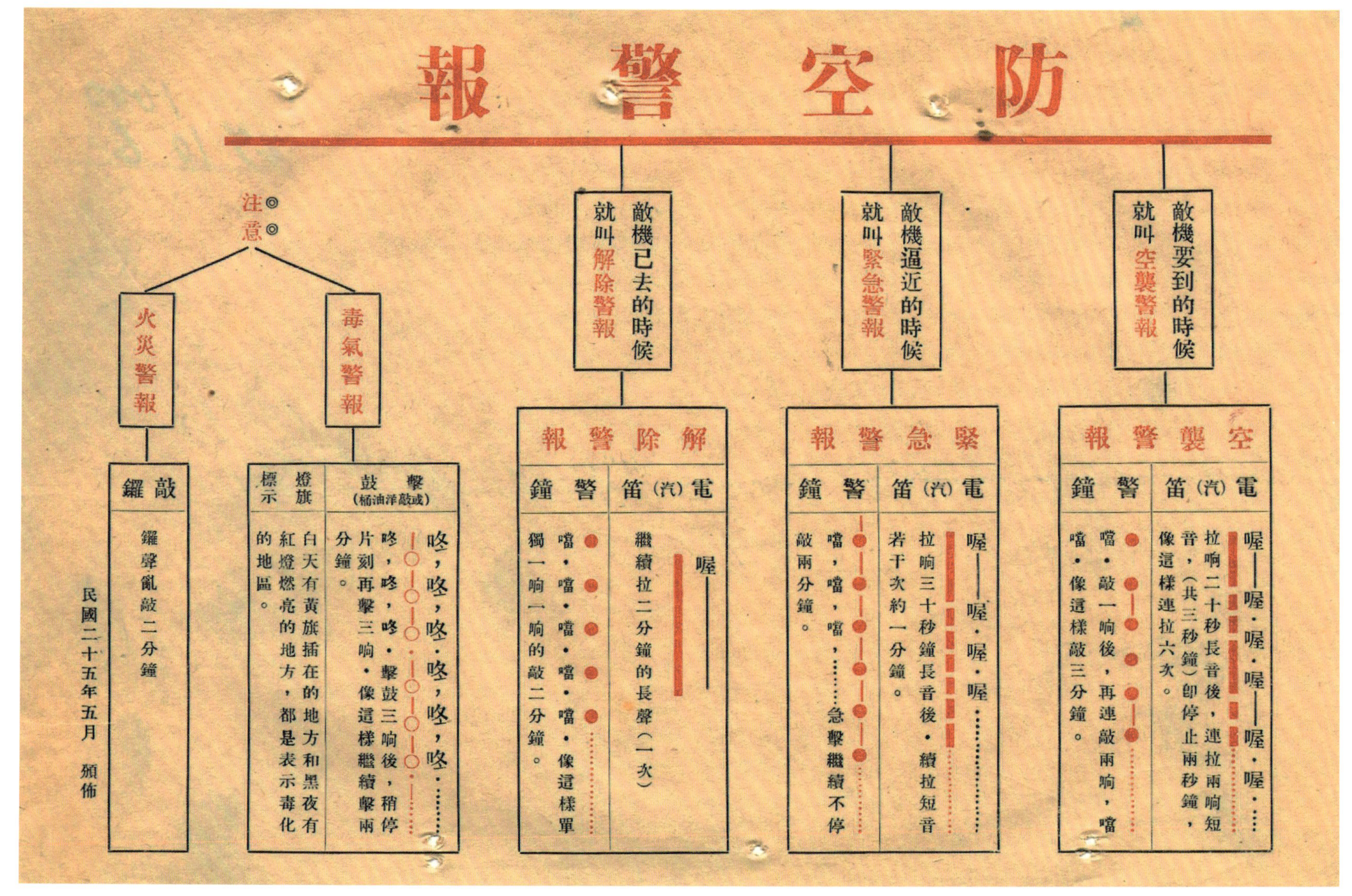
防空警報
敵機要到的時候
就叫空襲警報
空襲警報
電(汽)笛
嗚——嗚·嗚·嗚——嗚·嗚·……
拉響二十秒長音後，連拉兩響短音，(共三秒鐘)即停止兩秒鐘，像這樣連拉六次。
警鐘
噹·敲一響後，再連敲兩響，噹噹·像這樣敲三分鐘。
敵機逼近的時候
就叫緊急警報
緊急警報
電(汽)笛
嗚——嗚·嗚·嗚……
拉響三十秒鐘長音後·續拉短音若干次約一分鐘。
警鐘
噹，噹，噹，……急擊繼續不停敲兩分鐘。
敵機已去的時候
就叫解除警報
解除警報
電(汽)笛
嗚——
繼續拉二分鐘的長聲(一次)
警鐘
噹·噹·噹·噹·噹·像這樣單獨一响一响的敲二分鐘。
注◎意◎
毒氣警報
擊鼓(或敲洋油桶)
咚，咚，咚·咚，咚，咚……
咚，咚，咚·擊鼓三响後，稍停片刻再擊三响·像這樣繼續擊兩分鐘。
燈旗標示
白天有黃旗插在的地方和黑夜有紅燈燃亮的地方，都是表示毒化的地區。
火災警報
鑼敲
鑼聲亂敲二分鐘
民國二十五年五月 頒佈

国民政府军事委员会防空处关于发布警报人员姓名等以便随时联络事致总理陵园管理委员会公函（一九三六年十月十二日）

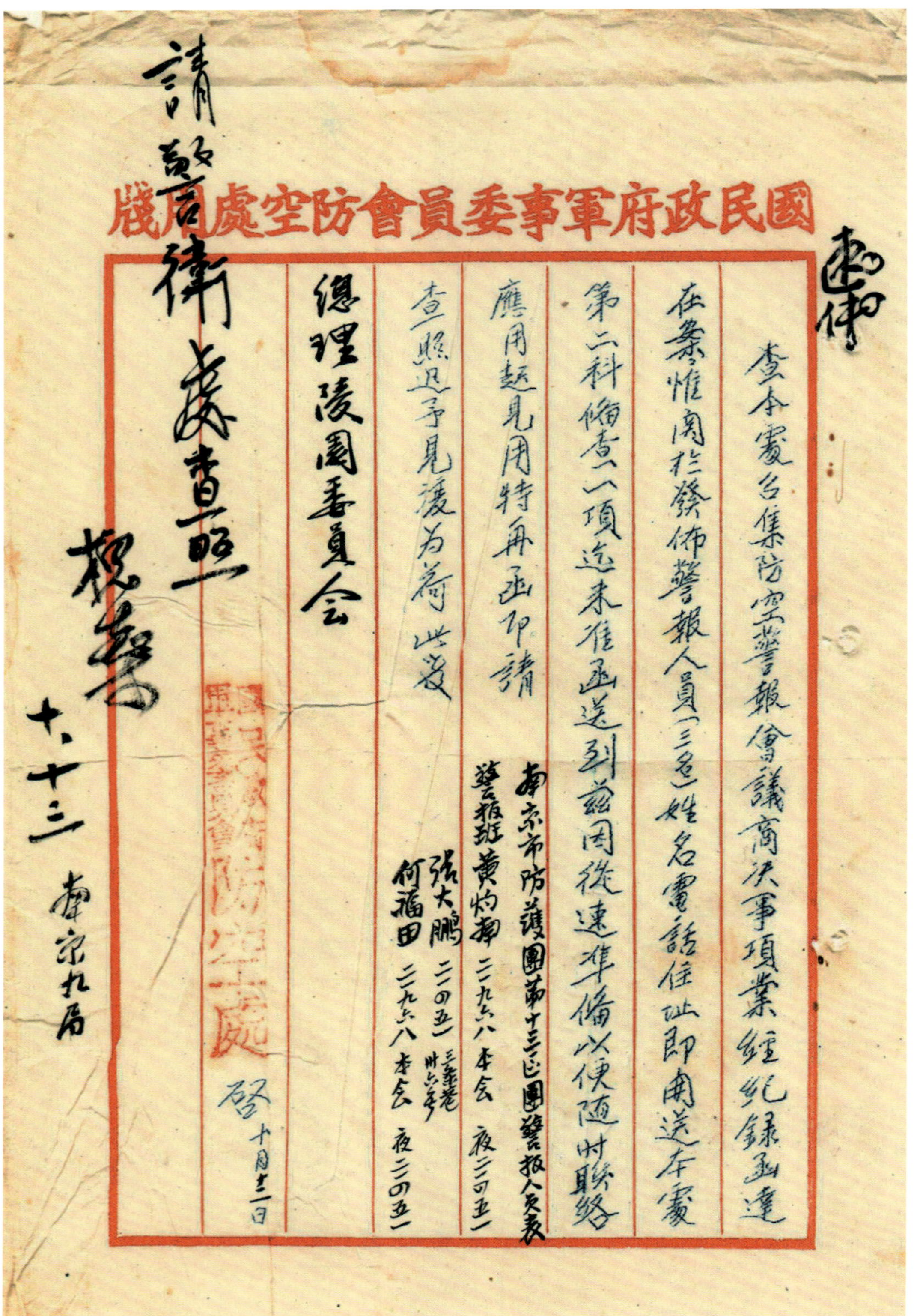
國民政府軍事委員會防空處牋

逕啟者：

查本處召集防空警報會議商決事項業經紀錄函達

在案。惟關於發佈警報人員（三名）姓名、電話、住址即函送本處

第二科備查一項，迄未准函送到。茲因從速準備以便隨時聯絡

應用起見，用特再函，即請

查照，迅予見覆為荷。此致

總理陵園委員會

啟 十月十二日

南京市防護團第十三區團警報人員表

警報班 黃灼華 二九六八 本會 夜二〇五一

張大鵬 二〇五一

何福田 二九六八 本會 夜二〇五一

請警衛處查照

十、十三

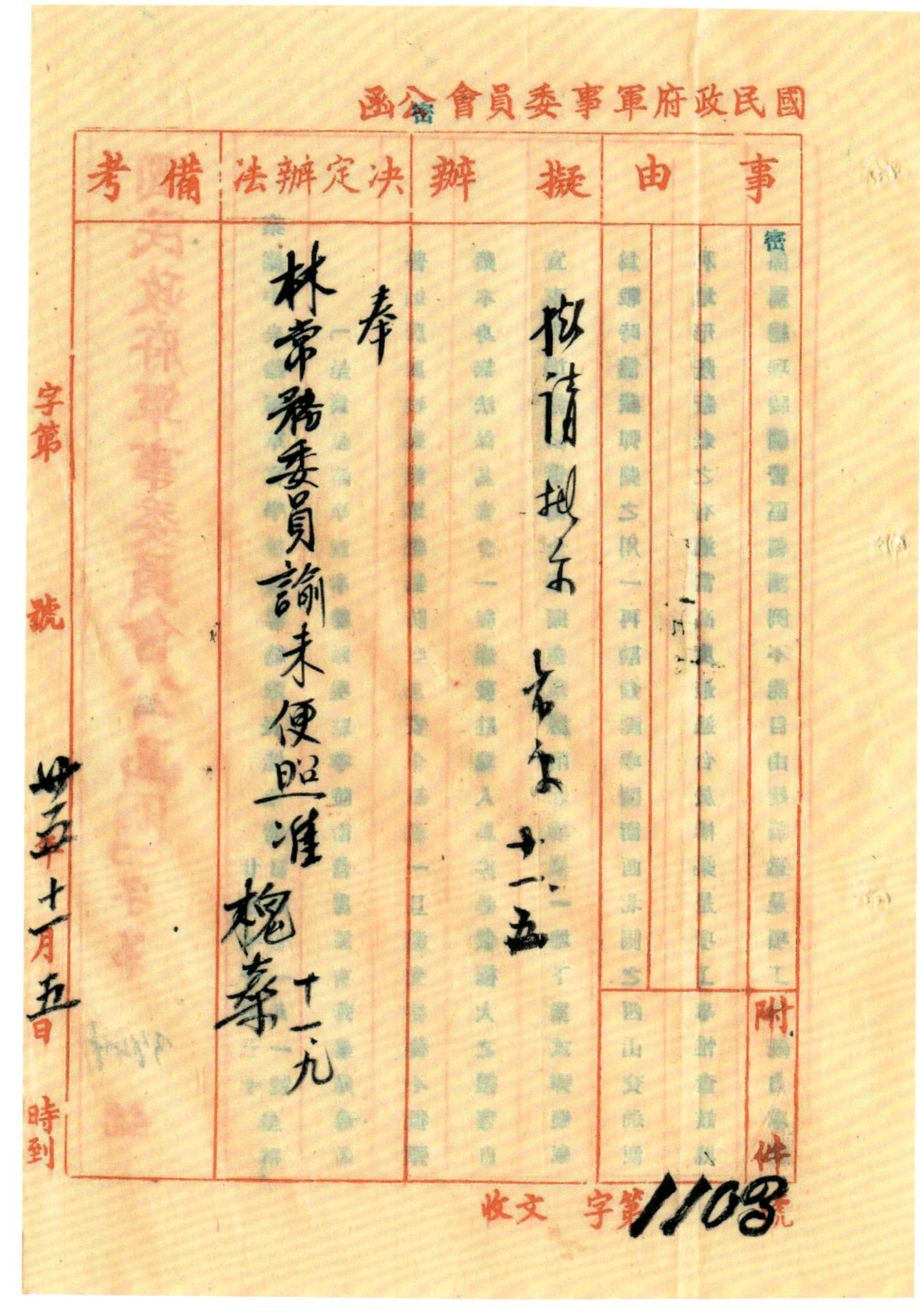
國民政府軍事委員會公函
事由
擬辦 擬請照准
決定辦法 奉林常務委員諭未便照准 槐秦 十一、九
備考 廿五年十一月五日
收文 字第1108號

国民政府军事委员会关于在地下建筑一弹药库为战时备用致总理陵园管理委员会公函（一九三六年十一月四日）

國民政府軍事委員會公函 〔執一〕字第3644號

案據中央陸軍軍官學校教導總隊長桂永清廿五年十月三十日第五一八一號呈稱：

「呈爲呈請事查本總隊現駐孝陵衛營房原有彈藥庫僅係普通房屋建築簡單絕無防空及安全設備一旦遭受空襲不獨彈藥本身無法保其安全一經爆發駐地人馬亦必蒙極大之損害自宜事先準備以策萬全茲擬在營房附近構築一地下室式彈藥庫爲戰時儲藏彈藥之用一再勘查祇孝陵衛西北側之西山交通便利地形蔭蔽兼之有適當高度最適合於構築是項工事惟查該地係屬總理陵園管區範圍例不能自由建築然是項工事既力求祕

匿自無傷害林木損及風景之虞且平時既不使用與陵園觀瞻及管理亦絕無影響事關國防擬懇准予構築實爲公便」

等情；據此，相應函請

查照核辦見覆爲荷！

此致

陵園管理委員會。

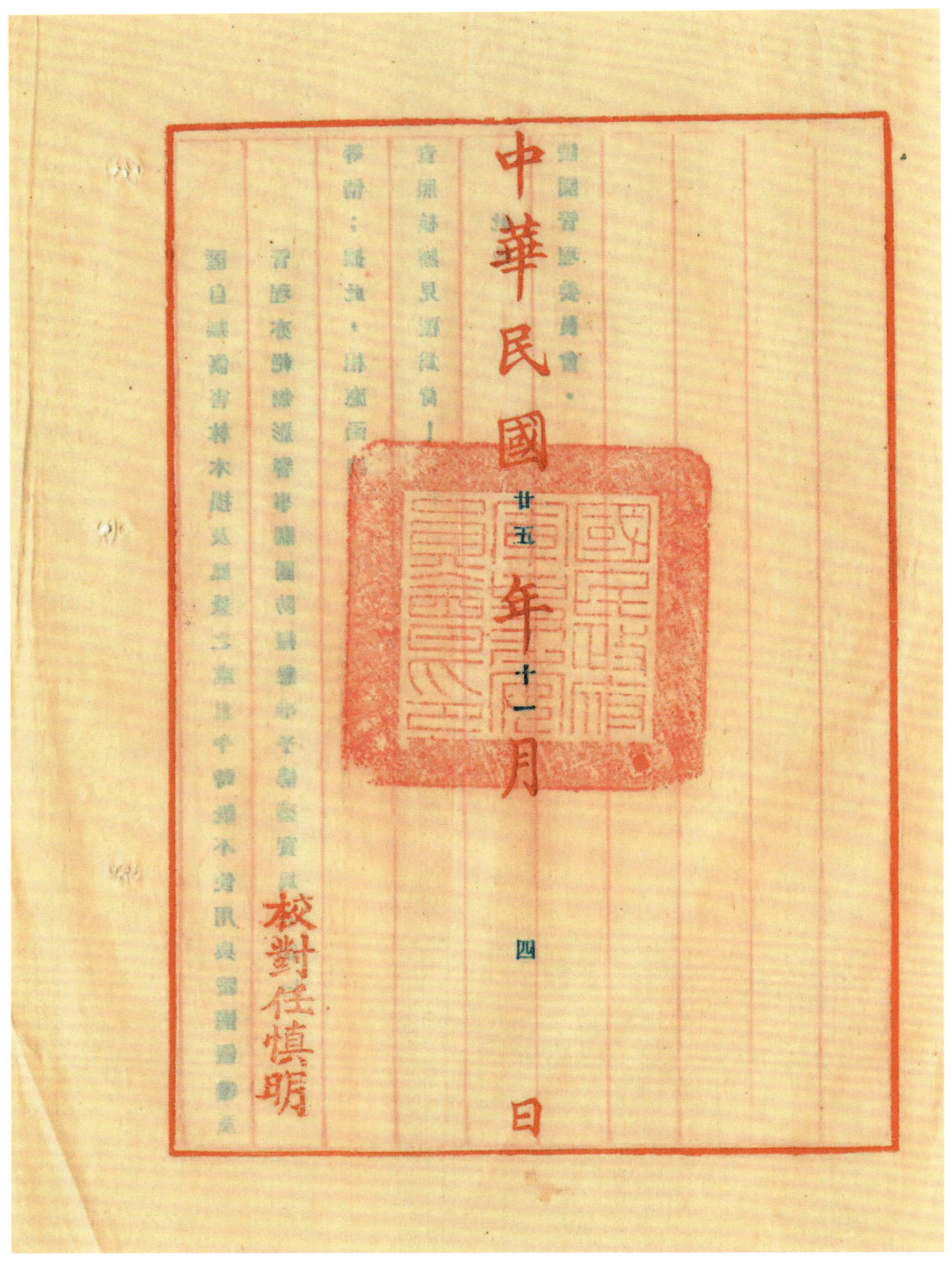

中華民國廿五年十一月四日

校對任慎明

南京警备司令部为在龙脖子构筑工事致总理陵园管理委员会密函（一九三六年十一月二十五日）

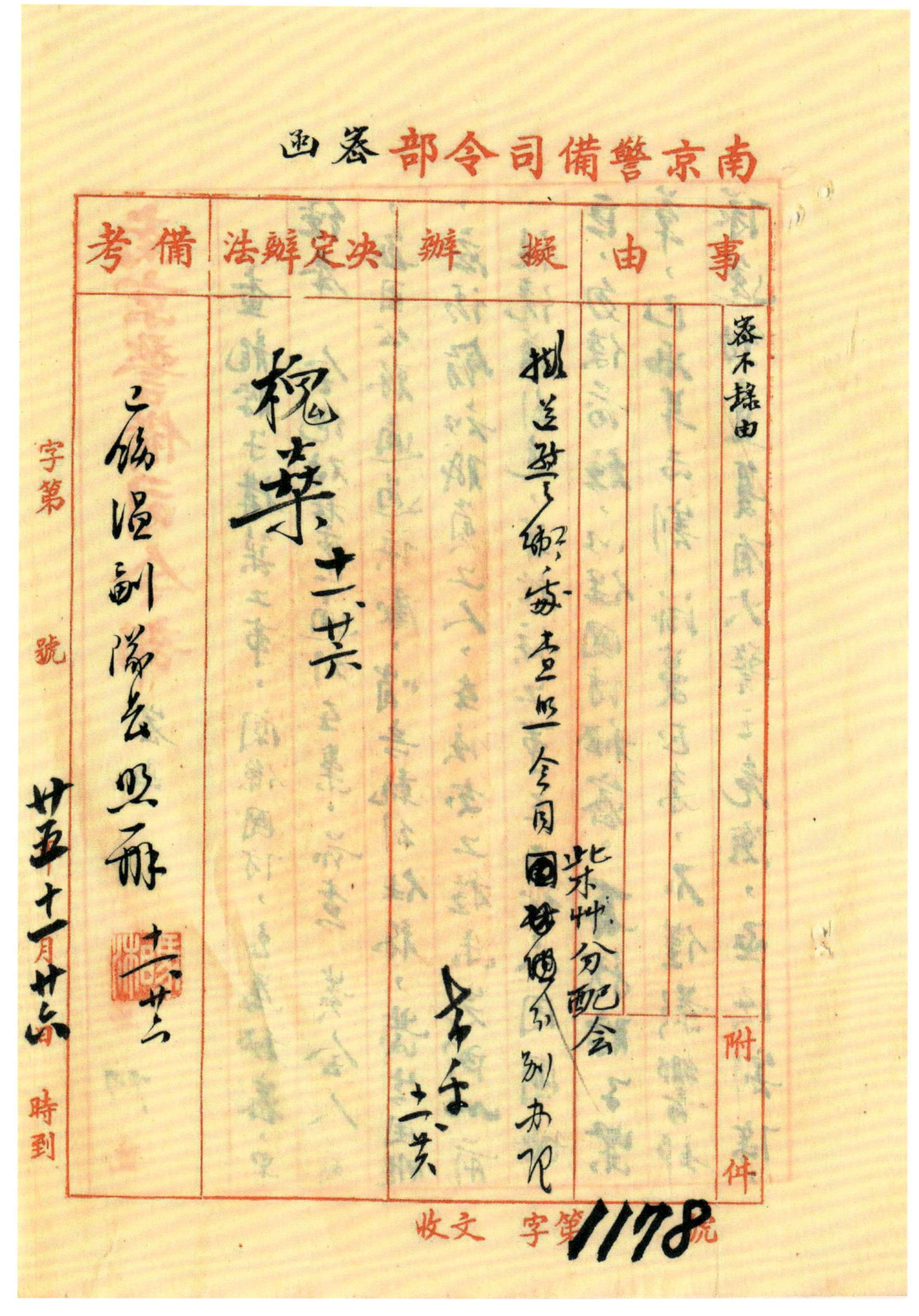
南京警备司令部签函

事由	拟办	决定办法	备考
密不录由	拟送秦参谋长、蔡科长、孙秘书、紫帅分配会同国防部分别办理	存 十一、廿六	已嘱温副局长照办

附件

字第　号

到时　廿五 十一月廿六

收文　字第1178号

南京警備司令部 箋函

發備軍字第79號

查龍脖子構築工事，関係國防，至為秘密，早經奉 令絶对禁止通行在案。茲查 貴會人員，每因公務通過該處，哨兵執行任務，發生困難，應請 飭知職員工人，在該處工程未完成以前，請繞道行走，并於該工事三百公尺周圍地區，勿使前往，以保國防秘密。再龍脖子柴草，已兩年未割，滋蔓延身，不僅影響部隊運動，且復有火警之危險，亟須割除，以清禍源。查該工事三百公尺周圍以內地區已着駐該地憲兵剷除，以外地區，擬請警衛委派員督飭佃户剷除，並希轉飭温副隊長與憲兵李排長協商辦理為荷。

此致

陵園管理委員會

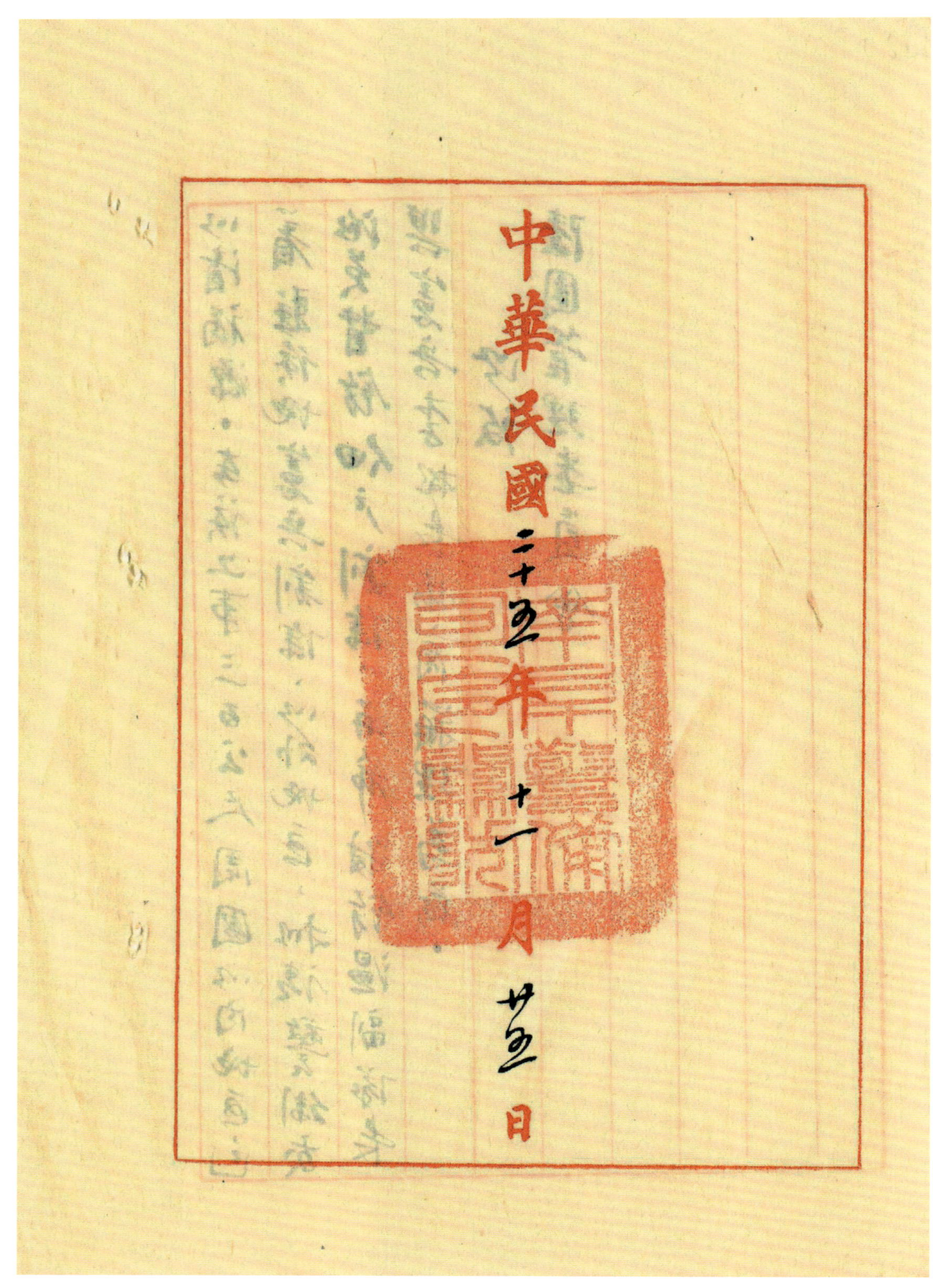

中華民國二十五年十一月廿五日

国民政府军事委员会防空处为检送防空警报器装置地点及试验时间分配表致总理陵园管理委员会密函

（一九三六年十二月十一日）

附：防空警报器（电笛）装置地点及试验时间分配表

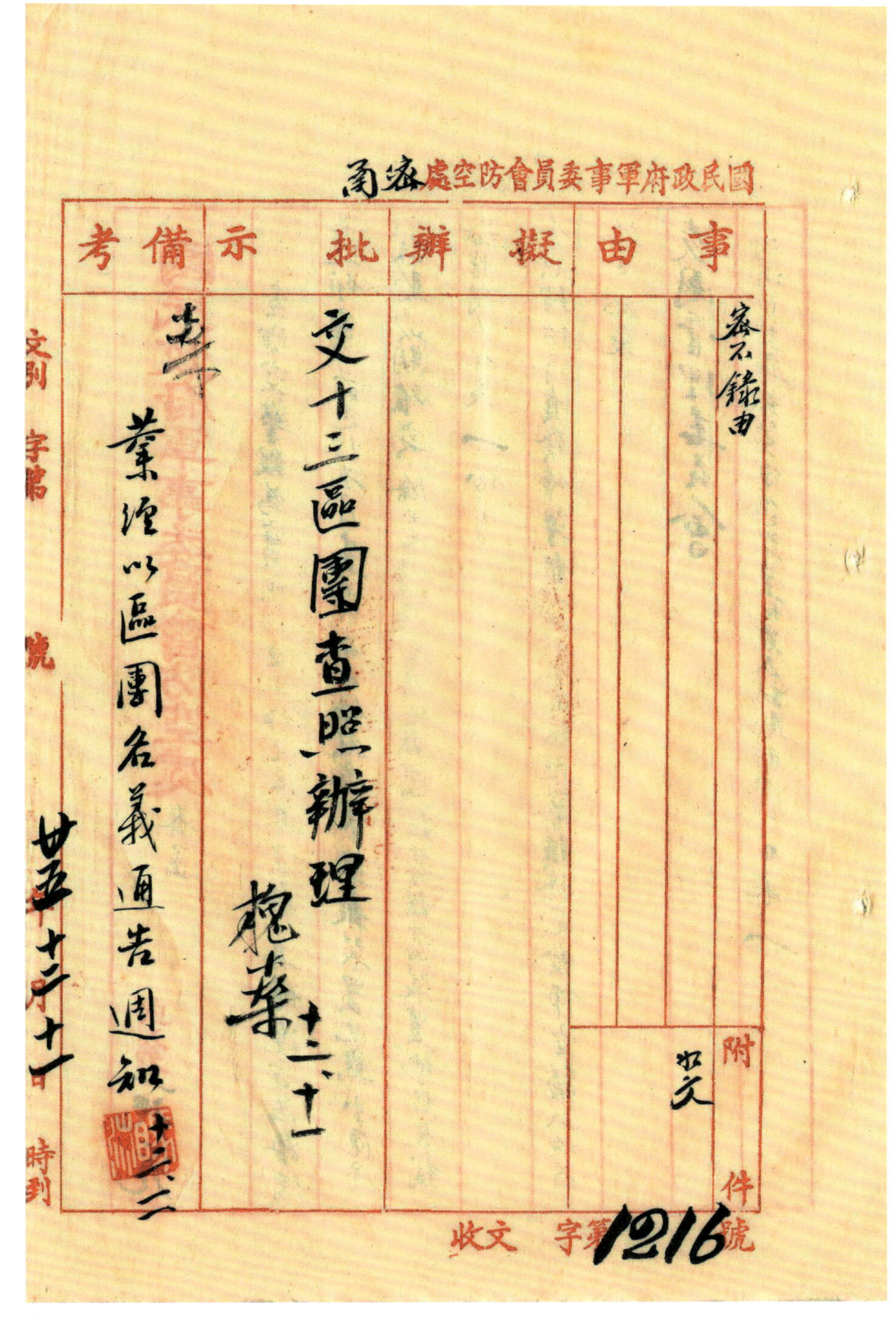

國民政府軍事委員會防空處密函

事由	擬辦	批示	備考
密不錄由 附件：如文	交十三區團查照辦理 槐棻 十二、十一	出乎 葉理以區團名義通告週知 十二、十二	

文到：廿五年十二月十一日 時到

收文 字第1216號

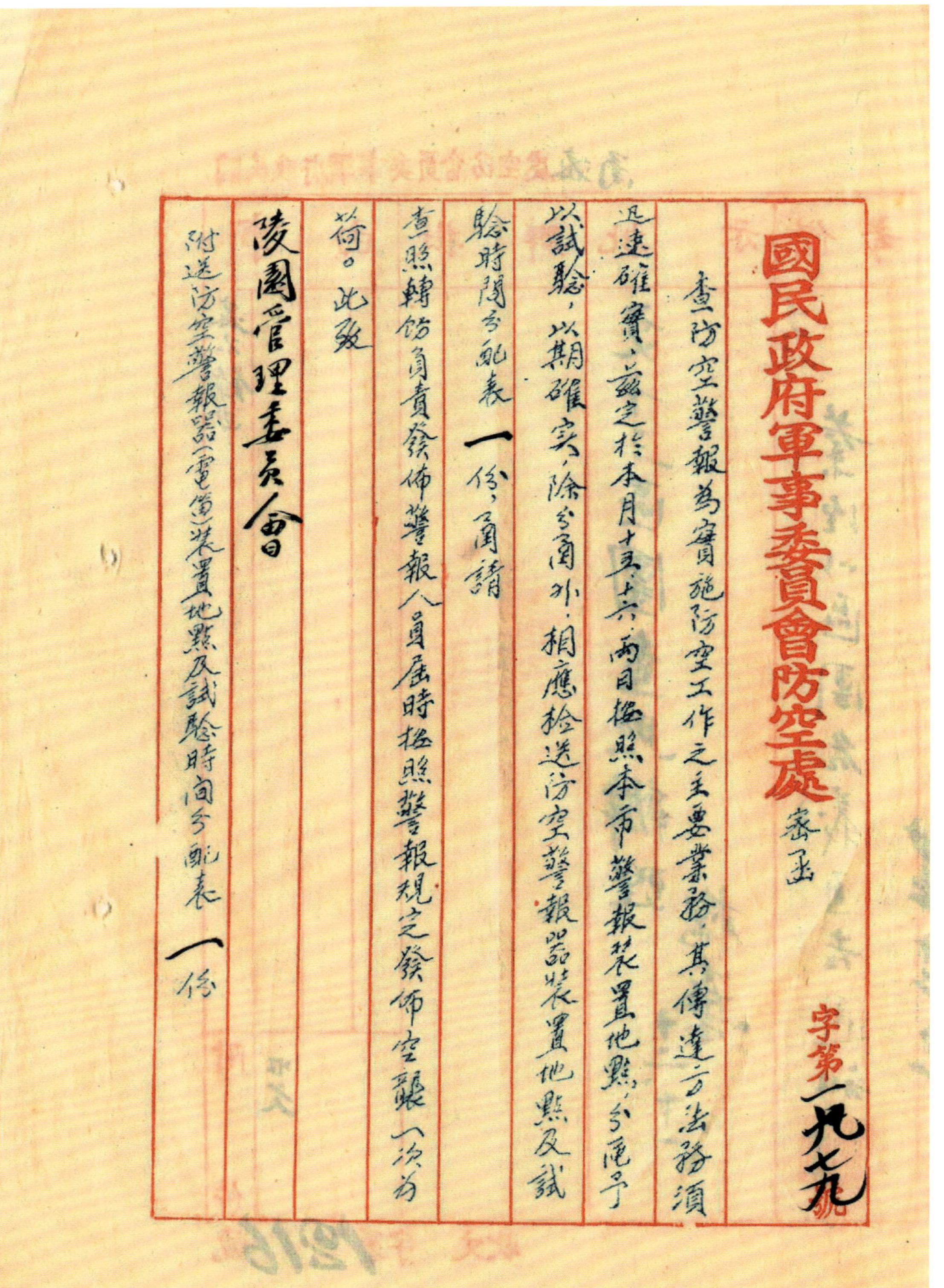

國民政府軍事委員會防空處寒函　字第一九七九號

查防空警報為實施防空工作之主要業務，其傳達方法務須迅速確實，茲定於本月十五、十六兩日按照本市警報裝置地點，分處予以試驗，以期確實，除分函外，相應檢送防空警報器裝置地點及試驗時間分配表一份，函請查照轉飭負責發佈警報人員屆時按照警報規定之發佈空襲一次為荷。此致

陵園管理委員會

附送防空警報器（電笛）裝置地點及試驗時間分配表一份

防空警報器電笛裝置地點及試驗時間分配表

區別	裝置地点	試驗日期	試驗時間	備考
第一區團	西華门電廠	十二月十五日	上午八時半	
第一區團	太平门	十二月十五日	上午八時半	
第一區團	破布營	十二月十五日	上午八時半	
第二區團	空軍總站	十二月十五日	上午八時半	
第三區團	市政府	十二月十五日	上午八時半	
第四區團	金陵兵工廠	十二月十五日	上午八時半	
第六區團	中華門外新橋 東太門外街口	十二月十六日	上午八時半	
第七區團	下關電車站	十二月十六日	上午八時半	
第八區團	浦口車站 浦鎮飛機場	十二月十六日	下午二時	
第九區團	下馬牌坊	十二月十五日	下午二時	
第十區團	江東門電台 上新河	十二月十六日	下午二時	
第十一區團	蒙藏學校	十二月十六日	下午二時	
第十二區團	陵園	十二月十五日	下午二時	

国民政府军事委员会防空处为请准许构筑陵园防空高射阵地致总理陵园管理委员会密函（一九三六年十二月十四日）

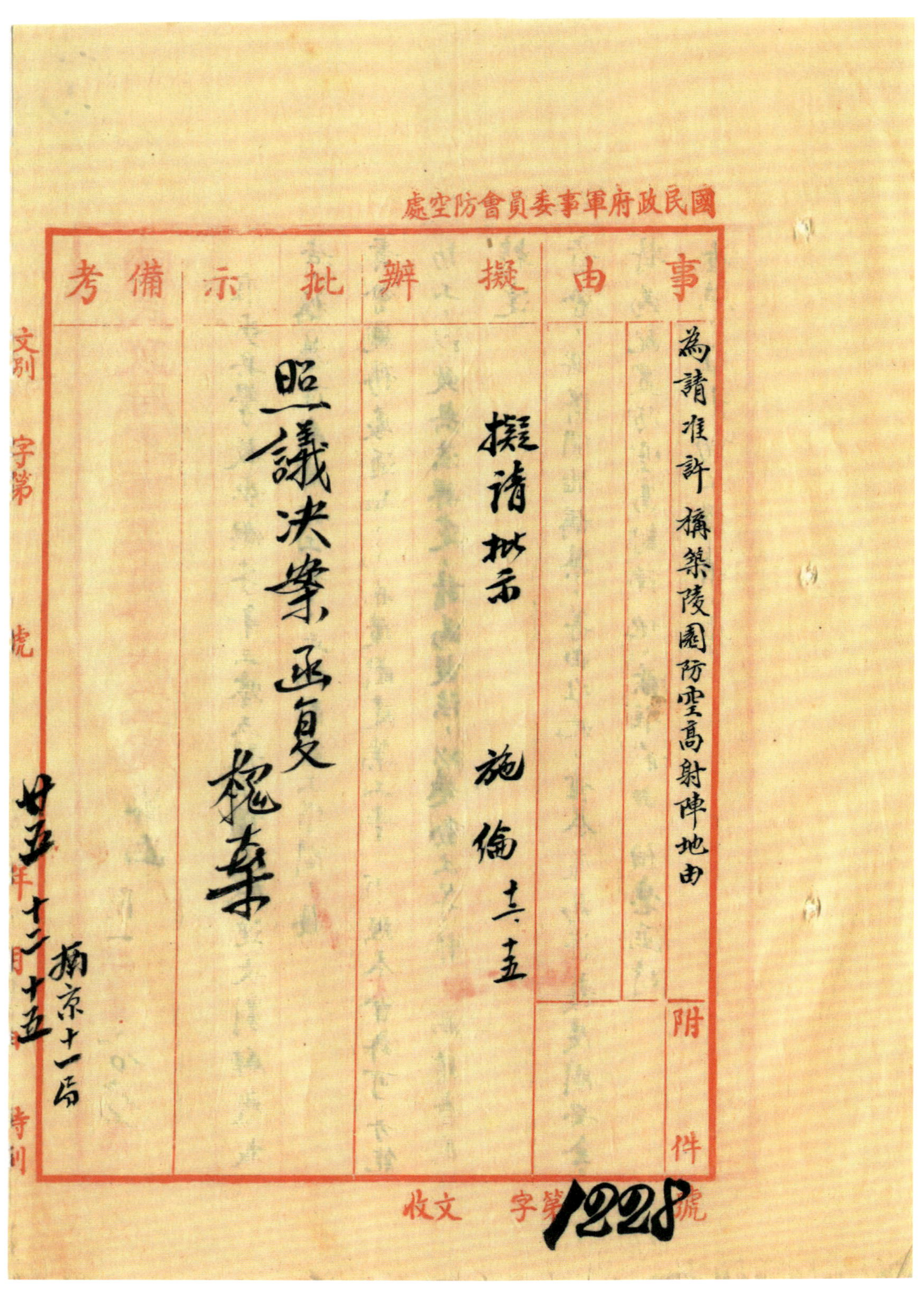
國民政府軍事委員會防空處

事由：為請准許構築陵園防空高射陣地由

擬辦：擬請批示 施倫 十二、十五

批示：照議決案函复 樾 ［印］

廿五年十二月十五

摘京十一号

收文字第1228號

國民政府軍事委員會防空處　函

防　字第　號

准步兵學校步總字第三零五號函開：據連長劉鍾權報告，構築陵園陣地工事，正擬開始工作間，接貴會總務處通知，凡在陵園建築工事，須經本會許可，方能動工，以致無法興建，請為設法，以便動工等情，函請查照轉達貴會，俾得開始構築，等由准此。查本處為保護陵園安全，特為配置防空高射陣地，茲准前由，相應函請查照，准予動工構築，希

見復爲荷。
此致
陵園管理委員會
處長黄鎮球

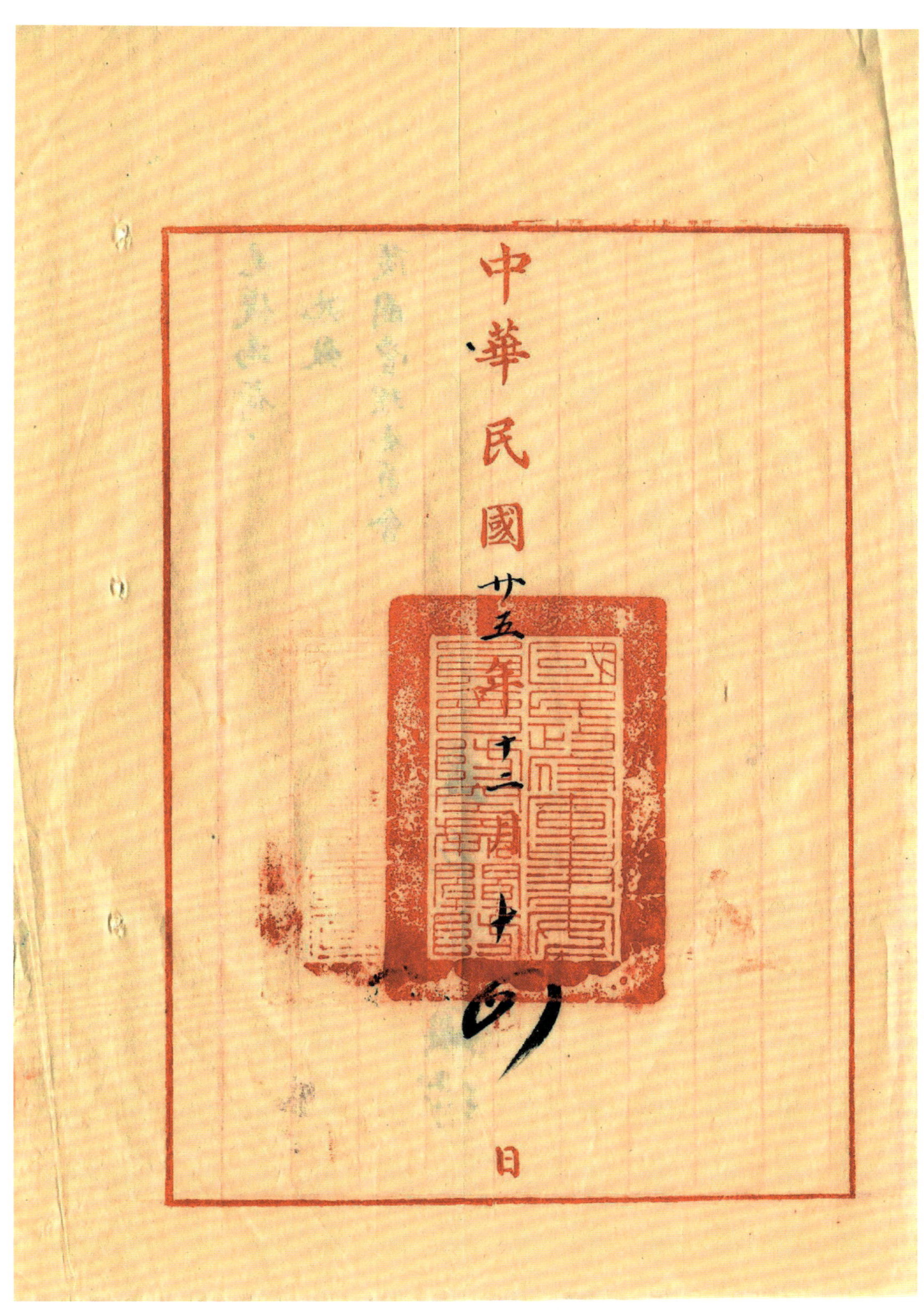
中華民國廿五年十二月十一日

陆军工兵学校为演习夜间爆破致总理陵园管理委员会警卫处函（一九三六年十二月十四日）

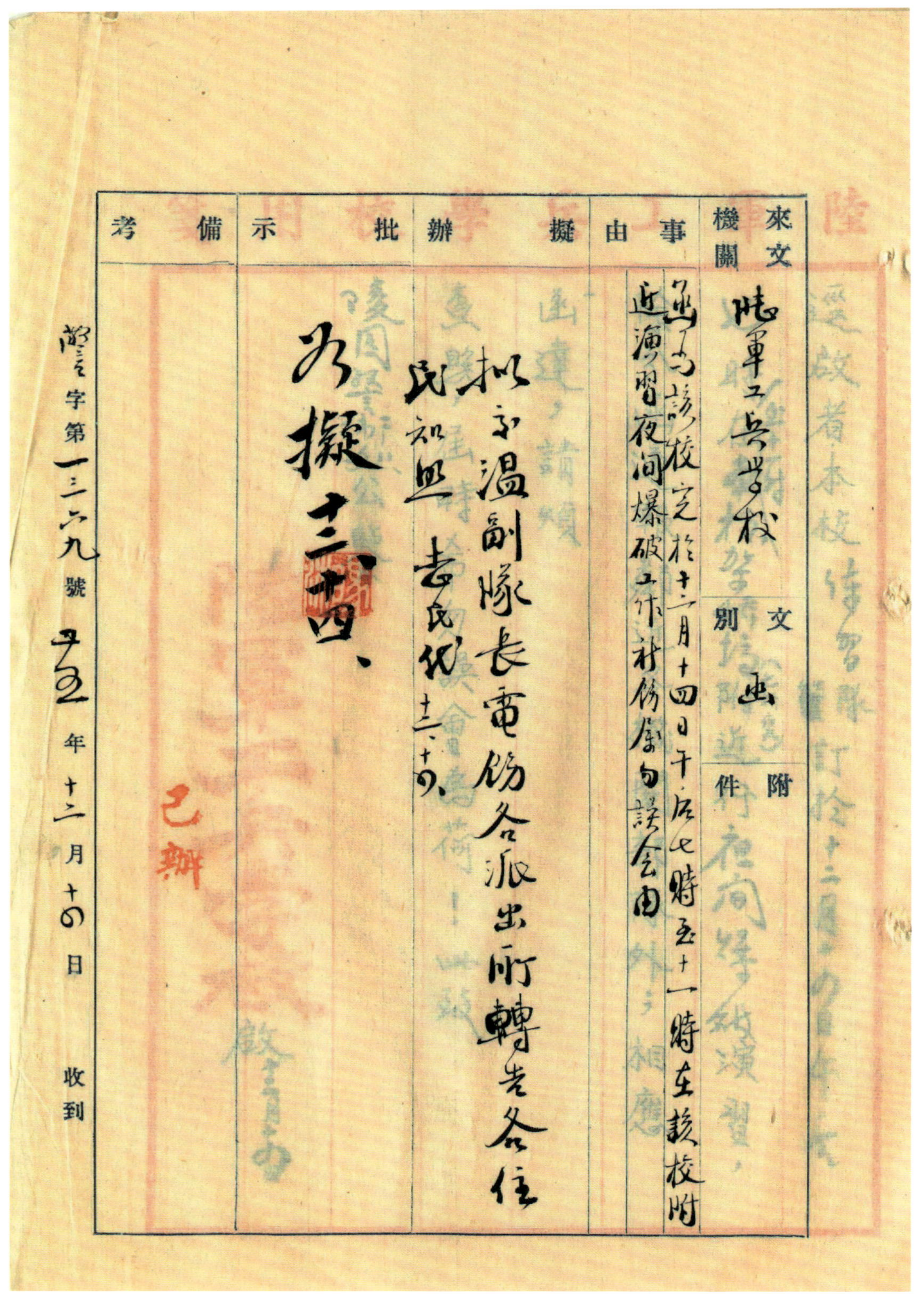

來文機關	陸軍工兵學校
文別	函
附件	
事由	函爲該校定於十二月十四日午后七時至十一時在該校附近演習夜間爆破工作，祈飭屬勿誤會由
擬辦	擬函温副隊長電飭各派出所轉告各住民知照 十二、十四
批示	如擬 十二、十四
備考	警字第一三六九號 廿五年十二月十四日收到 已辦

陸軍工兵學校用箋

逕啟者：本校練習隊訂於十二月十四日午后七時（至十時）在本校、架橋場（七橋瓮）附近行夜間爆破演習，除分函通報鄰近各機關部隊外，相應函達，請煩查照，屆時希勿誤會為荷！此致

陵園警衛處公鑒

陸軍工兵學校啟 十二月十四日

警卫处为报陵园区防护团第十三区团组织成立日期及情形、呈送花名册事致总理陵园管理委员会呈文

（一九三六年十二月十六日）

警衛處呈文

事由	擬辦	批示	備考
呈報陵園區防護團第十三區團組織成立日期及情形連同花名册一本呈請鑒核備案由　附件：名册一	擬存案備查　振編　十二、十七	准予備案　委員會報告　槐　十二、十九	

廿五年十二月十六時到

收文字第1232號

總理陵園管理委員會警衛處

第　頁

呈爲呈報事：竊職奉南京市防護團，令委爲陵園區防護團第十二區團團長，并限於八月一日組織成立，同時本處管理課主任朱祖漢及總務處處長林槐森，亦被委爲副區團長，遂開區團會議，決議照頒發組織條例，將本會所屬職員官兵工友，及陵園各機關各學校職員、教職員學生等，分班編組，已於八月底組織成立，所有組織防護區團日期及情形，理合備文連同花名册乙本，呈報

鈞會，敬祈

中華民國廿五年十二月十六日

南京中山門外
電話二一四五一

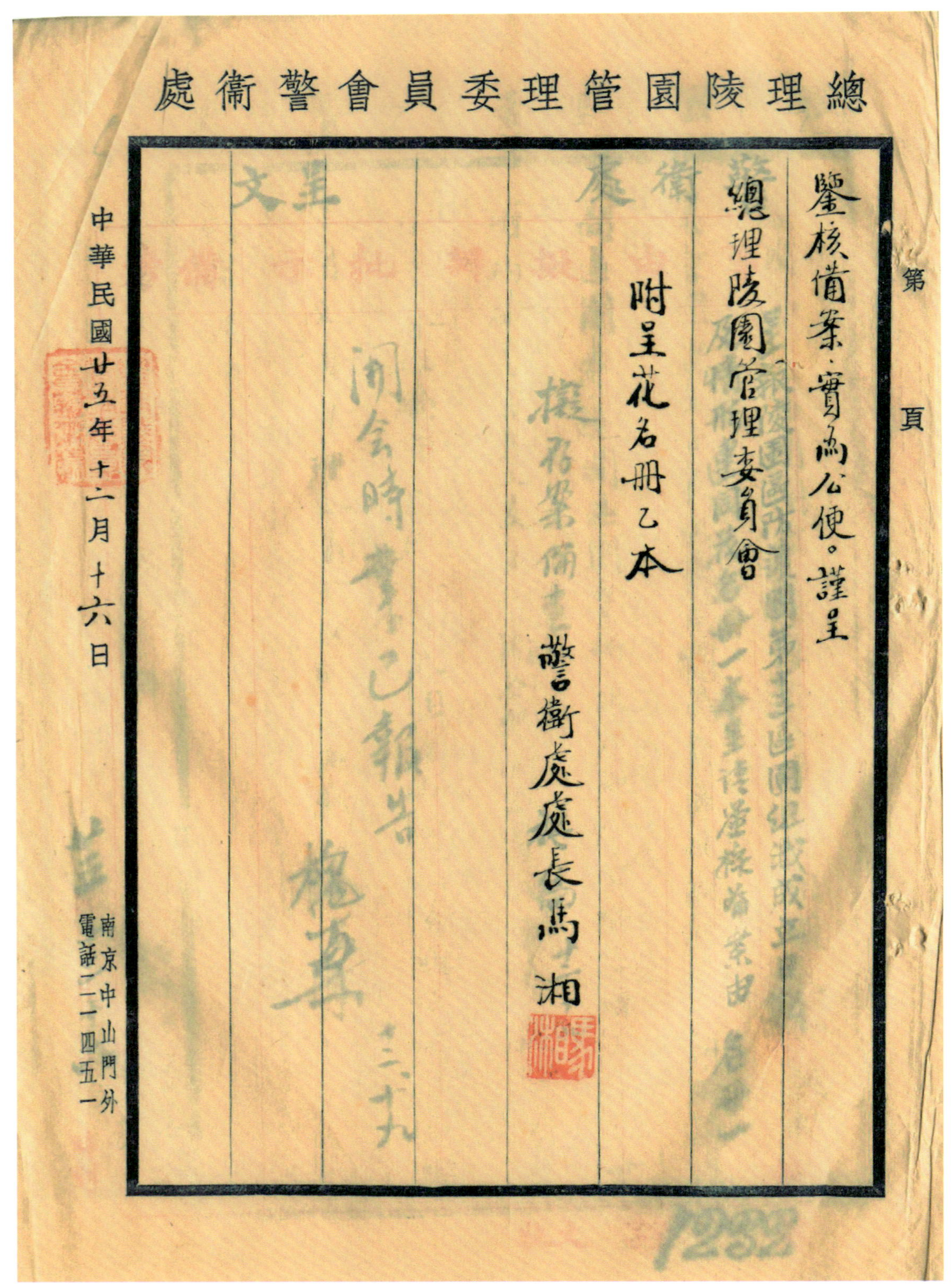

總理陵園管理委員會警衛處

鑒核備案，實爲公便。謹呈

總理陵園管理委員會

附呈花名册乙本

警衛處處長馬湘

中華民國廿五年十二月十六日

南京中山門外
電話二一一四五一

第　頁

南京警备司令部为各工事射口伪装多有损坏请查明并将修理估价报部致总理陵园管理委员会密函（一九三七年三月二十二日）

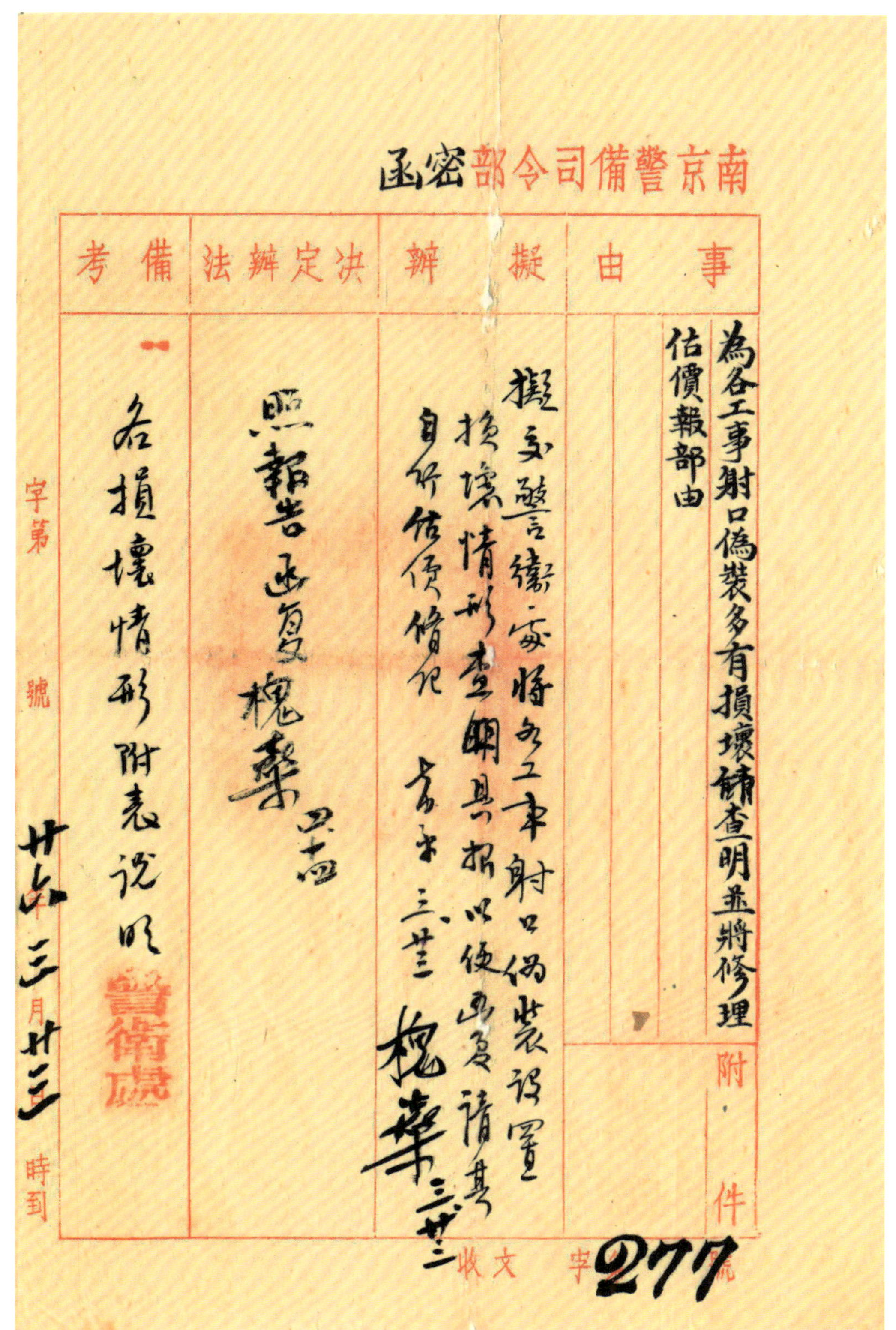

南京警備司令部密函

事由	擬辦	決定辦法	備考
為各工事射口偽裝多有損壞請查明並將修理估價報部由	擬函警衛處將各工事射口偽裝設置損壞情形查明具報以便函復請其自行估價修理 槐棠 三廿三	照報告函復 槐棠	各損壞情形附表說明

字第　號

廿六年三月廿二日　時到

警衛處

附件

收文　字 277 號

南京警备司令部 密函

叁二字第376号

查各國防工事，據報射口僞裝，多數損壞，本部經派員查察，發現各工事射口僞裝，有木架壓斷，全部覆土傾卸者，有木架上蘆蓆破爛，覆土卸漏者，若不從速修理，則各工事射口，勢將尽行暴露，修理方法，擬將木架壓斷者，重行更換新木架，其上再加蘆蓆蘆蓆，如係蘆蓆破爛者，則擬在木架上添蘆蓆蓆排一層，其上再加新蘆蓆，而凡屬射口僞裝之覆土上，均擬植「爬山虎」等植物，以期蔭蔽密固，應請貴会轉飭警衛處，就所監護紫金山之工事，逐座查明射口僞裝損壞與否，及其損壞情形，列表函知，如有損壞則依照上開修理方法估價並所需栽植「爬上虎」植物之工事座數，一併見告，以憑着手修理，相應函達，即請

查照爲荷，此致

陵園管理委員会

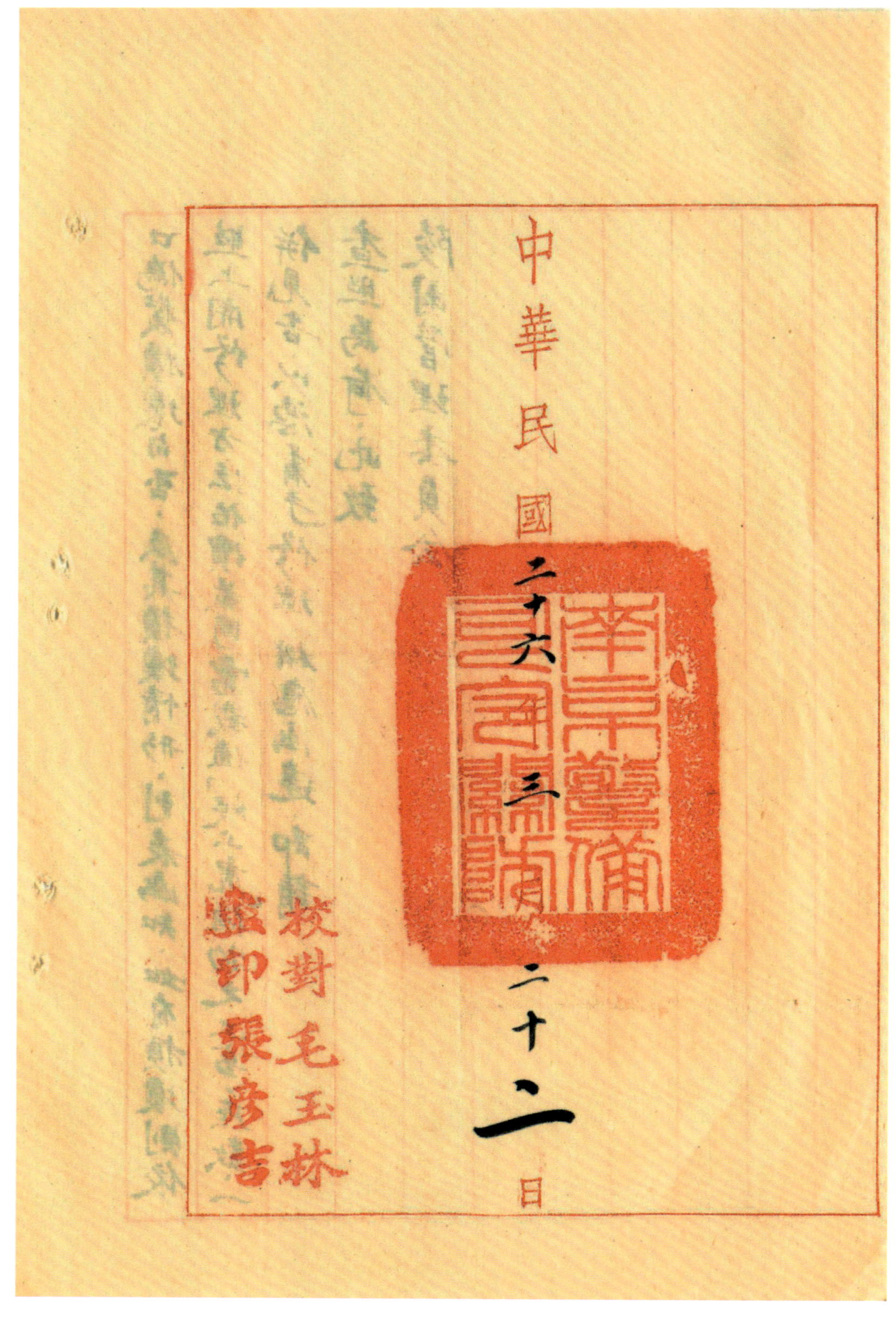

中華民國二十六年三月二十二日

校對 毛玉林
監印 張彥吉

行政院为扩充防护团消防班由各机关组织致总理陵园管理委员会密函（一九三七年四月十三日）

附：首都各机关学校工厂自备消防实施办法

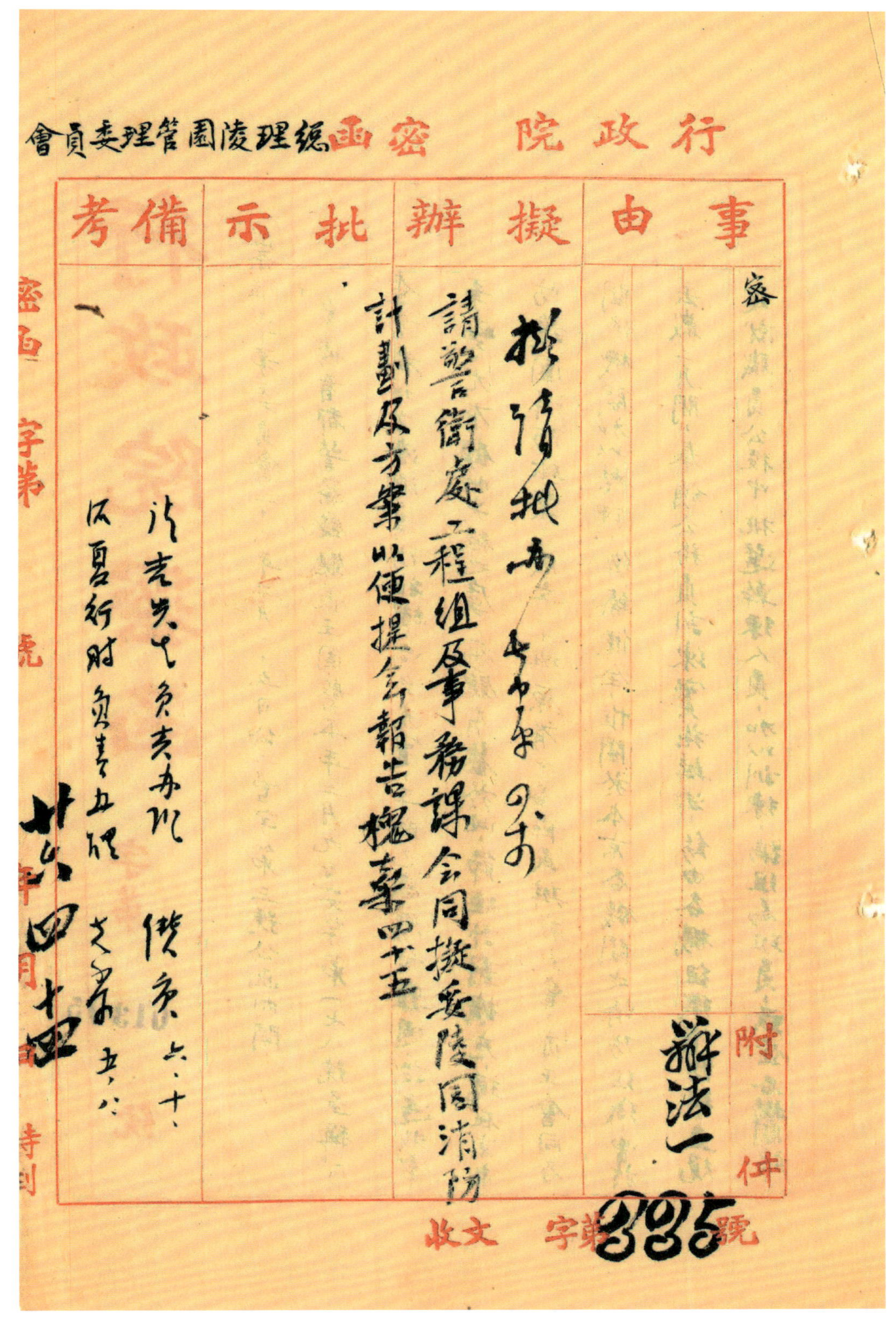

行政院 密函 總理陵園管理委員會

事由	擬辦	批示	備考
密	請警衛處工程組及事務課會同擬妥陵園消防計劃及方案以便提會報告 槐森 四、十五		

附件 辦法一

收文 字第 385 號

行政院密函

字第 01395 號

案准軍事委員會二十六年二月二十五日公二管字第三號公函內開：

「案據首都警察廳廳長王固磐本年二月九日安字第一七八號呈稱：竊查首都地方遼闊，消防組織向欠充實，平時已感應付難周，設遇非常事變，尤有顧此失彼之虞，本廳有鑒於此，節經計劃擴充，現在京市防護團消防班業已成立二十班，原有之各區民辦救火會，亦正會同各關係機關加以整理，俾臻健全，惟關於本京各機關之消防組織，曾於去歲二月間，奉頒公務員訓練實施辦法，飭由各機組織消防班，並規定就職員公役中，挑選幹練人員，加以訓練，編組為班員，兹查各機關消防班業已次第組織完成，其班員亦由首都公務員訓練委員會派員訓練，並經本廳調查，其中中央黨部等二十三處，已購備消防汽車或瓦斯唧筒，本廳職司首都消防，爲謀是項消防班組織統一，確實發生力量，俾遇非常時期，能從事救護工作，即在平時遇有火警，得以調劑盈虛，俾資補助起見，謹擬首都各機關學校工廠自備消防實施辦法一種，藉資促進，是否有當，理合連同首都各機關消防器材調查表一份呈請鈞會俯賜鑒核示遵。」等情，附呈首都各機關學校工廠自備消防實施辦法一份、首都各機關消防器材調查表一份，據此，查所擬辦法，是否適合首都各行政機關實用，應商請貴院酌定，分别函令實施，相應抄同附件函請查照辦理見復爲荷。

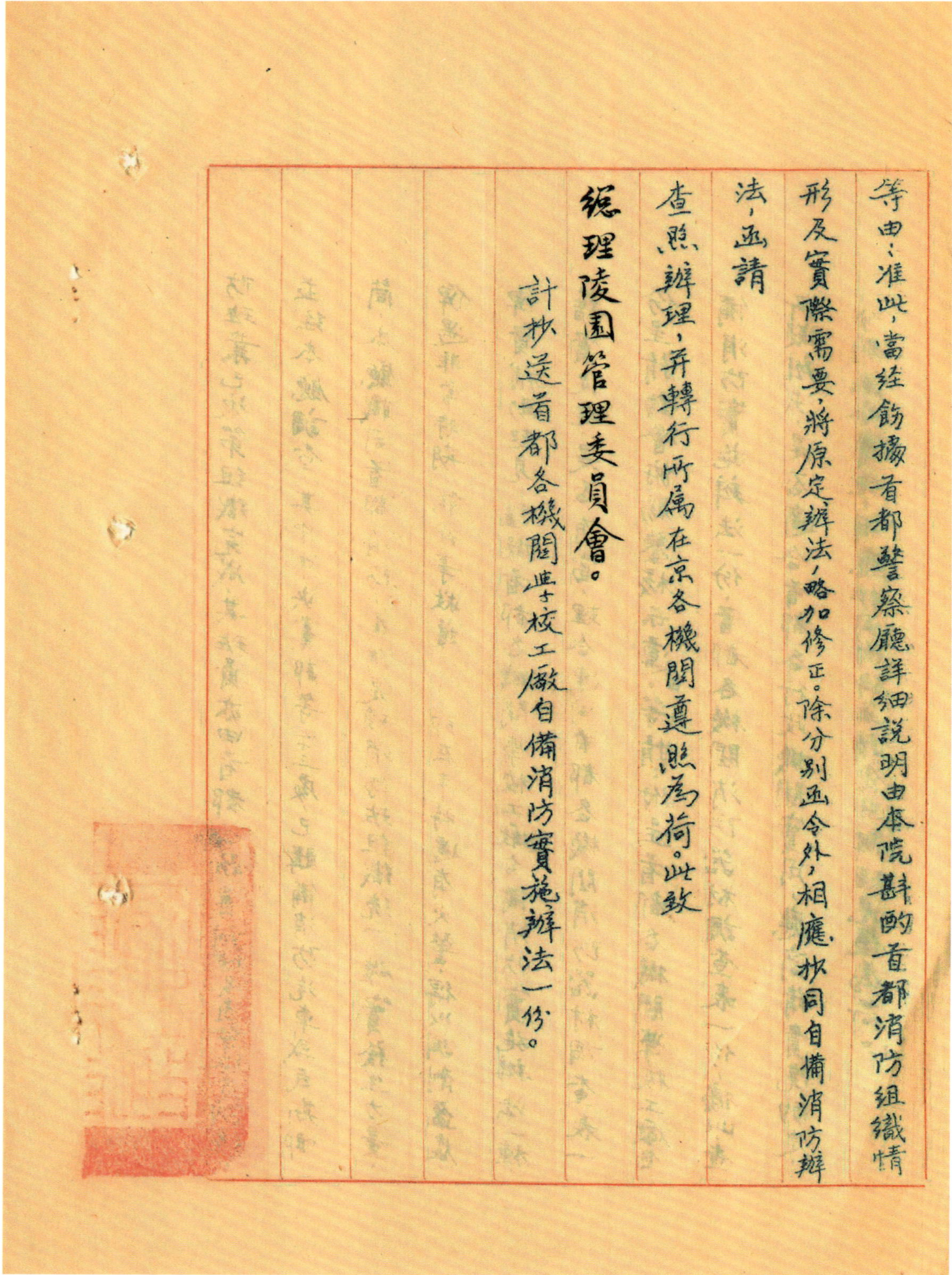

等由；准此，当经饬据首都警察厅详细说明由本院斟酌首都消防组织情形及实际需要，将原定办法，略加修正。除分别函令外，相应抄同自备消防办法，函请

查照办理，并转行所属在京各机关遵照为荷。此致

总理陵园管理委员会。

计抄送首都各机关学校工厂自备消防实施办法一份。

中華民國廿六年四月十三日

院長蔣中正

外交部部長王寵惠代

監印華繼汎

校對高明澄

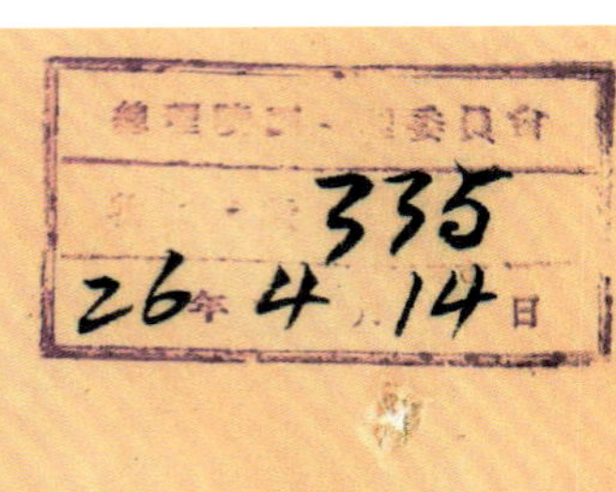

首都各機關學校工廠自備消防實施辦法

一、首都警察廳為促進本京各機關學校工廠自備消防起見，特訂定本辦法實施之

二、凡本京各機關學校工廠應有之消防設備如左：

甲、必須設備者

1、瓦斯唧筒一架

2、化學滅火機

3、砂包

4、水帶及重要附件

乙、得酌量設備者

1、救火汽車一輛

2、蓄水池或蓄水塔（容量自一萬加侖至五萬加侖）

三、各机関學校工廠如已置備救火汽車或瓦斯唧筒者，應即成立一消防班，僱用富有消防學驗之班長一人，專任管理本機關消防班事務，隊士十二人至二十人，就各該机関學校工廠內曾受公務員訓練之職員公役中兼充之。其班長人選，得委託首都警察廳遴派之。

前項消防班之名稱，即定名為「某某機關消防班」，其人員組織及器材等設備須列表函送首都警察廳備查。

四、各消防班專司各該机關學校工廠之消防任務，遇有火警，除立即赴救外，并報告首都警察廳消防隊，在火場内須受消防隊長之指揮，於必要時，或附近區域發生火警，并得受消防隊長之調遣。

五、關於消防人員之訓練，器材之保管，火警後之調查報告，均由首都警察廳另訂辦法施行之。

总理陵园管理委员会为就所监护紫金山工事逐座查明其损坏情形列表具报事致南京警备司令部密函

（一九三七年四月十五日）

附：紫金山机关枪射口伪装损坏报告表

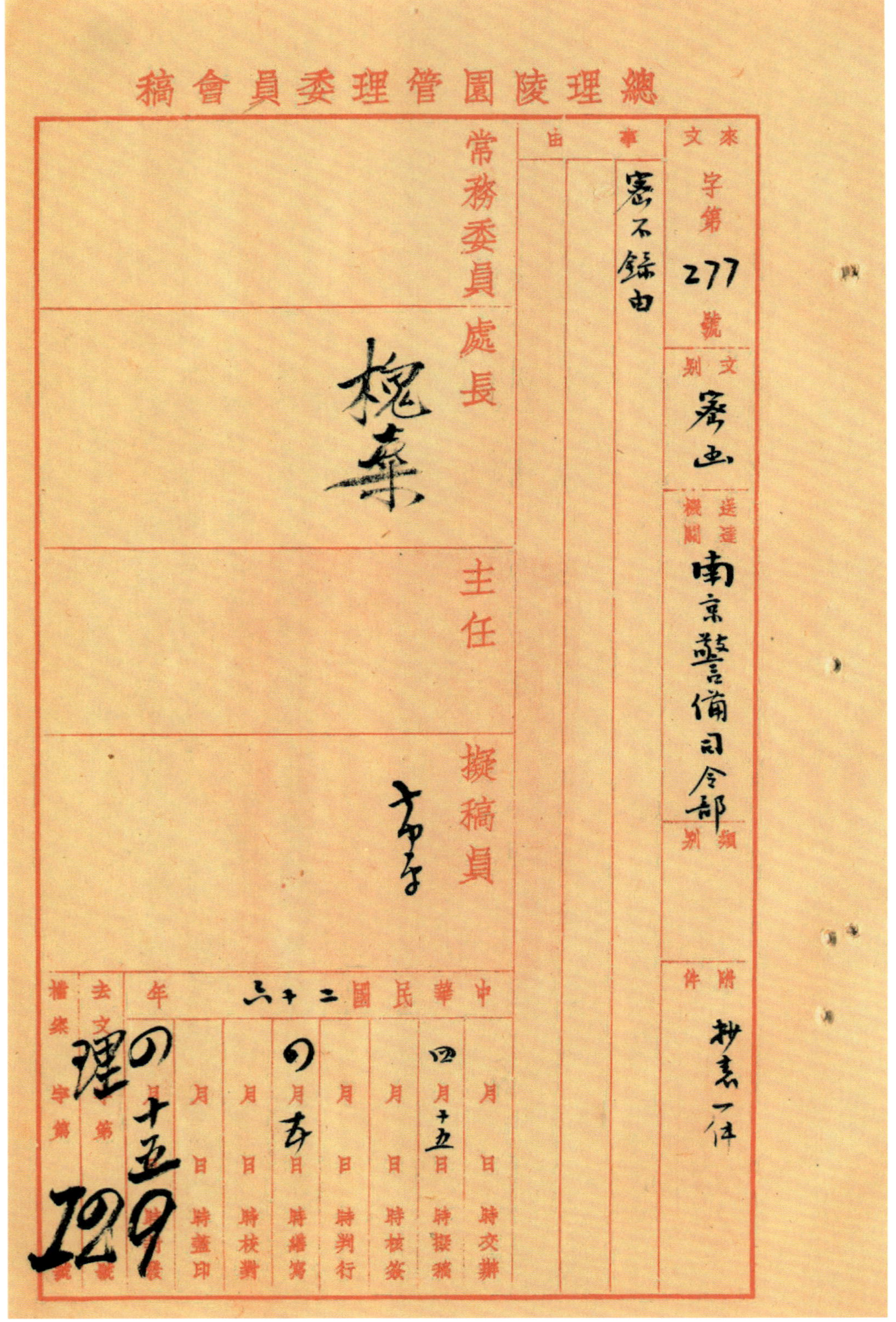

總理陵園管理委員會稿

來文	字第277號
文別	密函
送達機關	南京警備司令部
類別	
附件	抄表一件
事由	密不錄由
常務委員	
處長	槐卿
主任	
擬稿員	

中華民國二十六年

交辦	擬稿	核簽	判行	繕寫	校對	蓋印	封發
月 日 時	四月十五日 時	月 日 時	月 日 時	四月十五日 時	月 日 時	月 日 時	四月十五日 時

去文理字第129號

檔案 字第 號

案准

貴部二十六年三月二十二日參二字第三七八号密函，略開：

「查各國防工事據報射口偽装多數損壞，若不從速修理，勢將愈行暴露。修理方法擬將木架壓斷者重行更換，加鋪蘆蓆；係蘆蓆破爛者，則擬加添蘆蓆重鋪蘆蓆。再射口偽装之覆土，均擬栽植爬山虎，以期隱蔽。因密函請貴會轉飭藝術處，就所監護之紫金山工事，逐處查明其損壞情形，列表函知；如有損壞，則依工兵修理方法估價，並將所需栽植爬山虎之工事處數一併見告，以憑着手修理」

等由，准此。經即飭交警衛處查明具報，茲據該處將查實情形列表呈復，茲特抄録原表函送，請察核，並於估價償理先予函請貴部自行辦理，以昭慎重。案准函前由，相應函復，即希查照爲荷。

此致

南京警備司令部

附送抄表一件

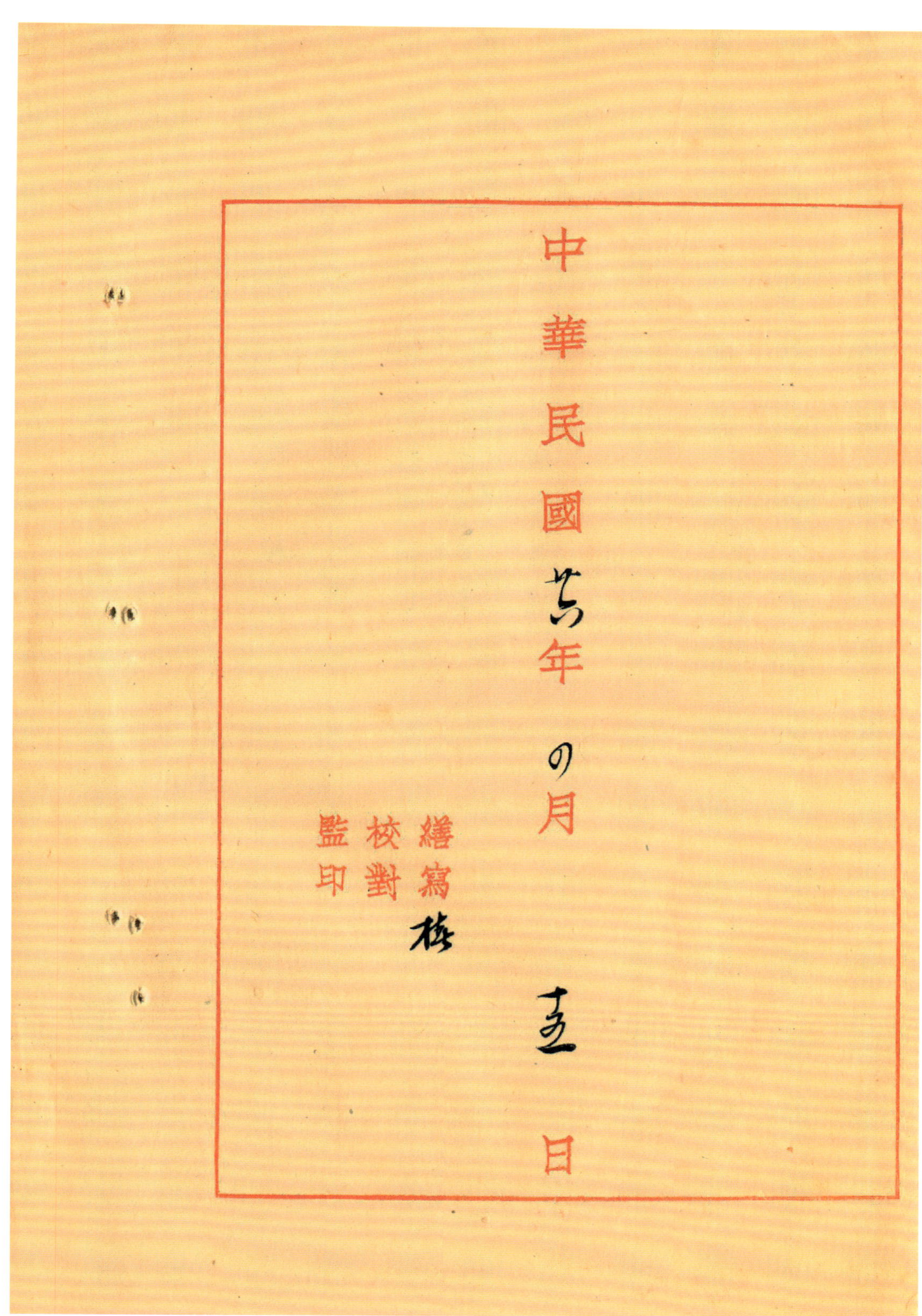

中華民國廿六年四月十五日

繕寫 梅

校對

監印

紫金山機關槍射口偽裝損壞報告表

號數	損壞程度
三十五號	微有損壞
三十六號	微有損壞
三十七號	泥土崩落露出射口
三十九號	微有損壞
四十號	微有損壞

附記

一、以上損壞之掩體應加鋪蓋芦幹芦席

二、除觀測所外機關槍掩體計十三個為保護射免被閒人踐踏起見均擬

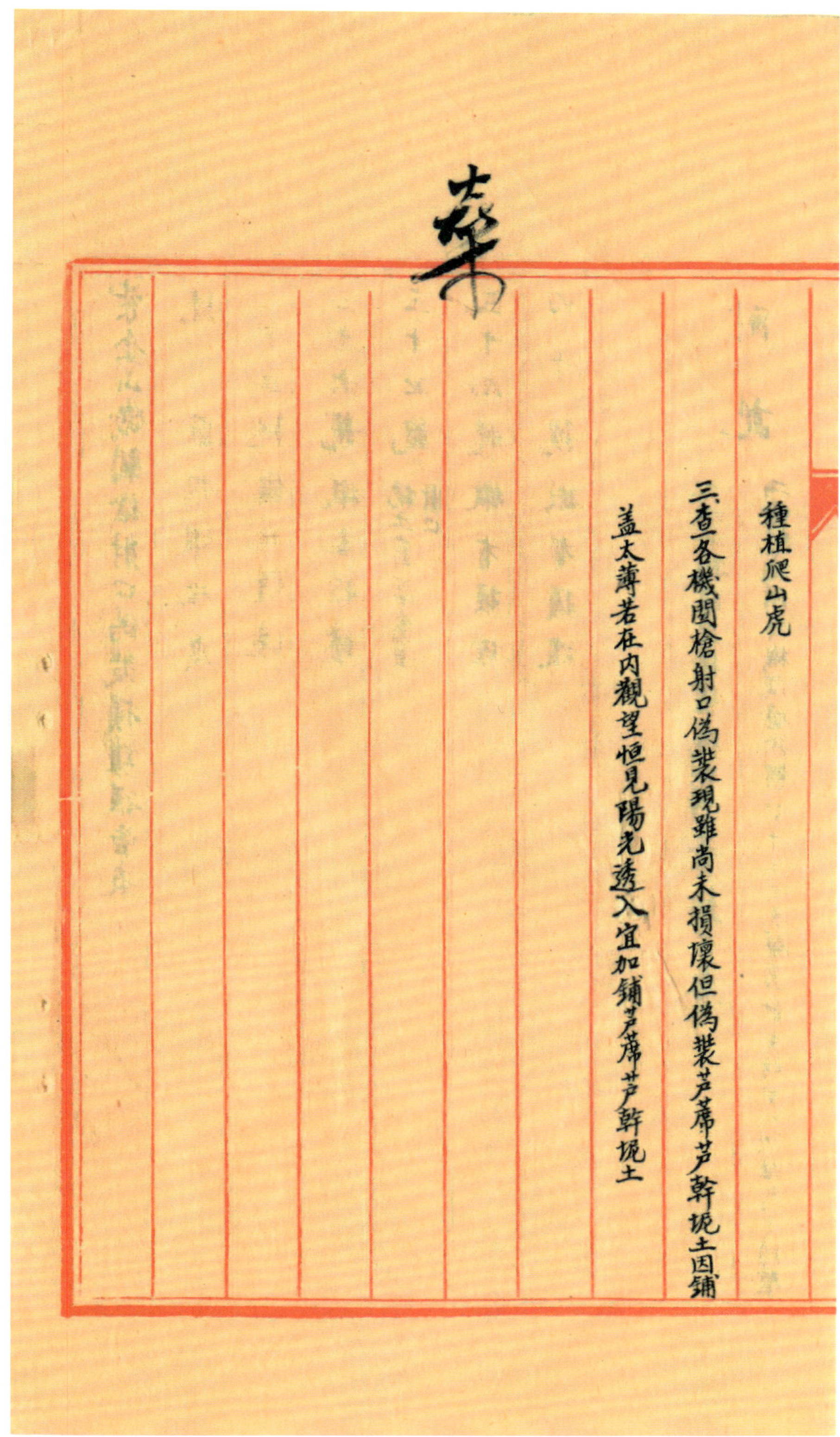

種植爬山虎

三、查各機關槍射口偽裝現雖尚未損壞但偽裝芦蓆芦幹泥土因鋪

蓋太薄若在內觀望恒見陽光透入宜加鋪芦蓆芦幹泥土

陆军工兵学校为夜间在该校东侧举行演习事致总理陵园管理委员会警卫处函（一九三七年六月三日）

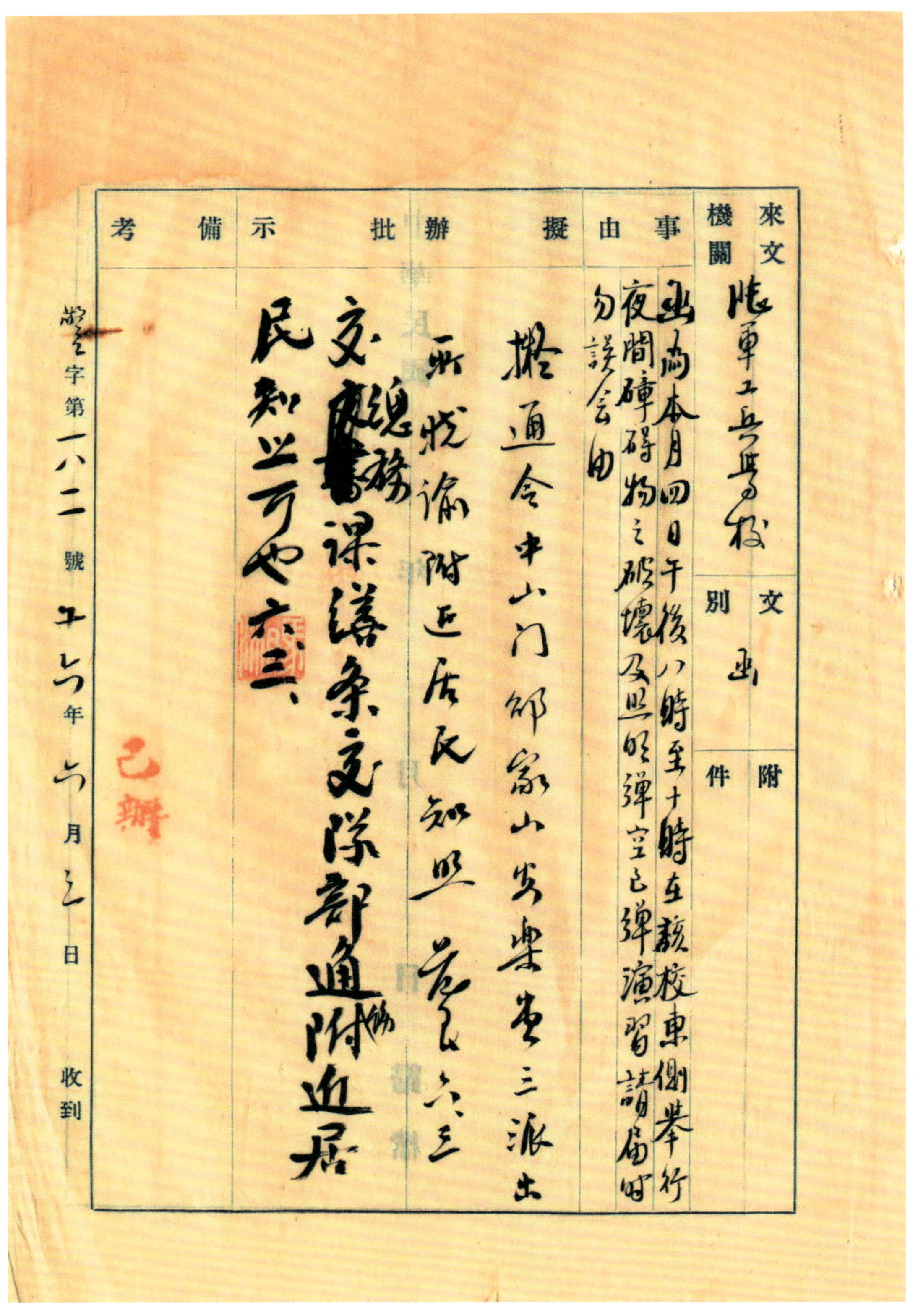

來文機關	陸軍工兵學校
文別	函
附件	
事由	函爲本月四日午後八時至十時在該校東側舉行夜間障礙物之破壞及照明彈空包彈演習，請届時勿誤會由
擬辦	擬通令中山門、邵家山、靈谷寺三派出所，並諭附近居民知照。蔭 六、三
批示	交總務課繕條交[illegible]部通附近居民知照可也。六、三
備考	

警字第一八二號　廿六年六月三日收到

已辦

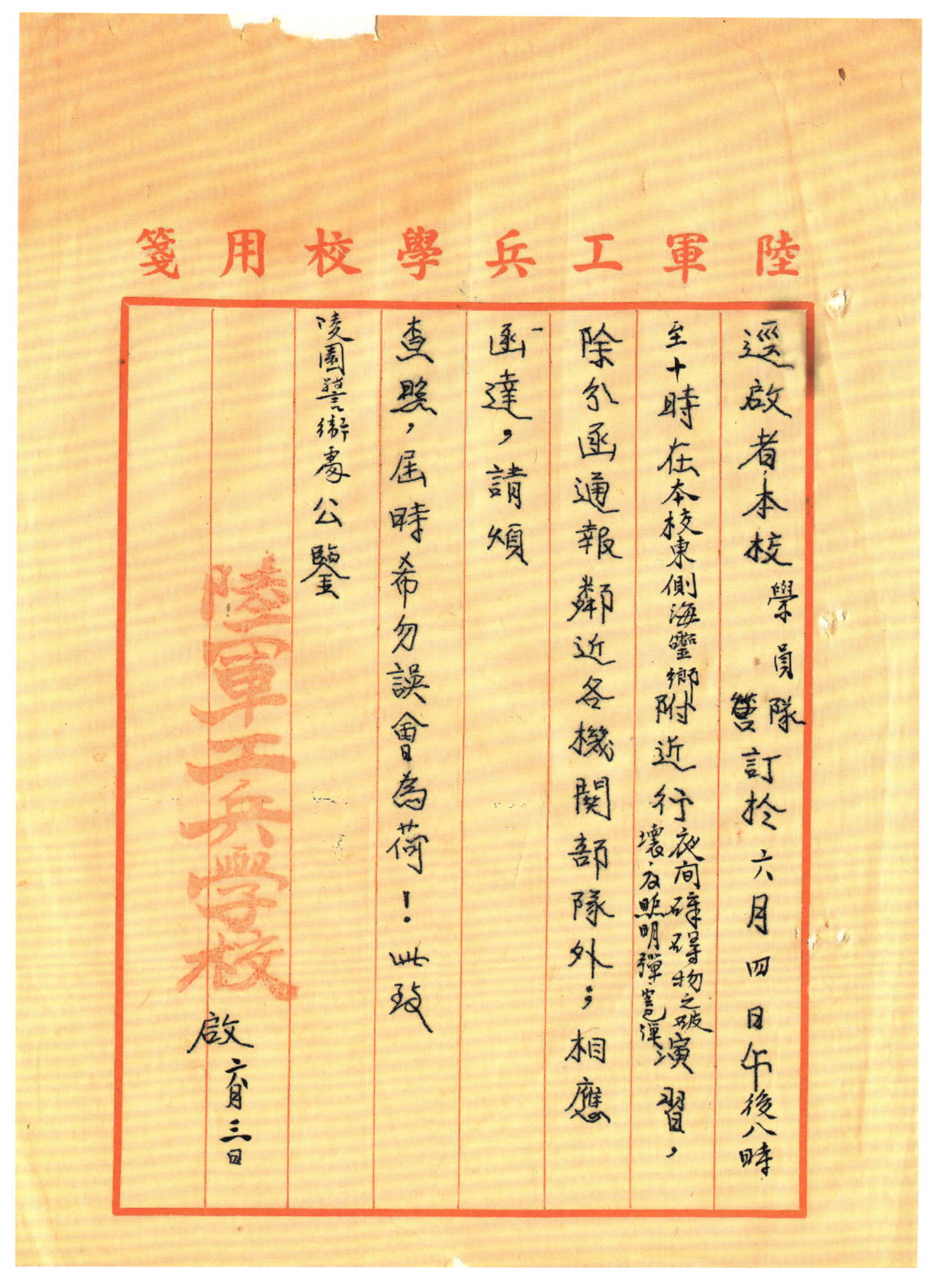

陸軍工兵學校用箋

逕啟者：本校學員隊營訂於六月四日午後八時至十時在本校東側海甸鄉附近行夜間障礙物之破壞及照明彈、信號彈演習，除分函通報鄰近各機關部隊外，相應函達，請煩查照，屆時希勿誤會為荷！此致

陵園警衛處公鑒

陸軍工兵學校啟

六月三日

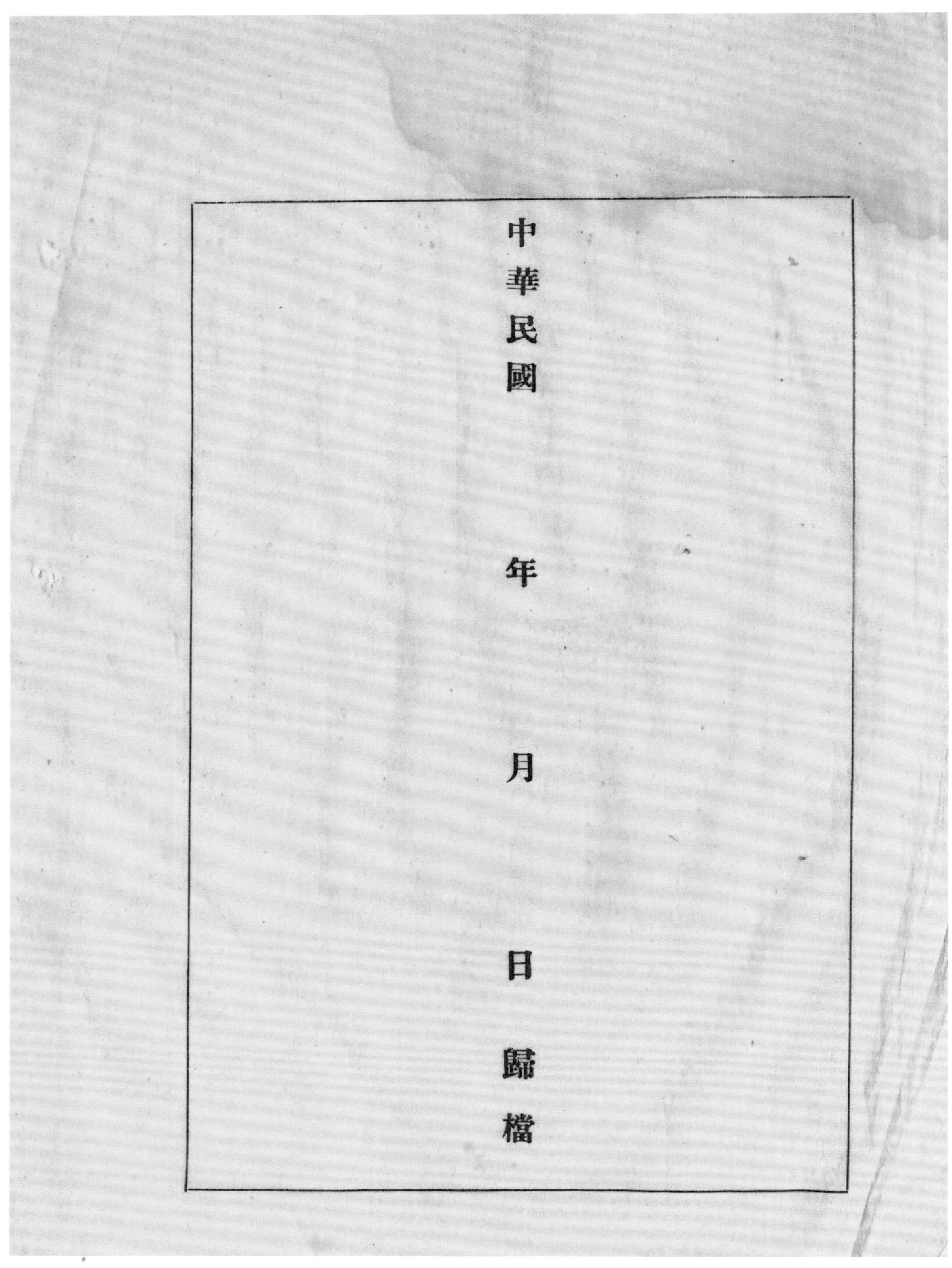

中華民國　年　月　日歸檔

南京警备司令部参谋处为准通信兵学校在紫金山、栖霞山等处试验闪光通信致总理陵园管理委员会警卫处公函（一九三七年六月十五日）

附：陆军通信兵学校试验闪光器日期地点人员器材清单

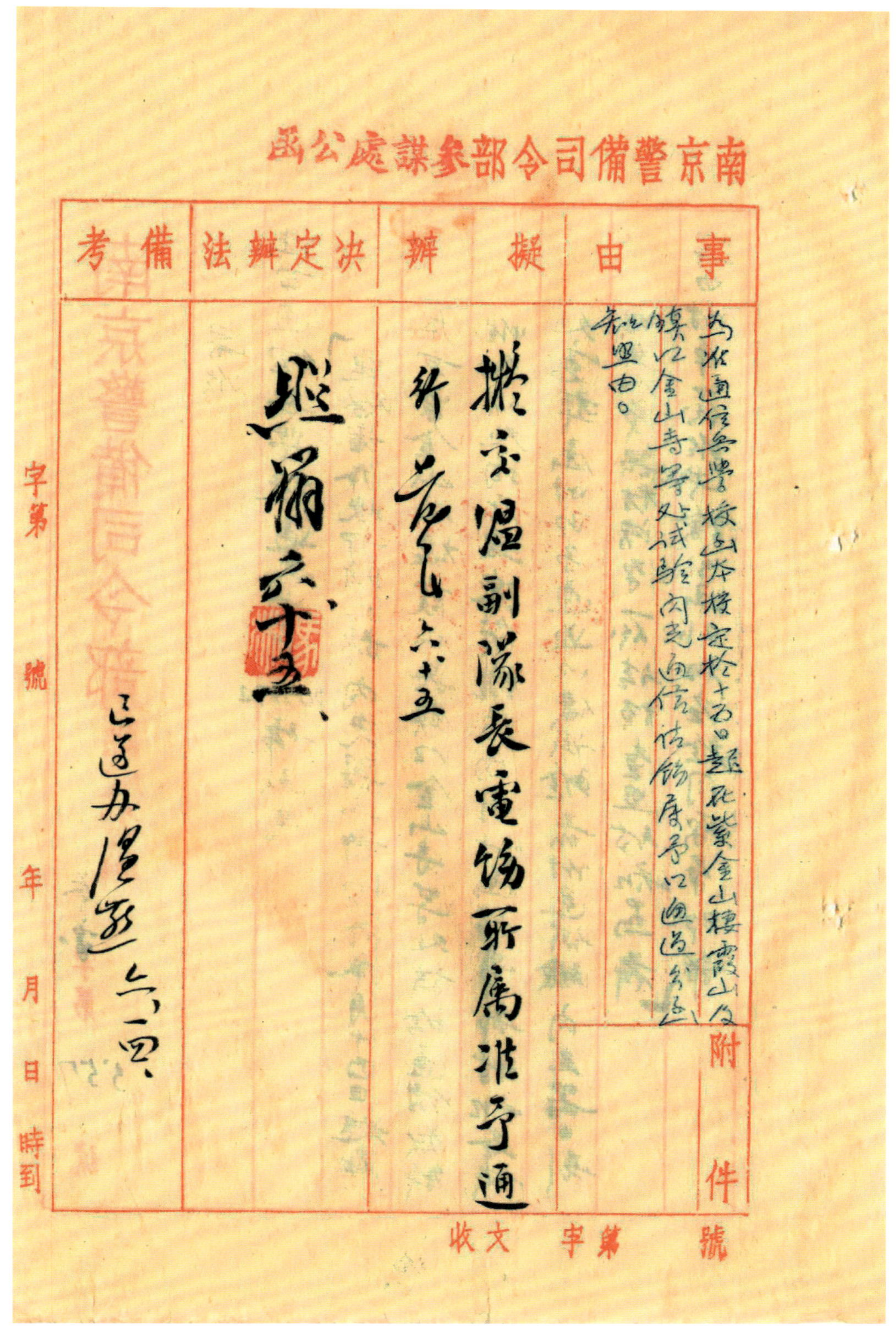

南京警備司令部參謀處公函

事由	擬辦	決定辦法	備考
為准通信兵學校函以本校定於十五日起在紫金山棲霞山及鎮江金山寺等處試驗閃光通信請飭屬予以通過等由函達知照由。	擬函溫副隊長電飭所屬准予通過 行 六、十五	照辦 六、十五	已送 六、一五

附件

字第　號　年　月　日　時到

收文　字第　號

南京警备司令部

参谋处公函 参字第557号

案准
陆军通信兵学校通文字第003172号函开：
"迳启者本校所购大批内燃器三部，定於本月十四日起在本京紫金山及栖霞山与镇江金山寺等处试验通信效能，惟各该处均系要塞管区内，用特函请贵部转知各该处宪警届时即予通过，以便试验"等由，附送试验内燃器日期地点人员器材清单一份。请烦查照转知为荷
等由，附单一份。准此，除分函外，相应检同原单，即希

查照轉飭西康將予試驗為荷。此致

僑園藝術處

附單乙帋

中華民國廿六年六月十七日

校對 湯遐齡

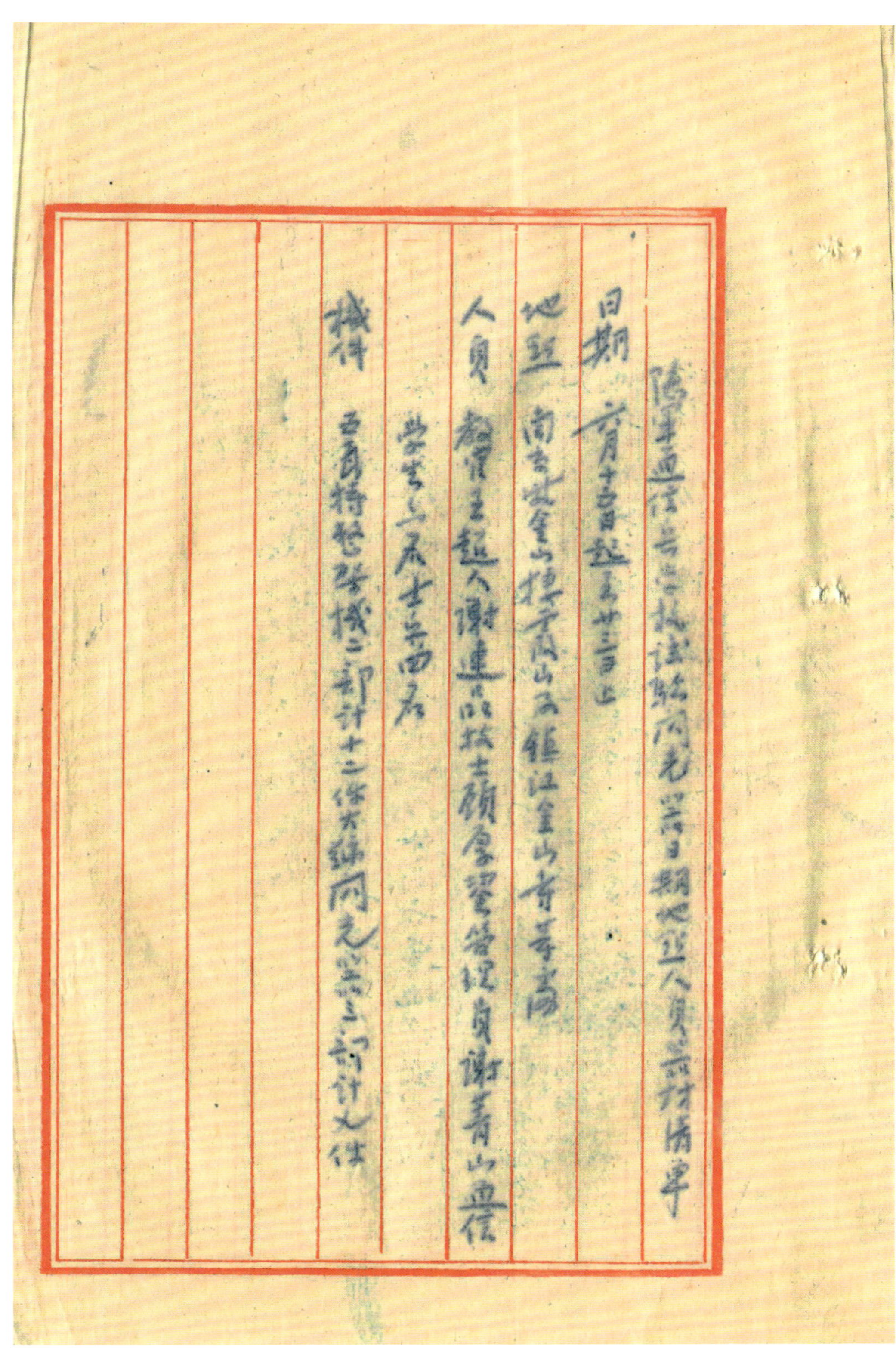

鸿华通信台台长谈话站同志暴动日期地点人员器材情事

日期　六月十五日起至廿三日止

地点　南京安全山楼子岗山西镇江金山青等处

人员　教官王超人谢连长技士顾家璧管理员谢青山灵信

学生六名士兵四名

机件　五瓦特无线电报机二部计十二件（大锅同志）收发三部计文件

南京警备司令部为已建筑的国防工事请勤加扫除、工事伪装的木质材料坍塌部分请随时修补事致总理陵园管理委员会警卫处密函（一九三七年七月十四日）

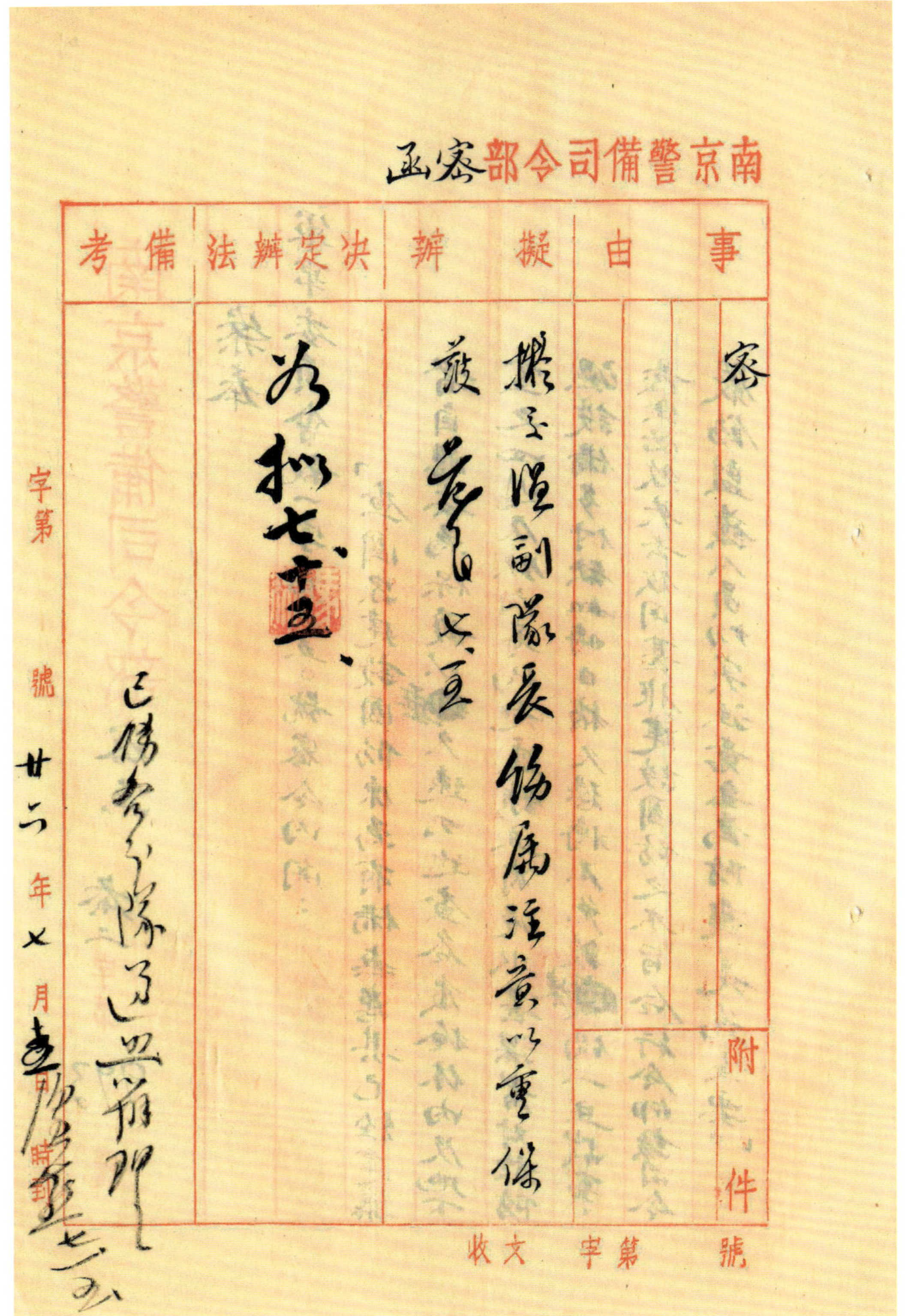

南京警備司令部密函

事由	擬辦	決定辦法	備考
密	據王組副隊長飭屬注意以重保護 簽覆 七、十五	存 擬 七、十五	

附件

字第　號

廿六年七月　日　時到

已傷各小隊召照辦理 七、十五

收文　字第　號

南京警備司令部容函　參二字第993號

案奉

軍事委員會執一字第八五〇號密令内開：

「查國家建設國防，原為有備無患，其已經建築者自應妥為保護，以垂久遠。乃近查各處掩体内及地下室之四週及鉄門等均起霉銹，且有浸水甚深者，对於防濕設備多付缺如，時日稍久，恐將不免毁壞，倘一旦戰事發生，必致失去效用，甚非建設國防之本旨。合行令仰該司令嚴飭監護人員切實注意，妥為防護，是為至要。」

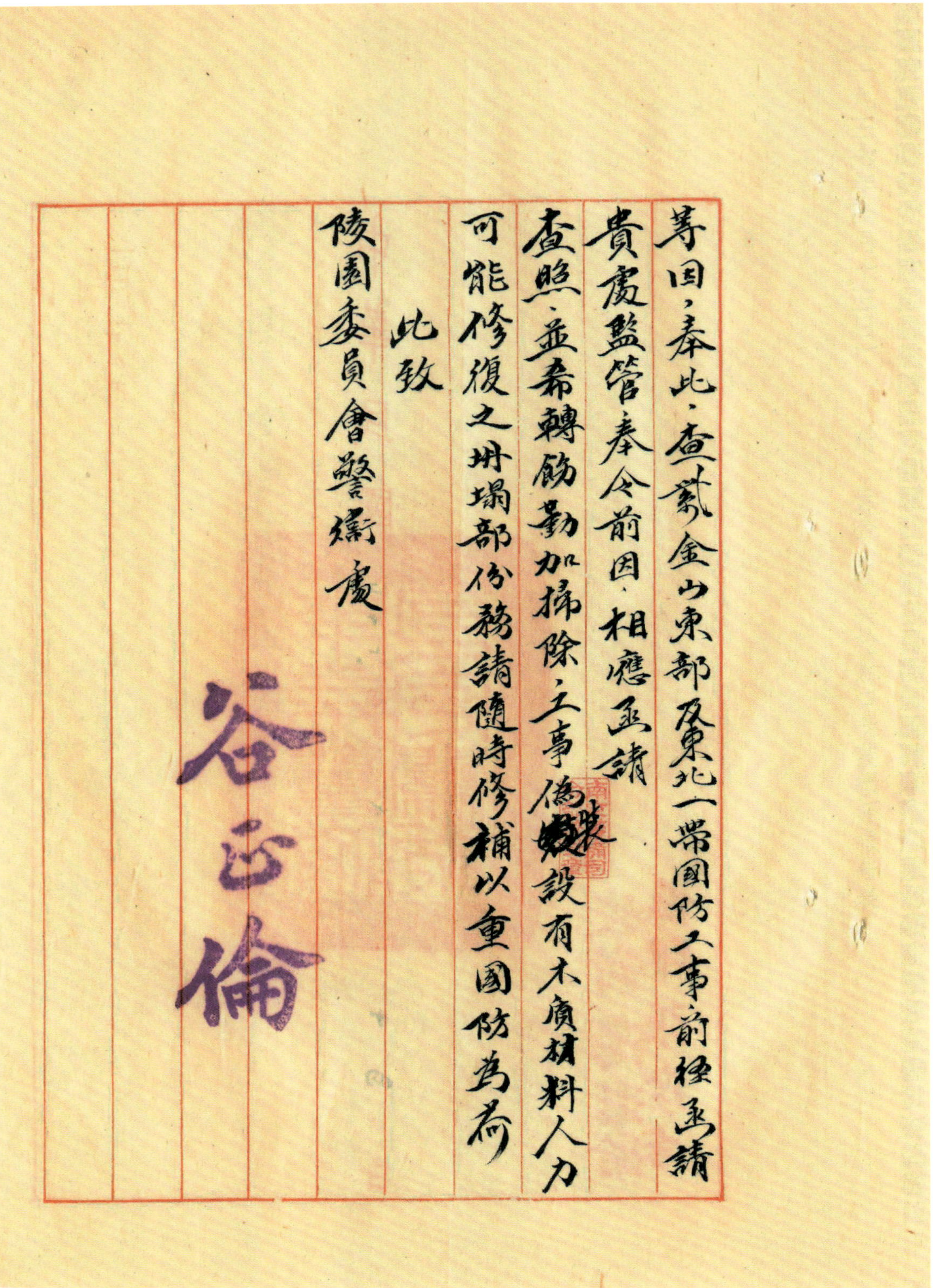

等因，奉此，查紫金山東部及東北一帶國防工事前經函請

貴處監管奉令前因，相應函請

查照，並希轉飭勤加掃除，工事偽裝設有木質材料人力可能修復之坍塌部份務請隨時修補以重國防為荷

此致

陵園委員會警衛處

谷正倫

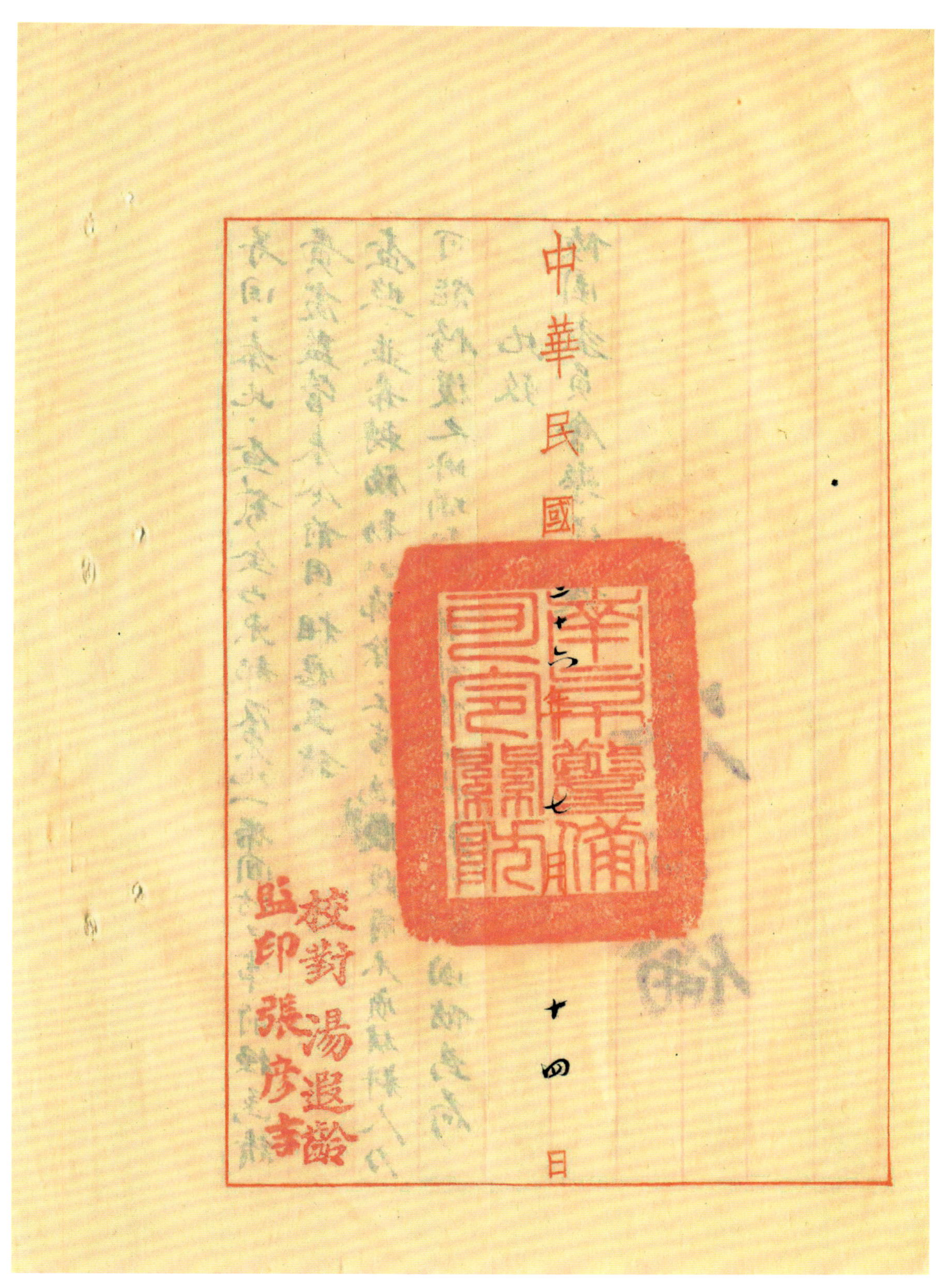

中華民國二十六年七月十四日

校對 湯遐齡

監印 張彥李

南京警备司令部为对首都国防工事施行统一检查事致总理陵园管理委员会警卫处密函（一九三七年七月十五日）

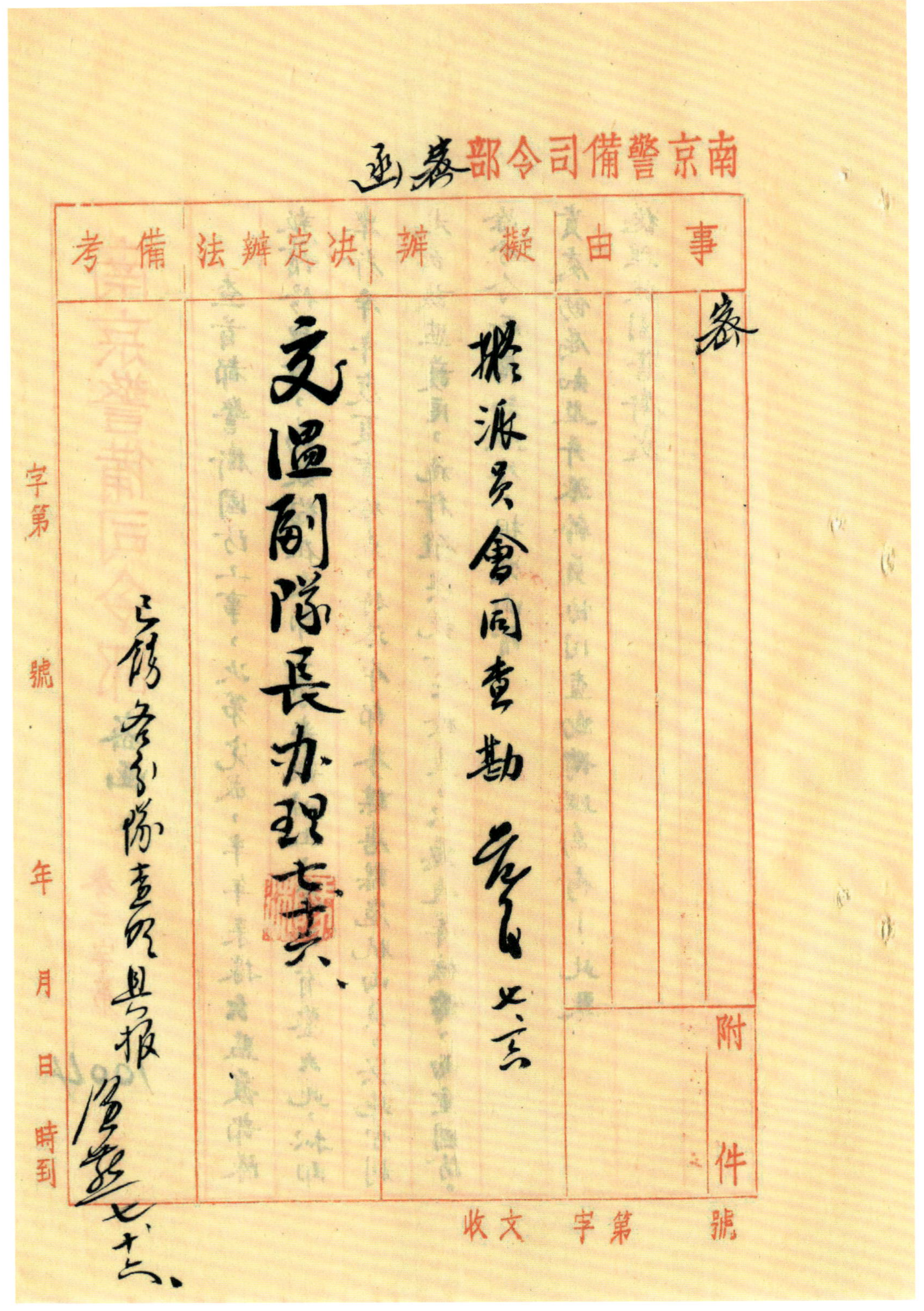

南京警備司令部密函

事由	擬辦	決定辦法	備考
密	擬派員會同查勘 七.十六	交憲副隊長辦理 七.十六	已飭各分隊查明具報 七.十六

附件

字第　號　年　月　日　時到

收文　字第　號

南京警備司令部密函

參二字第1004號

查首都警衛國防工事，次第完成，半年來據各監護部隊報請修理者，為數約在全部工事半數以上，本部有鑒於此，擬即舉行本年度夏季檢查，特派本部參謀唐謀寇杌兩員，實地分別赴各該監護區，施行確實統一之檢查，以憑通籌核辦，而重國防。除分令所屬知照外，相應函請

貴處飭屬知照并派幹員協同查勘辦理為荷！此致

總理陵園警衛處

谷正倫

中華民國二十六年七月十五日

校對湯遐齡
監印張彥吉

南京警备司令部为召开讨论首都防空警报配置等会议致总理陵园管理委员会密函（一九三七年七月十七日）

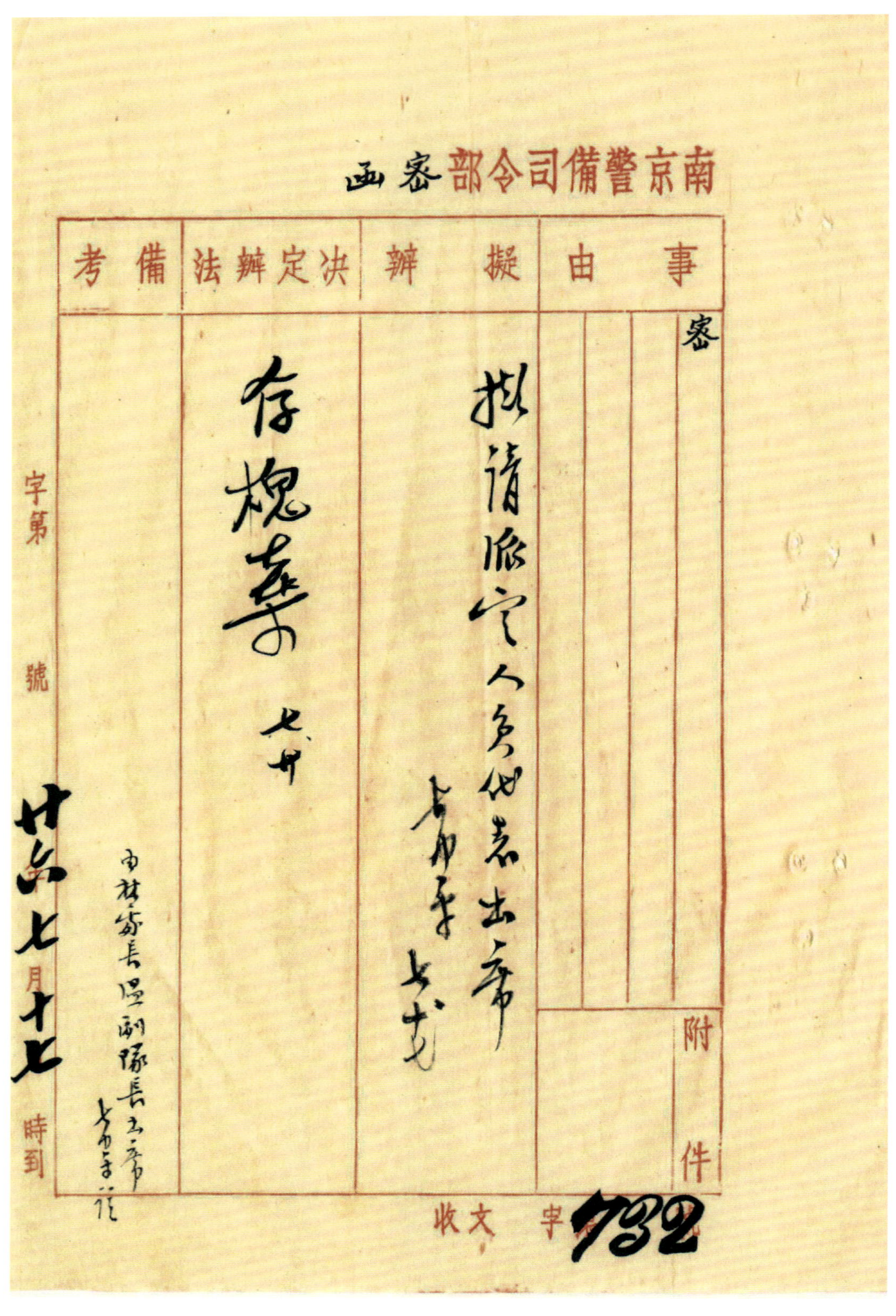

南京警備司令部密函

事由	擬辦	決定辦法	備考
密	擬請派定人員代表出席 [illegible] 七、廿 [illegible]	存檔 七、廿	由林處長溫副隊長出席 [illegible]
附件			

收文 字第 732 號

到時 廿六 七 月 十七

南京警備司令部密函　警防字第35號

案奉

國民政府軍事委員會本年七月十日防二字第三一八四號密訓令内開：

「案查首都防空警報，業於民國二十三四兩年度防空演習時，

先後配置各在案。惟以器材及通信關係，尚未能達到預期之

要求。兹特劃分區域，充實配置，以策安全。除分令南京市政

府負責辦理市内警報工事設施及籌墊經費外，合亟檢發擴充

首都防空警報配置辦法一份，令仰該部於九月底以前遵照設置

完成，仍將辦理情形具報查考爲要。此令。」

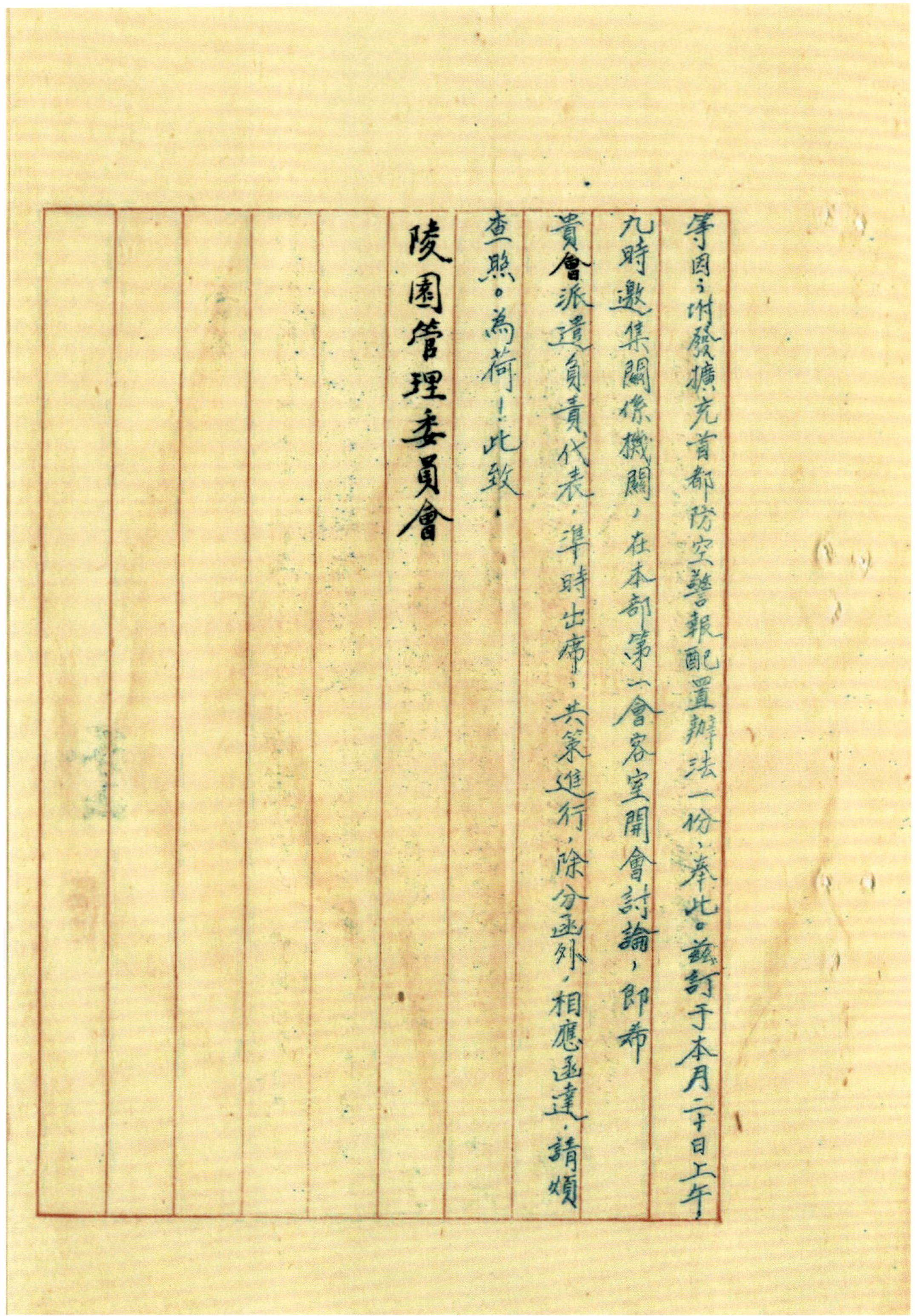

等因；附发扩充首都防空警报配置办法一份。奉此。兹订于本月二十日上午九时邀集关系机关，在本部第一会客室开会讨论，即希贵会派遣负责代表，准时出席，共策进行，除分函外，相应函达，请烦查照。为荷！此致

陵园管理委员会

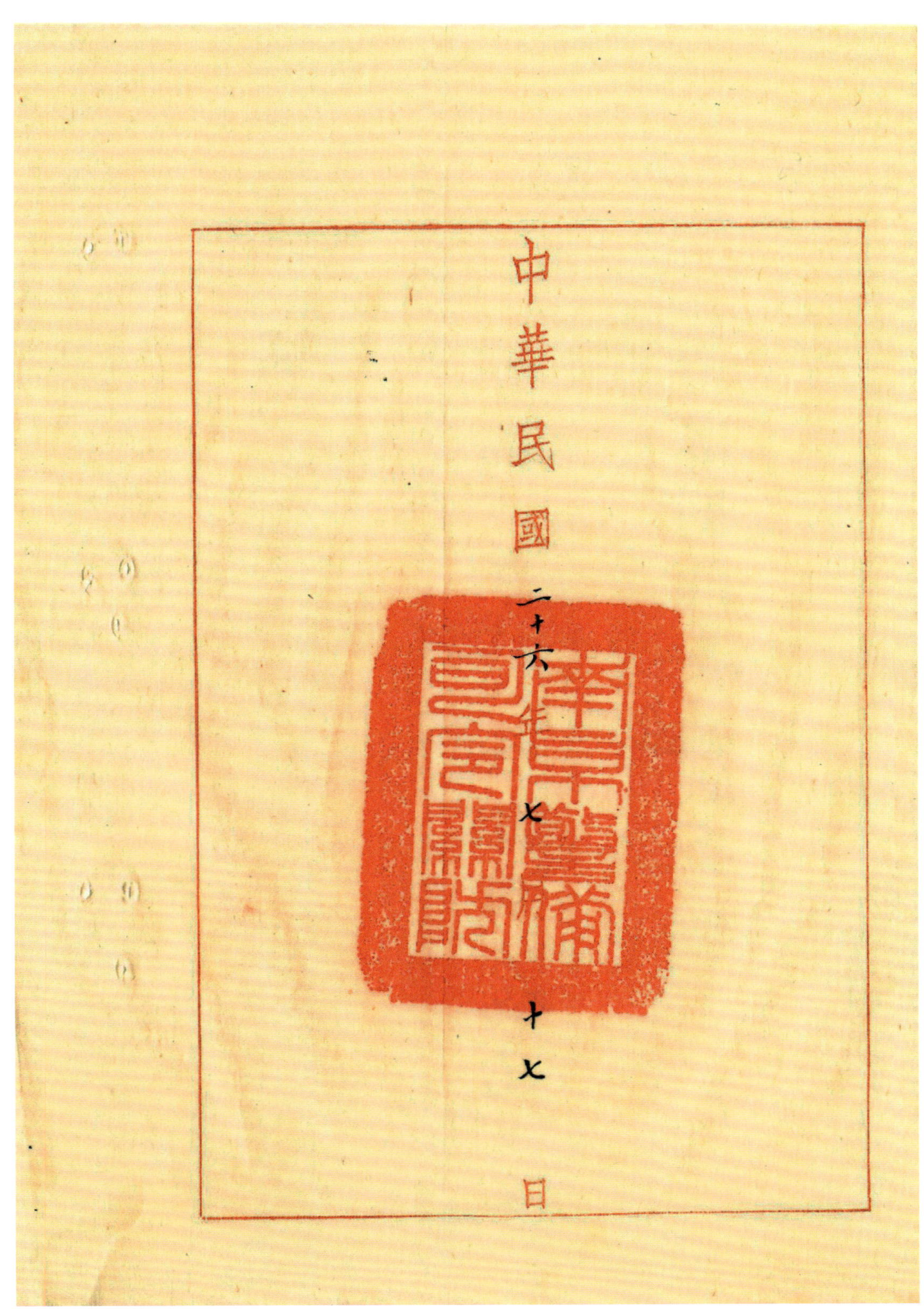

中華民國二十六年七月十七日

南京警备司令部为发给紫金山东部及东北部筑成的国防工事内部枪座麻袋事致总理陵园管理委员会警卫处密函（一九三七年七月十九日）

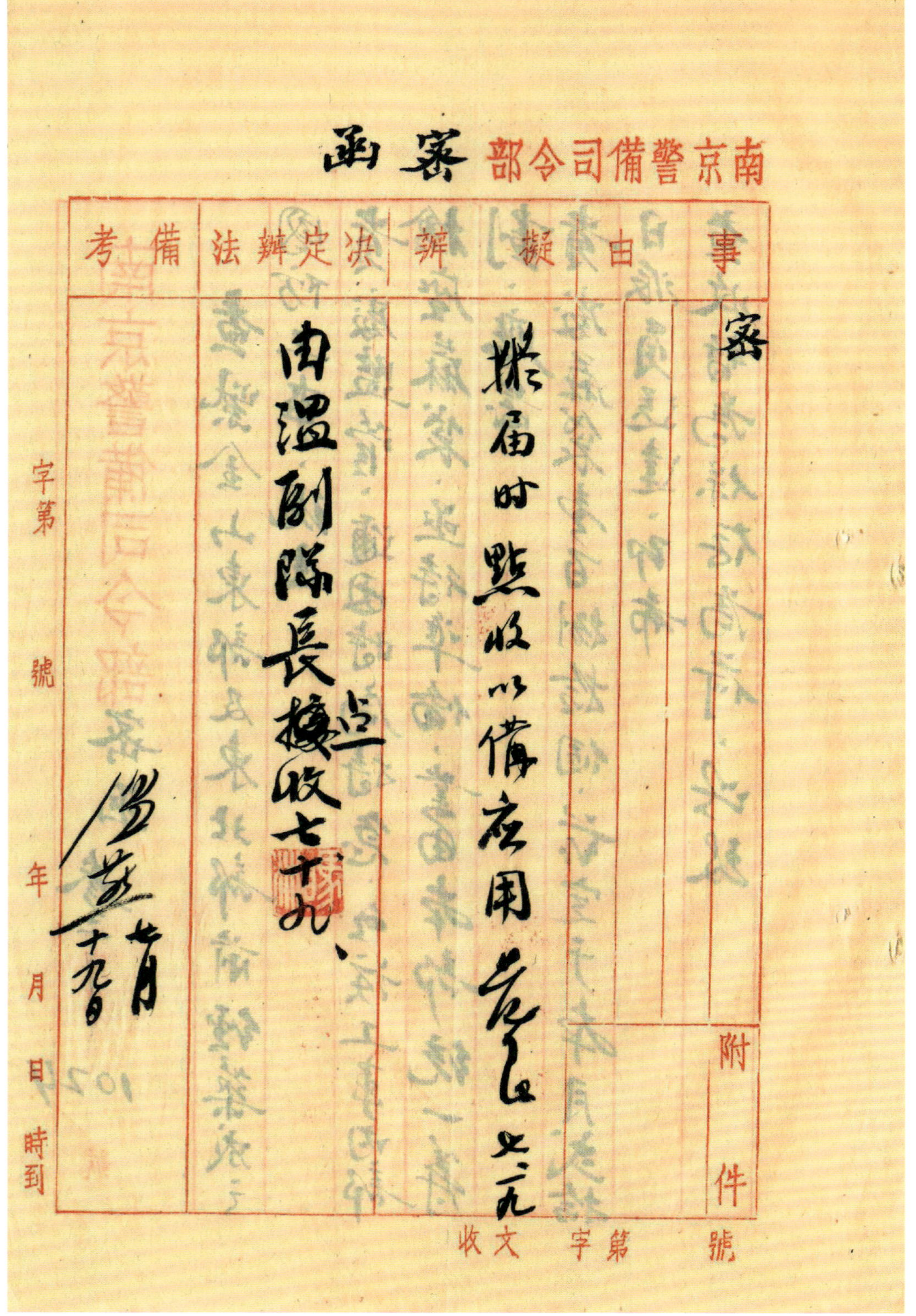

南京警備司令部密函

事由	擬辦	決定辦法	備考
密	照留时點收以備應用 七、十九	由溫副隊長接收 七、十九	

附件

收文 字第 號

字第 號 年 月 日 時到

南京警備司令部密函 參二字第1024號

查紫金山東部及東北部前經築成之國防工事，現由貴處監管。適因時局特急，在該工事內部構築掩體需用麻袋，亟待準備，業由本部統一籌劃。應請貴處撥麻袋壹百捌拾個，並定于本月貳拾日派員送達，即希查收，暫為保存為荷。此致

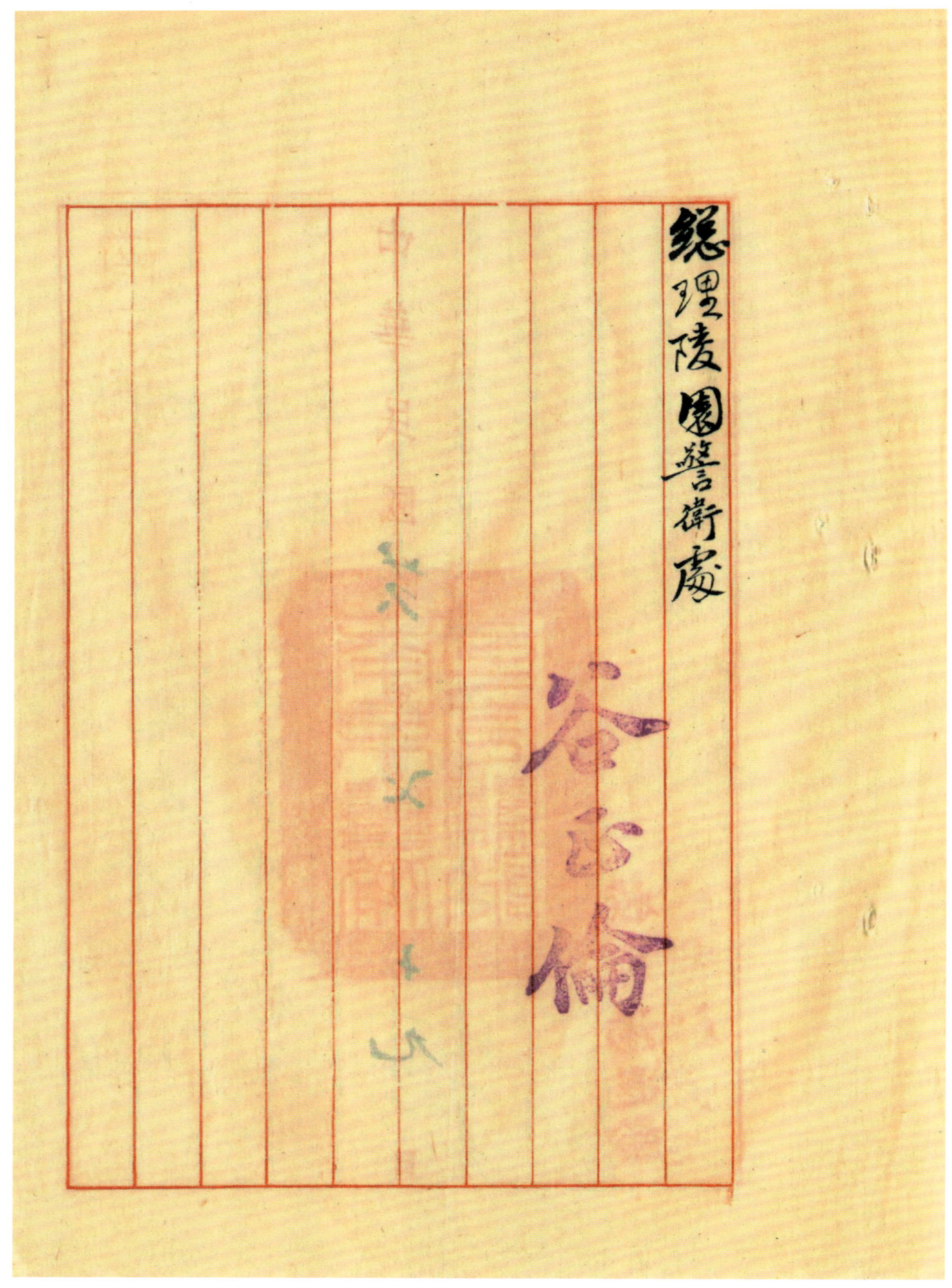
總理陵園警衛處

谷正倫

中華民國廿六年十二月

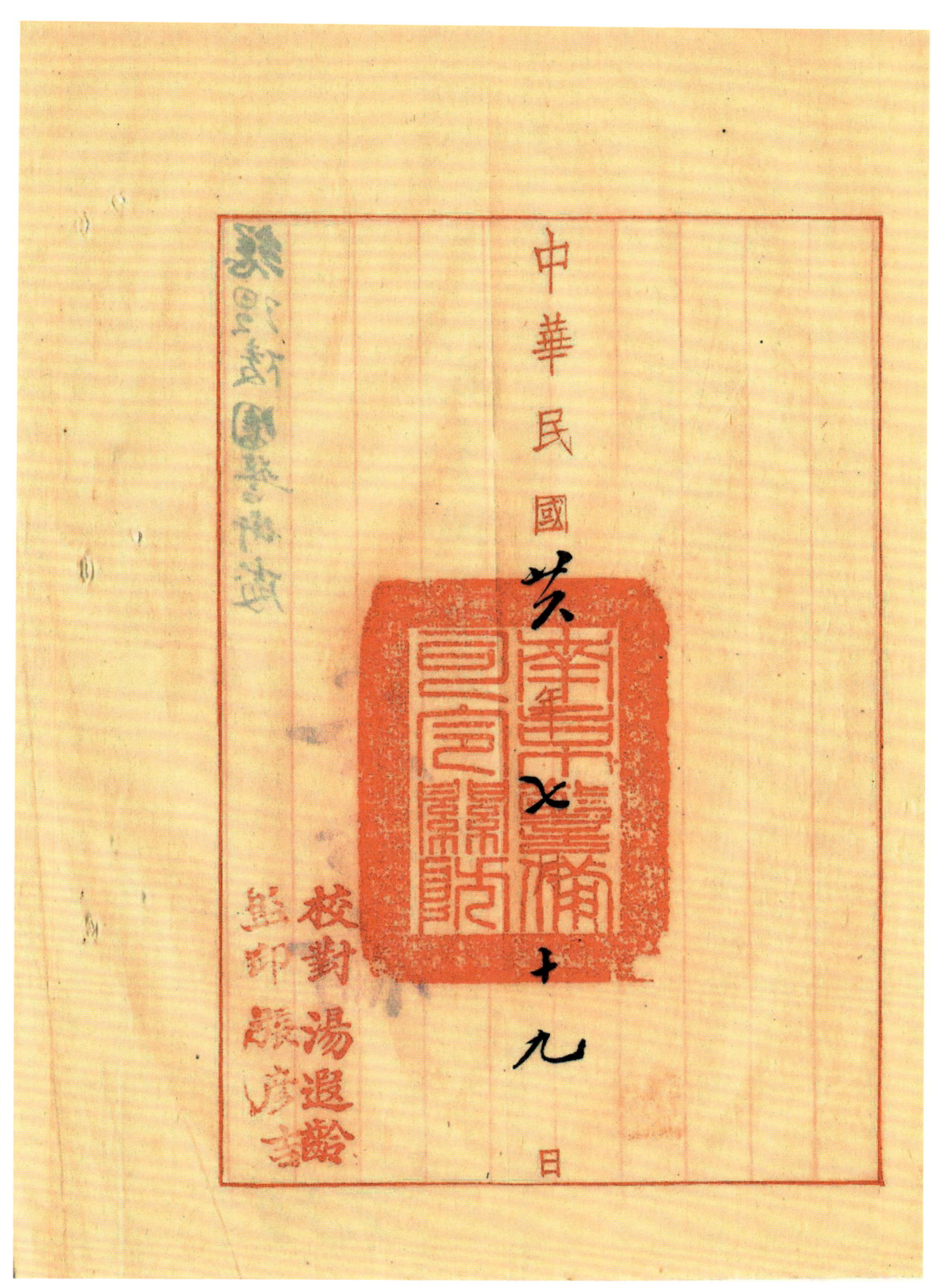

中華民國卅六年七月十九日

校對湯退齡

監印

南京警备司令部为扩充首都防空警报致总理陵园管理委员会密函（一九三七年七月二十一日）

附：扩充南京市内警报配置会议纪录

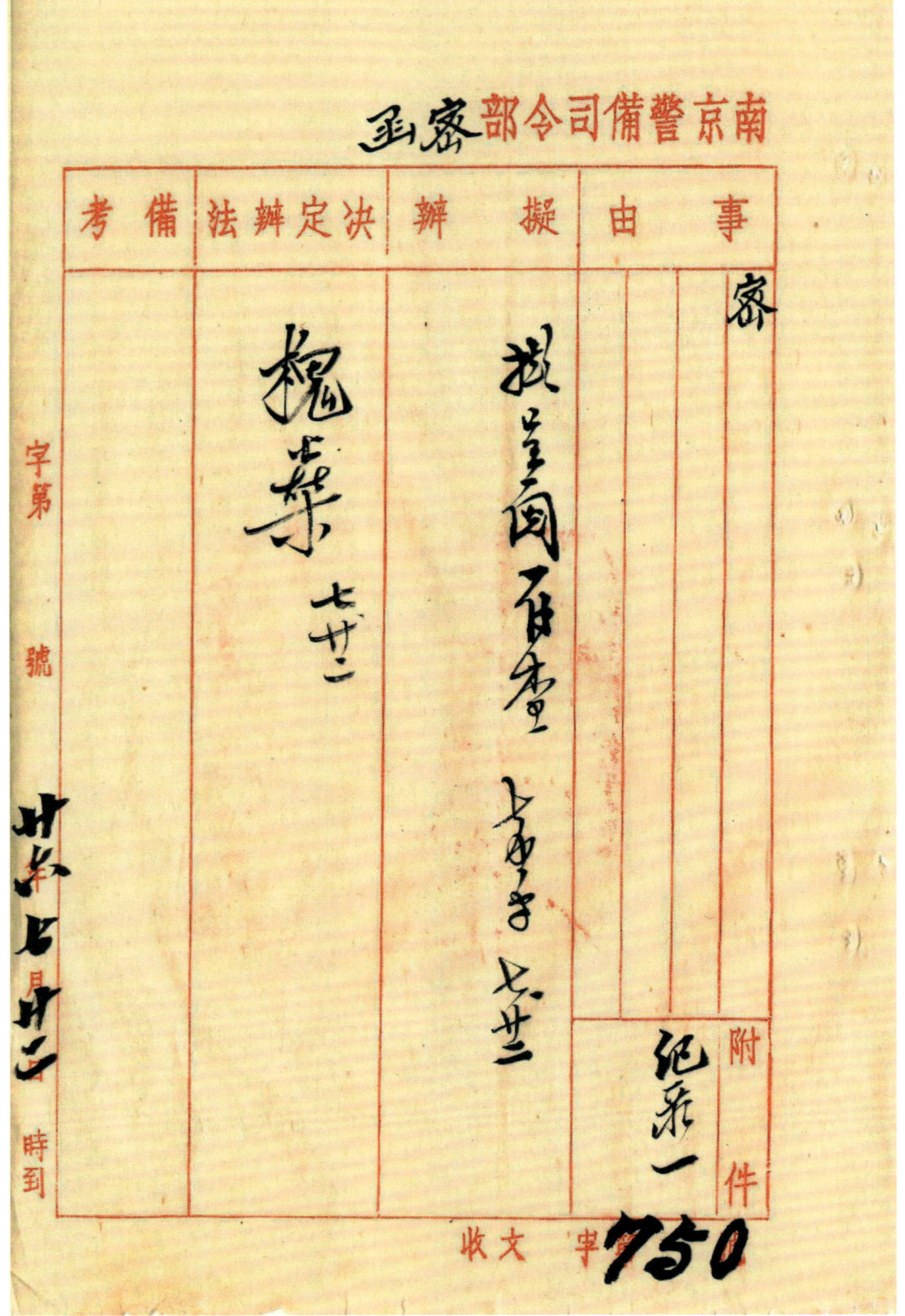

南京警備司令部密函

事由	擬辦	決定辦法	備考
密			

附件 紀錄一

收文 字第750號

廿六年七月廿二 時到

南京警備司令部密函 警防字第44號

案查奉

令據首都防空警報一案，前經訂

于本月二十日上午九時在本部開會討論，並經函達

查照，派遣代表出席在案。所有決議事項，紀錄

在卷。除分函外，相應檢同紀錄，函請

查照辦理，爲荷！

此致

總理陵園管理委員會

附紀錄乙份

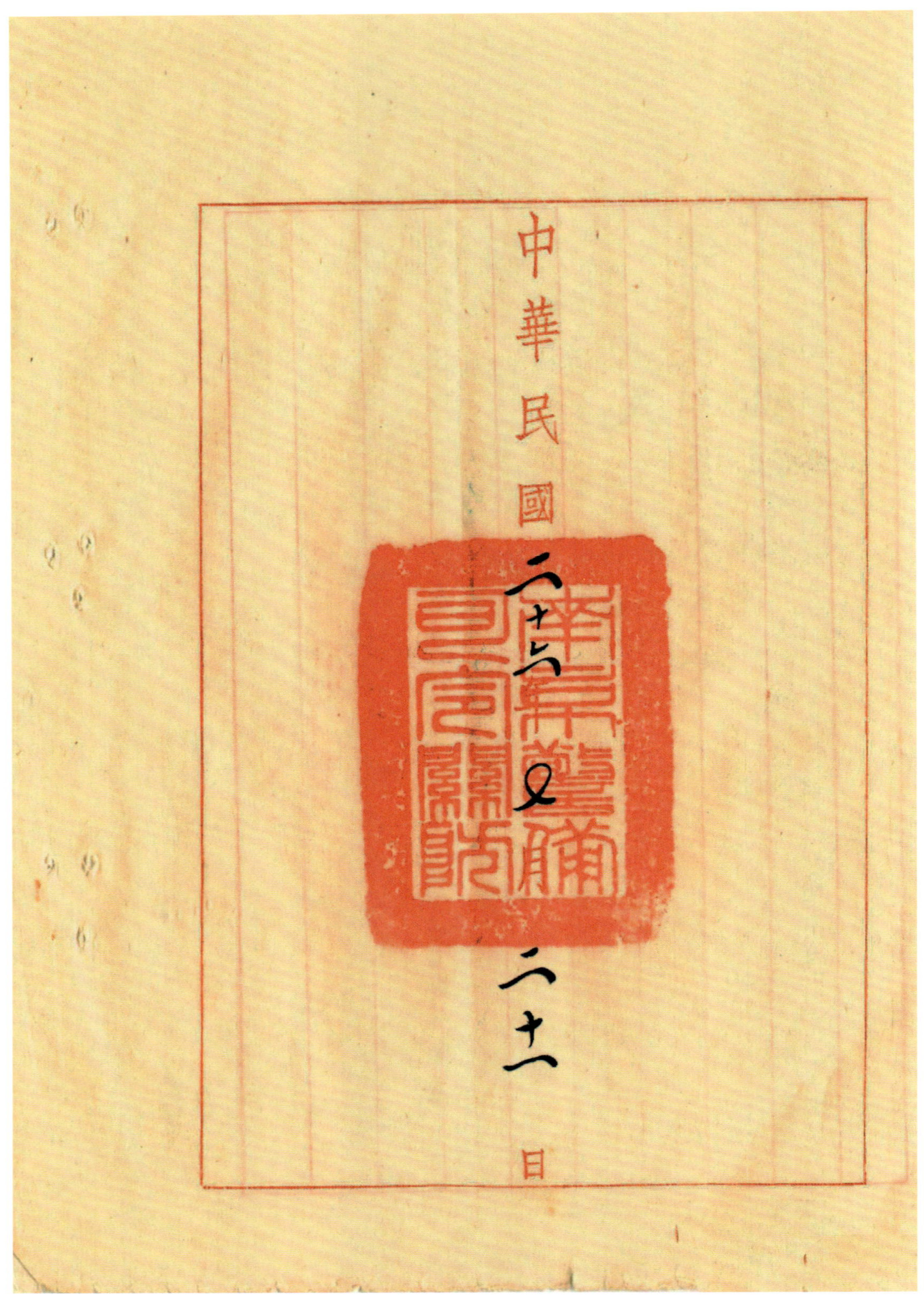
中華民國二十六年二月二十一日

極機密

擴充南京市内警報配置會議紀錄 字第 10 號

召集机關 南京警備司令部

會議地點 南京警備司令部第二會客室

召集日期 二十六年七月二十日上午九時

出席代表 首都警察廳 祝維平

總理陵園管理委員會 林槐築

南京市政府 溫燕

南京市財政局 劉宇光

南京市工務局 馮文啓

南京市社會局 張少垣

南京市防護團 向世南 江袁猷代

南京市防空協會 裘啓人

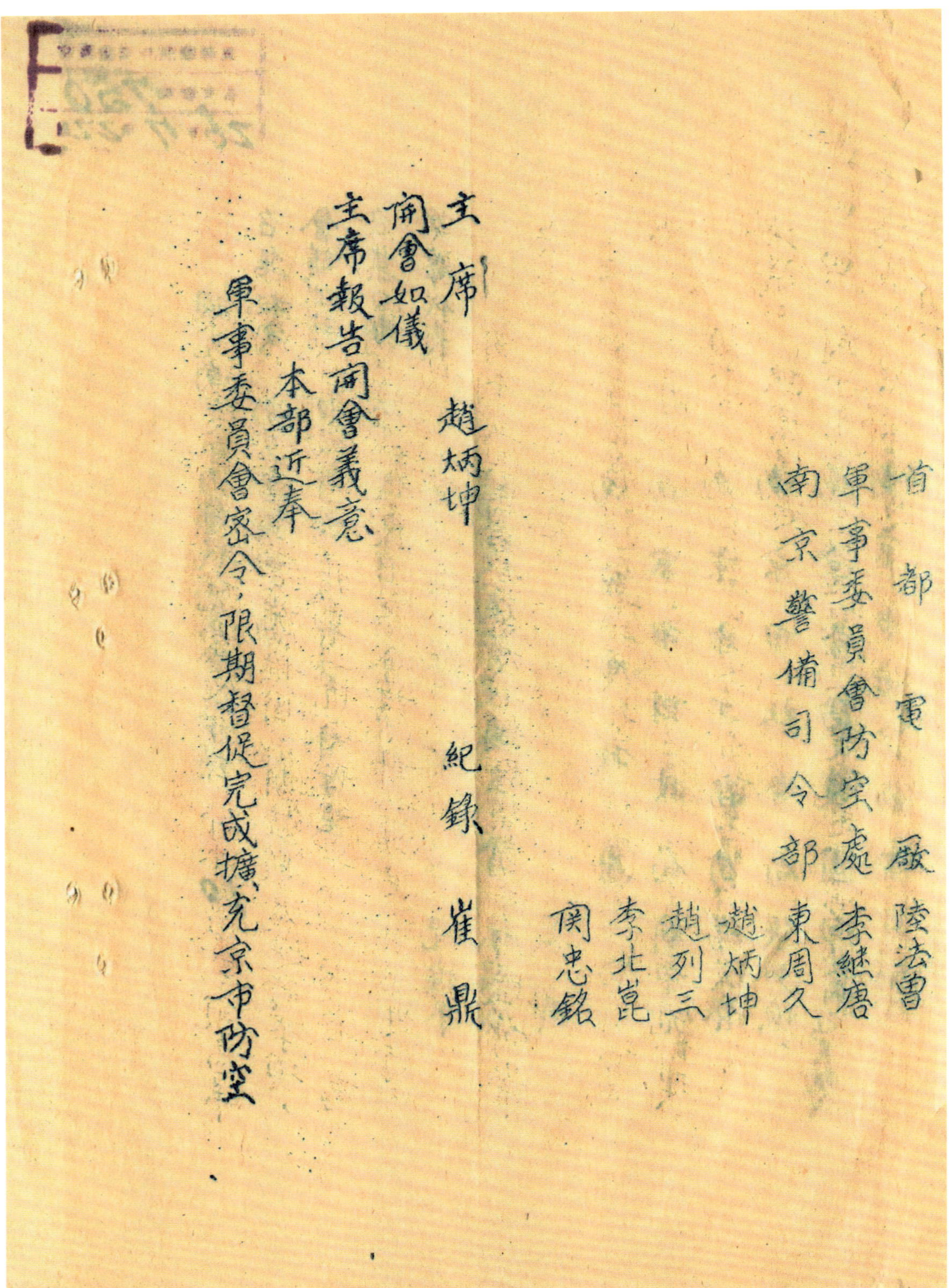
首都電廠 陸法曾
軍事委員會防空處 李繼唐
南京警備司令部 東周久
趙炳坤
趙列三
李北崑
閔忠銘
主席 趙炳坤 紀錄 崔鼎
開會如儀
主席報告開會義意
本部近奉
軍事委員會密令，限期督促完成擴充京市防空警報裝置，関于配置及辦法，附件内規定頗為詳盡，自易着手實施，惟因限期短促，及進行事項，間有相互関涉，非某一机関所能单獨完成者，為特邀請各代表出席會議，討論決定，共策進行。

決議事項、

一、関于五匹馬力電笛及小銅鐘擬請市府購辦案。

決議：照案通過，

二、関于征發市内警鐘及增添小鐘擬請警廳辦理案。

決議：通過，但遇必要時，得商請社會局協同辦理。

三、関于警鐘之裝架及遷移擬請工務局辦理案

決議：照案通過。

四、関于手搖警報器擬請防護團速行購辦案。

決議：照案通過。

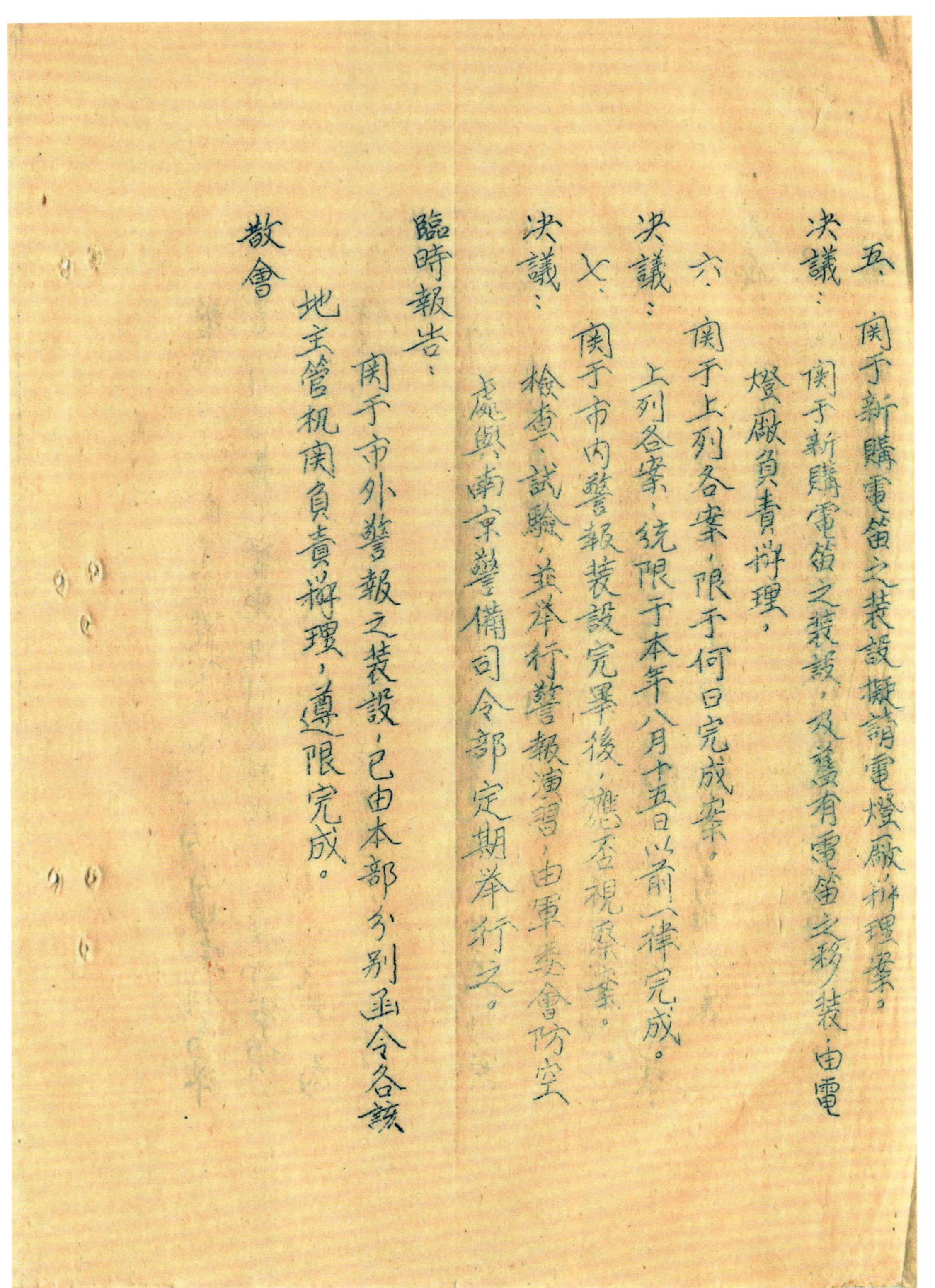
五、关于新购电笛之装设拟请电灯厂办理案。
决议：关于新购电笛之装设，及旧有电笛之移装，由电灯厂负责办理。
六、关于上列各案，限于何日完成案。
决议：上列各案，统限于本年八月十五日以前一律完成。
七、关于市内警报装设完毕后，应否视察案。
决议：检查、试验，并举行警报演习，由军委会防空处与南京警备司令部定期举行之。
临时报告：关于市外警报之装设，已由本部分别函令各该地主管机关负责办理，遵限完成。
散会

警卫处马湘为邵家山南部有教导总队重兵器连建筑防空阵地事致总理陵园管理委员会呈文（一九三七年七月二十八日）

事由：呈为邵家山南部有教导总队重兵器连建筑防空阵地祈核备由

呈：委员会

行 七廿八

26年7月28日擬稿

月日發

擬稿：黄□

繕校：周□□

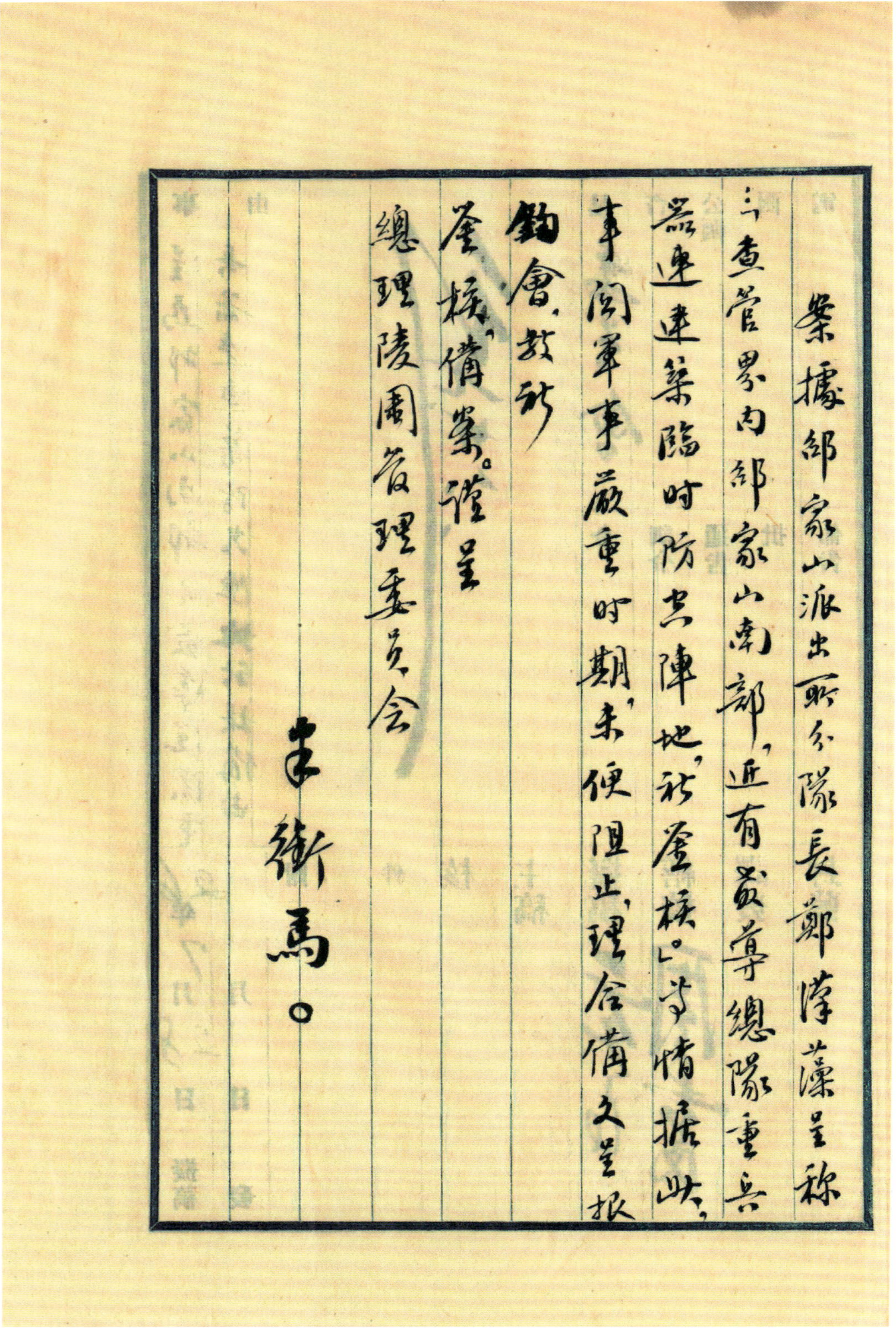

案據邵家山派出所分隊長鄭澤藻呈稱：竊查管界内邵家山南部，近有教導總隊重兵器迅速築臨時防禦陣地，祈鑒核。」等情，據此，事関軍事，嚴重時期，未便阻止，理合備文呈報

鈞會，敬祈

鑒核，備案。謹呈

總理陵園管理委員会

朱衛馬〇

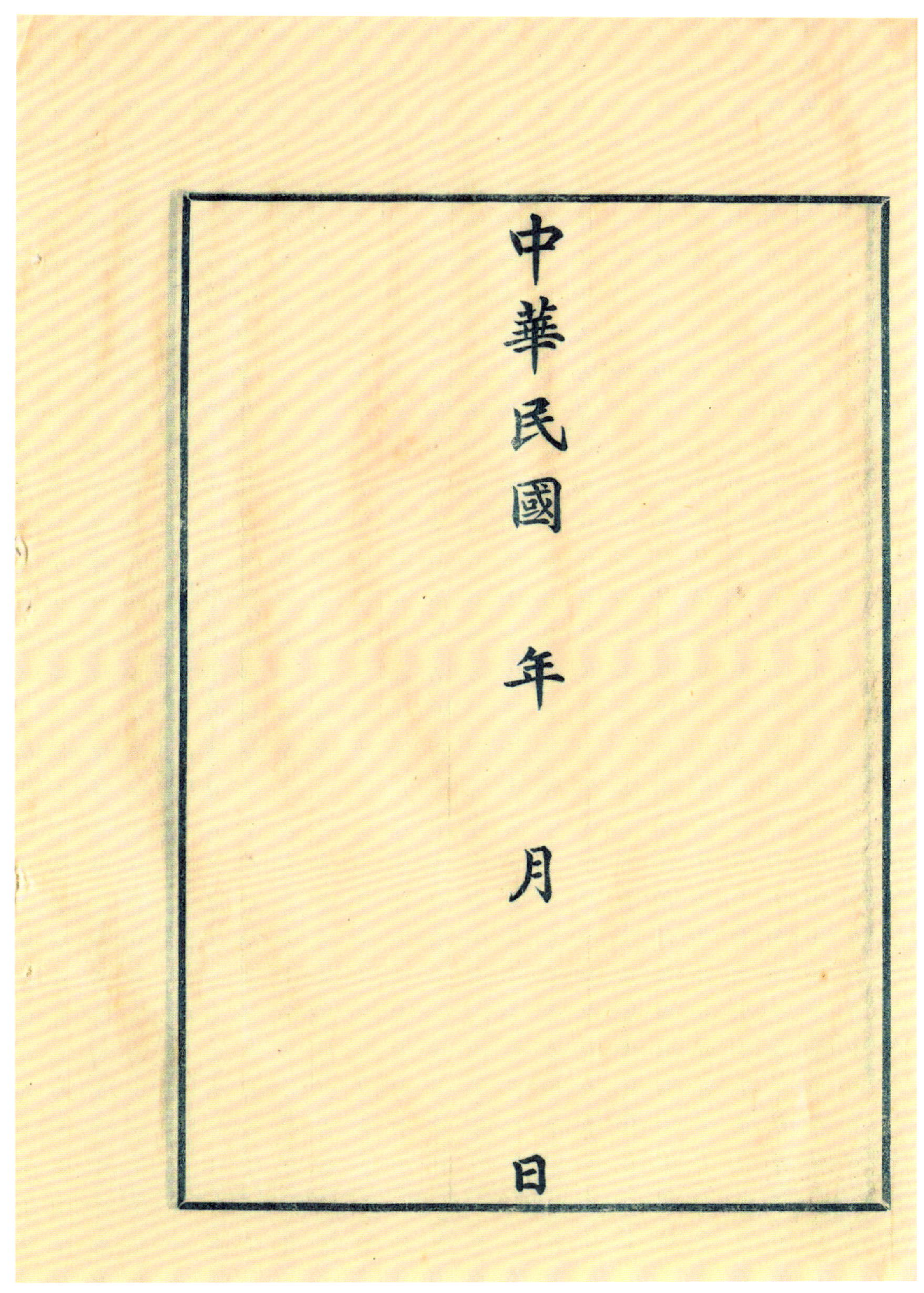
中華民國　年　月　日

总理陵园管理委员会关于整理首都防空警报事宜致国民政府军事委员会防空处密函（一九三七年七月三十日）

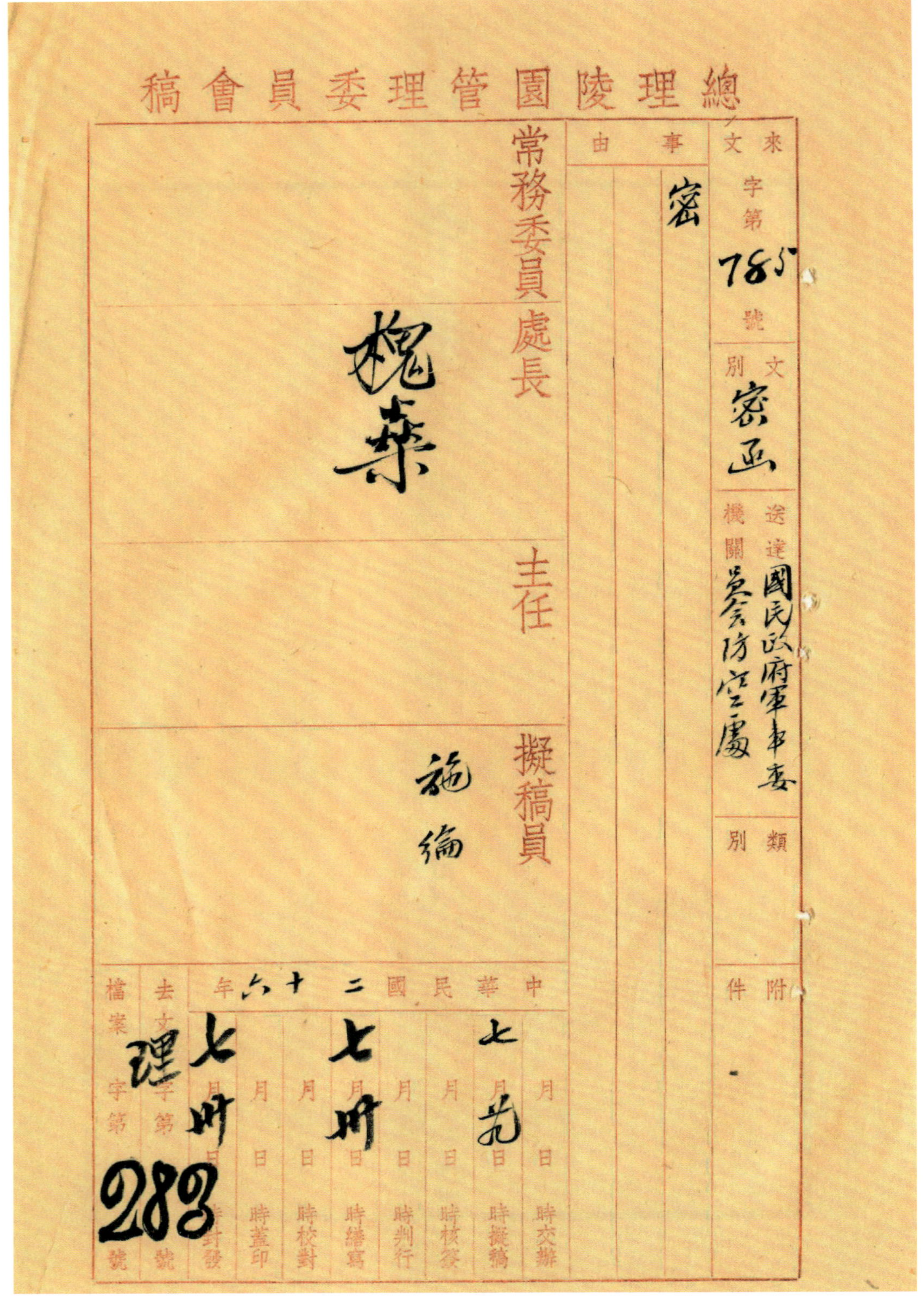

總理陵園管理委員會稿

來文 字第785號

文別 密函

送達機關 國民政府軍事委員會防空處

類別

附件

事由 密

常務委員 處長

主任

擬稿員 施編

中華民國二十六年

七月廿九日擬稿

七月卅日繕寫

七月卅日封發

去文 理字第283號

檔案字第 號

箋准

貴處本年七月廿七日防二字第三三二八號公函，略開：

案查關於整理首都防空警報事宜，經兩次密函分

別請為查照辦理，見復各在案。現在時局緊張，防空警報

尤為重要，務希查照前案從速辦理。又貴會前所開送指

定裝佈警報人員姓名、住址、電話等，最近如有更動，亦

希迅為查明，於三日內見告，至級查照辦理見復為荷

關於首都防空警報事宜，本會已依照決議案分別辦理在案

等由。查本會指定裝佈警報人員，業經派定張大鵬、黃灼南、何

福田三人，並將姓名、住址、電話等開送在案，現在並無更動，相應

函復，即希

察照為荷

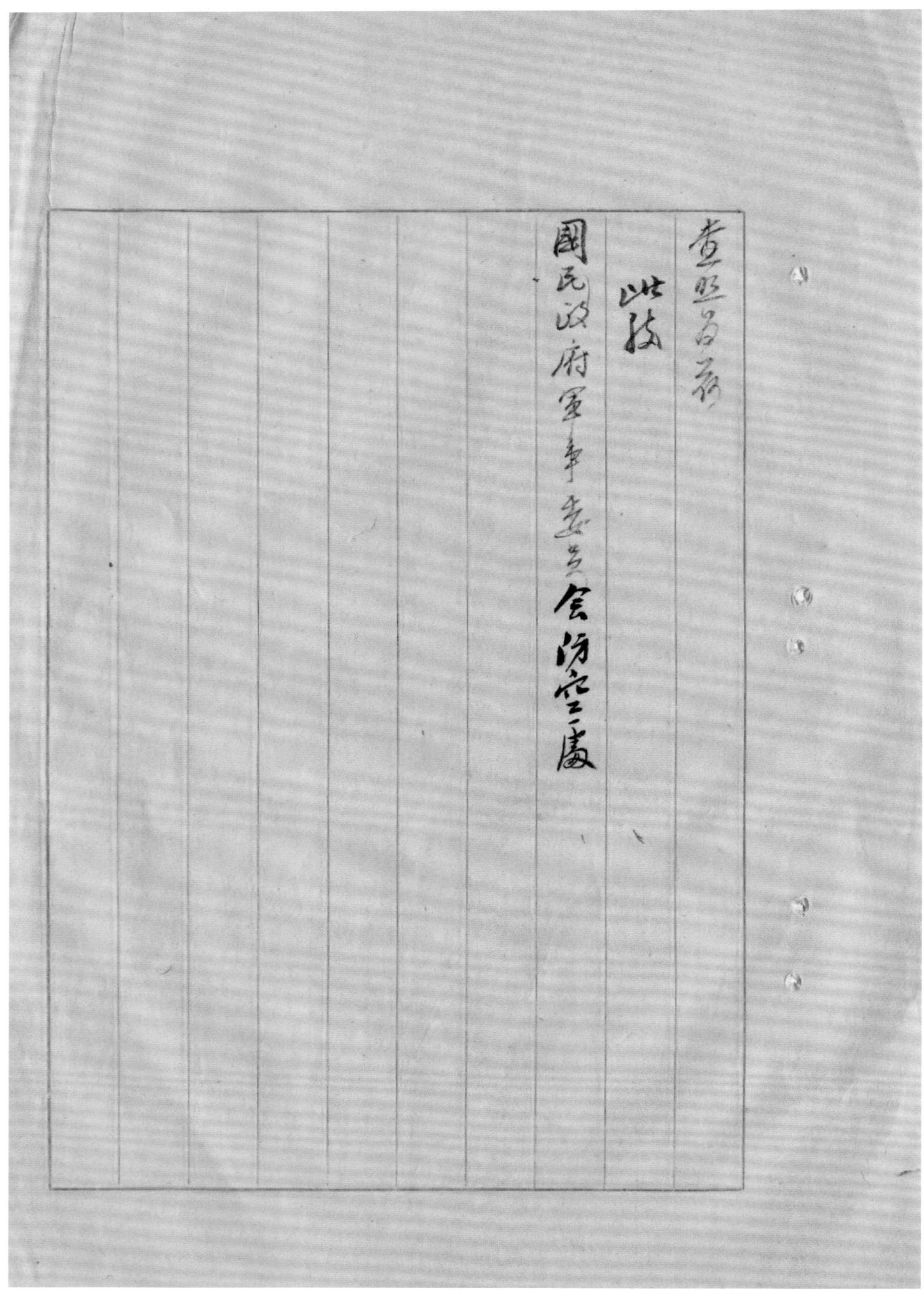

查照为荷

此致

国民政府军事委员会防空处

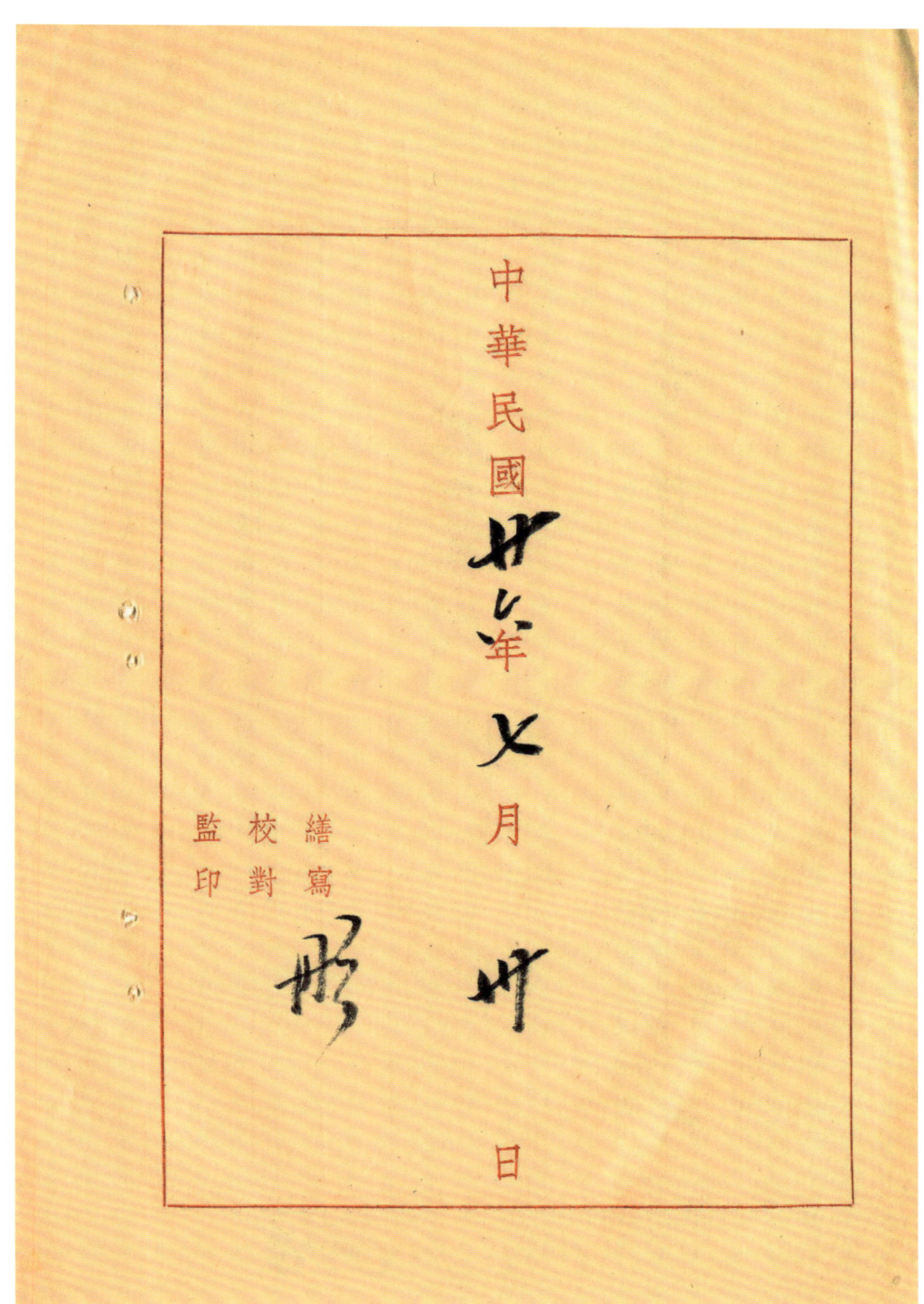

中華民國廿六年七月卅日

繕寫

校對

監印

中央陆军军官学校教导总队为敌机空袭时将尽量利用陵园地区致总理陵园管委会公函（一九三七年八月十日）

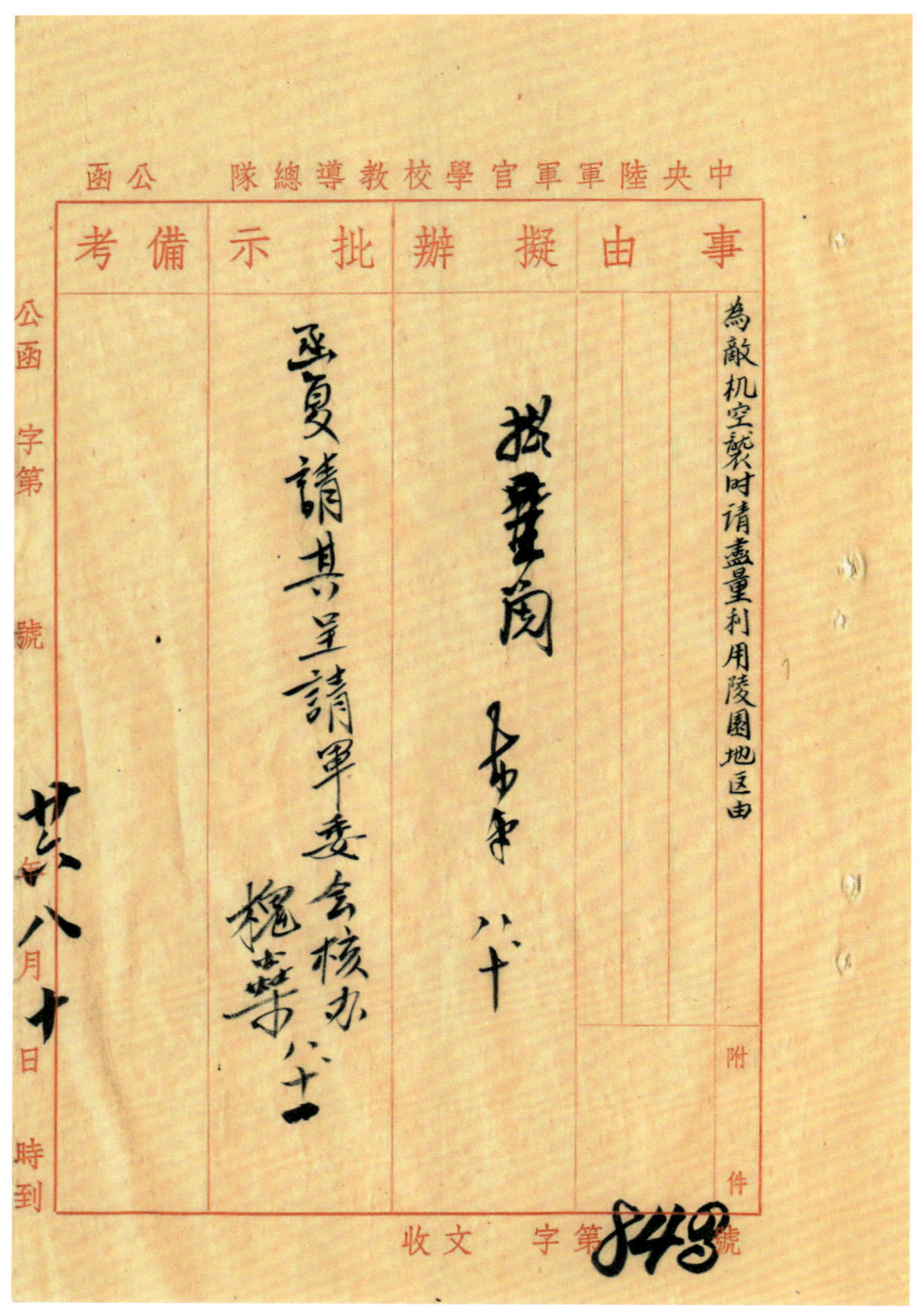
中央陆军军官学校教导总队 公函

事由	擬辦	批示	備考
為敵机空襲时請盡量利用陵園地区由	擬呈閱 希 八、十	函复請其呈請軍委会核办 槐 八、十一	

附件

公函 字第 號

廿六年八月十日 時到

收文 字第 848 號

中央陸軍軍官學校教導總隊公函

參一字第3418號

逕啓者：查本總隊營房位置陵園附近，一旦戰事發生，敵機空襲，勢難避免，本總隊防空計劃，必須盡量利用附近地区，方能收效，惟陵園範圍，歷來不准軍隊演習或操作，誠恐時機緊急，發生窒礙，用特先行函達

貴會將來倘遇敵機空襲時在陵園区域以内，应准本總隊俟時量利用地形，為防空之行動，並希予以便利共同防護為荷。此致

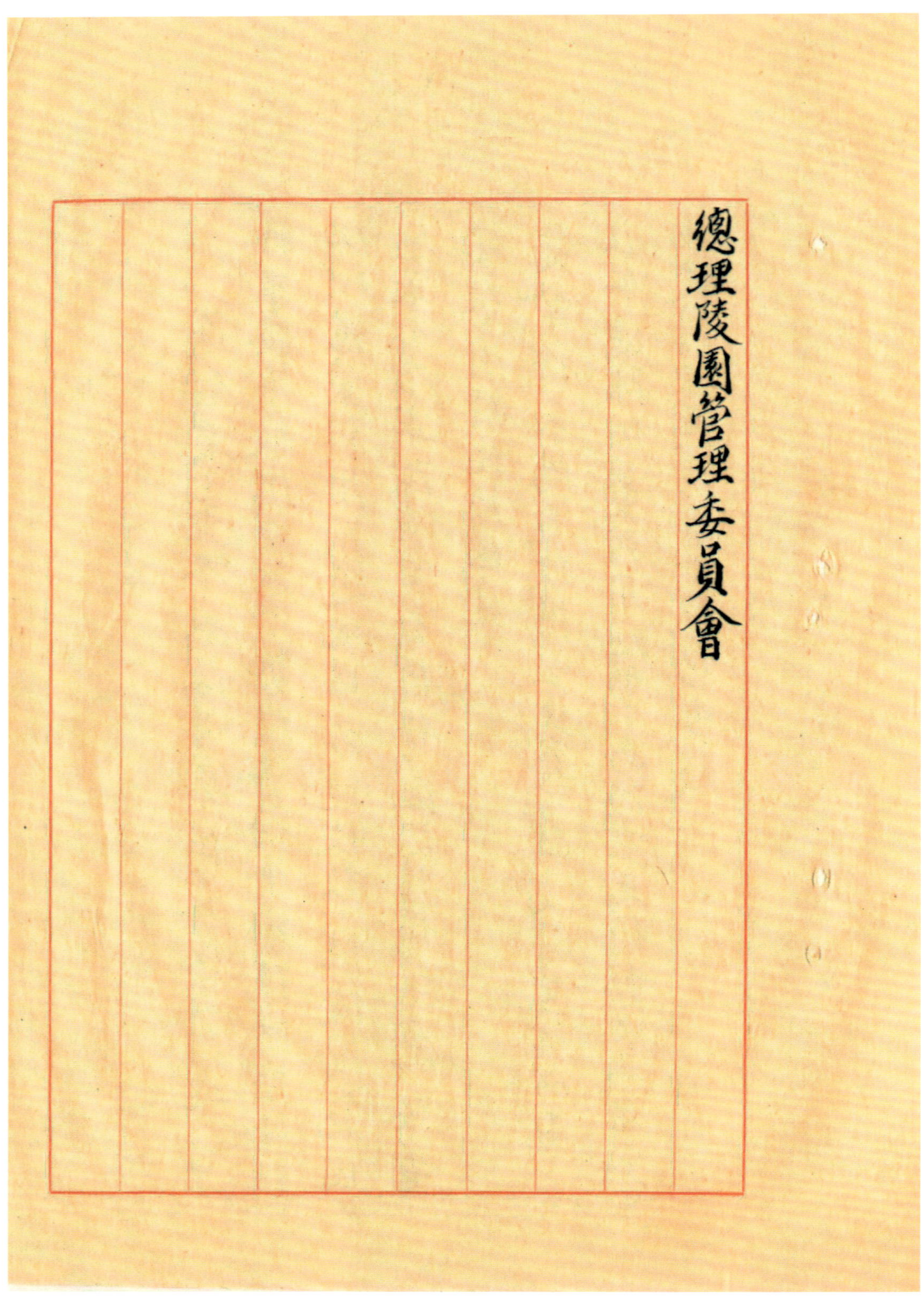
總理陵園管理委員會

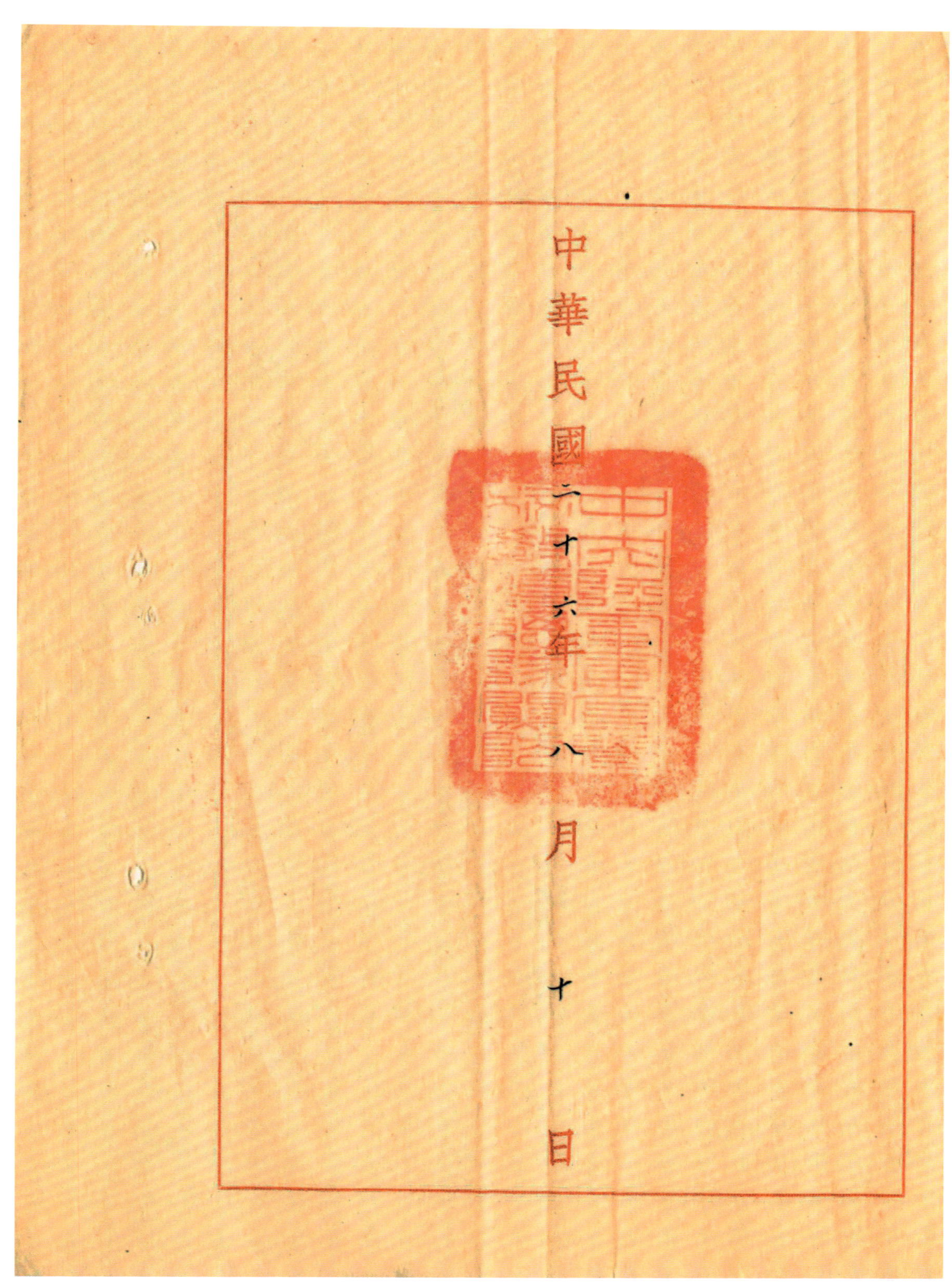
中華民國二十六年八月十日

南京警备司令部关于工事伪装欠逼真处请于五日内修复致总理陵园管理委员会警卫处密函（一九三七年八月十三日）

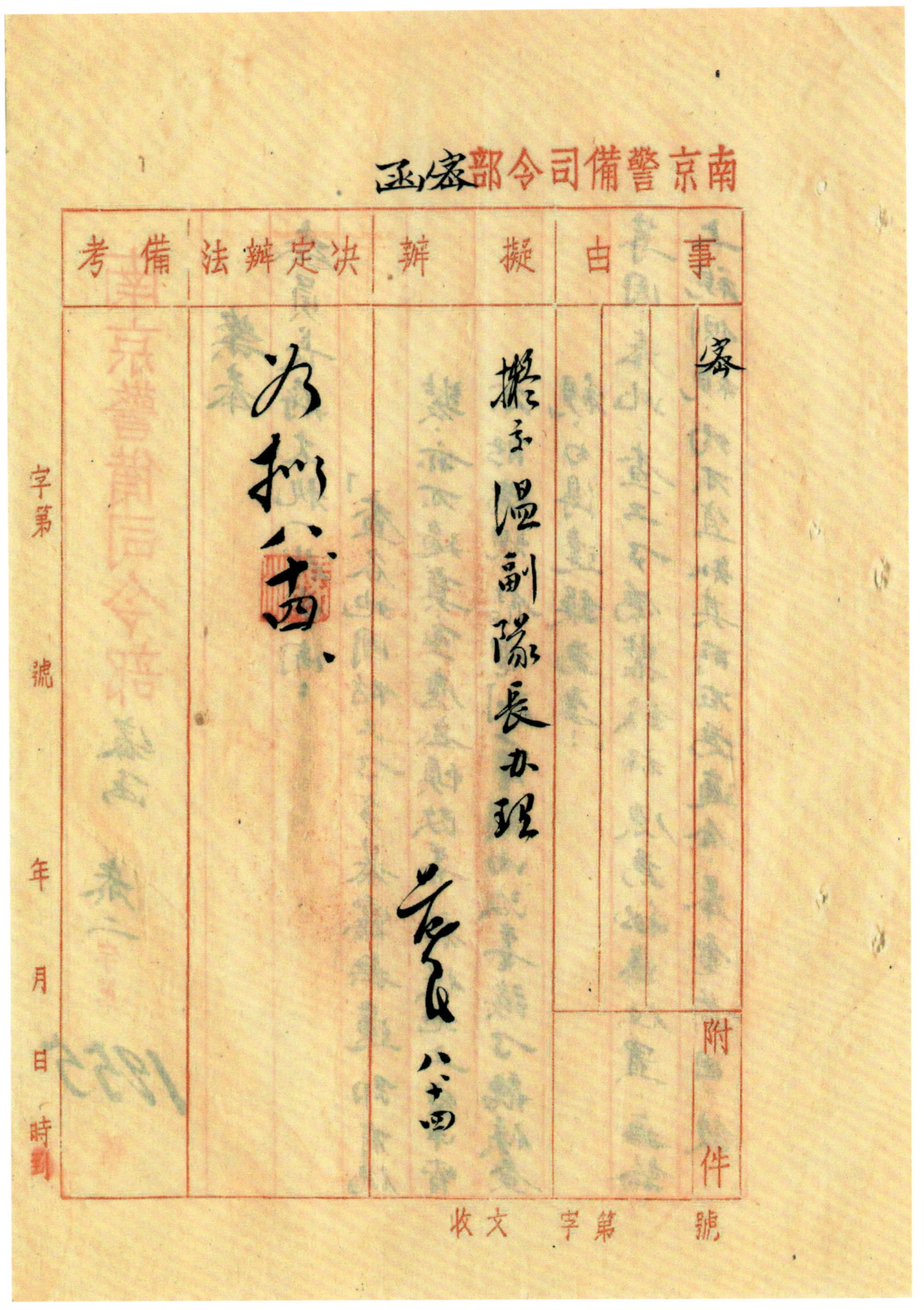
南京警備司令部密函

事由	擬辦	決定辦法	備考
密	擬示溫副隊長办理 八、十四	存擬 八、十四	

附件

收文 字第 號

字第 號 年 月 日 時到

南京警備司令部簽函　參二字第1955號

案奉

委員長蔣文執一代電開：

「查各地國防工事多暴露無遺，即有偽裝，亦不逼真，亟應妥慎改善，務使地上空中皆不能發現，限電到一星期内改善後，了聽候查視，勿得違誤為要！」

等因；奉此，查工事偽裝設施，原為秘密位置，無論上視側視，均不宜知其所在為適合，奉電前因，設

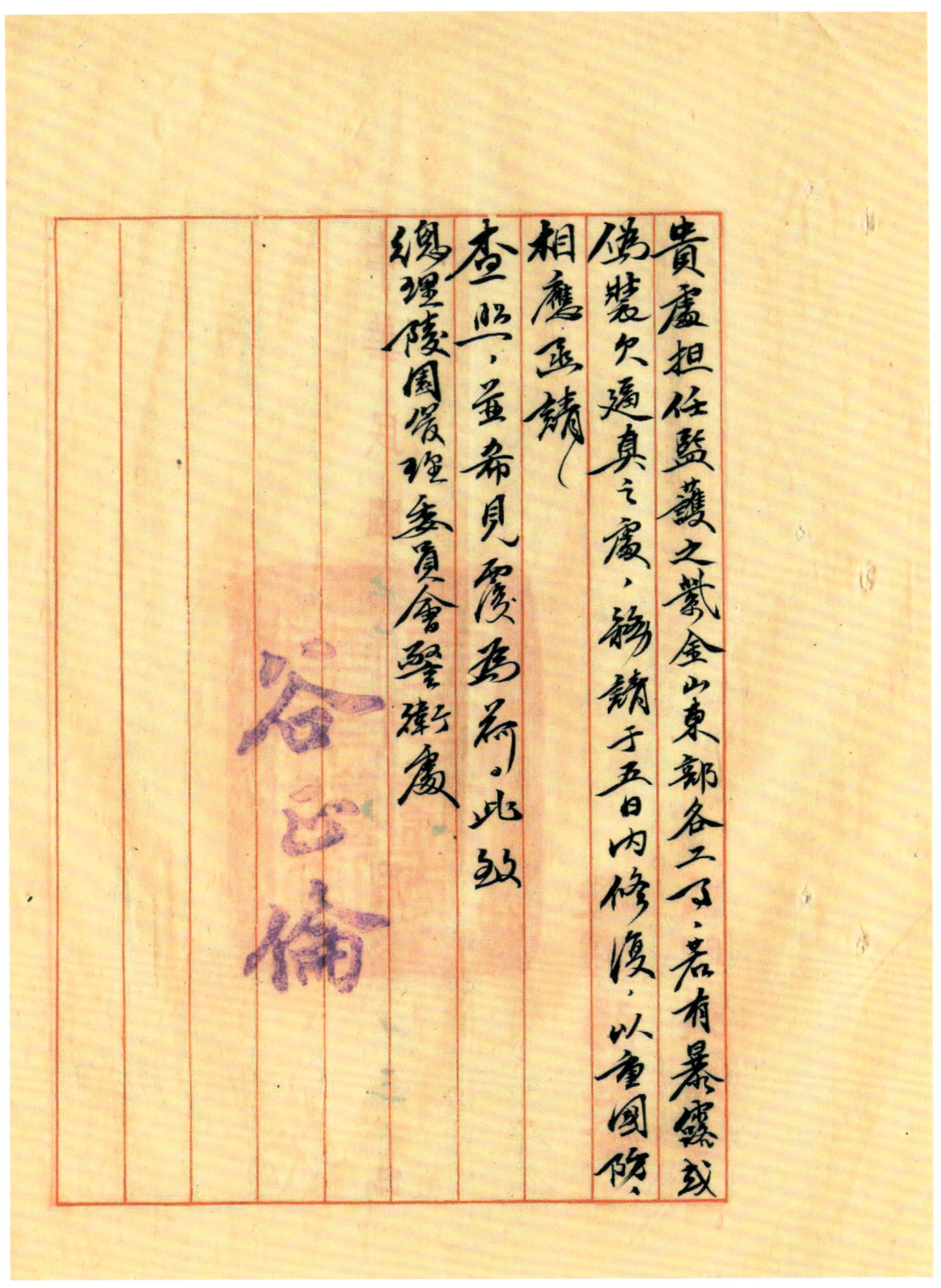

贵处担任监护之紫金山东部各工事，若有暴露或伪装欠适真之处，务请于五日内修复，以重国防，相应函请

查照，并希见覆为荷。此致

总理陵园管理委员会警卫处

谷正伦

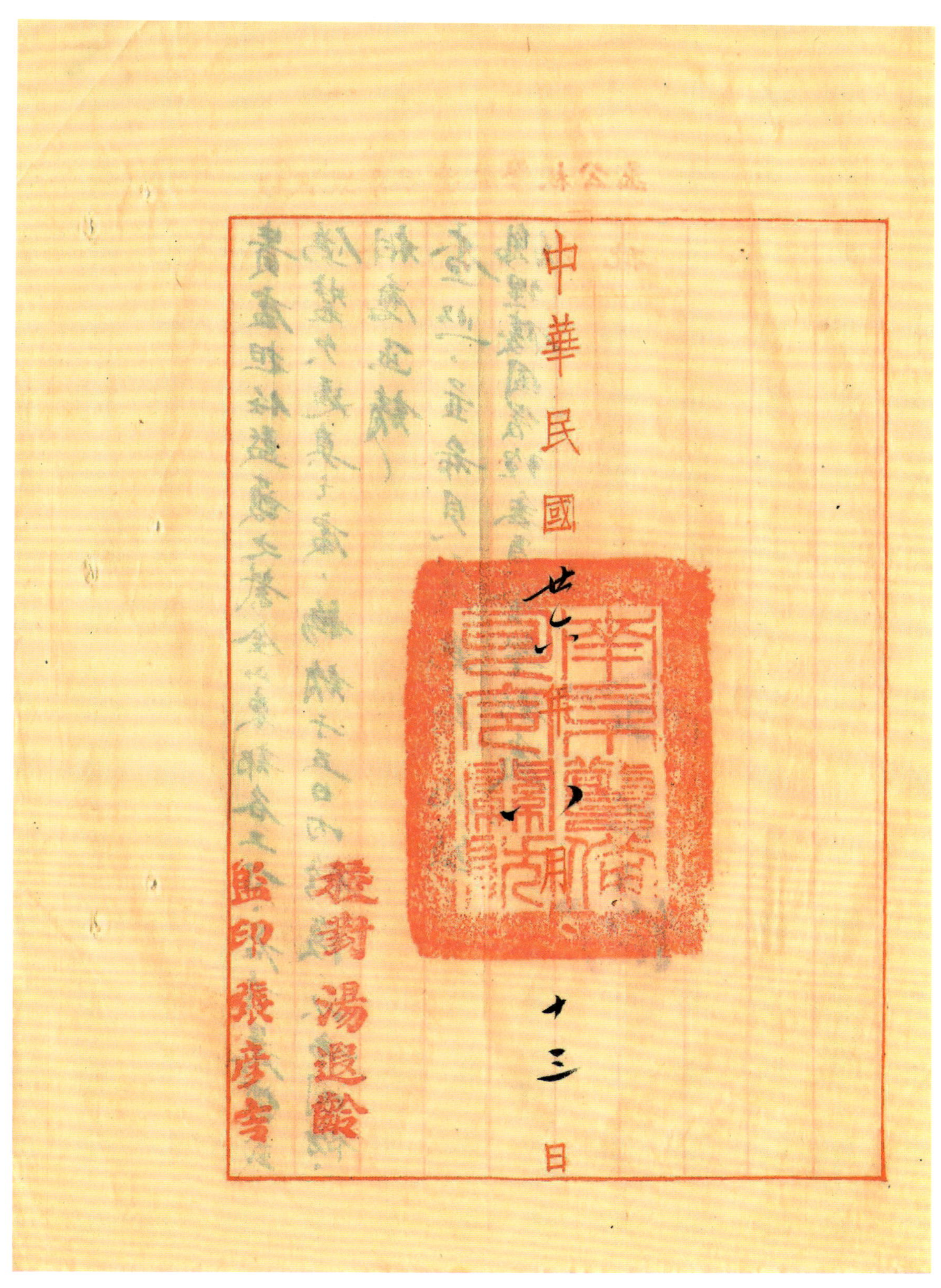
中華民國廿八年八月十三日

校對 湯退齡

監印 張彥吉

总理陵园管理委员会为时局严重防空紧要凡各户房屋墙壁如有红白黄等色限两日内一律改刷灰黑色致陵园各住户通函（一九三七年八月十三日）

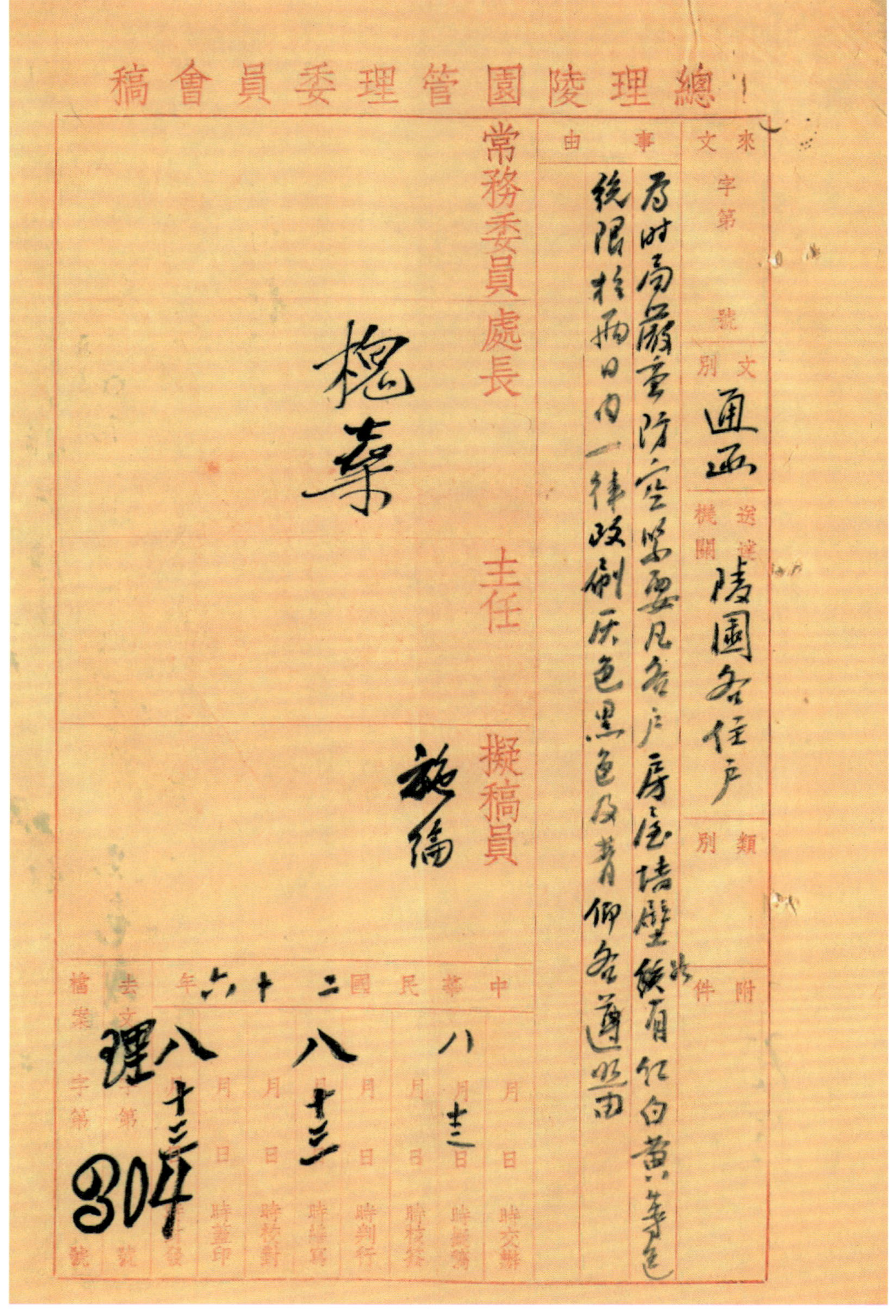
總理陵園管理委員會稿

来文字第　號
文别：通函
送達機關：陵園各住户
類别
附件
事由：為時局嚴重防空緊要凡各户房屋墙壁如有紅白黄等色統限於兩日内一律改刷灰色黑色及青御各遵照由
常務委員處長
主任
擬稿員
中華民國二十六年八月十三日
理字第304號

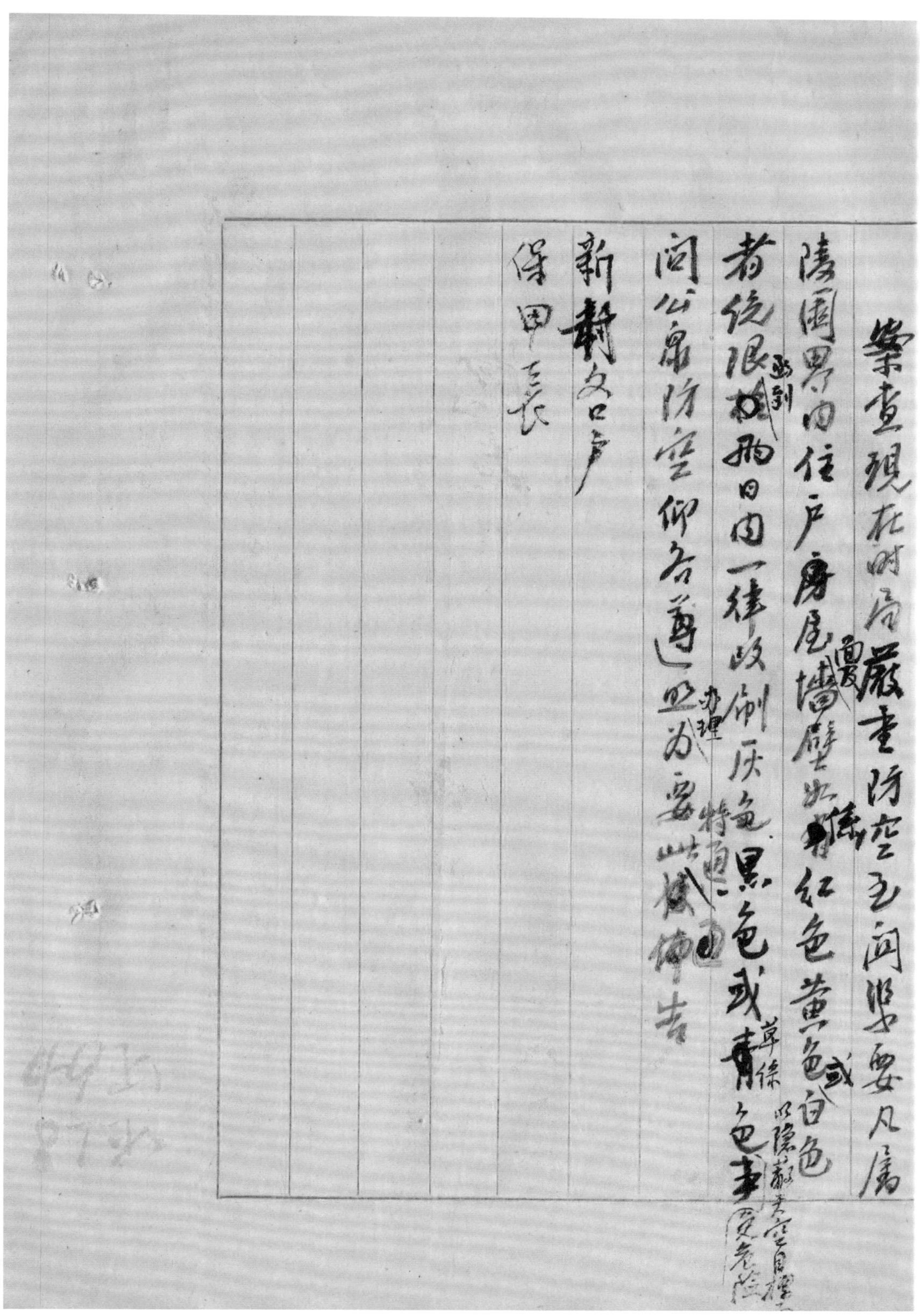

案查現在時局嚴重防空至関緊要凡属
陵園界内住户房屋墻壁曾經塗有紅色黄色或白色
者統限於兩日内一律改刷灰色、黑色或青草綠色以隱蔽空中目標而免危險事
関公衆防空仰各遵照辦理為要特此布告
新村文口户
保甲長

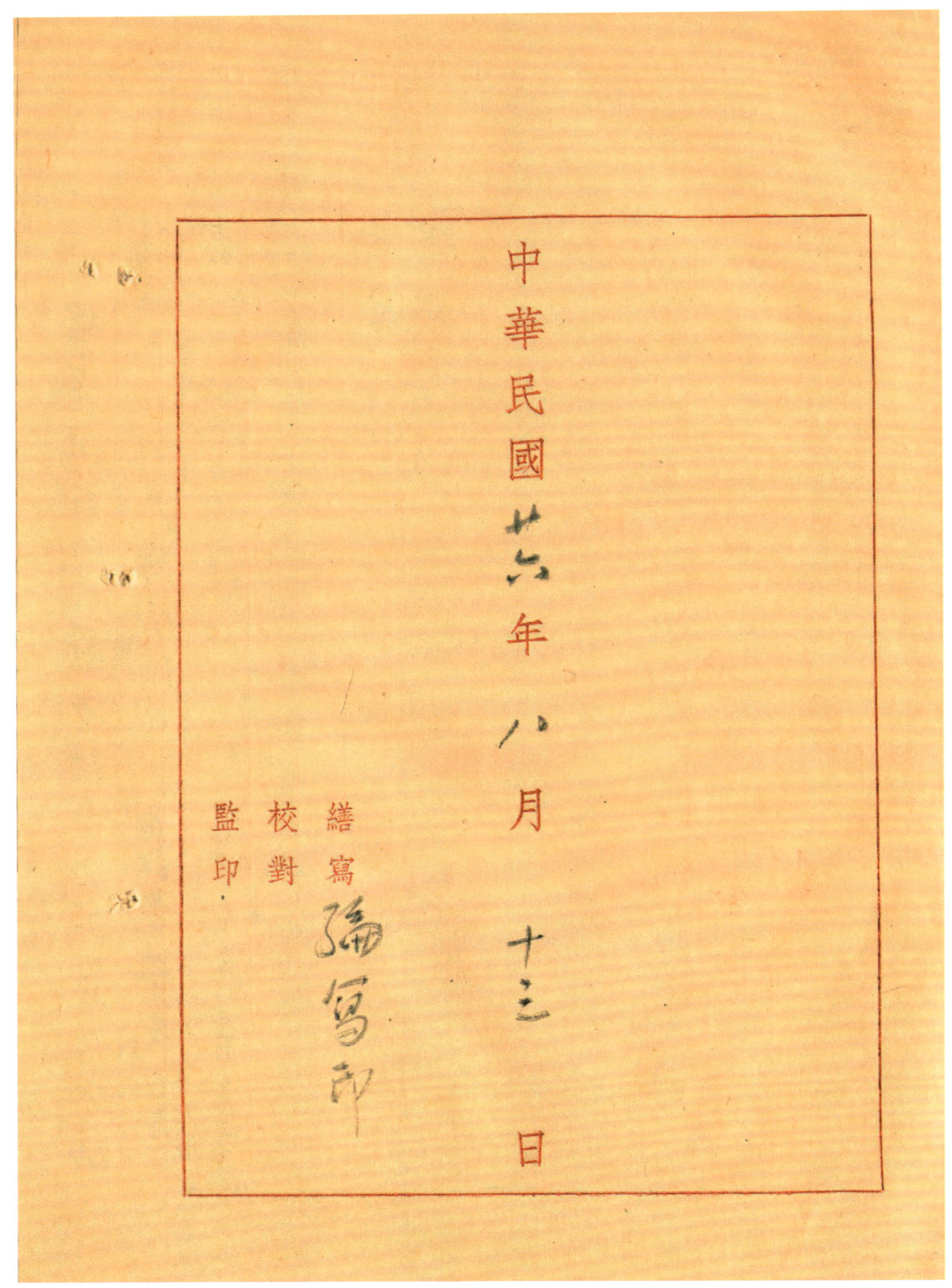

中華民國廿六年八月十三日

繕寫 孫寫印

校對

監印

南京警备司令部为宪兵第十团各营连举行实弹射击致总理陵园管理委员会公函（一九三七年八月十三日）

附：宪兵第十团各营连实弹射击报告表

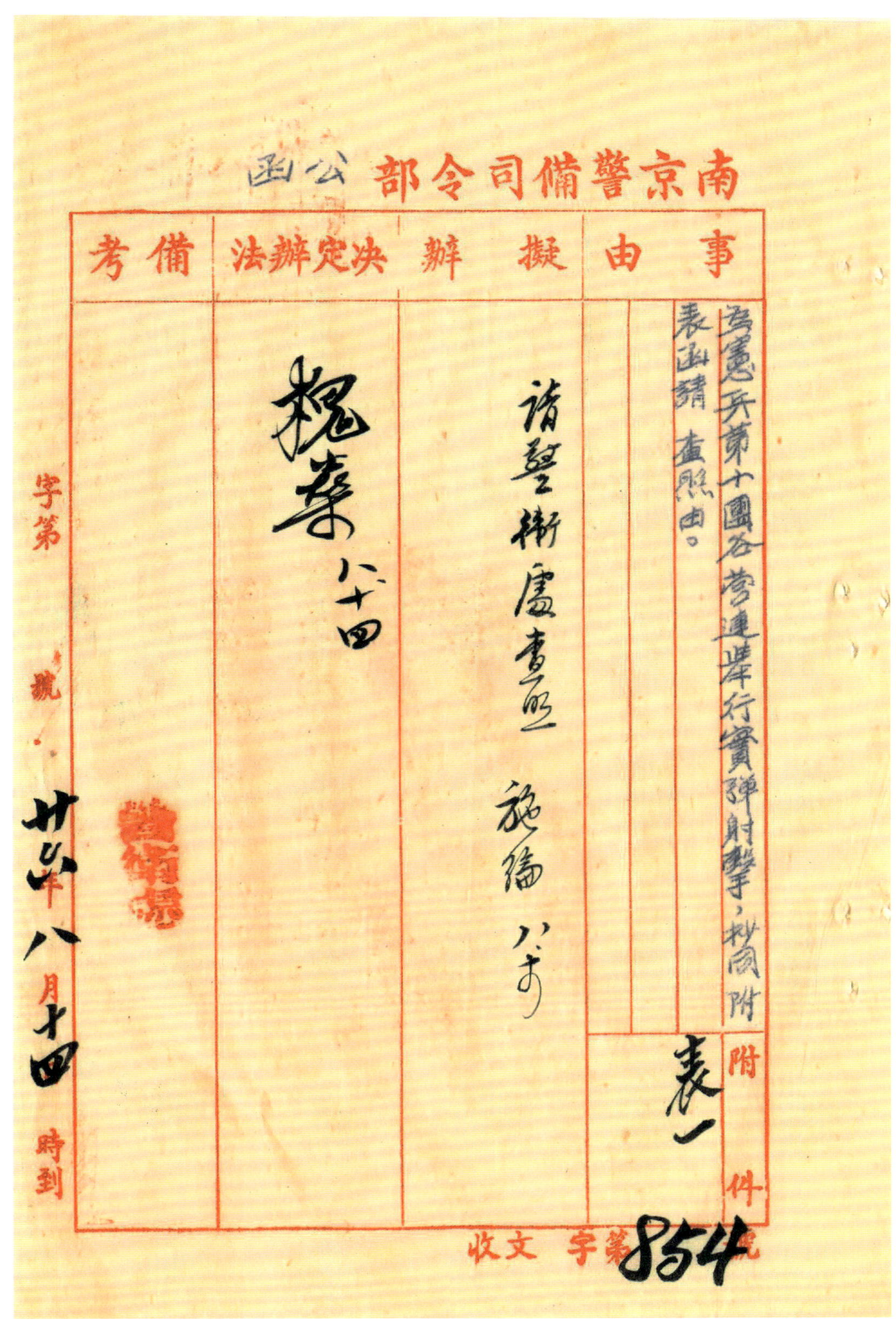

南京警備司令部公函

事由	擬辦	決定辦法	備考
為憲兵第十團各營連舉行實彈射擊，抄同附表函請 查照由。	請警衛處查照 施編 八十	擬存 八十四	
附件：表一			

收文 字第854號

字第 號

廿六年八月十四時到

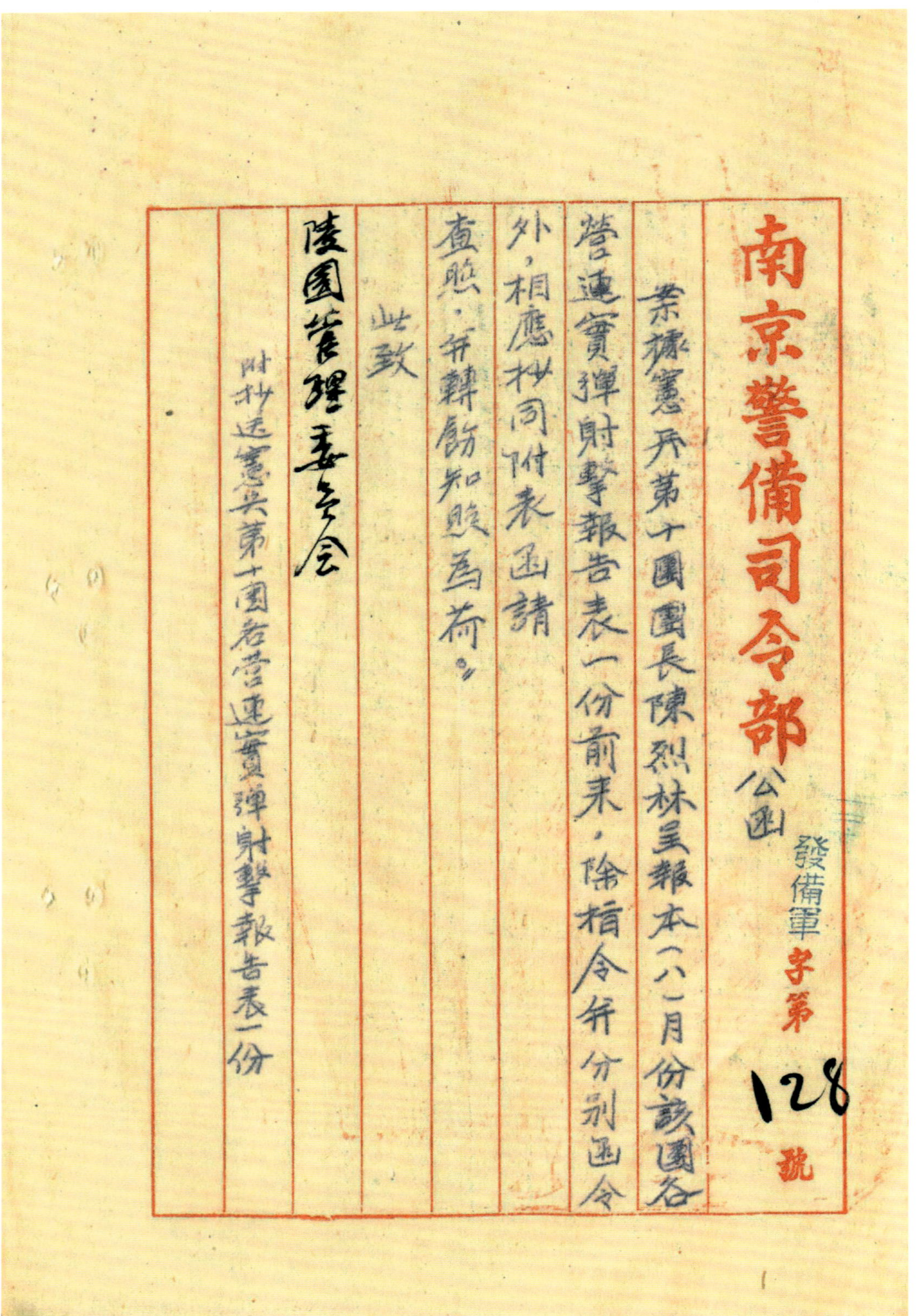

南京警備司令部公函　發備軍字第128號

案據憲兵第十團團長陳烈林呈報本（八）月份該團各營連實彈射擊報告表一份前來，除指令并分别函令外，相應抄同附表函請

查照，并轉飭知照為荷。

此致

陵園管理委員會

附抄送憲兵第十團各營連實彈射擊報告表一份

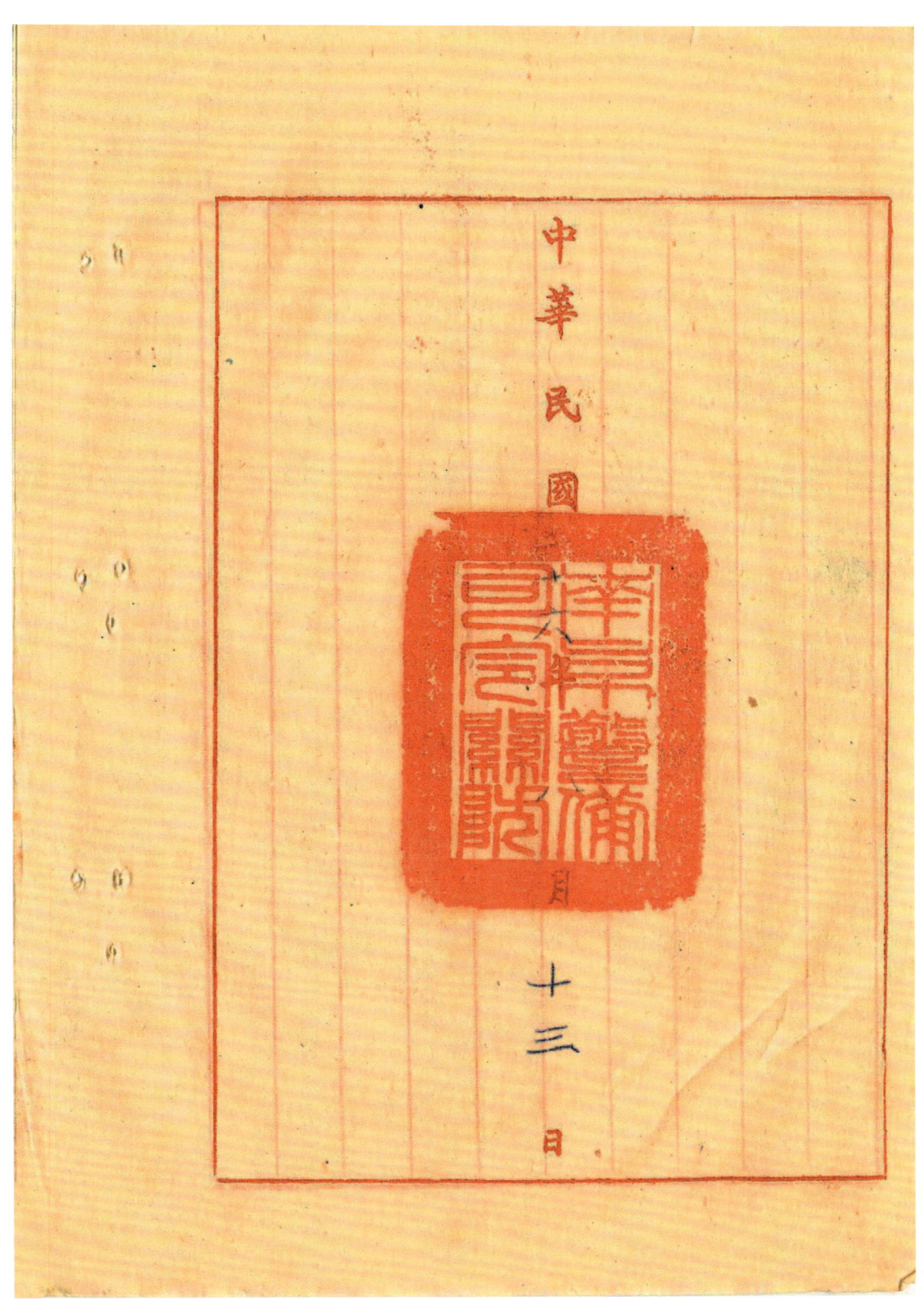

中華民國二十八年　月十三日

憲兵第十團各營連實彈射擊報告表

部隊名稱	人員 指揮官	人員 參加者	地點	起訖日時	科目	備攷
第三連	李桂南	一連	武廟	八月十日至十一日	實彈射擊	因各連担勤務關係或天雨順延
第四連	盧逸民	二排	清涼山	仝右	仝	仝
	唐鑑奇	一排	武廟	八月十二日至十三日	仝	仝
第五連	黄冠亞	一連	仝	八月十四日至十六日	仝	仝
第六連	尹具五	一排	仝	八月十六日	仝	仝
	姜子文	一排	箕斗山	八月十日至十一日	仝	仝
	陳應舜	一排	棉花地	八月十日至二十一日	仝	仝
第七連	沈雲	一連	首都騎射會	八月十日至十一日五時	仝	仝
第八連	禹文中	一連	武廟	八月十九日至二十一日	仝	仝
第九連	戴自襄	一排	軍校教導隊	八月十五日	仝	仝

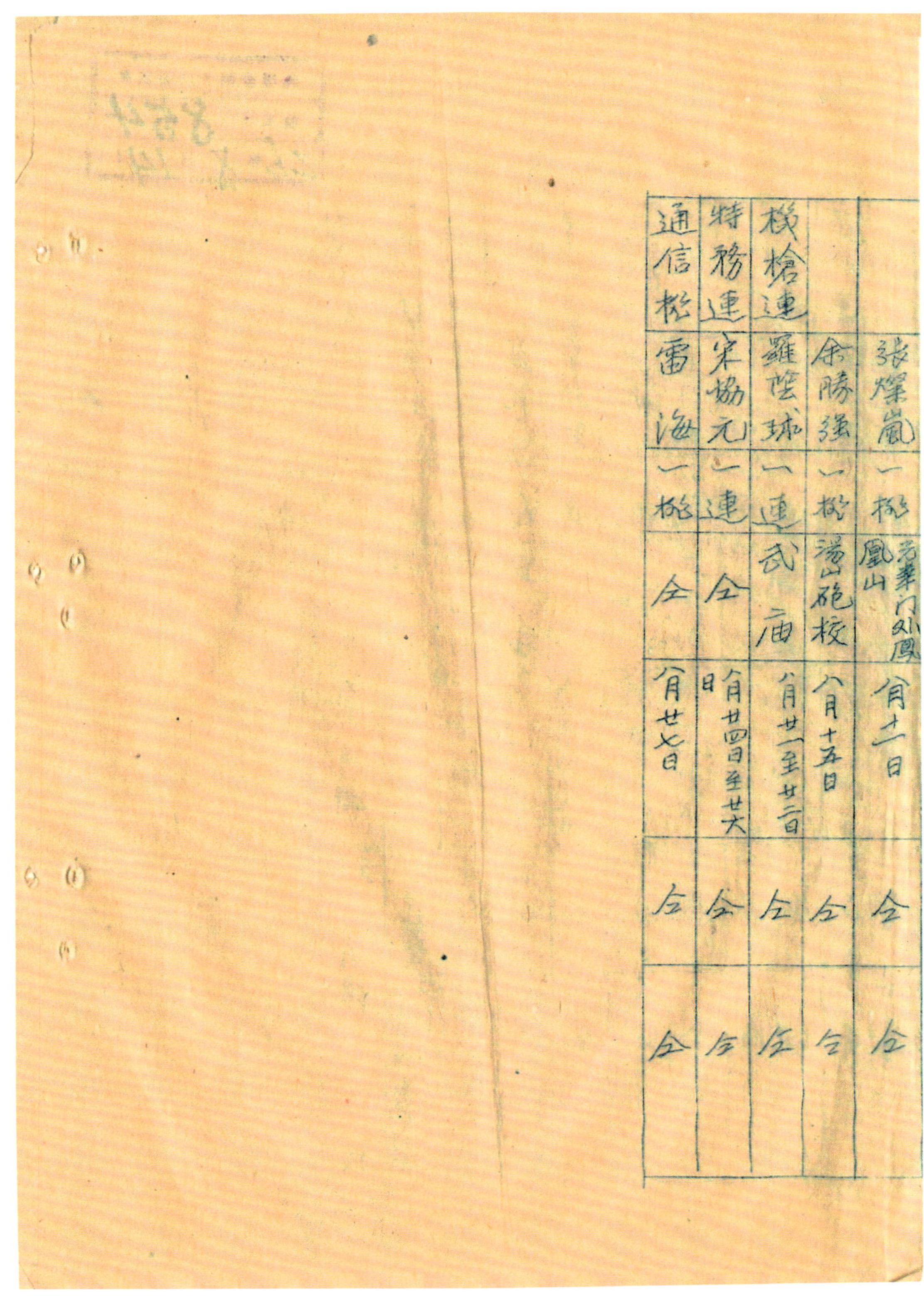

	張燦嵐	一排	光華門外鳳凰山	八月十二日	仝	仝	
	余勝強	一排	湯山砲校	八月十五日	仝	仝	
機槍連	羅堃球	一連	武廟	八月廿一至廿二日	仝	仝	
特務連	宋協元	一連	仝	八月廿四日至廿六日	仝	仝	
通信排	雷海	一排	仝	八月廿七日	仝	仝	

关于山炮连在紫金山蒋庙及青黄马附近地区侦察构筑野战炮兵阵地请准予该连出入事的往来文件

南京警备司令部致总理陵园管理委员会密函（一九三七年八月十八日）

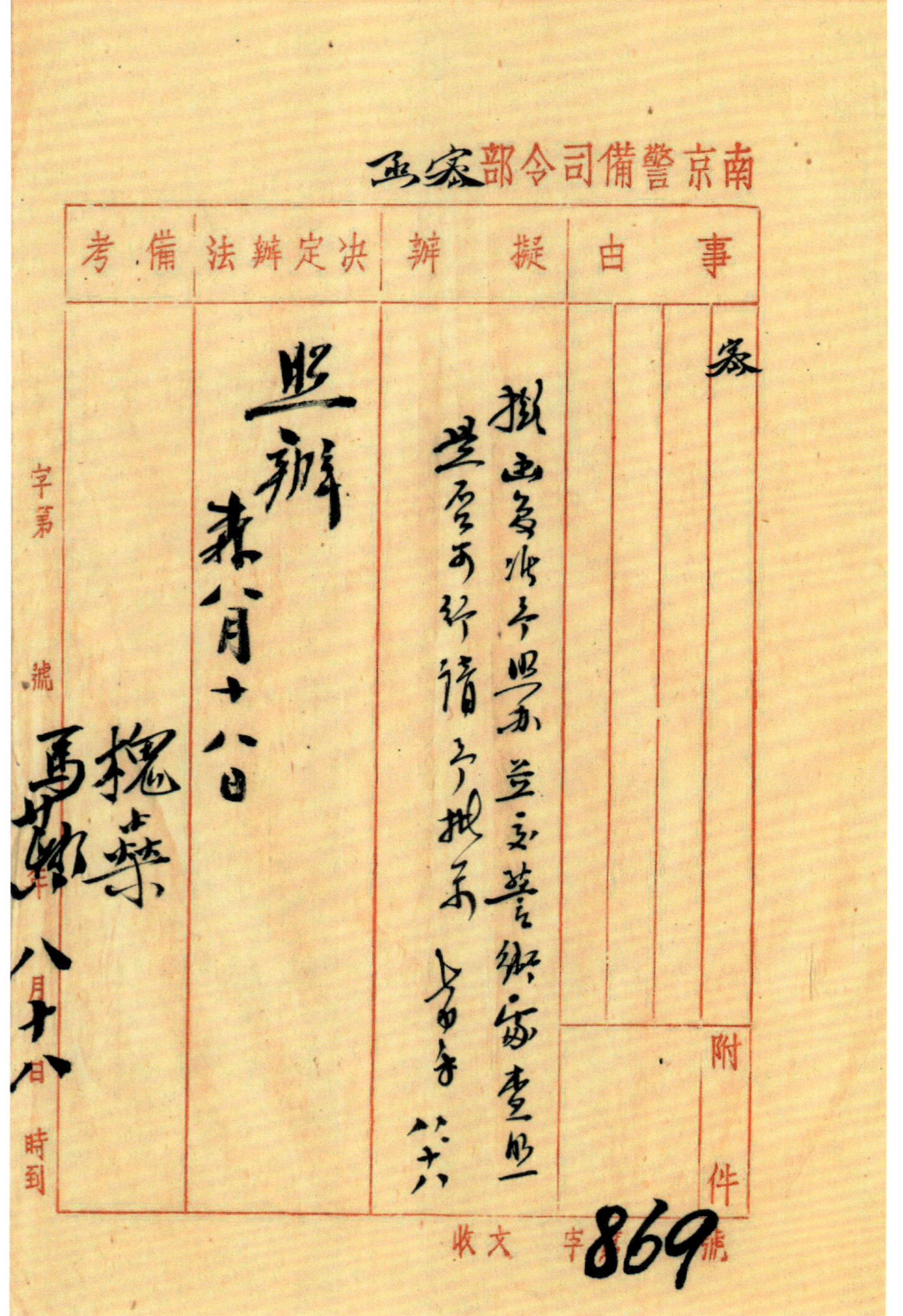
南京警備司令部密函

事由	擬辦	决定辦法	備考
密	擬函復准予照辦並函警衛處查照 是否可行請示批示 八.十六	照辦 森 八月十八日	

附件

八月十八日 時到

收文 字 869 號

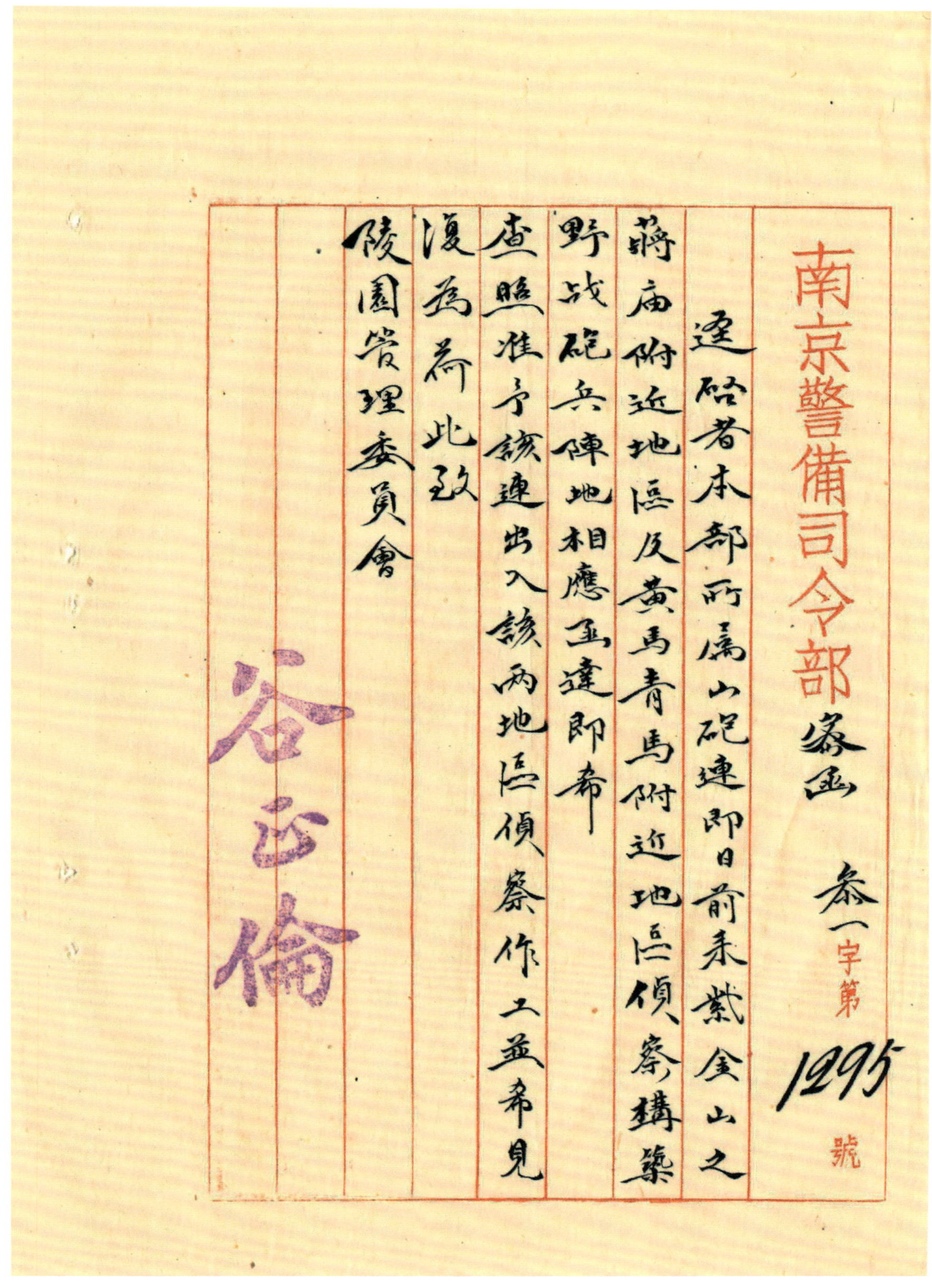

南京警備司令部箋函　參一字第1295號

逕啓者本部所屬山砲連即日前來紫金山之蔣廟附近地區及黄馬青馬附近地區偵察構築野戰砲兵陣地相應函達即希查照准予該連出入該兩地區偵察作工並希見復為荷此致

陵園管理委員會

谷正倫

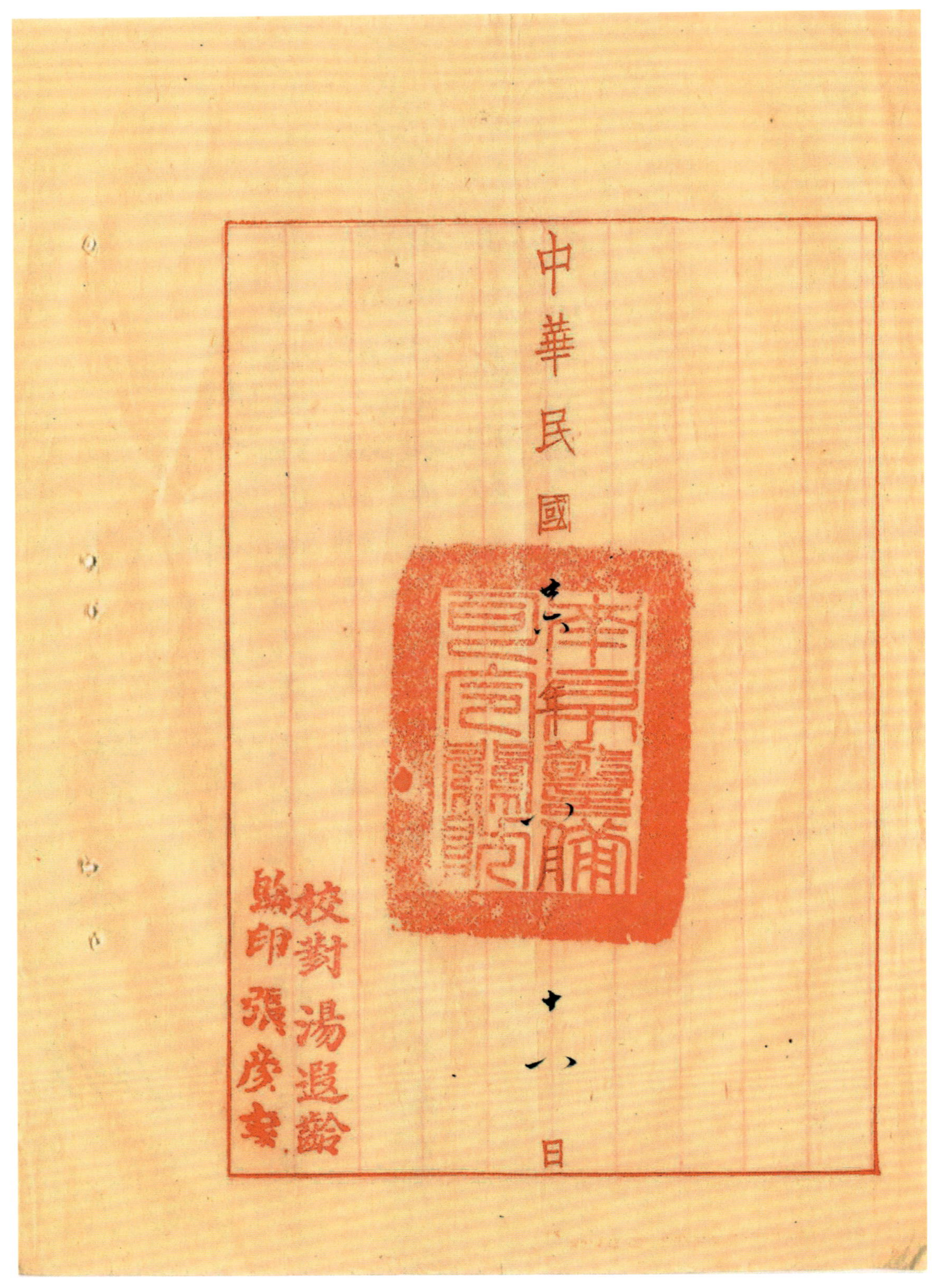

中華民國廿六年十一月十八日

校對 湯退齡
監印 張彥棻

总理陵园管理委员会致南京警备司令部密函（一九三七年八月十八日）

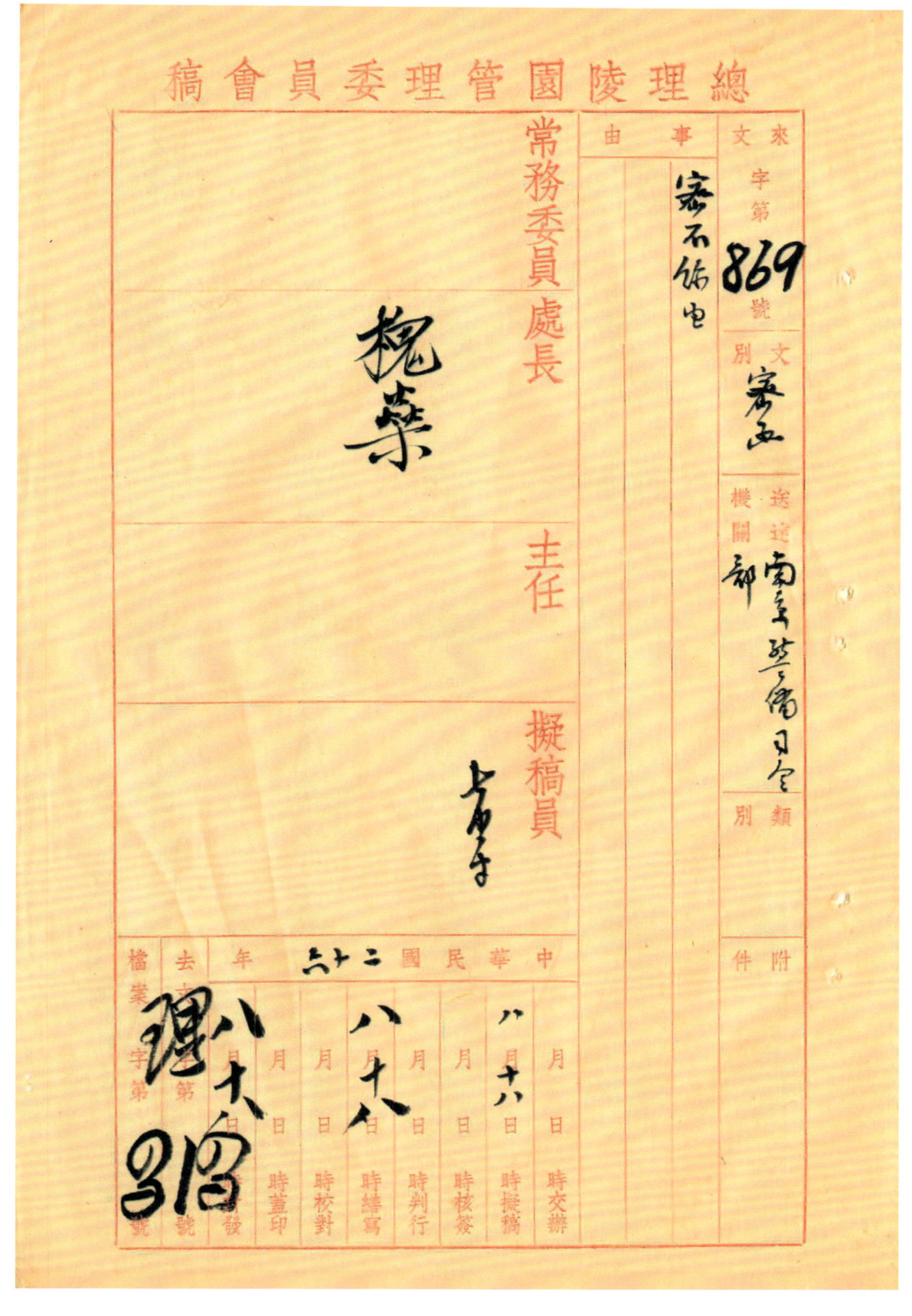

總理陵園管理委員會稿

來文字第869號

事由：密不備由

文別：密函

送達機關：南京警備司令部

類別

附件

常務委員 處長 槐榮

主任

擬稿員 唐？

中華民國二十六年

交辦 月 日 時
擬稿 八月十八日 時
核簽 月 日 時
判行 月 日 時
繕寫 八月十八日 時
校對 月 日 時
蓋印 月 日 時
發 八月十八日 時

去文 字第 號

檔案 理字第3182號

案准

贵部二十六年八月十八日参一字第一二九五号密函内开

「本部所属山炮连即日前来紫金山之蒋庙附近地区及黄马青马附近地区侦察构筑野战炮兵阵地，相应函达，即希查照，准予该连出入该两地区侦察作工，并希见复」

等由，准此，自应照办，除令知警卫处饬遵照外，相应函复，即希

查照为荷

此致

南京警備司令部

中華民國廿六年八月十八日
繕寫 彤
校對
監印

国民政府为公布《防空法》致总理陵园管理委员会训令（一九三七年八月十九日）

附：《防空法》

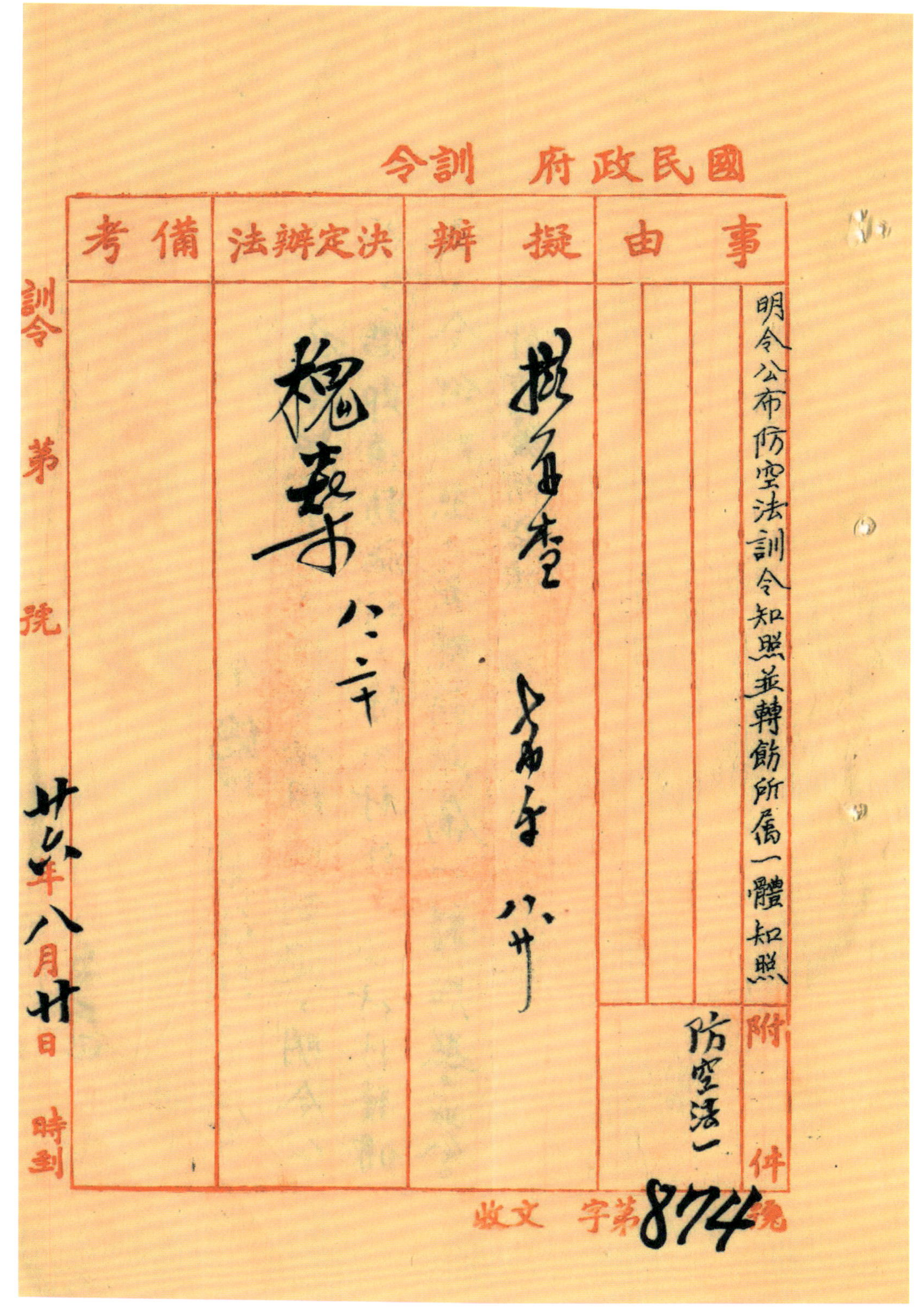

國民政府訓令

事由	擬辦	決定辦法	備考
明令公布防空法訓令知照並轉飭所屬一體知照	擬存查 八廿	擬存 八二十	
附件：防空法一			

訓令第　號

廿六年八月廿日　時到

收文　字第874號

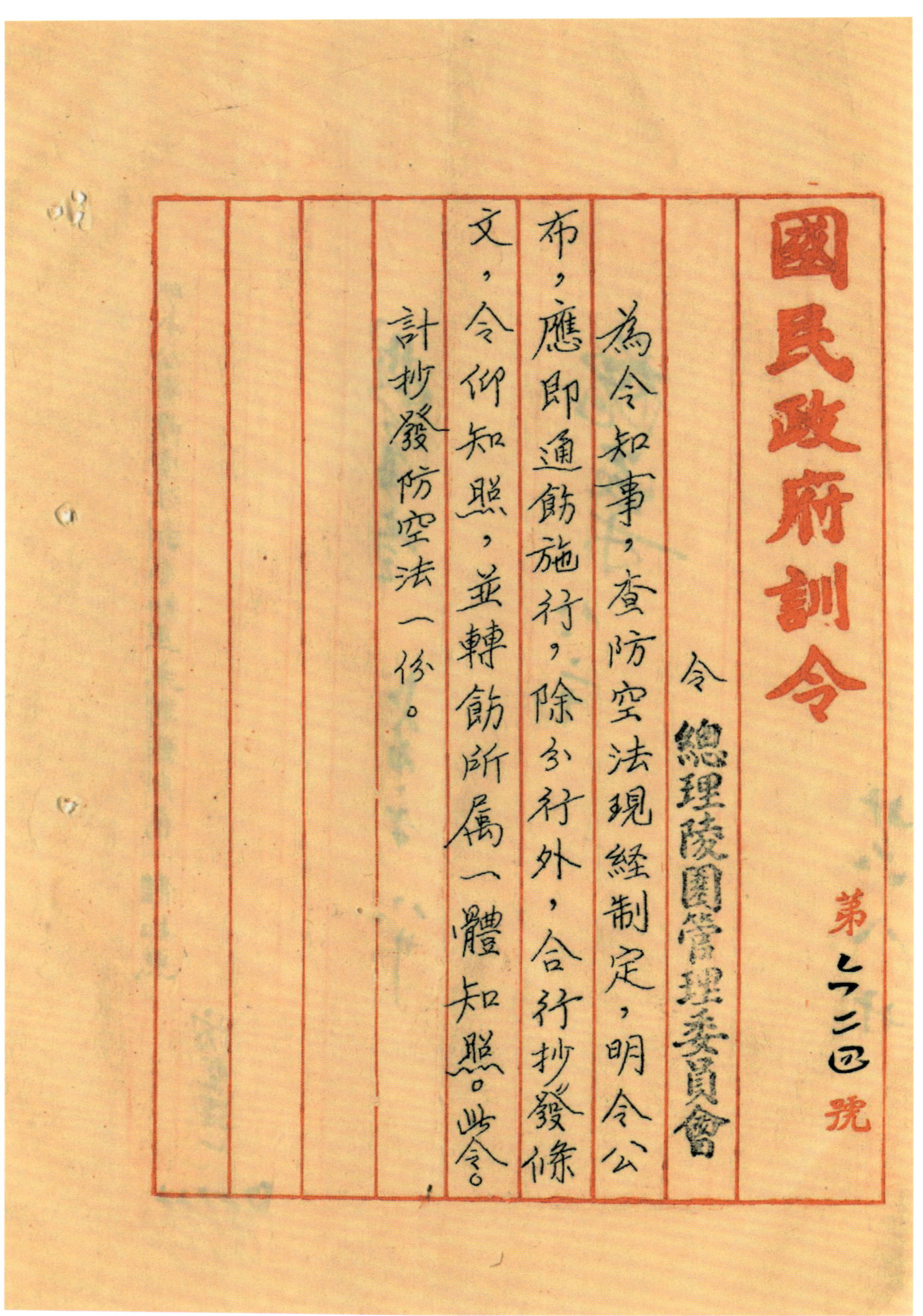

國民政府訓令

第七〇二四號

令總理陵園管理委員會

為令知事，查防空法現經制定，明令公布，應即通飭施行，除分行外，合行抄發條文，令仰知照，並轉飭所屬一體知照。此令。

計抄發防空法一份。

中華民國二十六年八月十九日

國民政府主席林森

立法院院長孫科

監印陳光遠

校對曾伯球

防空法 二十六年八月十九日公布

第一條 為防敵機空襲減少其所發生之危害以衛護國家之安全保障人民之生命財產特制定本法

第二條 全國防空事宜由國民政府最高軍事機關主辦之其有關各院部會署及地方機關者由各該關係機關協同執行

第三條 中華民國人民對於實施防空有服役及供給物力之義務

戰時或事變時人民及民用飛機及航行之船舶對於敵國或同情敵國之飛機行動有監視並報告附近軍警或防空機關之義務

第四條 在中華民國領域內有住所居所或財產之外國人或無國籍人及有事務所營業所或財產之法人機

一

關團體均負有防空之義務但以不牴觸條約及國際法為限

第五條　有左列情形之一者得免防空服役

一、身體殘廢者

二、有精神病者

三、因年齡或健康狀態不適於服役者

四、因擔任公務或服常備兵現役不能中輟者

第六條　左列行為應呈經國民政府最高軍事機關或其指定機關核准

一、經營防空器材或工具

二、發佈或散播防空印刷品

三、演映防空影片

四、舉行防空展覽會

第七條 戰時或事變時防空情報及警報得優先使用國有公有民有通信設備並改善或變更之

第八條 因防空之必要各地防空主管機關陳請或會同當地軍政機關得行使左列各權但第六款第七款應呈經國民政府最高軍事機關核准

一、命令人民參加防空工作及防空設備
二、利用人民或外僑在當地開設之醫院診療所等供防空設施之用
三、依法徵用或徵收人民之土地及建築物
四、修改或擴大街道住宅建築之全部或一部
五、命令或限制人民之遷移
六、禁止或限制民用飛機之航行
七、徵收人民防空附捐

八、關於防空有調查之必要時得令提出資料或實施檢查

第九條　違反本法第三條第四條第六條之規定者處三十日以下之拘役或一百元以下之罰金煽惑他人為之者加倍處罰

第十條　洩漏防空上之秘密或破壞防空設備致妨礙防空工作或發生危險者依陸海空軍刑法或軍機防護法處斷

第十一條　防空設備及實施所需經費依其性質及實際情形由中央與地方分別支給之

第十二條　人民之土地或建築物因實施防空被徵用時所受之損失由地方政府依法補償

第十三條　人民因防空服役致傷病或死亡時應由中央或地

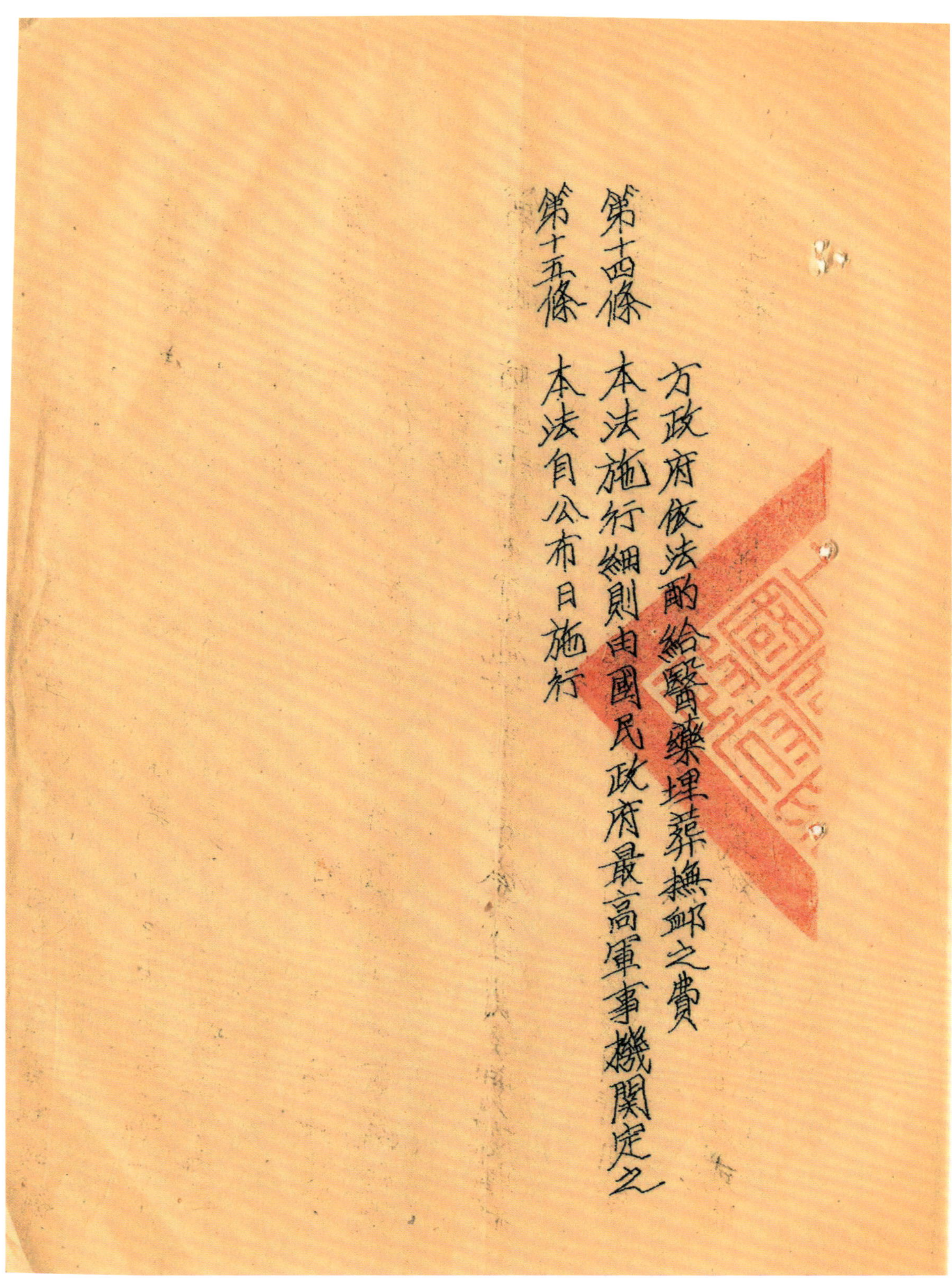

方政府依法酌給醫藥埋葬撫卹之費
第十四條 本法施行細則由國民政府最高軍事機關定之
第十五條 本法自公布日施行

中国国民党南京特别市陵园区党部为建筑防空壕以防空袭给第一区分部通告（一九三七年八月二十四日）

附：建筑防空壕宣传要点

收文第五十一號

中國國民党南京特別市陵園區黨部通告　第三二號

為通告事：案奉

市執行委員會宣字第五二五四號訓令內開：

「現敵機每日飛來首都空襲，防空上之設備無論公家民间均同樣重要，而防空壕之建築尤為刻不容緩。茲由市政府、警備司令部等机關發起組織建築防空壕勞働服務工作團，舉行大規模之聯合建築防空壕運動，由全市壯丁民眾及防護團團員全体總動員，在本市各街道空地上建築多量之公共防空壕，以避空襲損害。除已由市政府工務局、防護團、警察廳、國民軍訓会等机関各就其所屬任務分別办理外，合行令仰該區遵照，須發宣傳要点，迅即嚴厲督率所屬各該宣傳隊努力出發宣傳，并应將每日宣傳工作經过隨時報告本部是為至要」等因，附發宣傳要点一份，奉此，除分行外，合行錄令并印發宣傳要点，通

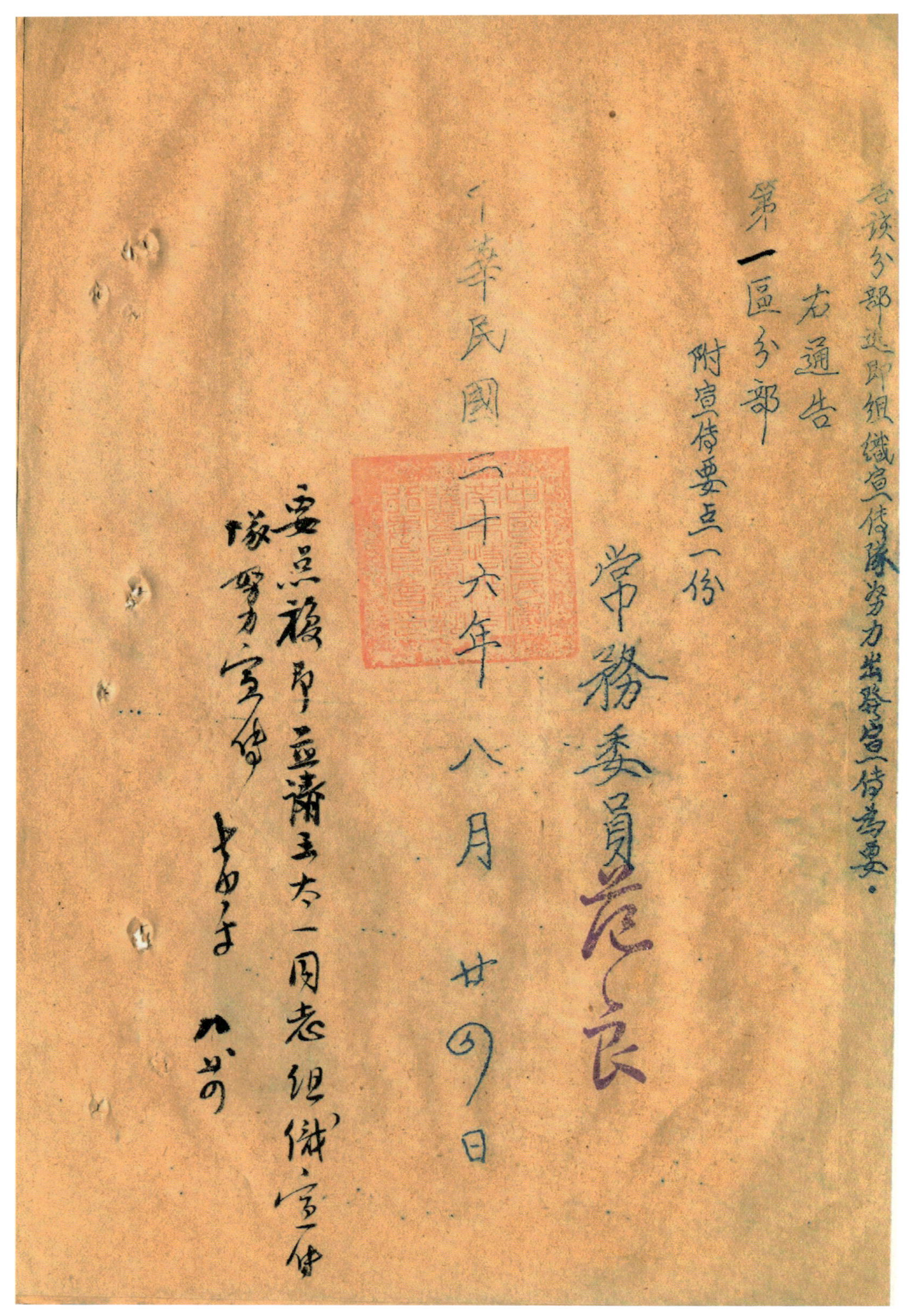

合該分部迅即組織宣傳隊努力出發宣傳為要。

右通告

第一區分部

附宣傳要点一份

常務委員 范良

中華民國二十六年八月廿四日

要点已複印並請王太一同志組織宣傳隊努力宣傳

[illegible]

八、廿四

建築防空壕宣傳要點

一、防空壕為防空上最簡易常用的防空設備，凡每一家戶均應自行建築適宜的防空壕一個。

二、現在由各機關發起組織建築防空壕勞動服務工作團，舉行大規模的聯合建築防空壕運動，在全市各空地上建築多數之公共防空壕，以避空襲之危險。

三、建築公共防空壕，於全市民家應儘量貢獻各種舊木板木樁，以作建築材料。

四、各木廠及公司應儘量供給徵購各種木板木樁材料，并不得故意抬高市價。

五、全市壯丁民家及防護團員應踴躍參加建築防空壕工作，不得藉故推諉。

六、凡參加建築防空壕之人員，如自備有十字鍬、鐵鏟、鋤、簸箕等工具，應自帶來或向隣居及親友借用。

七、未參加建築防空壕之住戶民家，如有十字鍬、鐵鏟、鋤頭、簸箕等工具，應踴躍送交就近警察分駐所借用，一俟工程完成，仍由分駐所退還原主。

八、凡参加建築防空壕之人員如市政府工務局及有關機關派工程師及建築專家前來指導應竭誠接受

九、在工作時候如聽到空襲警報發出各工作人員應即遵照防空規則方法迅速分别散開躲避自家或就近避難所及隱蔽地方以免空襲危險

十、凡参加建築防空壕之工作人員應特别努力加緊完成

十一、無論在任何私人空地上建築防空壕不得拒絶搆築及挖土等情事

十二、建築防空壕直接是為自己防衛避難間接是為親友及同胞設備凡参加工作之人員及供給木板木柱等材料借給工具之住户民衆木廠公司等為公為私均係熱誠愛國動作之表現

总理陵园管理委员会警卫处关于紫金山东部国防工事伪装亟应改善或召暴露请于五日内修复事致南京警备司令部密函（一九三七年八月二十六日）

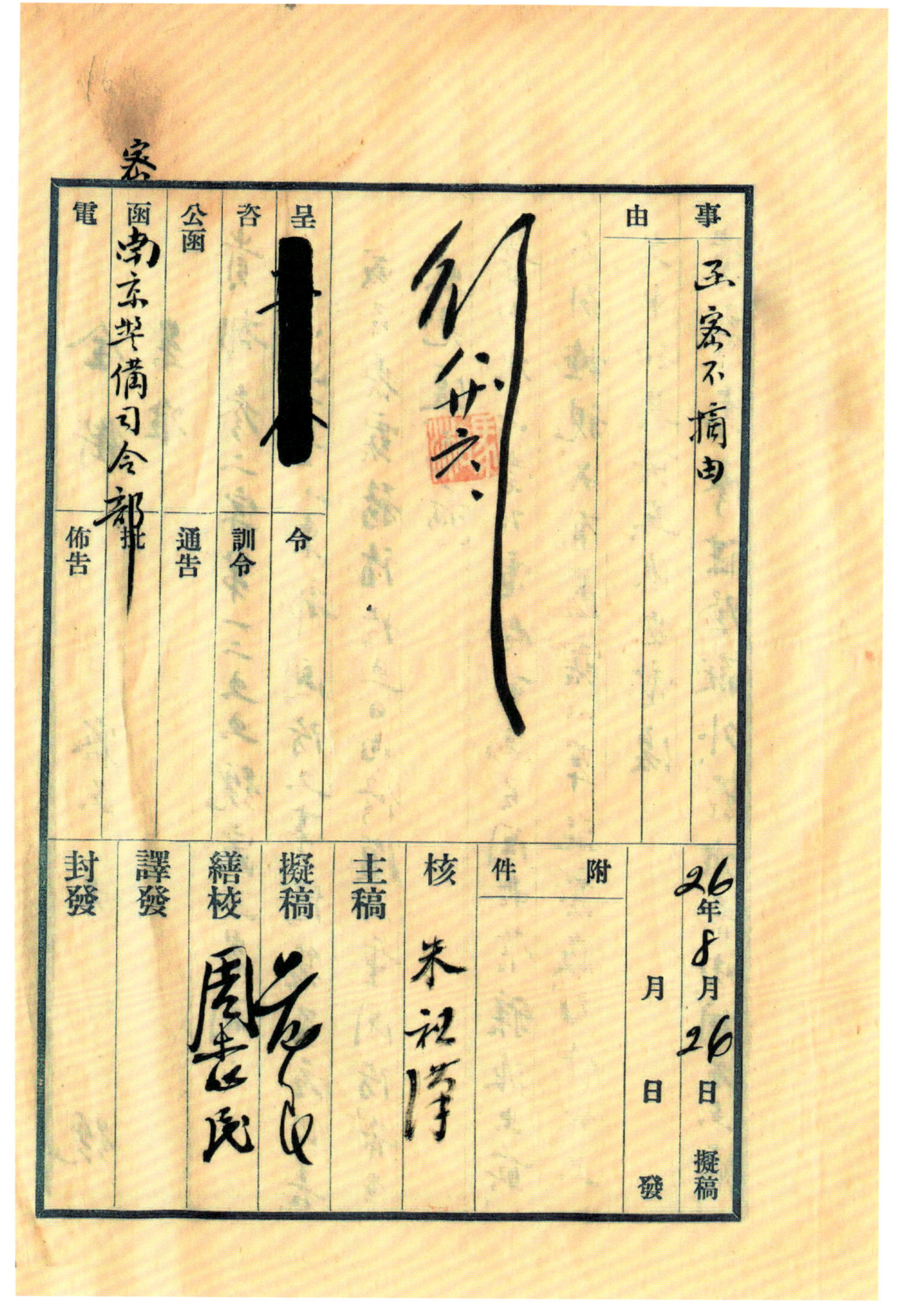
密

事由：函密不摘由

呈　咨　公函　函：南京警備司令部　電

令　訓令　通告　批　佈告

附件

26年8月26日擬稿
月日發

核：朱祖洋
主稿
擬稿
繕校：周吉民
譯發
封發

全銜　密函　第　號

案准

貴部參二字第一二五五號密函略開：「以紫金山東部國防工事，偽裝亟應改善，或已暴露，務請於五日內修復，以重國防，希查照見復，為荷」。等由准此，當即電令所屬巡園各管轄派出所，分別檢視，若有暴露，以草泥覆蔽，勿使地上空中知其所在，除先電復

貴部李參謀登嶽外，茲准前由，相應函復，

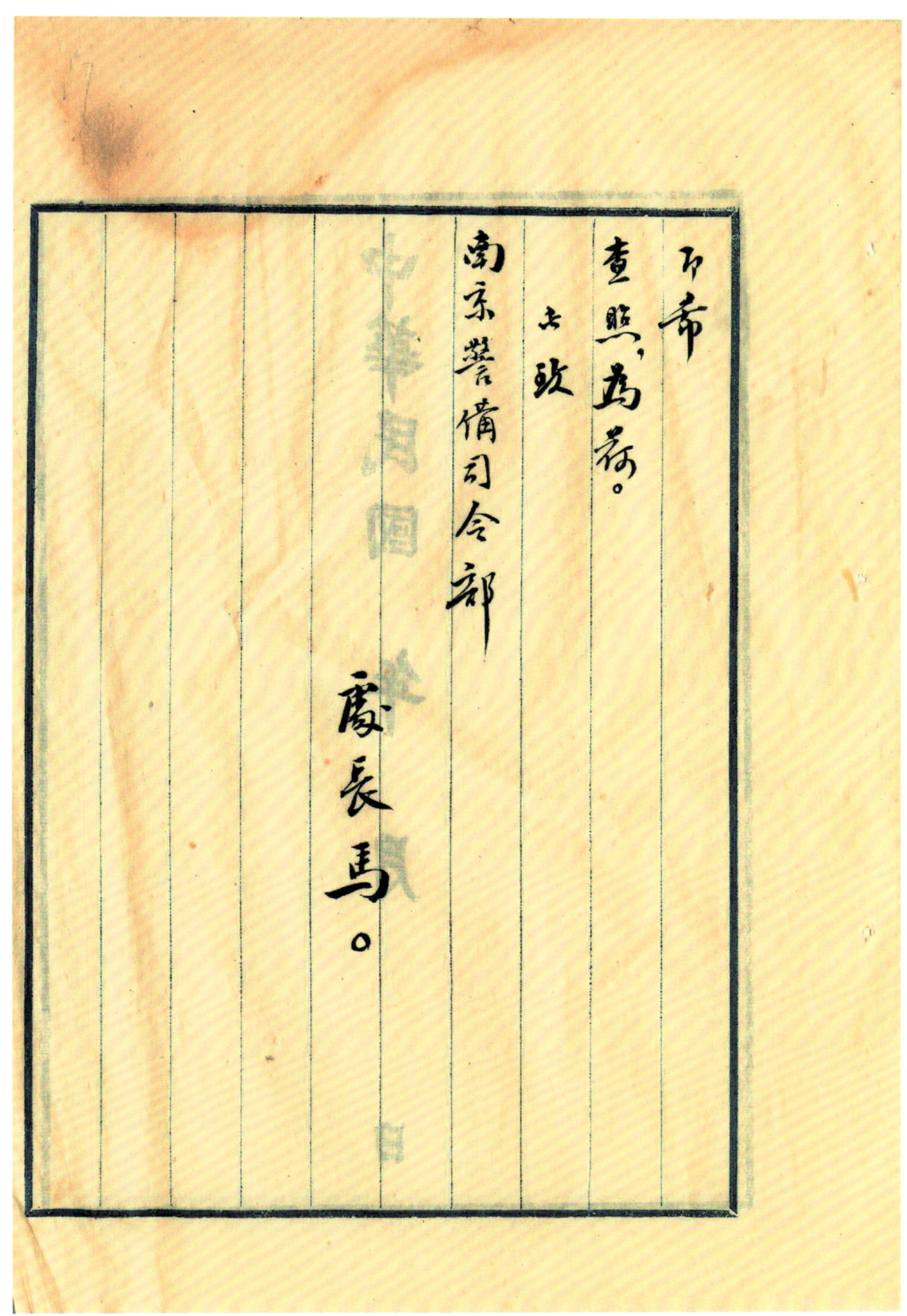

即希
查照，為荷。
此致
南京警備司令部

處長馬○

中華民國　年　月　日

南京警备司令部为各监管部队报请修缮永久工事致总理陵园管理委员会警卫处密令（一九三七年八月三十一日）

附：本部一九三七年夏季验查首都警卫工事所见各监护部队亟须认真改正及注意事项

南京警備司令部密令

事由	擬辦	批示	決定辦法	備考
密	擬函復副隊長參考		如擬 九一	

附件

收文　字第　號

字第　號　年　月　日　時到

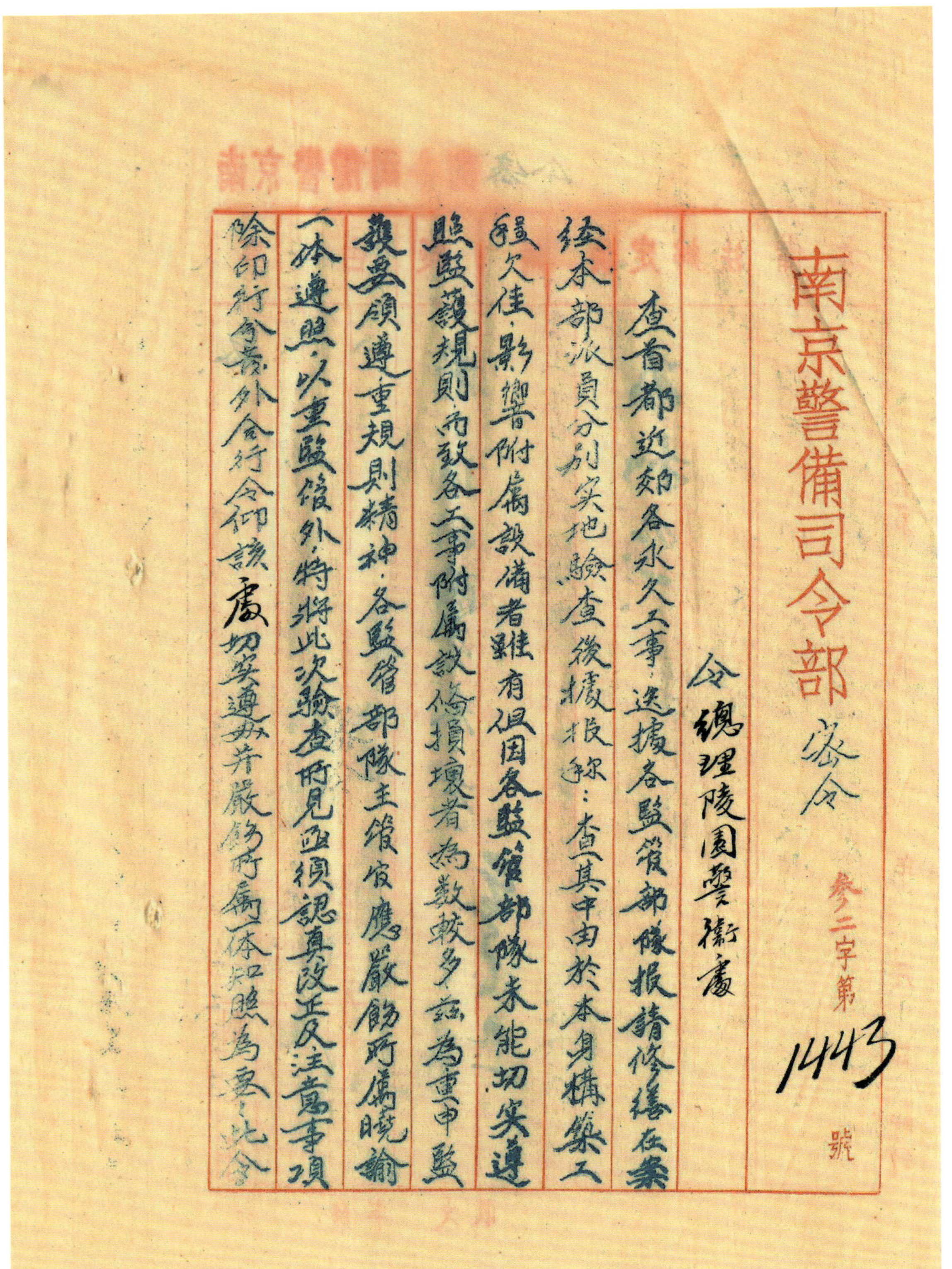

南京警備司令部咨令 參二字第1443號

令總理陵園警衛處

查首都近郊各永久工事，迭據各監管部隊報請修繕在案，經本部派員分別實地驗查後，據報稱：「查其中由於本身構築工程欠佳，影響附屬設備者雖有，但因各監管部隊未能切實遵照監護規則而致各工事附屬設備損壞者為數較多」，殊為重申監護要領，遵重規則精神。各監管部隊主管官應嚴飭所屬曉諭一体遵照，以重監管外，特將此次驗查所見亟須認真改正及注意事項除印行令飭外，合行令仰該處切實遵辦，并嚴飭所屬一体知照為要。此令

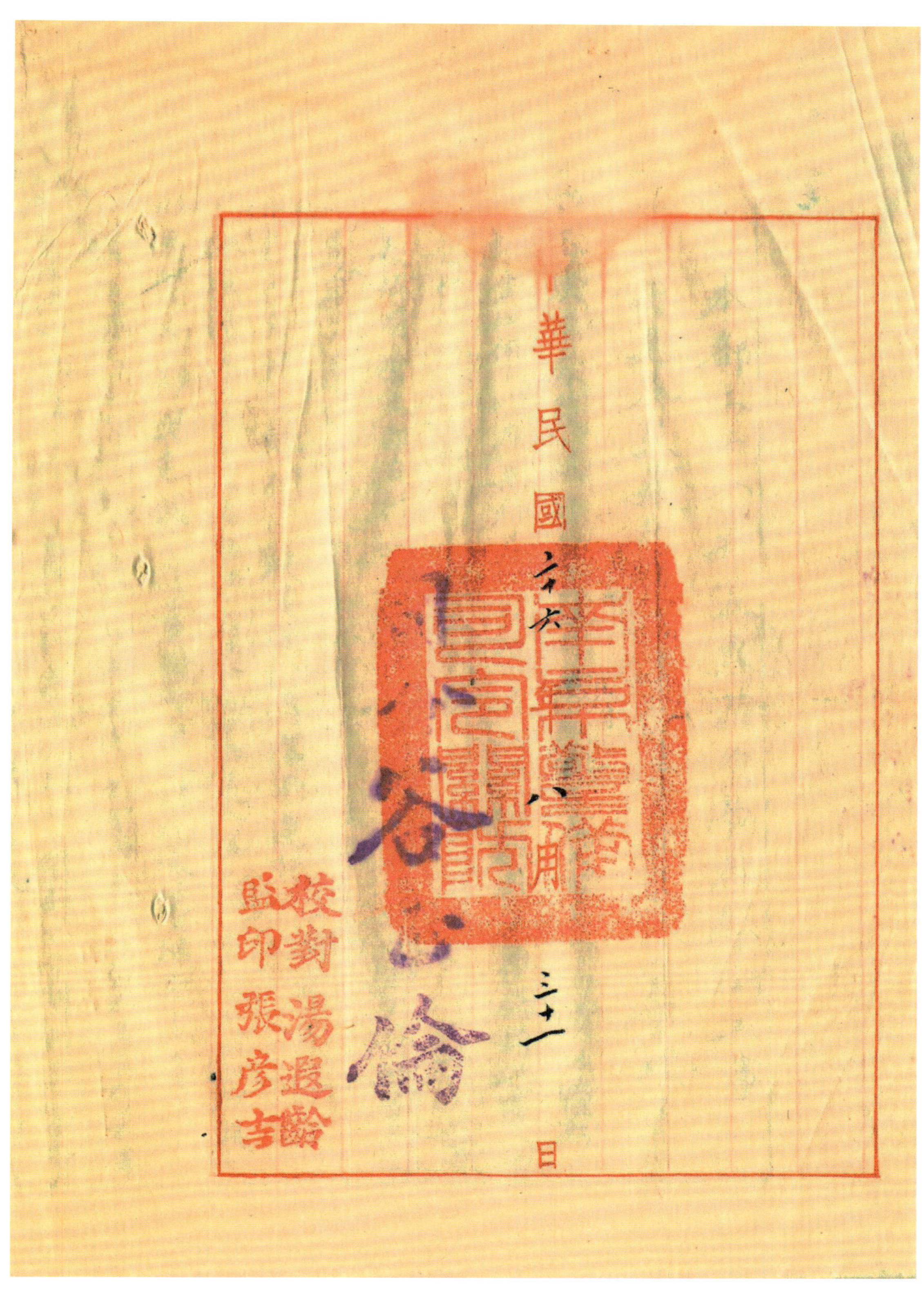
中華民國二十六年八月三十一日

校對　湯選齡

監印　張彥吉

本部二十六年夏季驗查首都警衛工事所見各監護部隊亟須認真改正及注意事項：

(一)修理；各監護部隊，對於該監管之各工事，無論損壞情形輕重如何，均應先行盡可能範圍迅予修復外，自須保持工事火力發揚，及兵員補充交通不生障碍為低限度，嗣後一發現此微損壞時，當立即自行設法修復，不得任其加深損壞程度後報請修繕。

(二)通風；遇晴爽之天氣，必日常開放，保持干燥。

(三)排水管及電線管；須常保持清潔而通暢。

(四)加強積土；工事水泥部份，不使暴露，進入路之掩壕，須加強厚度。

(五)偽裝陰影與色調；須常保持適合附近環境，以期逼真。

(六)鎖匙與工事之號數；須對照無訛後，方可移交，但非至不得已時，不得交由保甲執管，致工事號碼與鎖匙混亂雜多，鎖匙不合，鐵門則無法開啓。

（七）通行工事位置交通壕挖深，須常不使籐艸埋沒，難免致巡查視察者與其進入陣地時之盲目迂迴所攀登跨跳，最易蹟損偽裝及其他設備等弊害。

（八）修理偽裝及交通壕等，應顧慮通風管電線管之所在部份，並不得有泥土堵塞。

（九）工事種類、性能、主要射向、射角、位置，及附近主要地誌等，監護部隊官兵均須熟悉無遺。

（十）排水所交通壕：交通壕底所工事排水所構成之水準高差，須應較低壕之長短度，在何值上，判斷有無暴露工事之影響而決定之。

（十一）附屬坑道：附屬坑道之重要部份，須極力避免樹根之盤穿而致坑道崩裂崩塌，有者即行拔去，如須利用遮蔽，應採植適當籐艸為宜。

（十二）禁牌：斷山凹及其他交通繁複地點之禁牌，以減少行人注意，一律撤除不用。

军事委会委员长侍从室第一处主任钱大钧为拟在紫霞洞附近构筑委座地下室等派工程师刘梦锡前来接洽事致总理陵园管理委员会函（一九三七年九月二十四日）

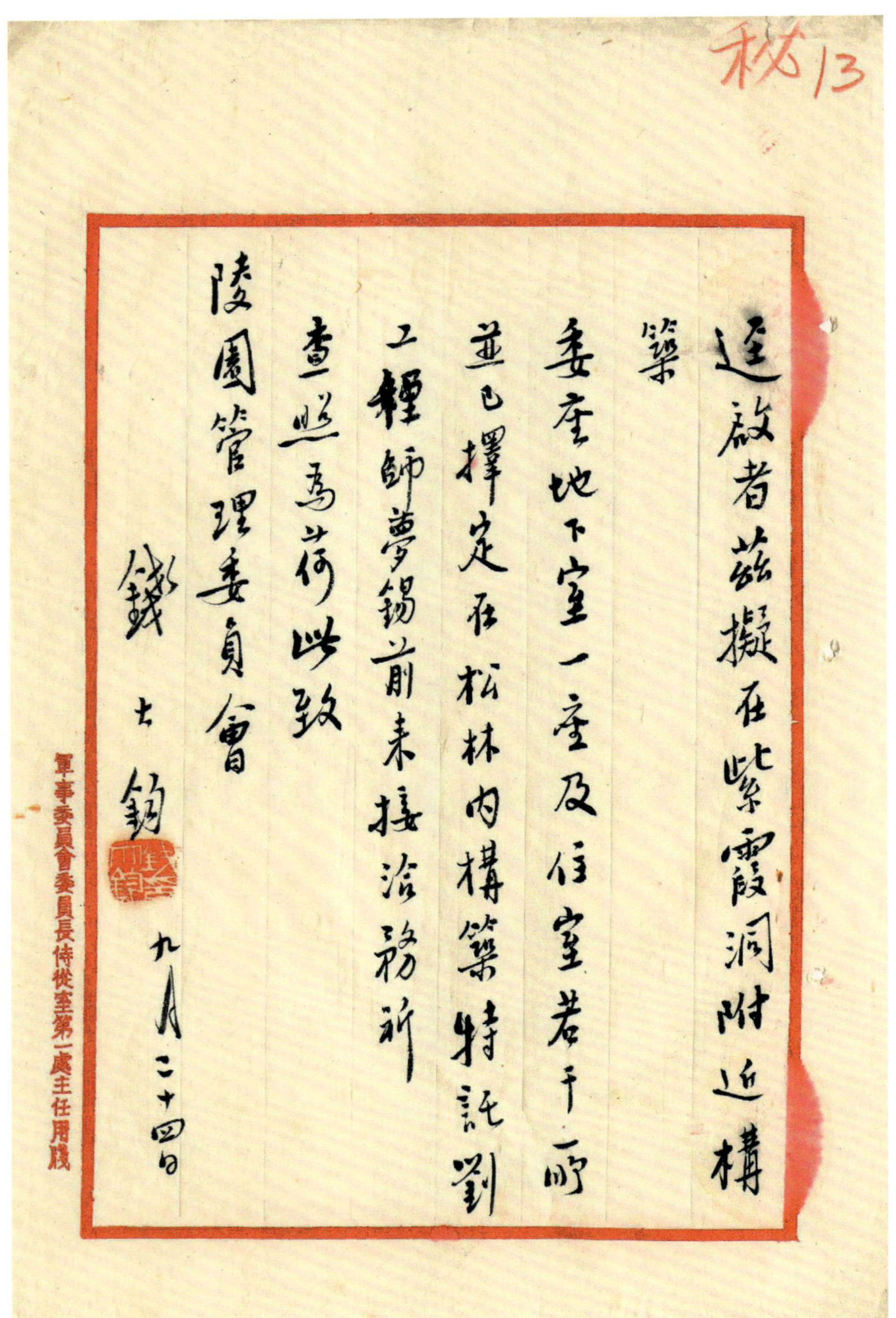
秘 13

逕啟者：兹擬在紫霞洞附近構築委座地下室一座及住室若干所，並已擇定在松林内構築，特託劉工程師夢錫前來接洽，務祈查照爲荷。此致
陵園管理委員會
錢大鈞
九月二十四日

軍事委員會委員長侍從室第一處主任用箋

南京市防护团第十三区团防空演习程序表（一九三七年）

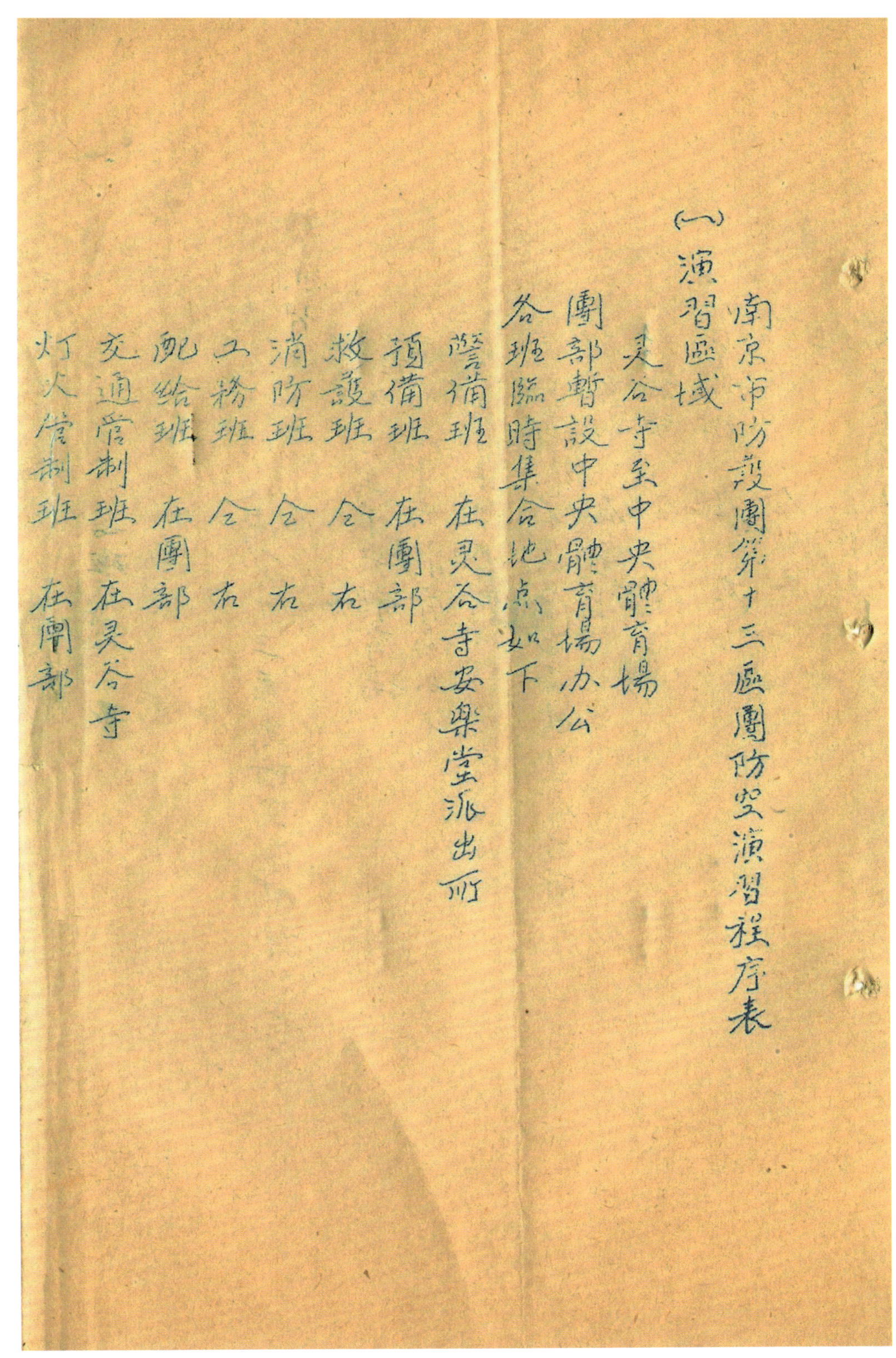

南京市防護團第十三區團防空演習程序表

（一）演習區域

灵谷寺至中央體育場

團部暫設中央體育場办公

各班臨時集合地点如下

警備班　在灵谷寺安樂堂派出所

預備班　在團部

救護班　仝右

消防班　仝右

工務班　仝右

配給班　在團部

交通管制班　在灵谷寺

灯火管制班　在團部

避難管制班　在灵谷寺無樑殿

警報班　在委員會

以上各班依照通告日期時間到達指定地点集合待命

(二)演習程序

一、聞空襲警報警備交通兩班迅速出動擇要配備再聞緊急警報即施行非常管制並指導行人避難所有車輛暫停並設法掩蔽

二、其餘各班在團部附近待命出動

三、假定情況

1、火警地点，臨時報告鄭穀詒負責

2、橋樑破壞地点，臨時報告李邦棟負責

3、毒彈落下地点，臨時報告鄭穀詒負責

四、演習科目

〡、火警時之處置

〢、毒弾落下之處置及救護

〣、火警時交通警備之處置

〤、橋梁破壞之修理

〥、解除警報後各班向團部集合（即中央体育場）

〦、講評

（三）演習材料及用途

黄旗代表毒瓦斯　紅旗代表不能走　白旗代表橋梁破壞　石灰代表消毒药

水桶十二個

掃把十朵　消防班領用

黄沙二袋

防毒面具 消毒班領用
木板、鋸、刀、斧、十字鉤、鍬、以上請工務班
備用
公共車、卡車、集中團部
脚踏車三輛 警備班領用
避難所招牌一個
往避難所去指路牌二個
此路不通牌四個
担架床弍張 救護班領用
臂章。個

二、抗日宣传

国民政府为日本强占我国领土掳杀我军民决定通电全国于九月二十三日下半旗一天并停止娱乐宴会以示哀悼致总理陵园管理委员会训令（一九三一年九月二十一日）

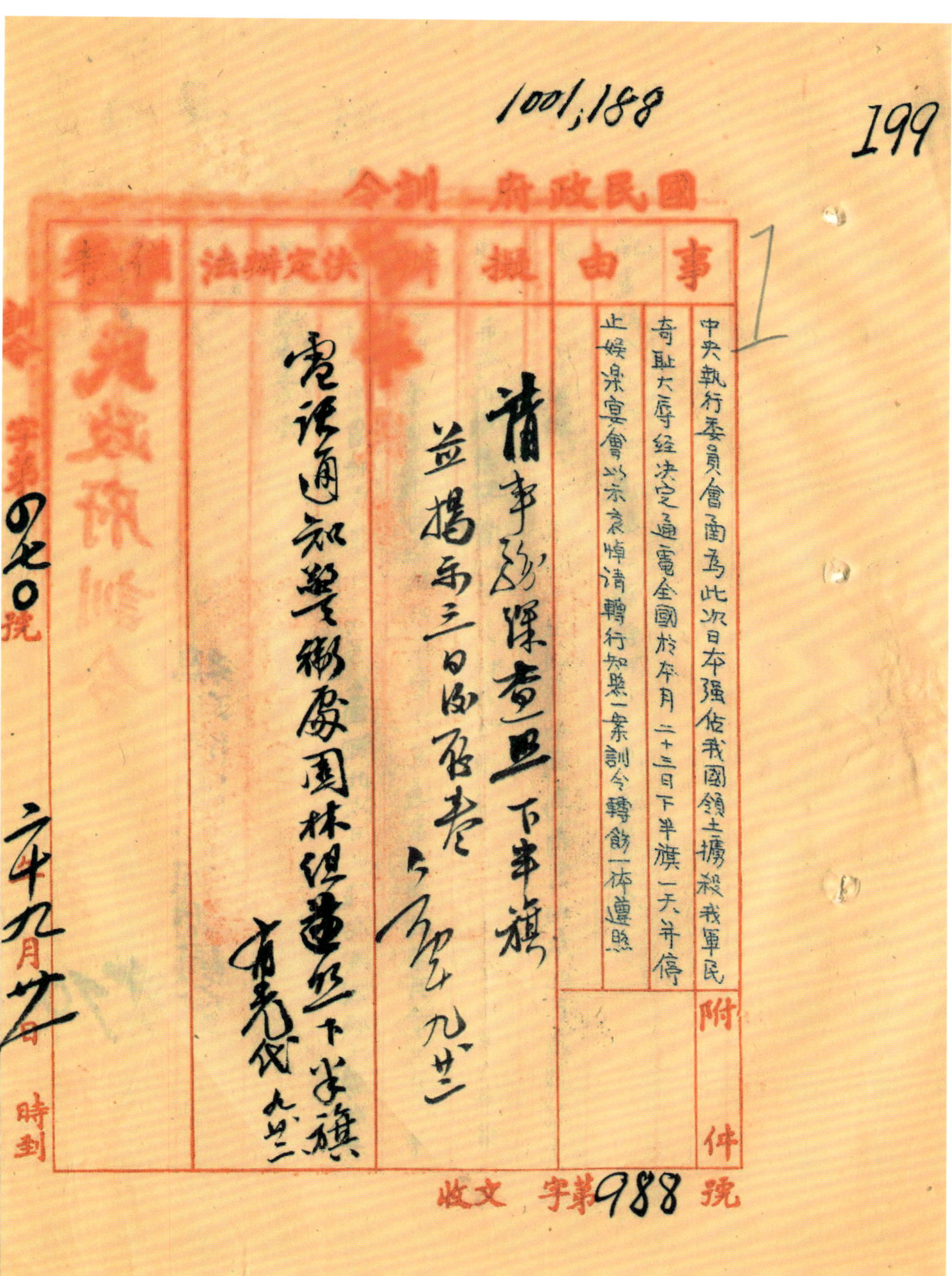

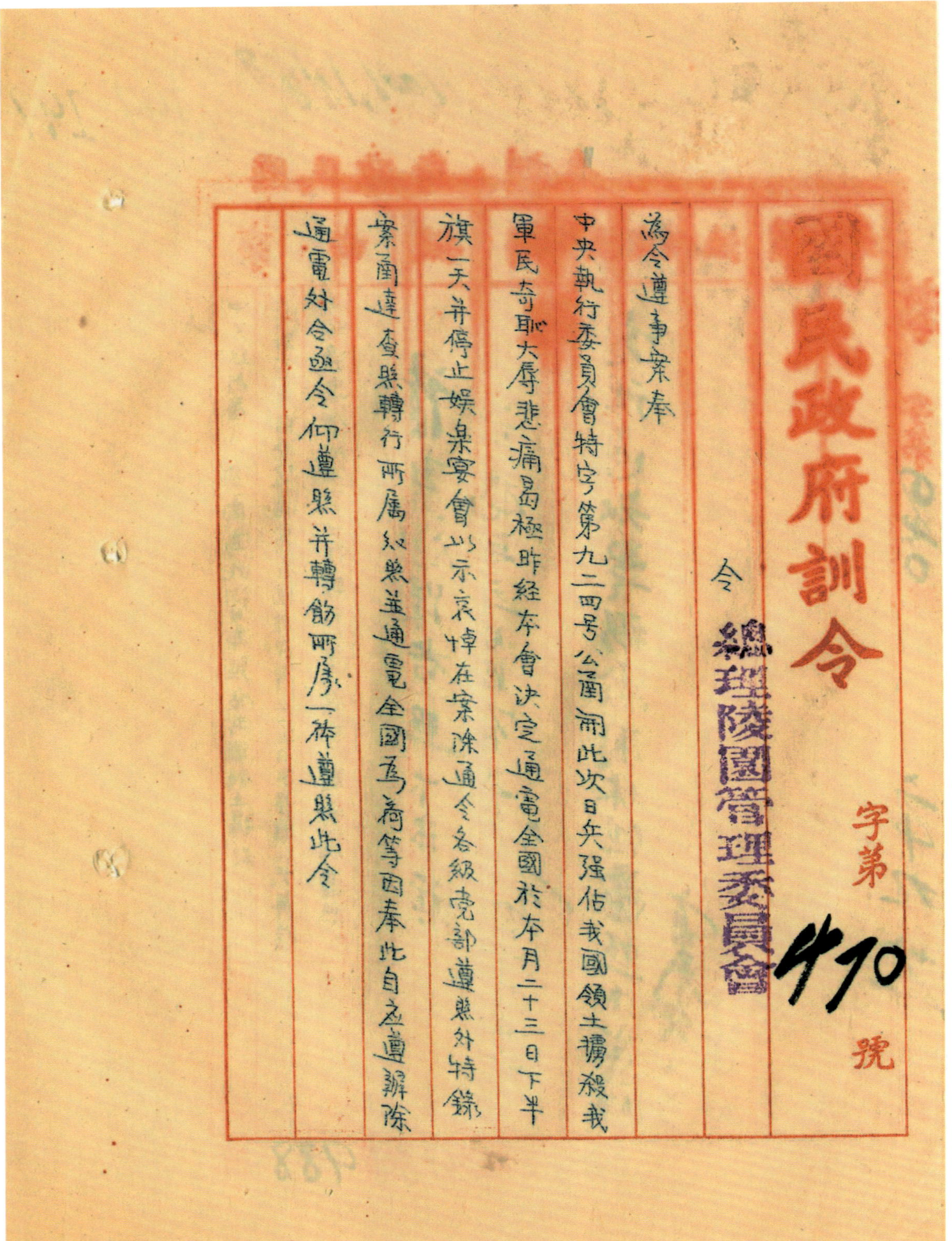

国民政府训令　　字第410號

令總理陵園管理委員會

為令遵事案奉

中央執行委員會特字第九二四号公函開此次日兵强佔我國領土擄殺我軍民奇恥大辱悲痛曷極昨經本會決定通電全國於本月二十三日下半旗一天并停止娛樂宴會以示哀悼在案除通令各級黨部遵照外特錄案函達查照轉行所屬知照並通電全國爲荷等因奉此自應遵辦除通電外合亟令仰遵照并轉飭所屬一体遵照此令

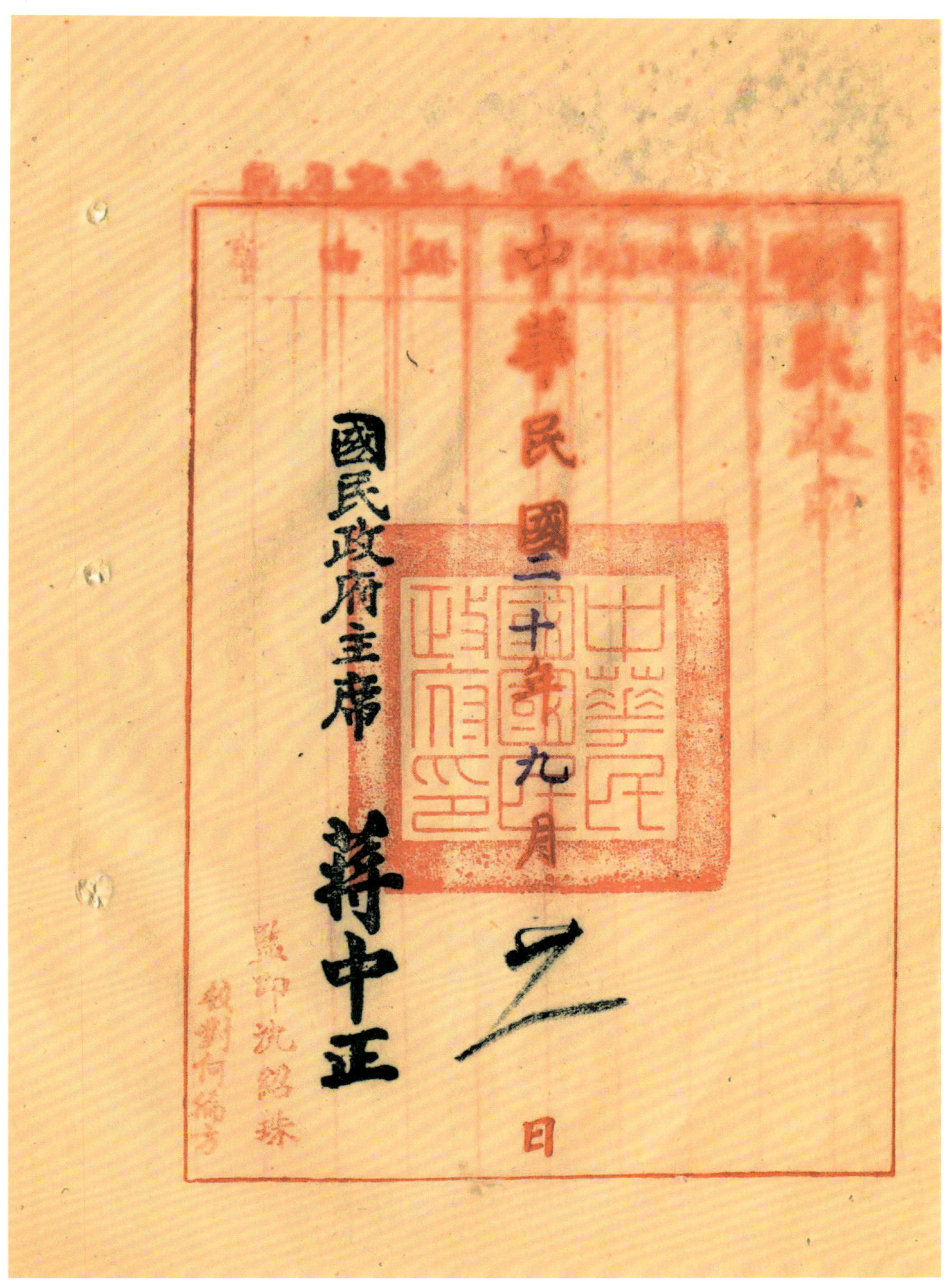
中華民國二十年九月 日

國民政府主席 蔣中正

監印沈銘珠
校對何瑞方

国民政府为通告全国人民一致团结挽回国难并严防汉奸事致总理陵园管理委员会训令（一九三四年三月十三日）

附：国民政府通告

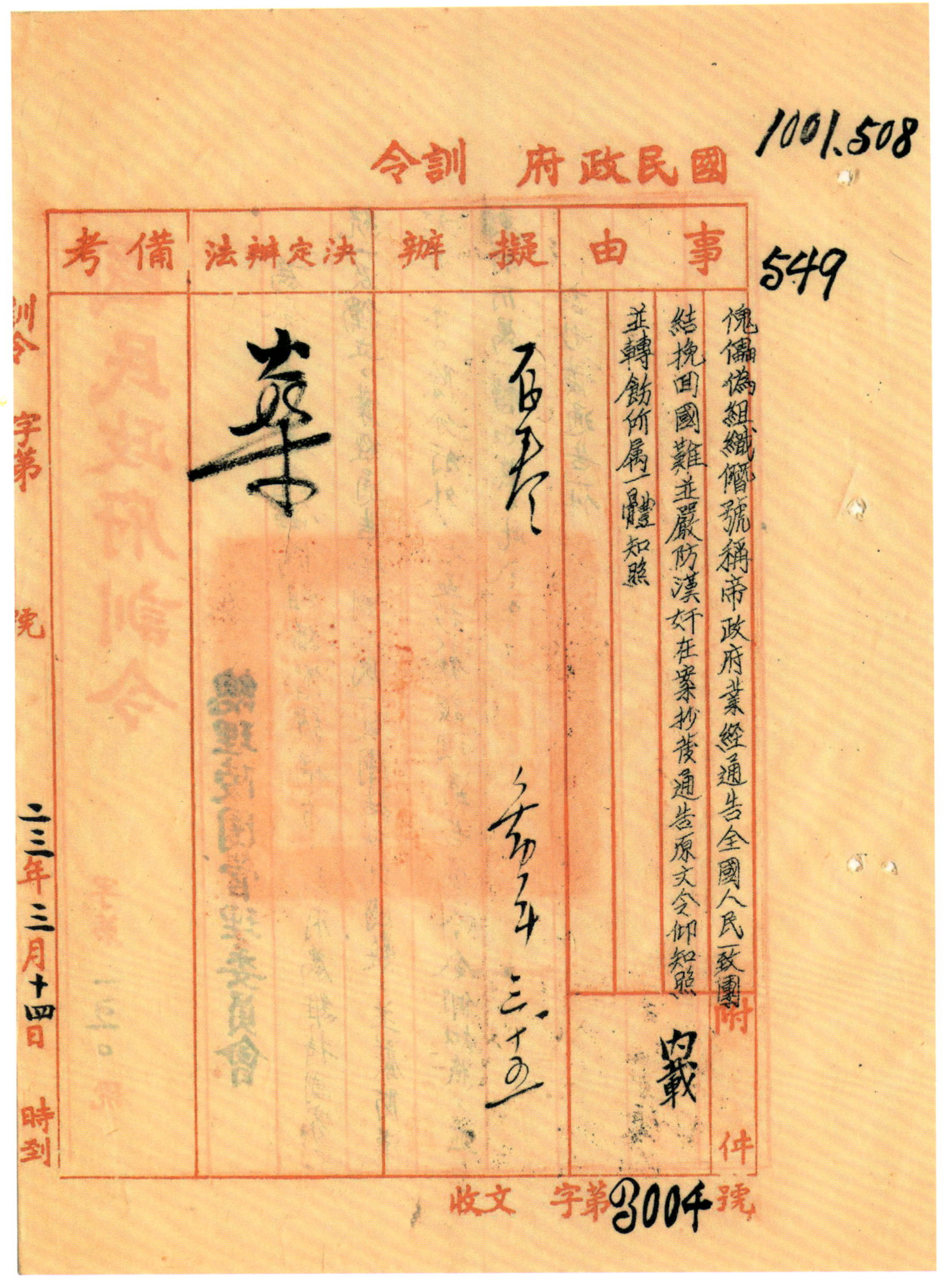
1001.508

國民政府訓令

549

事由	擬辦	決定辦法	備考
傀儡偽組織僭號稱帝政府業經通告全國人民一致團結挽回國難並嚴防漢奸在案抄發通告原文令仰知照並轉飭所屬一體知照	存查		
附件：內載	三月十五		

收文 字第3004號

訓令 字第 號

二十三年三月十四日 時到

國民政府訓令

字第一三〇號

令總理陵園管理委員會

為令知事，查傀儡偽組織僭號稱帝，政府為維持國家之統一及獨立，業經通告全國人民一致團結挽回國難，並嚴防漢奸在案。除分行外，合亟抄發該項通告原文，令仰知照，並轉行所屬一體知照。此令。

計抄發通告一件

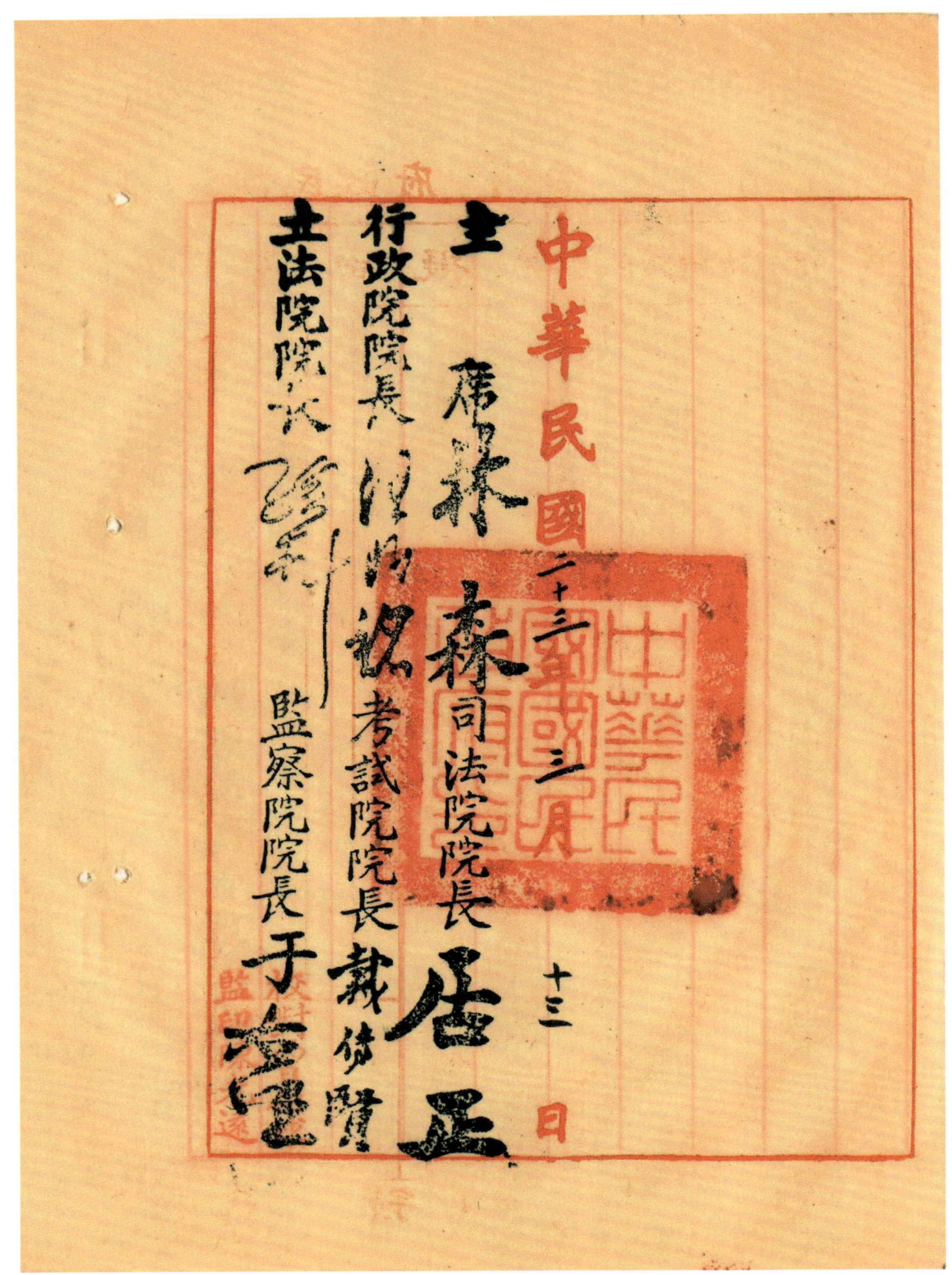

中華民國二十三 三月十三日

主席林森

司法院院長居正

行政院院長汪兆銘

考試院院長戴傳賢

立法院院長孫科

監察院院長于右任

國民政府通告

溯自九一八事變以來，政府鑒於其性質之重大，斷非尋常國際事故所可比擬，亦斷非尋常外交方法所可應付，故在外交方面，則以事實真相，訴之國聯，幾經努力，卒獲得一九三二年三月十一日之保全領土完整，政治獨立之決議案，及一九三三年二月二十四日同年六月七日之不承認偽組織諸議決案，責任所歸，於以大明，彼偽組織雖譸張為幻，終不齒於國際之林，至軍事方面，一時雖未足以武力申張公理收復失地，然苟有來犯，義無反顧，故淞滬之役，古北口之役，我軍以血肉之軀，與現代新武器抗，傷亡山積，曾不少餒，此過去外交軍事之實在情形，亦即將來歷久不變之方針也。比者偽組織改稱帝制，羣情憤激，環請聲討，惟政府始終認定此等傀儡，初無獨立之人格，不成為討伐之對象，而跡其賣國行為，自應與危害民國同科，其他敗類，如有附和偽組織，陰謀擾亂等情事，政府必按危害民國緊急治罪法及懲治盜匪條例，從嚴處置，決無寬貸。要之，國勢阽危，存亡之機，繫於一髮，凡我國人，應引匹夫有責之義，懍精誠團結之旨，以卧薪嘗膽之精神，作生聚教訓之準備，庶幾挽回國難，維持統一完整之國家，其共勉之。

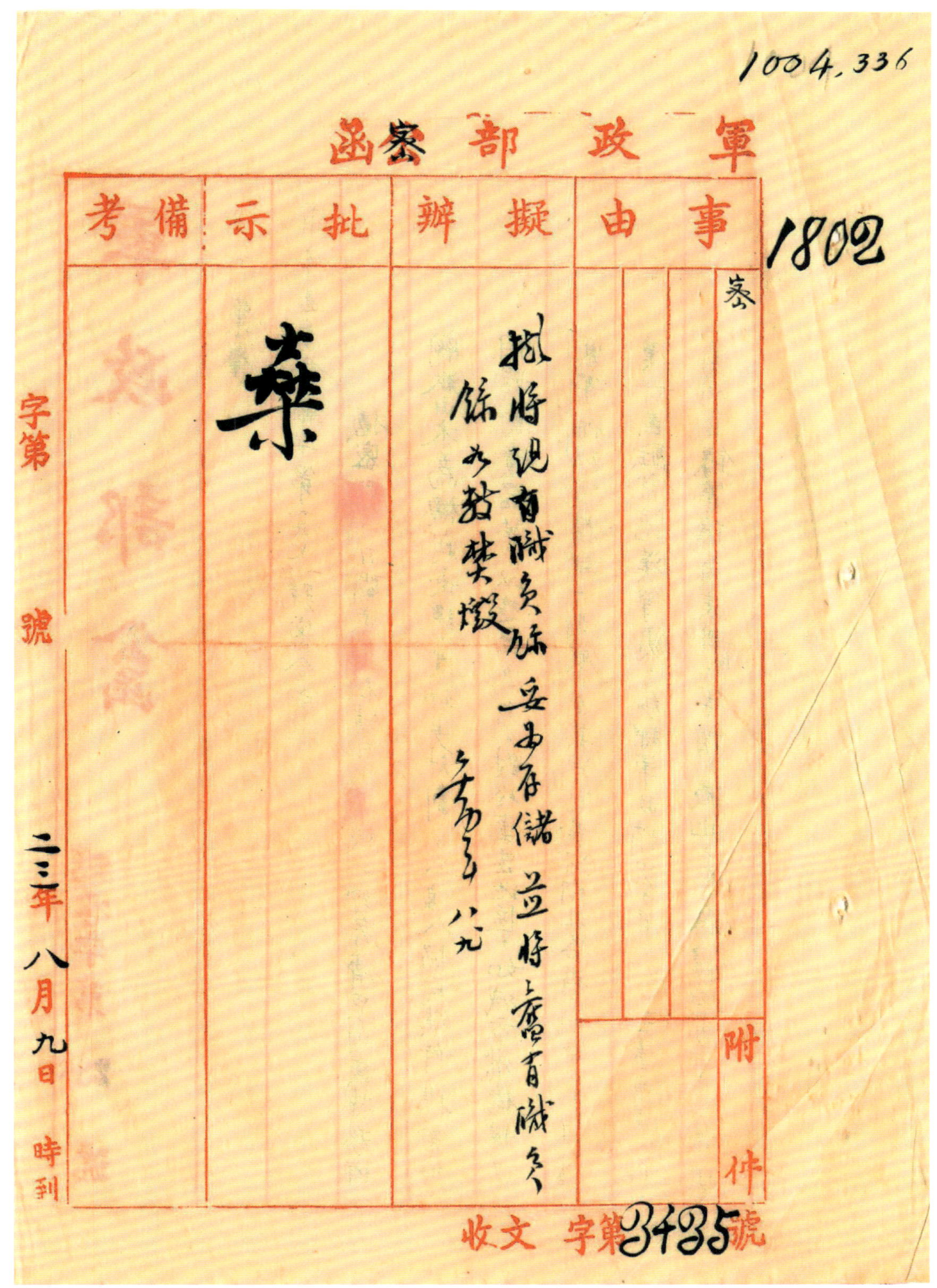

1004.336

軍政部密函

事由	擬辦	批示	備考
密	擬將現有職員錄妥為存儲，並將上屆有職員錄餘另行焚燬 八九	葉	

1802

附件

字第　號

二三年八月九日　時到

收文　字第3435號

军政部关于敌人刺探我军政情况无微不至应予严切注意致总理陵园管理委员会密函（一九三四年八月八日）

軍政部 密函

總孝字第288號

案奉

軍事委員會報字第一六七一號密令開：

「據密報：『日關東軍在津日租界秋山街宏濟里內設特務機關派山木為機關長後，其初步計劃：派浪人協同漢奸，携帶照相器、測量器等，以游歷為名，對於重要地區，如城市、飛機場、要塞等，作秘密精詳之測度，尤其注意黄河南北各省。次之：派浪人与漢奸匿駐京滬漢等處，窺探軍政情况，并密收各重要軍政機關同官録等職員表册』等情，據此。查敵人刺探我軍政情况，似此無微不至，應予嚴切注意，除分別函令外，合亟令仰該部長轉飭妥加防範，所製職員表冊等項，除各廳處等應發備查者外，各個職員，毋庸分發。又以前所發職員録，應即飭繳銷，以杜流弊。此令

等因奉此。查本部職員録最近業已函送在卷，茲奉前因，應請將本部職員録，秘密保存，以免洩漏。又以前所存之本部舊職員録，亦請繳銷，以杜流弊，除分别函令外，相應函達

查照爲荷。此致

總理陵園管理委員會

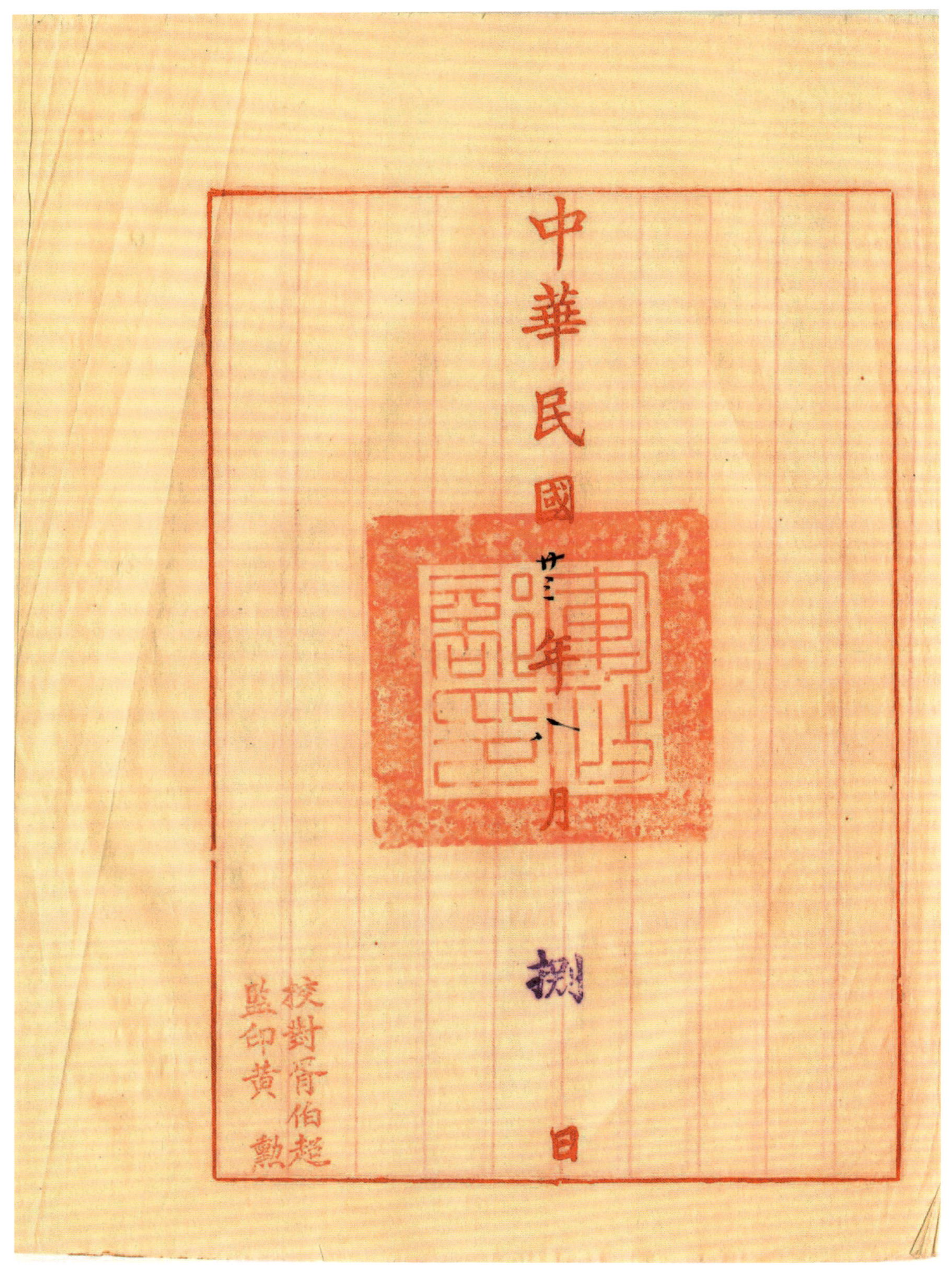

中華民國廿三年八月　日

校對胥伯超
監印黃勲

中国国民党南京特别市陵园区党部为尽力宣传日军在中国的罪行给第一区分部通告（一九三七年八月二十六日）

收文第五十四號

中國國民黨南京特別市陵園區黨部通告 第三十五號

為通告事：案奉

市執行委員會總字第五二〇五號訓令開：案准

中央宣傳部世密代電開：

「密。下列三点，希盡力宣傳：（一）平津任何偽組織皆否認，為武力壓廹下之産物，絕非中國人民自由意志之表示，中央自不能認可，至補救辦法，在平津事件結束後，必能整個解決；（二）日方屢言不擴大，事實適得其反，此其志不限於平津甚明；（三）日軍轟炸天津，不先通知市民遷避，復用燃燒彈焚燬民房，且任意炸燬文化机關，如南開大學等，此等行為，即在正式宣戰時，亦所不許，必將為世界人類之公敵，

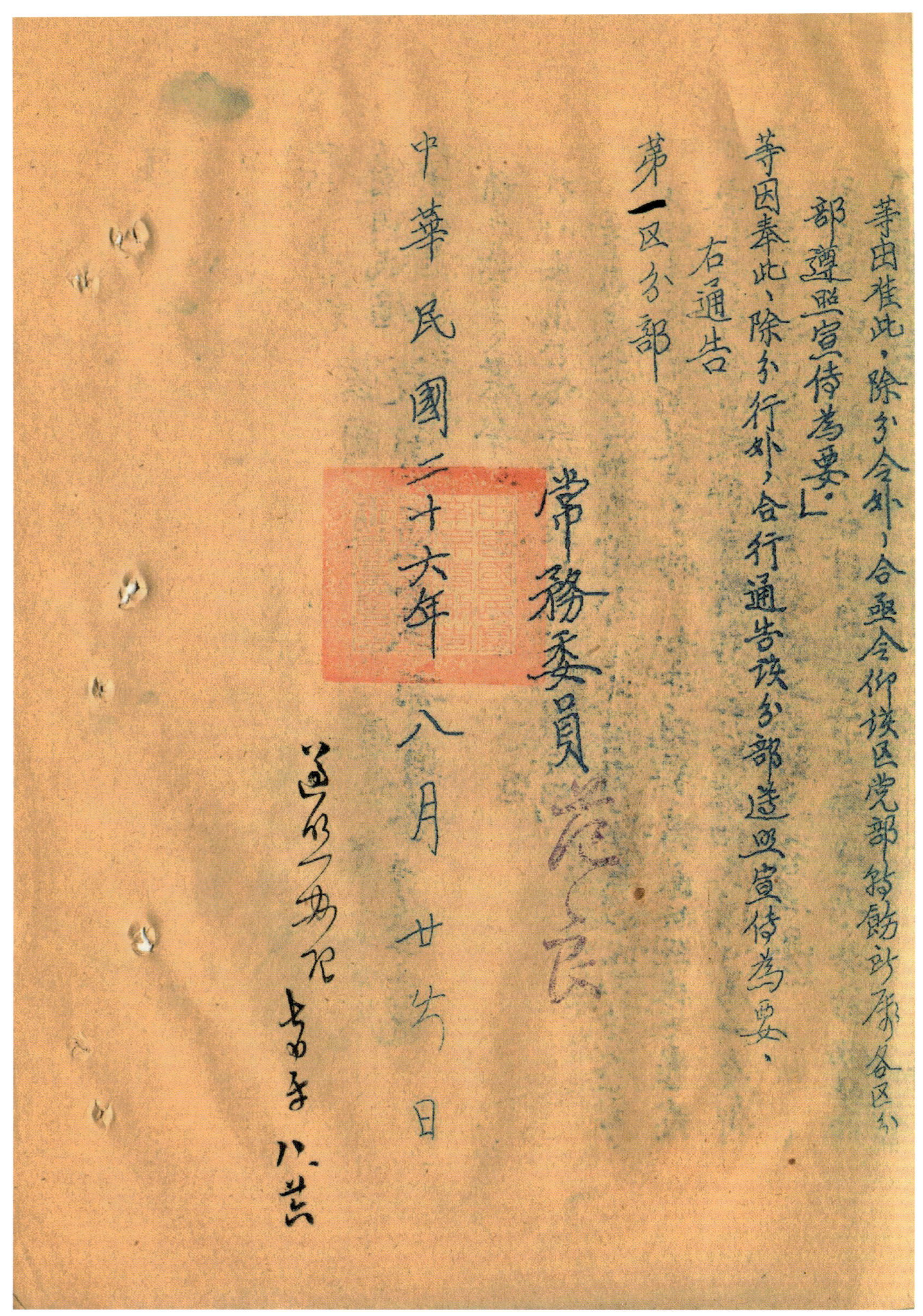

等由准此，除分令外，合亟令仰该区党部转饬所属各区分部遵照宣传为要」

等因奉此，除分行外，合行通告该分部遵照宣传为要，

右通告

第一区分部

常务委员 [illegible]

中華民國二十六年八月廿六日

中国国民党南京特别市陵园区党部关于南京市各区党部及区分部如发现击落敌机机体之处或敌机投弹地方被炸请详细呈报给第一区分部通告（一九三七年八月二十六日）

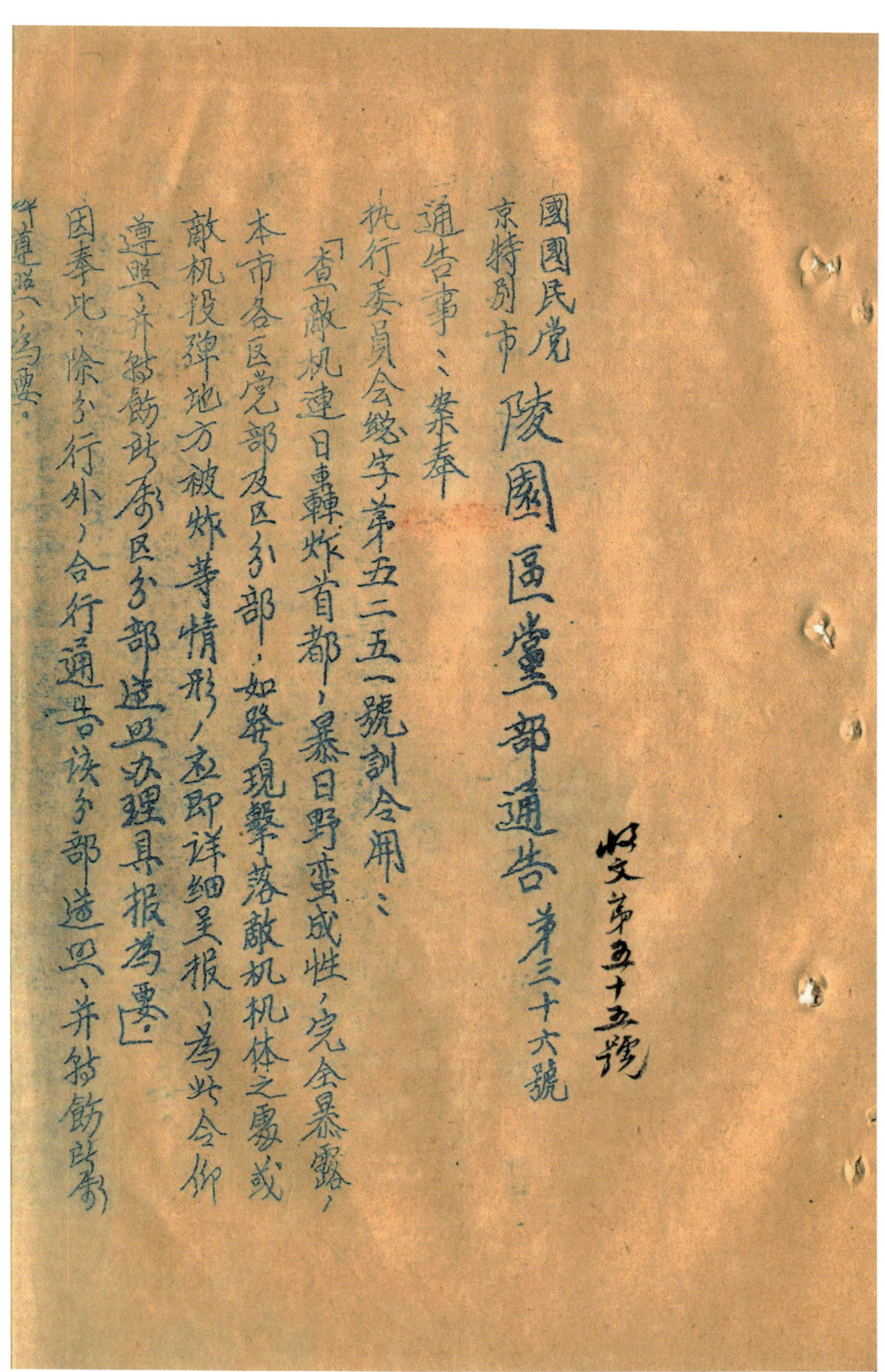

收文第五十五號

國國民党京特别市陵園區黨部通告 第三十六號

通告事：案奉

执行委員会總字第五二五一號訓令開：

「查敵机連日轟炸首都，暴日野蛮成性，完全暴露，本市各區党部及區分部，如發現擊落敵机机体之處或敵机投弹地方被炸等情形，應即詳細呈報，為此令仰遵照，并轉飭所屬區分部遵照辦理具報為要。」

因奉此，除分行外，合行通告該分部遵照，并轉飭所屬一体遵照為要。

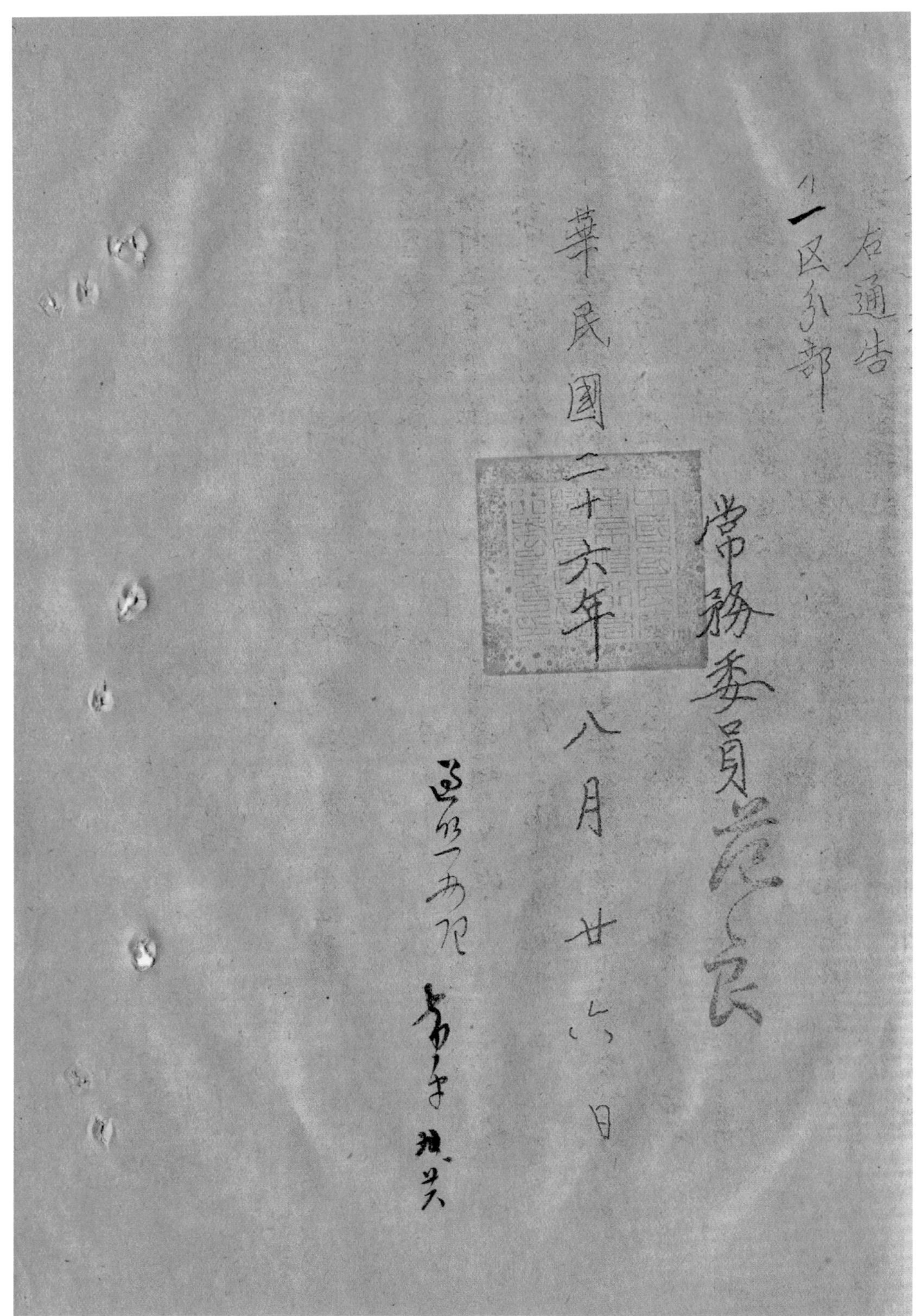

右通告
一区分部

常務委員范良

中華民國二十六年八月廿六日

中国国民党南京特别市陵园区党部为检发抗敌标语汇编给第一区分部通告（一九三七年九月八日）

附：抗敌标语汇编

收文第五十七号

中國國民党南京特別市陵園區黨部通告 第三十七號

為通告事：案奉

市执行委員会宣字第五三二三號訓令開：案准

中央执行委員会宣傳部誠字第七四七五號公函開：

「茲檢發抗敵標語彙編二份，即希查收，並翻印轉發所屬

下級党部分別運用」等由；附標語二份，准此，除分行外，合亟

印發抗敵標語彙編八份，令仰該区党部，即便轉飭所屬遵

照，并寫製張貼為要」

等因；附發標語八份，奉此，除分行外，合行附發標語，通告該分

部遵照，并希寫製張貼為要。

右通告

第一区分部
附發標語一份
常務委員 范良
中華民國二十六年九月八日
送函 [illegible] 九八

一、中華民國已到了存亡的關頭 二、中華民族已到了生死的關頭 三、中華民族要誓死為獨立而戰 四、中華民族要誓死為自由而戰 五、要種族不滅祇有抗戰到底 六、要國家不亡祇有一致抗戰 七、誓雪國恥 八、誓復國仇 九、咬緊牙根忍痛犧牲 十、精誠團結萬眾一心 十一、節衣縮食捍衛國家 十二、人人出力救國家 十三、有錢的出錢救國 無錢的出力救國 十四、救國不分老少男女 十五、前方無畏前進 後方加緊努力 十六、後方要在前方的努力殺敵 十八、在國家危急的時候 十九、國家存亡在此一戰 二十、人人負起救國的責任 二十一、人人服從政府的命令 二十二、鞏固統一 死守安營 二十三、拿熱血換取民族的獨立自由 二十四、拿生命保障國家民族 二十五、我們的家鄉、民族的衛士 二十六、有錢的血才可以打倒民族敵人的侵略 二十七、收回失地 收復東北國土 二十八、不折不回爭取最後勝利 二十九、萬人一心爭取最後勝利 三十、勝不可驕 敗不可餒……三一、最后的胜利是中国的胜利 三二、流最后一滴血，不让最后一寸土 三三、守最后一寸土 三四、不怕飞机大炮，随时准备 三五、不怕炸弹毒气 三六、拥护抗战到底 三七、服从最高统帅 三八、中华民国国民政府 三九、集中意志，力量一致抗战 四〇、打倒侵略中国的日本帝国主义，不为亡国奴 四一、当汉奸的枪毙 四二、帮助敌人破坏社会秩序的便是汉奸 四三、扰乱金融的便是汉奸 四四、离间我们的便是汉奸 四五、做汉奸就是出卖祖宗 四六、做了汉奸不得好死 四七、做了汉奸送枭首 四八、做了汉奸子孙不能做人 五一、中华民国不受侵略的金钱收买 五二、中华民国不怕强敌的枪炮威胁 五三、中华民国胜利万岁 五四、中华民族解放万岁

乙、告诫的民众

一、救助受伤病兵 二、帮助我军输送 三、帮助我军做工事 四、帮助我军救护 五、家庭粮食不卖给敌人 六、……

家家预备救火东西沙包、水桶、喷水桶十二、家家预备防毒材料漂白粉、肥皂水、石灰水十三、敌机投弹躲到地洞里去十四、敌机投弹躲到林下或树下去十五、毒气来时站在高处十六、毒气来时对着风去

丙、告前方官兵

一、倭寇最怕死二、倭寇最怕夜袭三、一颗子弹必须打死一个东洋鬼子四、一个士兵必须杀死十个东洋鬼子五、倭寇放大炮我们不理六、倭寇到了

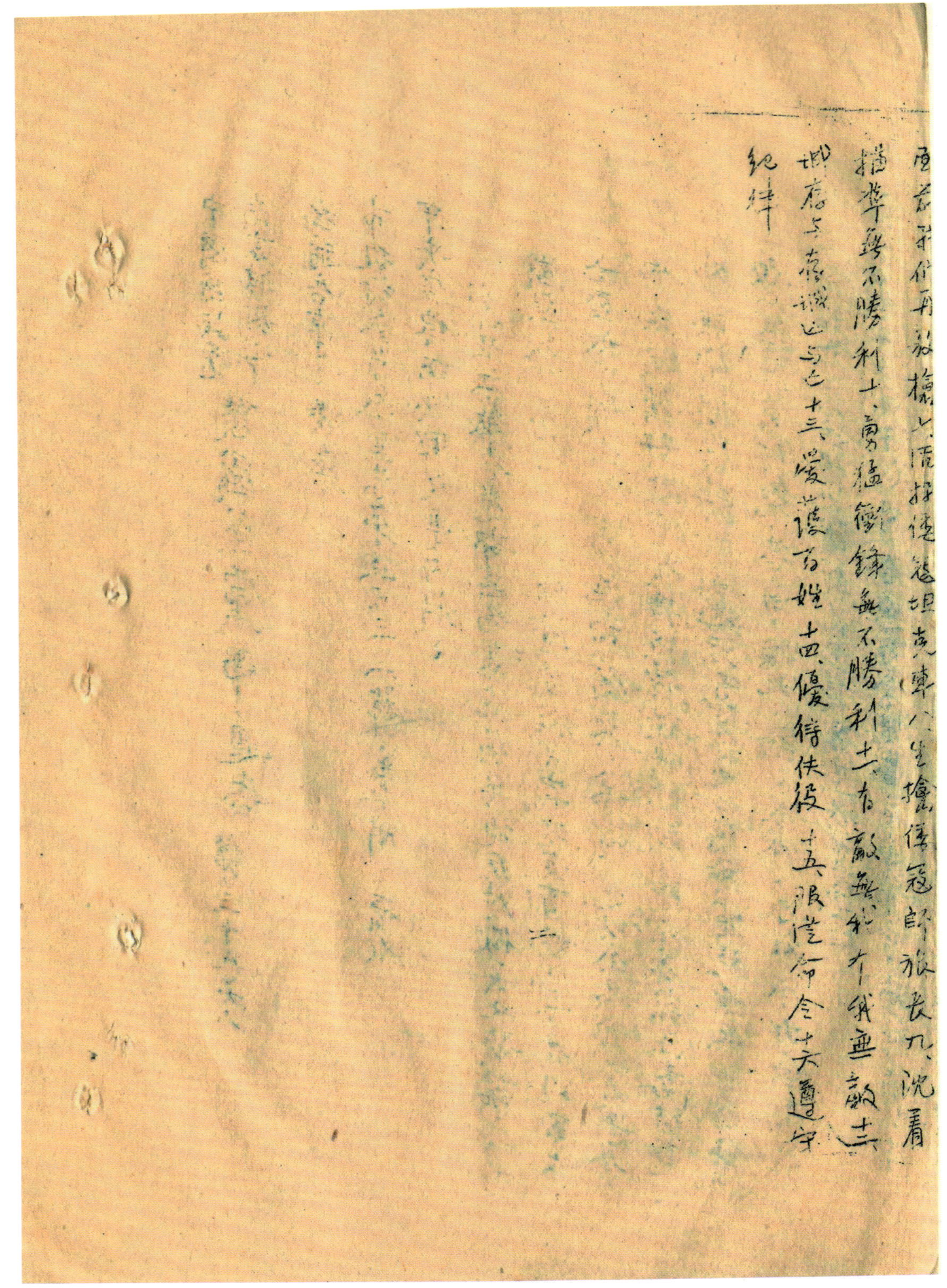

[illegible]再殺擄七、活捉德造坦克車八、生擒偽寇師旅長九、沉着
瞄準無不勝利十、勇猛衝鋒無不勝利十一、有敵無我有我無敵十二、
城存與存城亡與亡十三、愛護百姓十四、優待俘役十五、服從命令十六、遵守
紀律

中国国民党南京特别市陵园区党部为各地党部应极力向民众宣传须信赖政府、服从命令、严守秩序、万众一心给第一区分部通告（一九三七年九月十四日）

收文　收字第[illegible]号

中國國民党
南京特別市陵園區黨部通告 第四〇號

為通告事：案奉
市执行委員会宣字第五三一〇號訓令開：案准
中央执行委員会組織部組字第六十二号通告開：

「查自蘆溝橋事件發生以來，日本積極擴大事態，上海亦於十三日發動戰爭，十四日日軍由台灣方面派机東轉炸我浙贛等省各大都市，十五、十六兩日更以大批日机公然進襲我首都，企图一举使我屈服。幸我各地防空設備極為周密，一般民眾經近年來之公民訓練，尤能嚴守秩序，協力应变，益以我空軍忠勇奮鬥，連日空戰結果，毀擊敵机達三十餘架，予敵以重大之打擊。蔣委員長數年來生聚教訓，國防建設之工作，至此已發生堅固之力量。当十五日敵机十五架首次進襲首都，警報傳佈以後，全市雖下隊即迅速出動，遍佈要隘，協助軍警，指導民眾，秩序井然，人心鎮定。十六日敵机更五次來襲，雖警報頻傳，而市民更為鎮靜，以百萬人口之首都，第一次

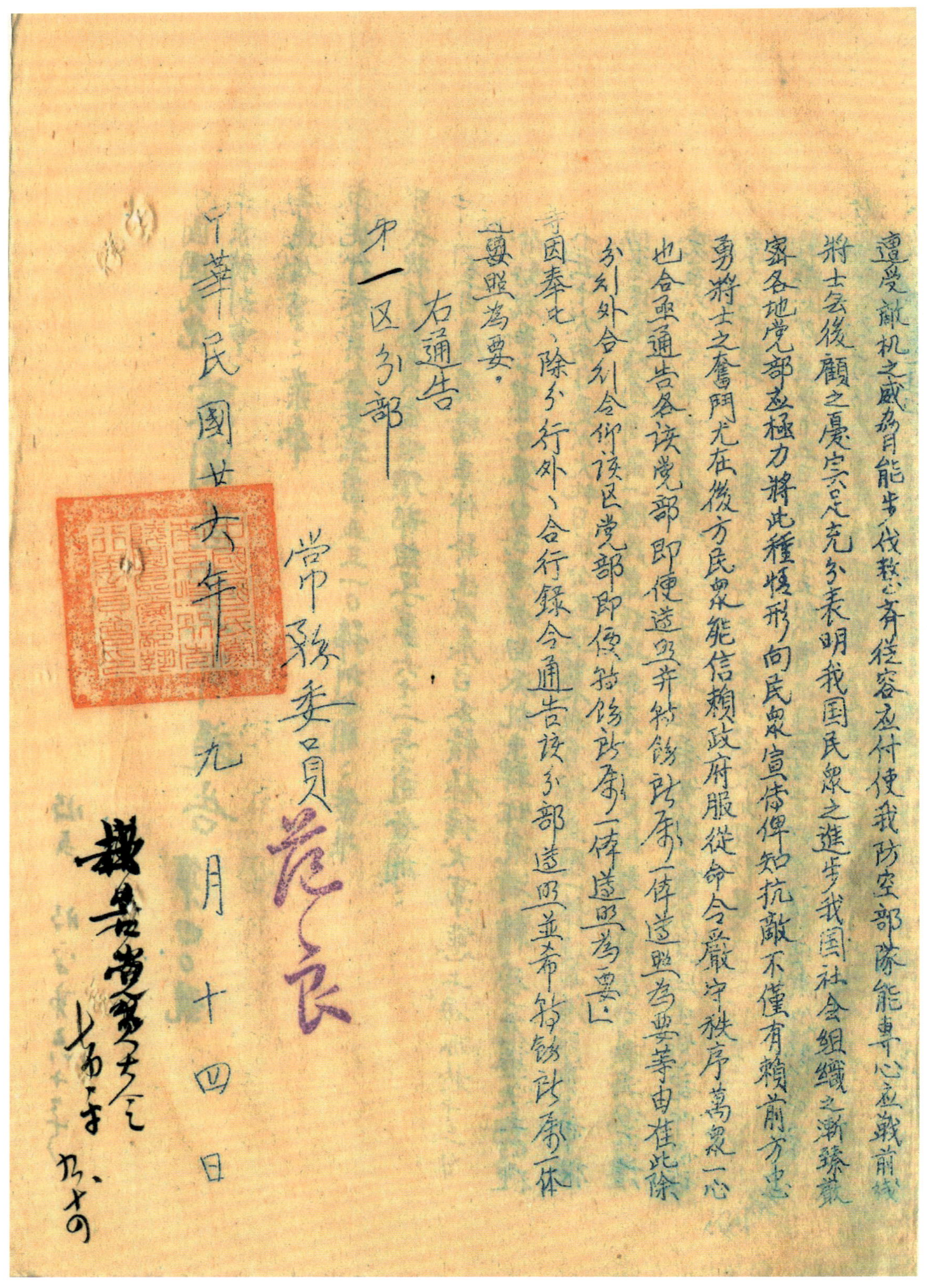

遭受敵机之威脅，月能步伐整齊，從容應付，使我防空部隊能專心應戰，前线將士無後顧之憂，實足充分表明我國民衆之進步，我國社會組織之漸臻嚴密，各地党部應極力將此種情形，向民衆宣傳，俾知抗敵不僅有賴前方忠勇將士之奮鬥，尤在後方民衆能信賴政府，服從命令，嚴守秩序，萬衆一心也，合亟通告，各該党部即便遵照，并轉飭所屬一体遵照為要，等由，准此，除分別外，合行令仰該區党部即便轉飭所屬一体遵照為要，等因，奉此，除分行外，合行錄令，通告該分部遵照，並希轉飭所屬一体遵照為要。

右通告

第一區分部

常務委員 范良

中華民國廿六年九月十四日

中国国民党南京特别市陵园区党部为遵照中央执行委员会制定参加抗敌卫国工作党员奖惩抚恤办法给第一区分部通告（一九三七年十月十二日）

中国国民党
南京特别市陵園區黨部通告 第四三號

為通告事：案奉

市執行委員会總字第五四二一號訓令開：案奉

中央執行委員会宥字第七一一號訓令內開：

「茲經本会製定參加抗敵衛國工作党員奬懲撫卹办法一種，除分行外，合亟隨令檢發一份，仰即知照并轉飭所屬党員一体知照為要」等因，附參加抗敵衛國工作党員奬懲撫卹办法一份。奉此，自應遵照办理。除分别外，為此令仰遵照并轉飭党員一体遵照為要」等因，附參加抗敵衛國工作党員奬懲撫卹办法一份，奉此，除分行外，合亟印發原办法，通告該分部遵照，并轉飭所屬一体遵照為要。

右通告

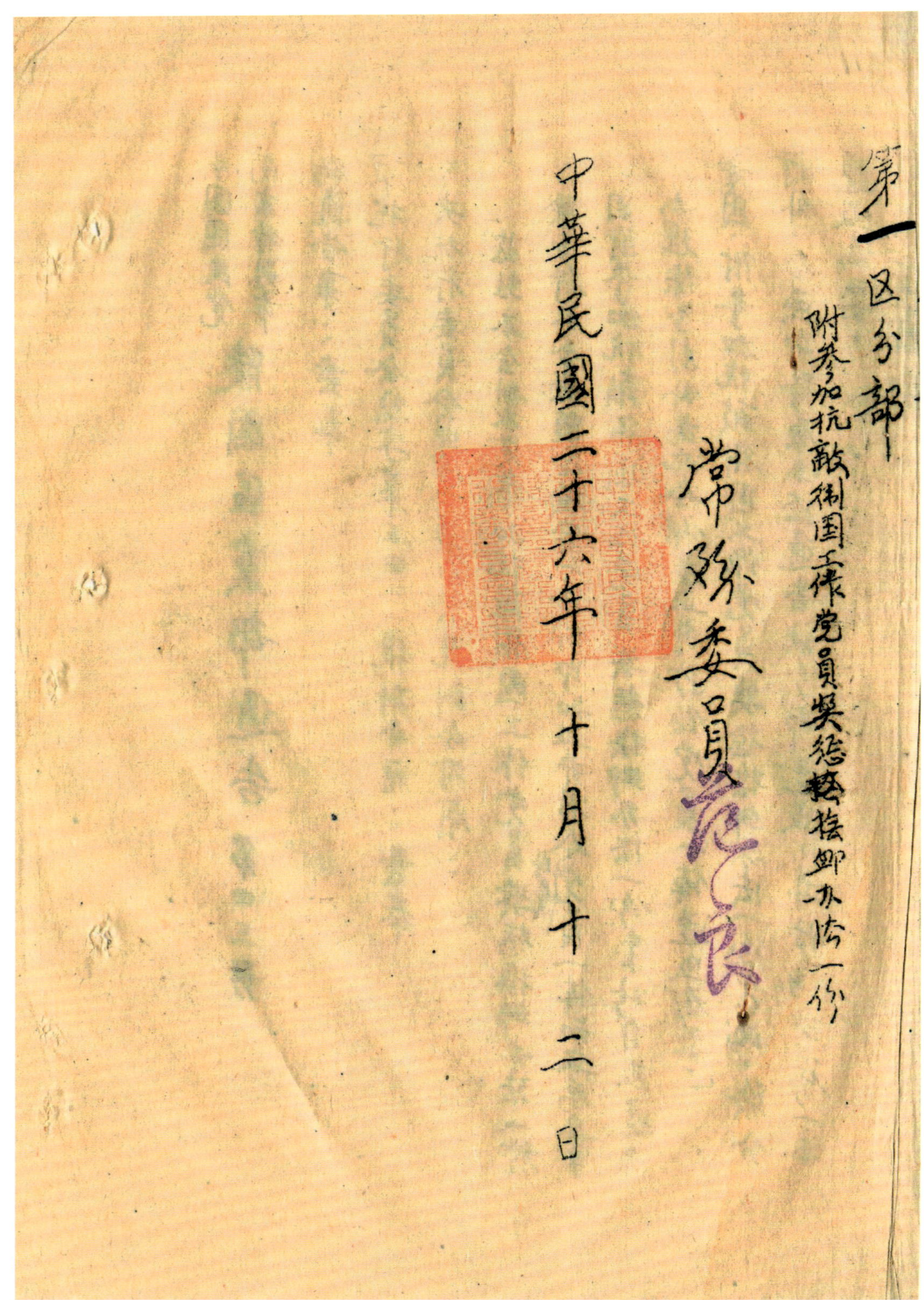

第一区分部

附参加抗敌御国工作党员吴总挥揺乡办法一份

常务委员范良

中华民国二十六年十月十二日

中国国民党南京特别市陵园区党部为切实注意中央宣传部制颁人民团体战时宣传信约给第一区分部通告
（一九三七年十月十三日）

中国国民党南京特别市 陵園區黨部通告 第四四號

為通告事：案奉

市執行委員会宣字第五四一〇號通告開：案准

中央宣傳部東密電開（内）：

「茲製頒人民團体戰時宣傳信約即希查照遂行并轉飭所屬

切實注意為要」等由，並附人民團体戰時信約一份到部，除分别外，

合亟通告仰即遵照切實注意為要。

等因，附人民團体戰時宣傳信約一份，奉此，除分别外，合亟[illegible]

發原附件通告該分部遵即切實注意為要。

右通告

第一區分部

附人民團体戰時宣傳信約一份

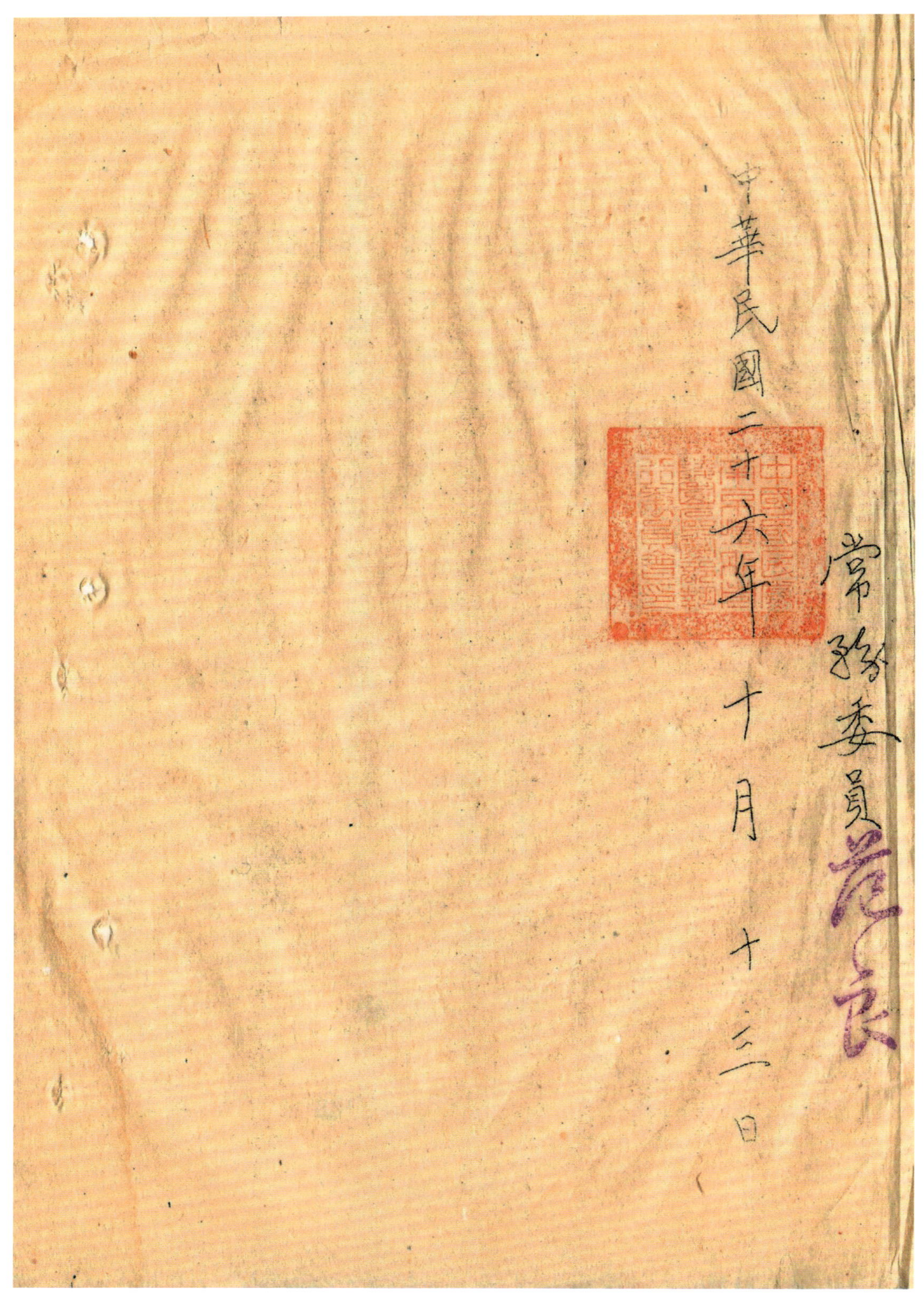

常務委員

中華民國二十六年十月十二日

褚辅成参政员等关于第二期抗战开始总理陵园管理委员会应郑重宣言重申拥护抗战国策的提案（一九三九年三月二十七日）

第二期抗戰開始本會應鄭重宣言重申擁護抗戰國策案（提案第四十号）

褚参政員輔成等二十四人提

第二期抗戰開始，正宜全國一心，再接再厲，不幸負國家重任之汪精衛先生，秘密出走，發表違背國策之艷電，主張本已由中央痛加駁斥，並開除該氏党籍，解除一切職務，復經蔣委員長嚴詞糾正在案，凡此皆是代表政府及中國國民党方面之最高意見，本會為抗戰時期最高民意機關，前於休會期間，無從表示，已滋外間誤會，亟應於本次大會代表全體國民重申公意，鄭重宣言，表示擁護抗戰國策始終不渝之決心，宣言應包括下列三点意義。

（一）聲明本會根據第一次大會擁護抗戰建國綱領之決

議，及第二次大會擁護蔣委員長持久抗戰方針之決議決對反對汪氏艷電主張絶對擁護蔣委員長十二月二十六日駁斥近衛之宣言，以示全民支持政府抗戰到底之決心，絶不為敵人誘惑，或漢奸理論所摇動。

(二)聲明抗戰到底之最低限度目標，在完全恢復九一八以前之領土主權及行政完整，絶不使我神聖領土，有尺寸由我國民革命政府手中失去不達目的不止。

(三)鼓勵全体國民，對於抗戰必勝建國必成之信心，示以我愈戰愈强，敵愈戰愈弱之事实，凡不論何人，設有中途動揺，違反國策，不服從領袖抗戰到底主張者，即為漢奸國賊，應為全民所共棄

提案人褚輔成　王葆真

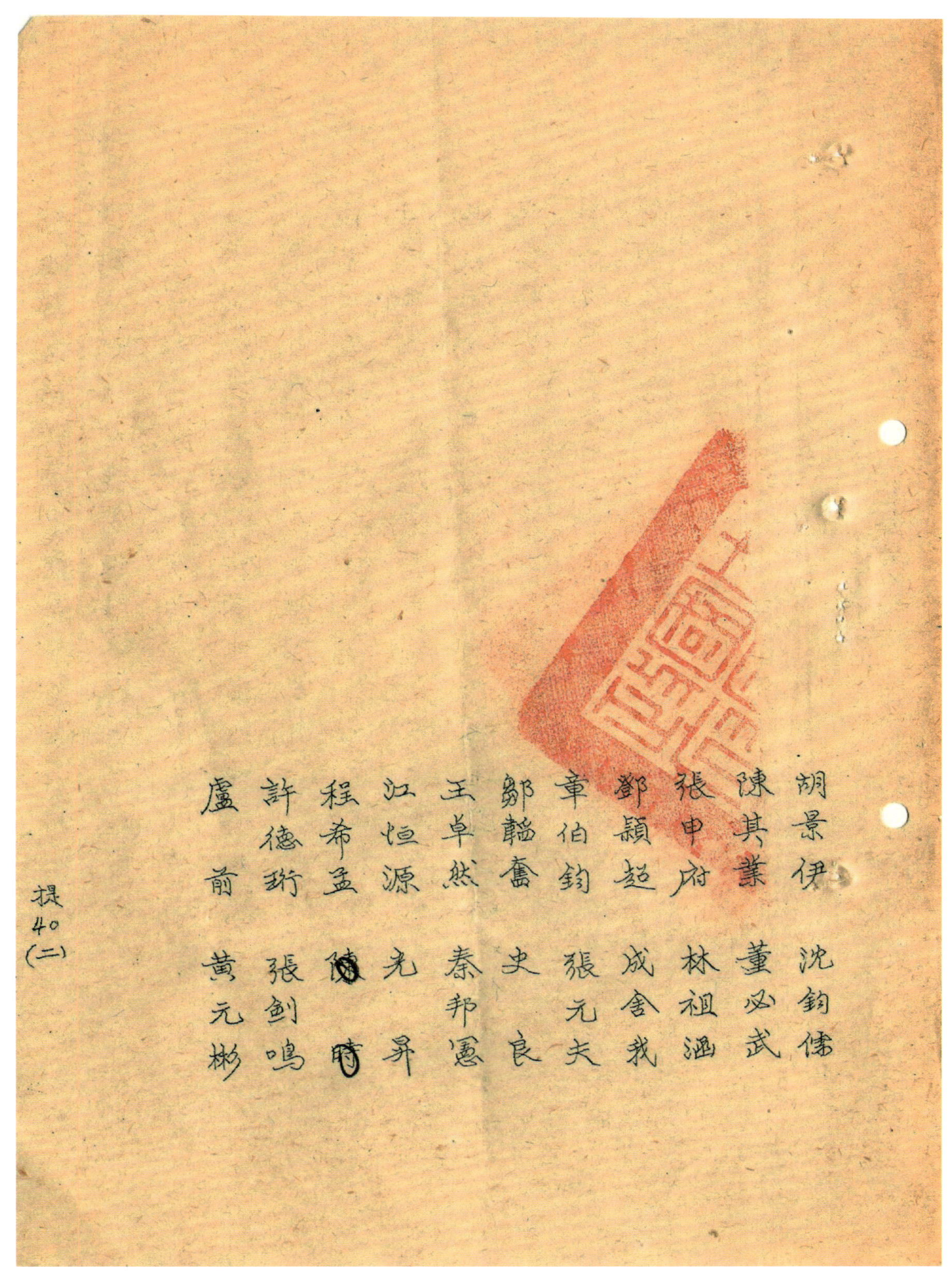

胡景伊　沈鈞儒

陳其業　董必武

張申府　林祖涵

鄧穎超　成舍我

章伯鈞　張元夫

鄒韜奮　史良

王卓然　秦邦憲

江恒源　光昇

程希孟　陳時

許德珩　張劍鳴

盧前　黄元彬

提40(二)

三、支援抗战

国民政府为案准举办救国飞机捐购置飞机以厚国防决议办法致总理陵园管理委员会训令（一九三三年二月一日）

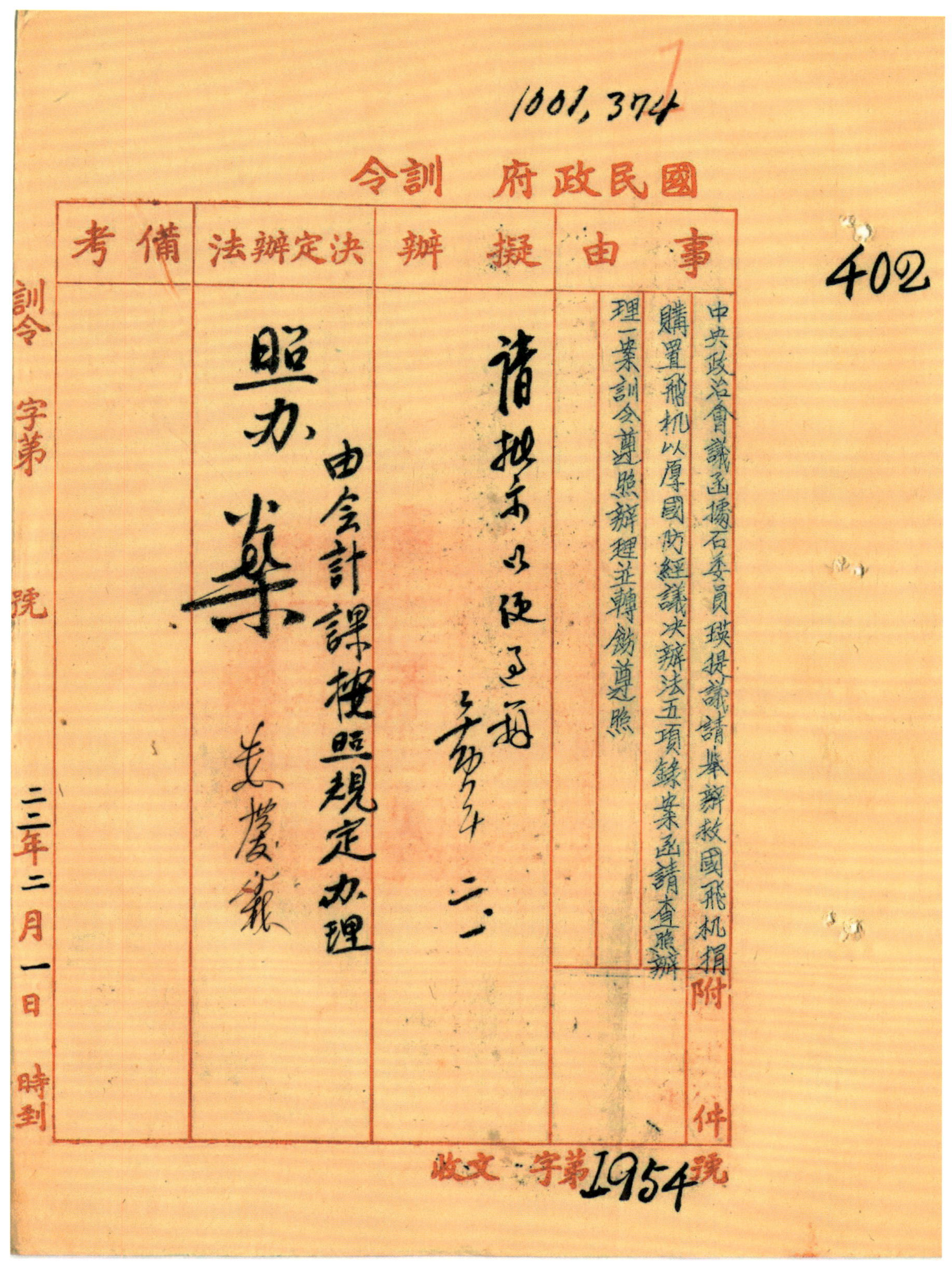

1001,374

國民政府訓令

事由	擬辦	決定辦法	備考
中央政治會議函據石委員瑛提議請舉辦救國飛機捐購置飛機以厚國防經議決辦法五項錄案函請查照辦理一案訓令遵照辦理並轉飭遵照	請批示以便遵辦 二、二	照办 葉 由会計課按照規定办理	

附件

訓令　字第　號

二二年二月一日　時到

收文　字第1954號

402

國民政府訓令

字第 三八 號

令總理陵園管理委員會

為令遵事：案准中央政治會議函開：據石委員瑛提議請舉辦救國飛機捐購置飛機以厚國防等由，經本會議第三四一次會議議決：（一）全國所有黨政軍警機關人員應以實發薪額若干成捐助政府作為購置飛機之用；（二）捐款自本年二月分起以六個月為限；（三）捐款標準如次：薪額不滿三十元者月捐三角，三十一元至五十元者月捐六角，五十一元至一百元者月捐百分之三，一百零一元至二百元者月捐百分之六，二百零一元至三百元者月捐百分之八，三百零一元以上者月捐百分之十。上項捐額以各機關實發薪額爲標準勤務公役亦照標準抽收（四）捐款在各縣市由縣市各機關主持人負責收取彙解於各省在省或直轄市由省或直轄市各機關主持人負責收取彙解於中央飛機捐款保管委員會（五）中央飛機捐款保管委員會由中央政治會議指定委員五人至七人組織之除函中央執行委員會外相應錄案函請查照辦理等由准此除函復并分行外合行令仰遵照辦理並轉飭所屬一體遵照此令

中華民國二十三年二月一日

主席 林森

司法院院長 居正

行政院院長 宋子文 代

考試院院長 戴傳賢

立法院院長 孫科

監察院院長 于右任

总理陵园管理委员会为送达职员飞机捐款支票及捐册致中国航空建设协会总会公函（一九三六年十二月十四日）

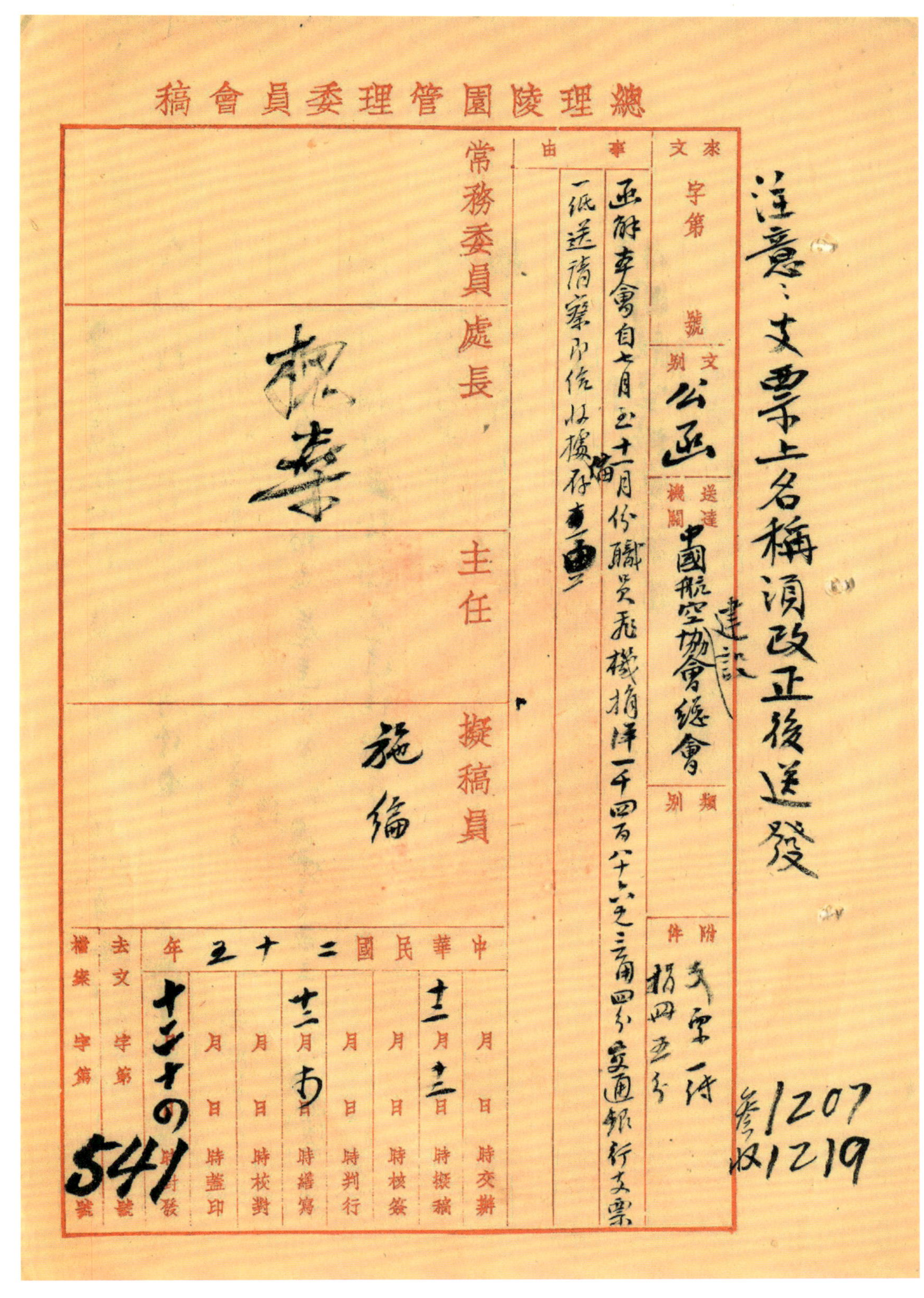

總理陵園管理委員會稿

注意：支票上名稱須改正後送發

來文	字第　號
文別	公函
送達機關	中國航空建設協會總會
類別	
附件	支票一件 捐冊五本

事由：函解本會自七月至十一月份職員飛機捐洋一千四百八十六元三角四分交通銀行支票一紙送請察收備給收據存查由

常務委員

處長

主任

擬稿員 施編

中華民國二十五年

交擬	擬稿	核簽	判行	繕寫	校對	蓋印	封發
月日時	十二月十二日時	月日時	月日時	十二月十四日時	月日時	月日時	十二月十四日時

去文 字第 號 541

檔案 字第 號

參1207
收1219

案查續征公務人員飛機捐辦法奉

令辦理在案茲自本年七月份起至十一月份止所有本會職

員應繳飛機捐款業照續繳辦理由本會會計室扣齊計一千

四百八十六元三角四分相應簽送交通銀行零零五三二六號支票

一紙連同捐冊五份備函送達敬希

查照簽收並乞

賜正式收據備存為荷

此致

中國航空建設協會總會

附交通銀行支票一張 計一千四百八十六元三角四分

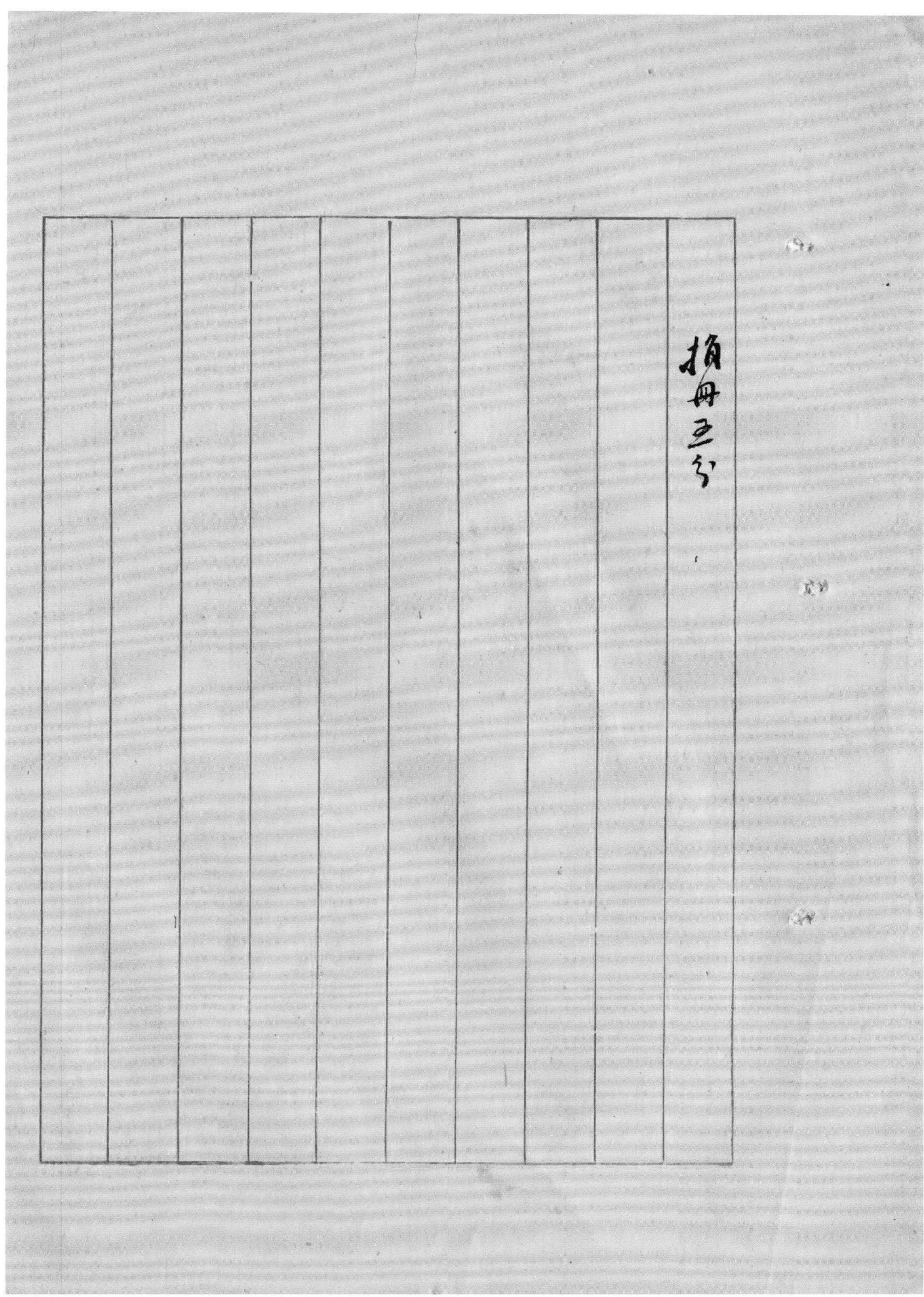
捐冊五分

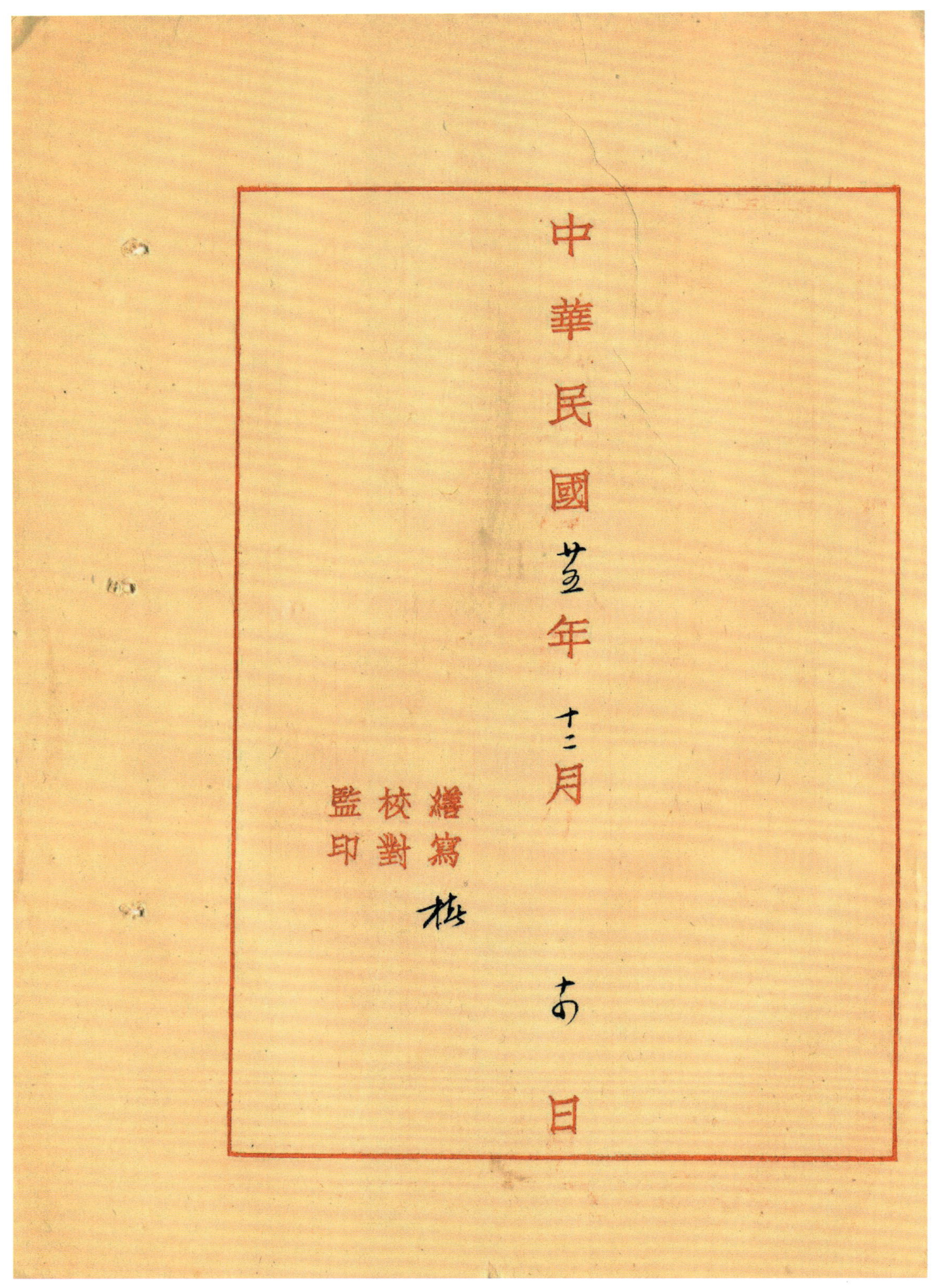

中華民國廿五年十二月十四日

繕寫 梅

校對

監印

为送一九三六年十二月及一九三七年一月份职员应缴飞机捐款及清册并请给正式收据事的往来文件

总理陵园管理委员会致中国航空建设协会总会的公函（一九三七年二月二十日）

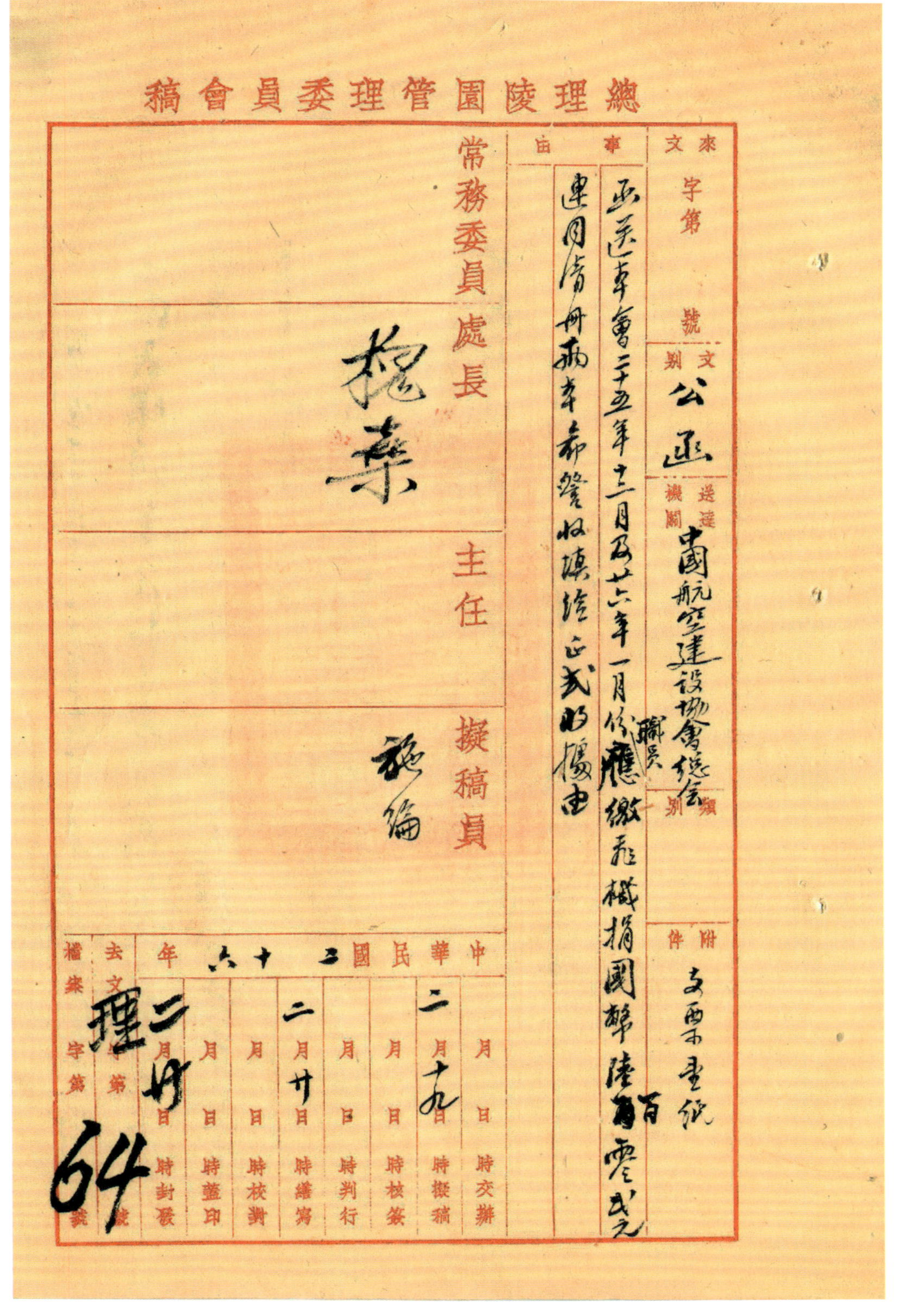

總理陵園管理委員會稿

來文字第　號

文別：公函

送達機關：中國航空建設協會總會

附件：支票壹紙

事由：函送本會二十五年十二月及廿六年一月份職員應繳飛機捐國幣陸百零弍元連同清冊兩本希察收填給正式收據由

常務委員處長

主任

擬稿員

中華民國二十六年

二月十九日擬稿

二月廿日繕寫

二月廿日封發

理字第64號

案查二十五年十二月及二十六年一月本会各职员应缴飞机捐业经扣足合计国币陆百零贰元正，开具交通银行支票壹纸，连同清册二本，备函送达钧部，查照检收，随给正式收据为荷！

此致

中国航空建设协会总会

附交通银行支票壹纸A005329

资存查

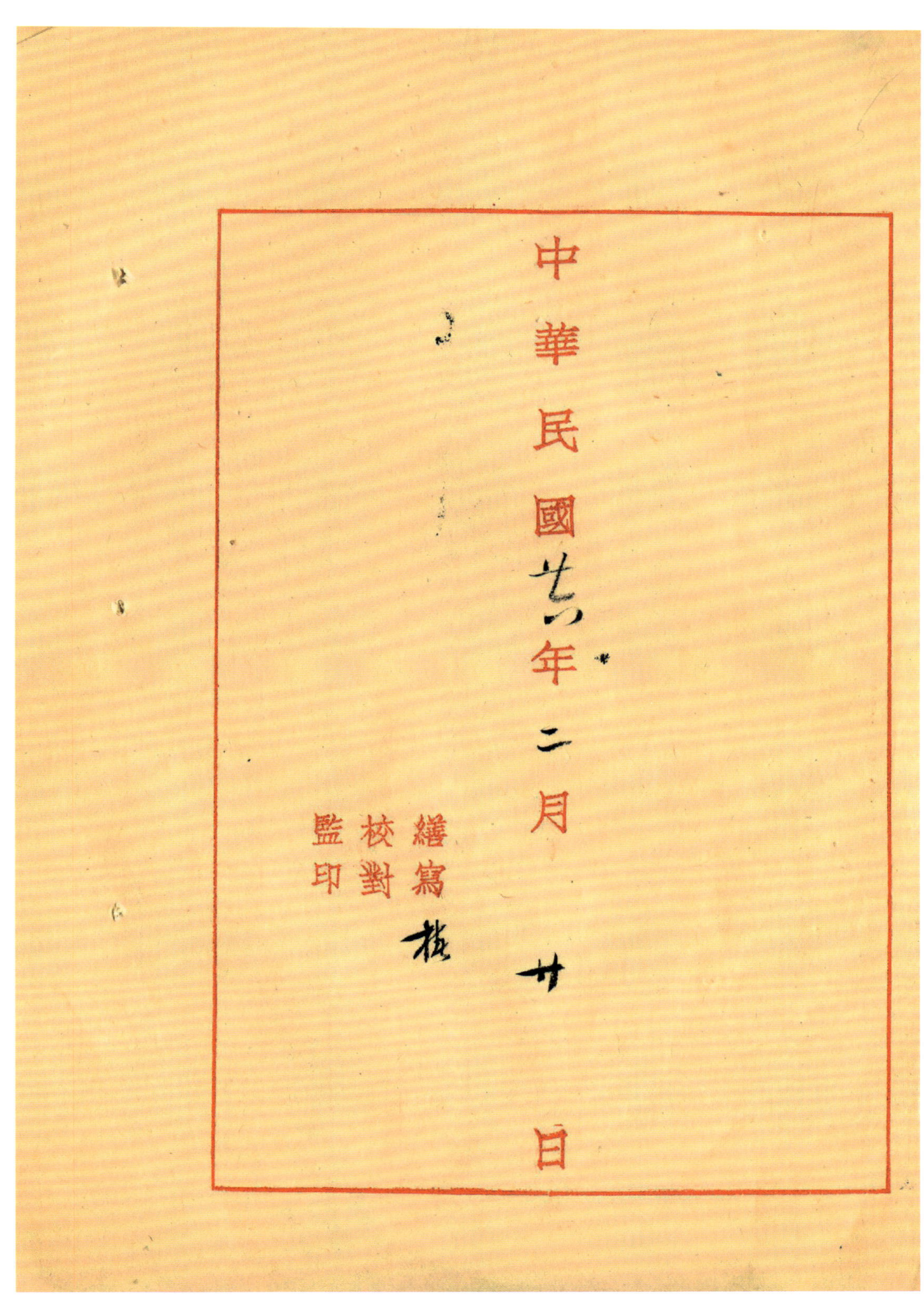

中華民國廿六年二月廿日

繕寫 楨

校對

監印

中国航空建设协会总会致总理陵园管理委员会的公函（一九三七年二月二十六日）

附：正式收据一份

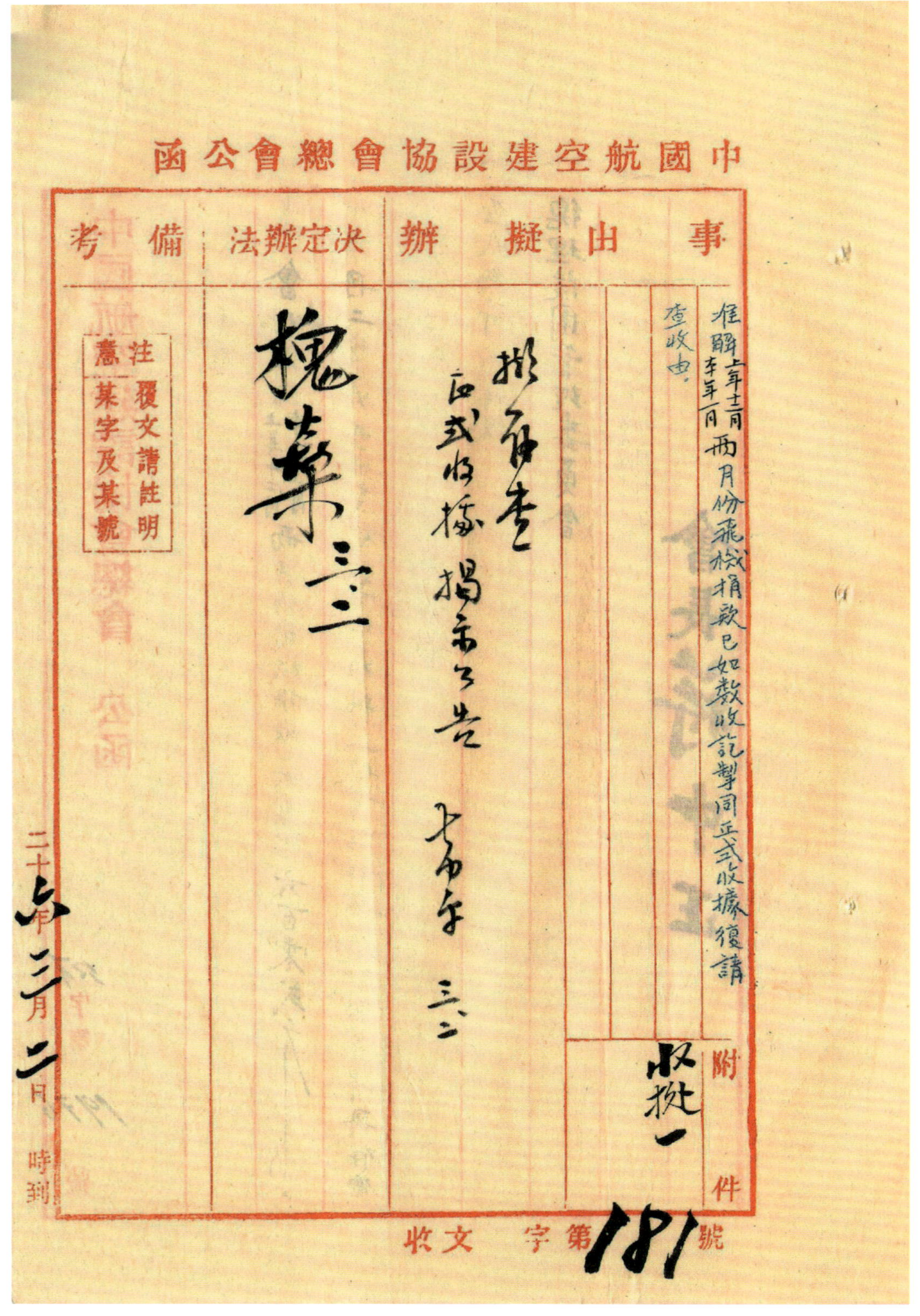

中國航空建設協會總會公函

事由	擬辦	決定辦法	備考
准廿五年十二月廿六年一月兩月份飛機捐款已如數收訖製同正式收據復請查收由	擬存查 正式收據揭示公告 [illegible] 三二	[illegible] 三二	注意 覆文請註明某字及某號

附件：收據一

二十六年三月二日 時到

收文 字第181號

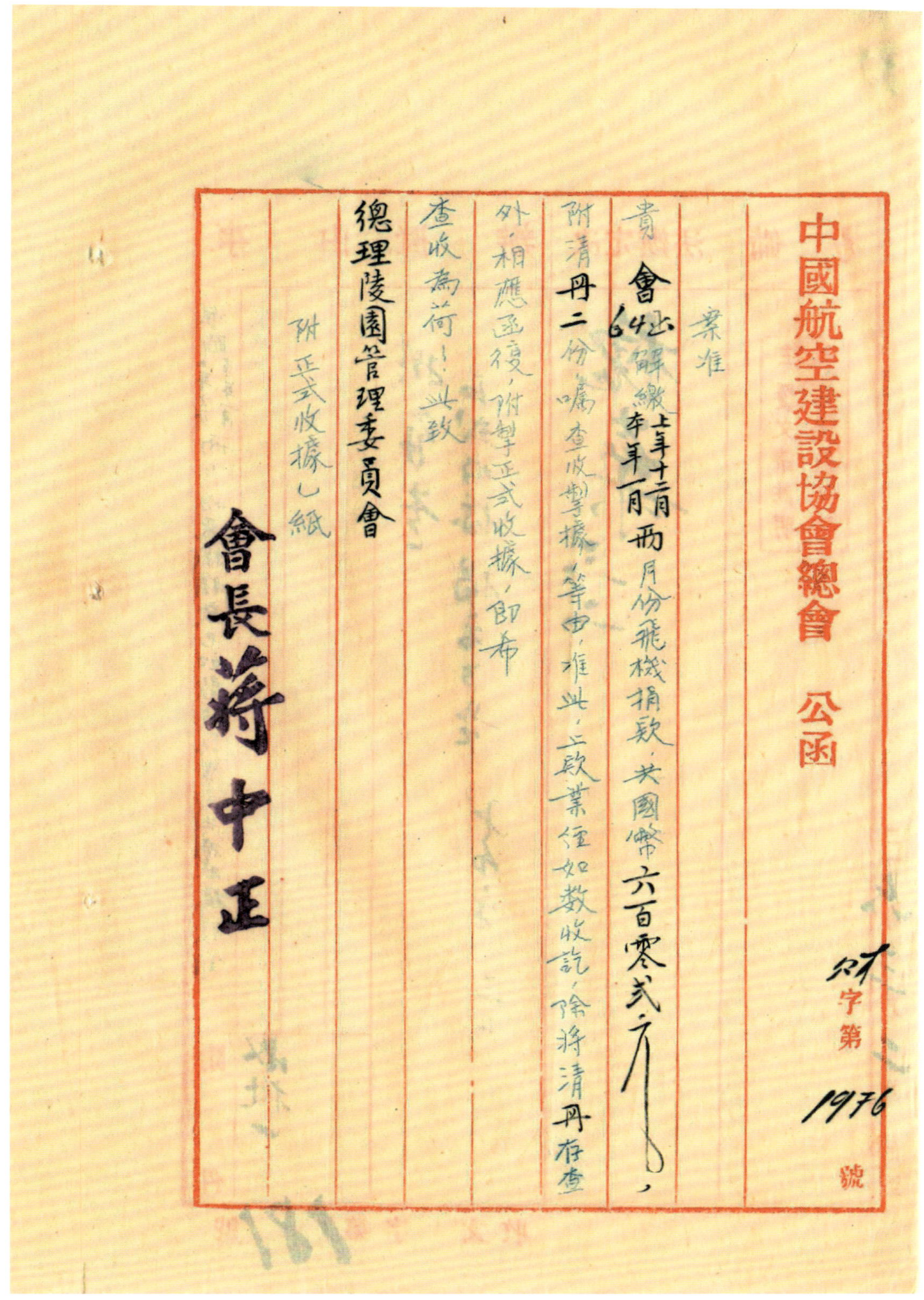

中國航空建設協會總會　公函

對字第1976號

案准

貴會64出解繳上年十二月本年一月兩月份飛機捐款，共國幣六百零弍元，附清冊二份，囑查收掣據，等由，准此，除款業經如數收訖，除將清冊存查外，相應函復，附掣正式收據，即希查收為荷！此致

總理陵園管理委員會

附正式收據乙紙

會長蔣中正

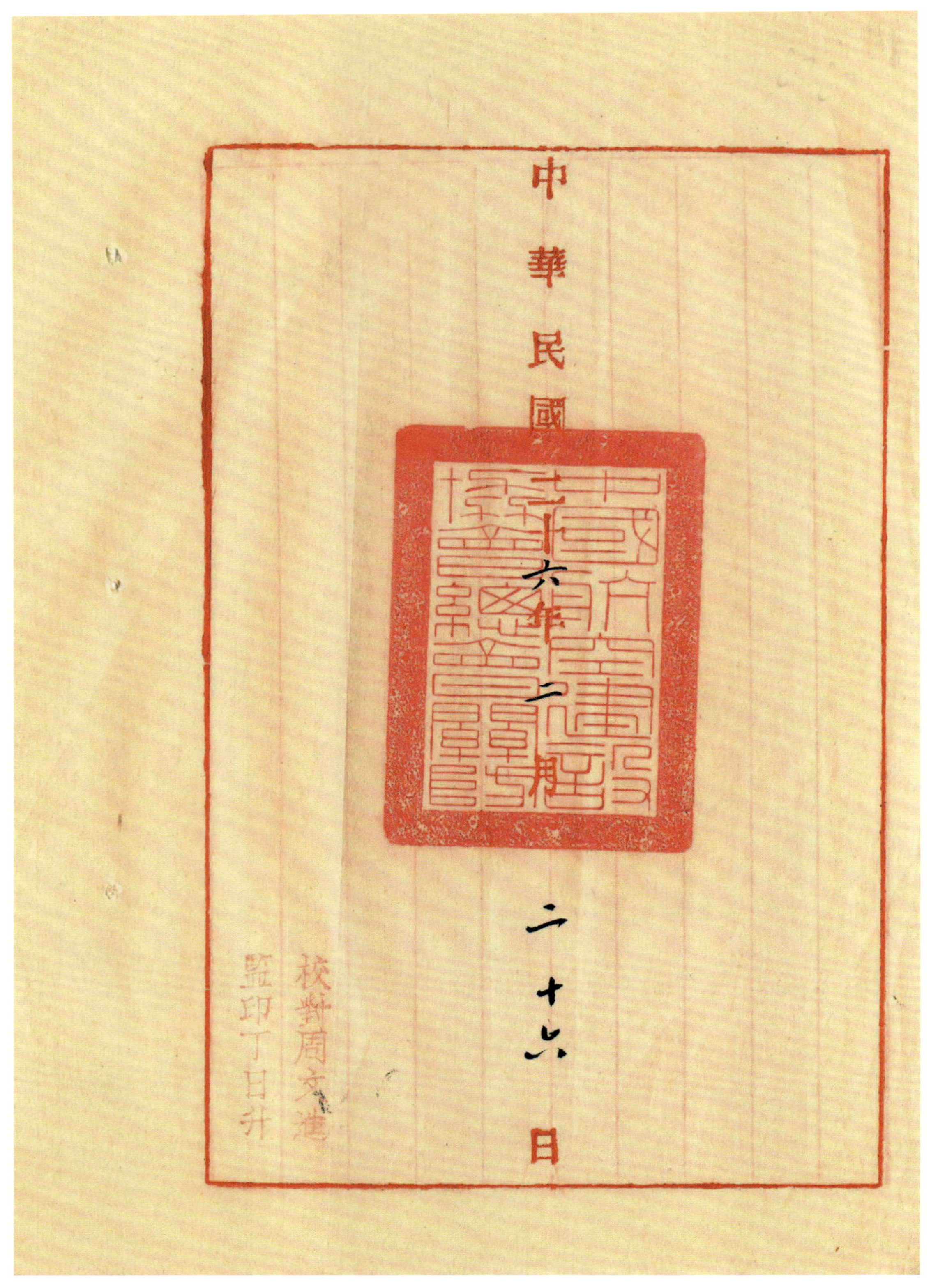

中華民國二十六年二月二十六日

校對周文進

監印丁日升

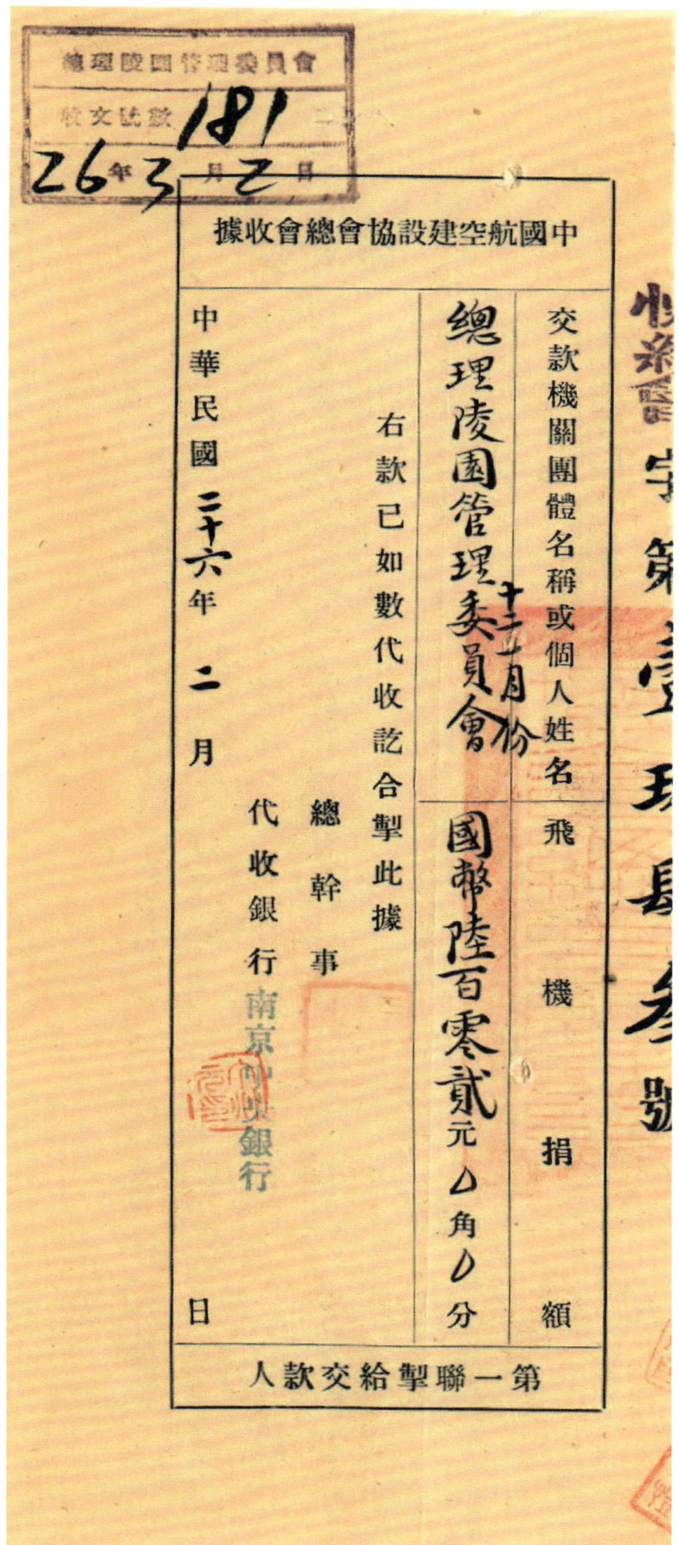

總理陵園管理委員會
收文號數 181
26年3月2日

中國航空建設協會總會收據

交款機關團體名稱或個人姓名：總理陵園管理委員會 十二月份

飛機捐額：國幣陸百零貳元〇角〇分

右款已如數代收訖合製此據

總幹事

代收銀行 南京中央銀行

中華民國二十六年二月　日

第一聯製給交款人

为送一九三七年二、三两月份职员应缴飞机捐款及清册并请给予正式收据事的往来文件

总理陵园管理委员会致中国航空建设协会总会的公函（一九三七年四月九日）

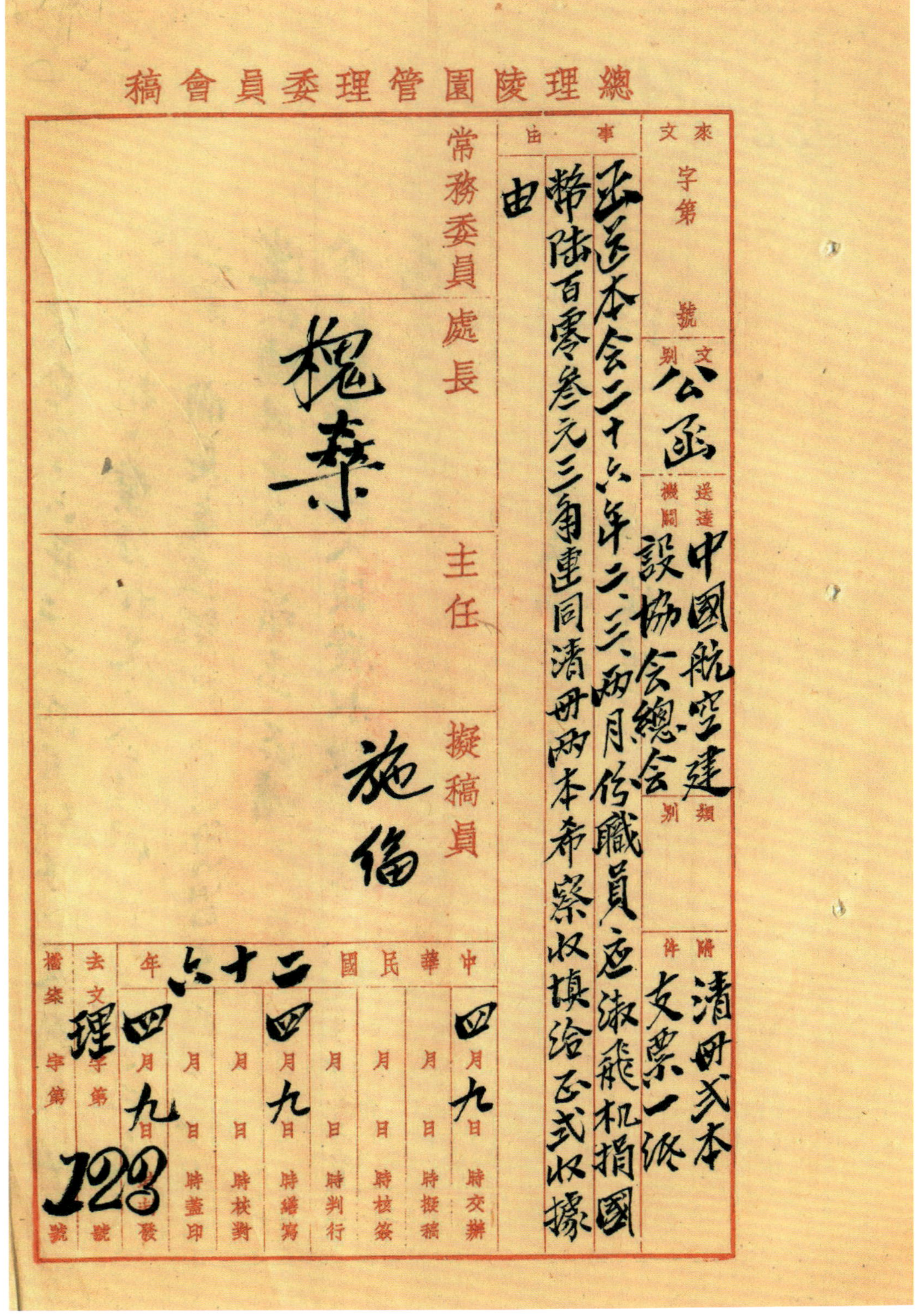

總理陵園管理委員會稿

來文 字第 號

文別：公函

送達機關：中國航空建設協會總會

附件：清冊式本 支票一紙

事由：函送本会二十六年二、三两月份職員应缴飛机捐國幣陆百零叁元三角壹同清冊两本希察收填给正式收據由

常務委員

處長 槐森

主任

擬稿員 施綸

中華民國二十六年

交辦 四月九日 時

擬稿 月 日 時

核簽 月 日 時

判行 月 日 時

繕寫 四月九日 時

校對 月 日 時

蓋印 月 日 時

封發 四月九日 時

去文 理字第128號

檔案 字第 號

案查二十六年二、三两月份本会各职员应
缴飞机捐、业经扣足，合计国币陆百〇三元
三角，开具交通银行A005330支票一张、
连同清册二本、備函送请
查照检收。按人填发收据过会，以资存查为
荷。〇二

此致

中国航空建设协会总会

附支票一张、清册二本

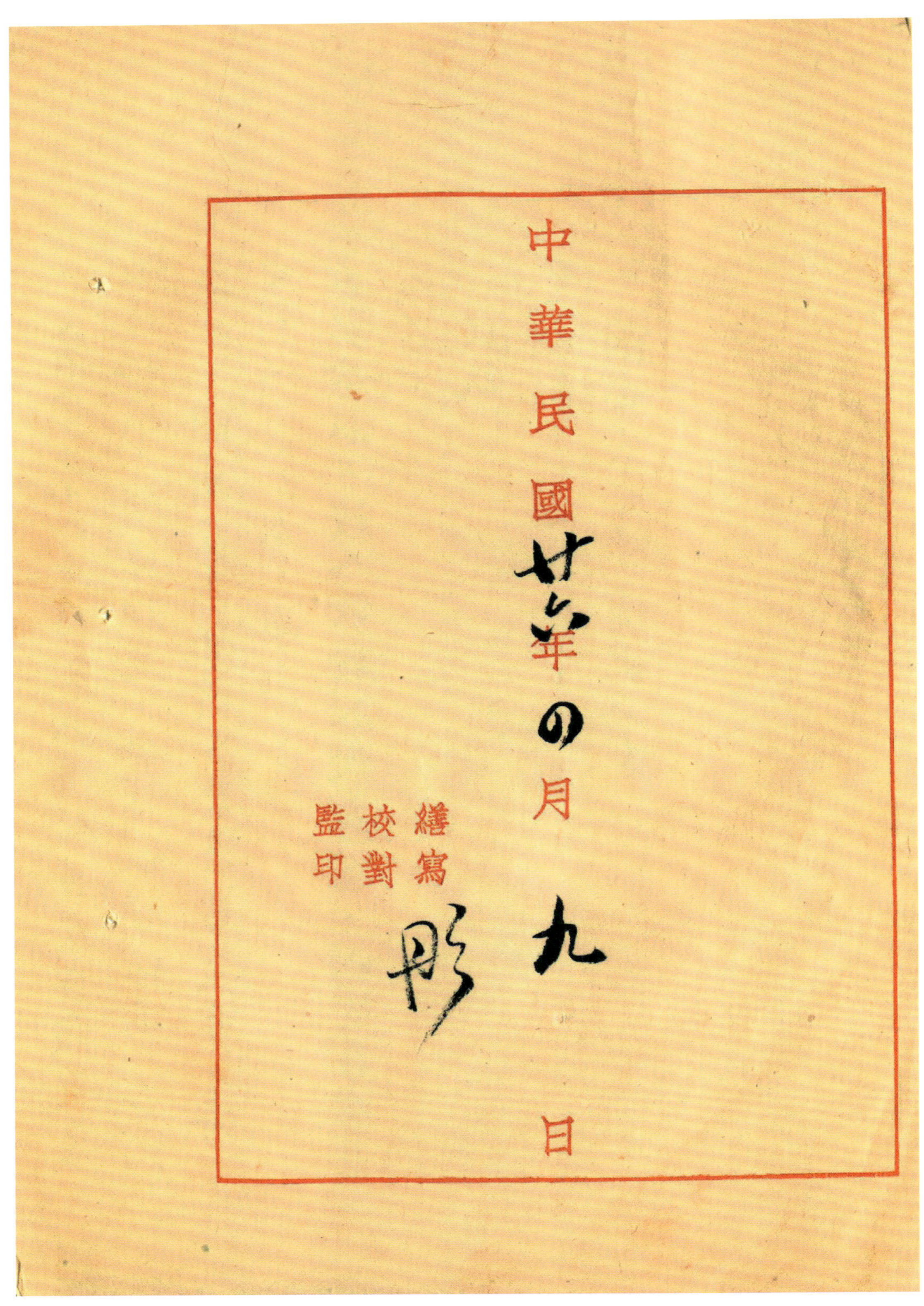

中華民國廿六年四月九日

繕寫
校對
監印

彤

中国航空建设协会总会致总理陵园管理委员会的公函（一九三七年四月二十日）

中國航空建設協會總會公函

事由	擬辦	決定辦法	備考
准解本年三、四兩月份飛機捐款已如數收訖挈同正式收據復請查收并將臨時收據寄還註銷由	擬存查，並將收據揭案備作 ……四廿	擬如擬 四廿	
附件：收據一			

二十六年四月廿一日 時到

收文 字第368號

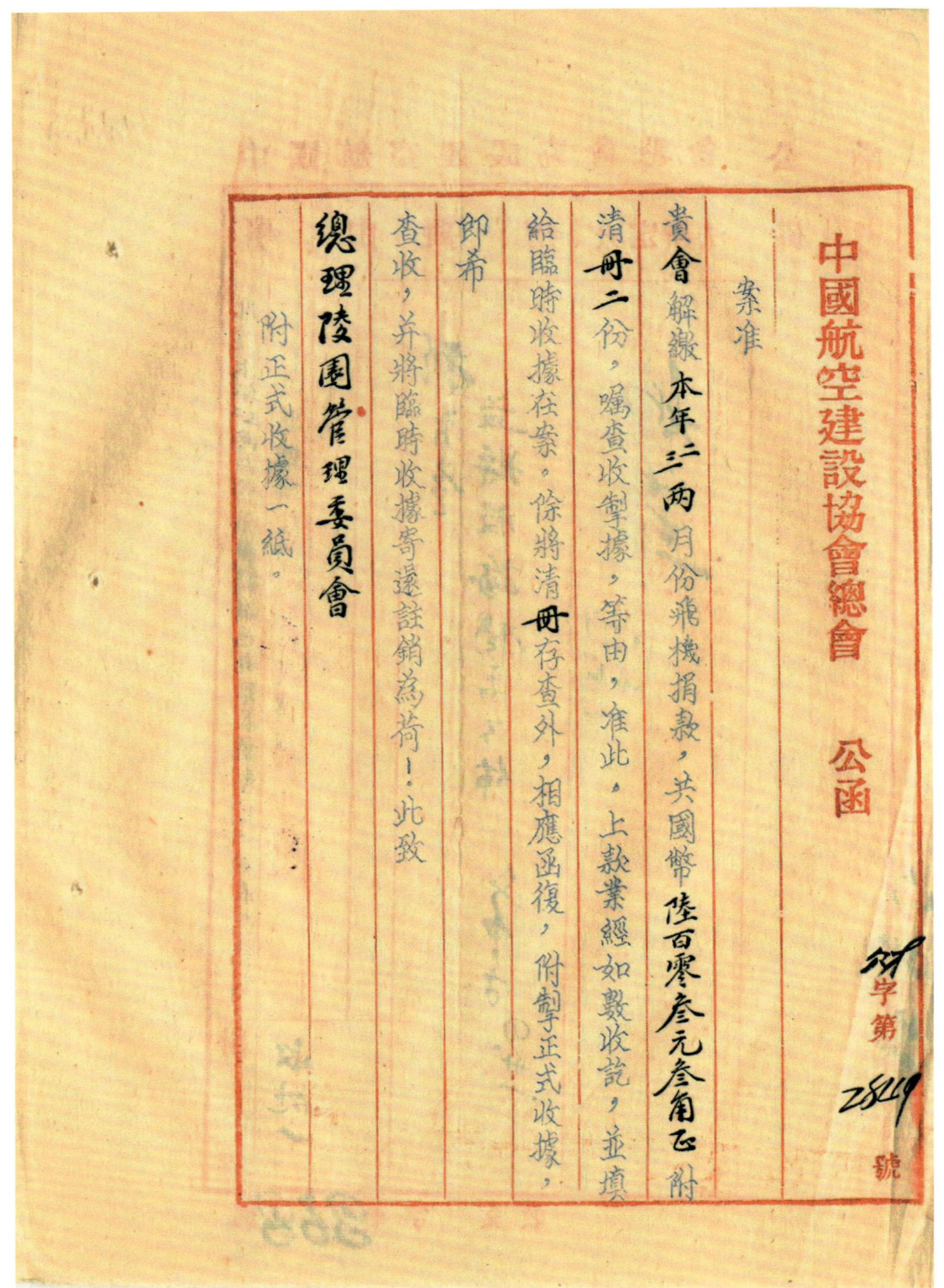

中國航空建設協會總會 公函

字第2849號

案准

貴會解繳本年三兩月份飛機捐款，共國幣陸百零叁元叁角正，附清冊二份，囑查收掣據，等由，准此。上款業經如數收訖，並填給臨時收據在案。除將清冊存查外，相應函復，附掣正式收據，即希

查收，并將臨時收據寄還註銷爲荷！此致

總理陵園管理委員會

附正式收據一紙。

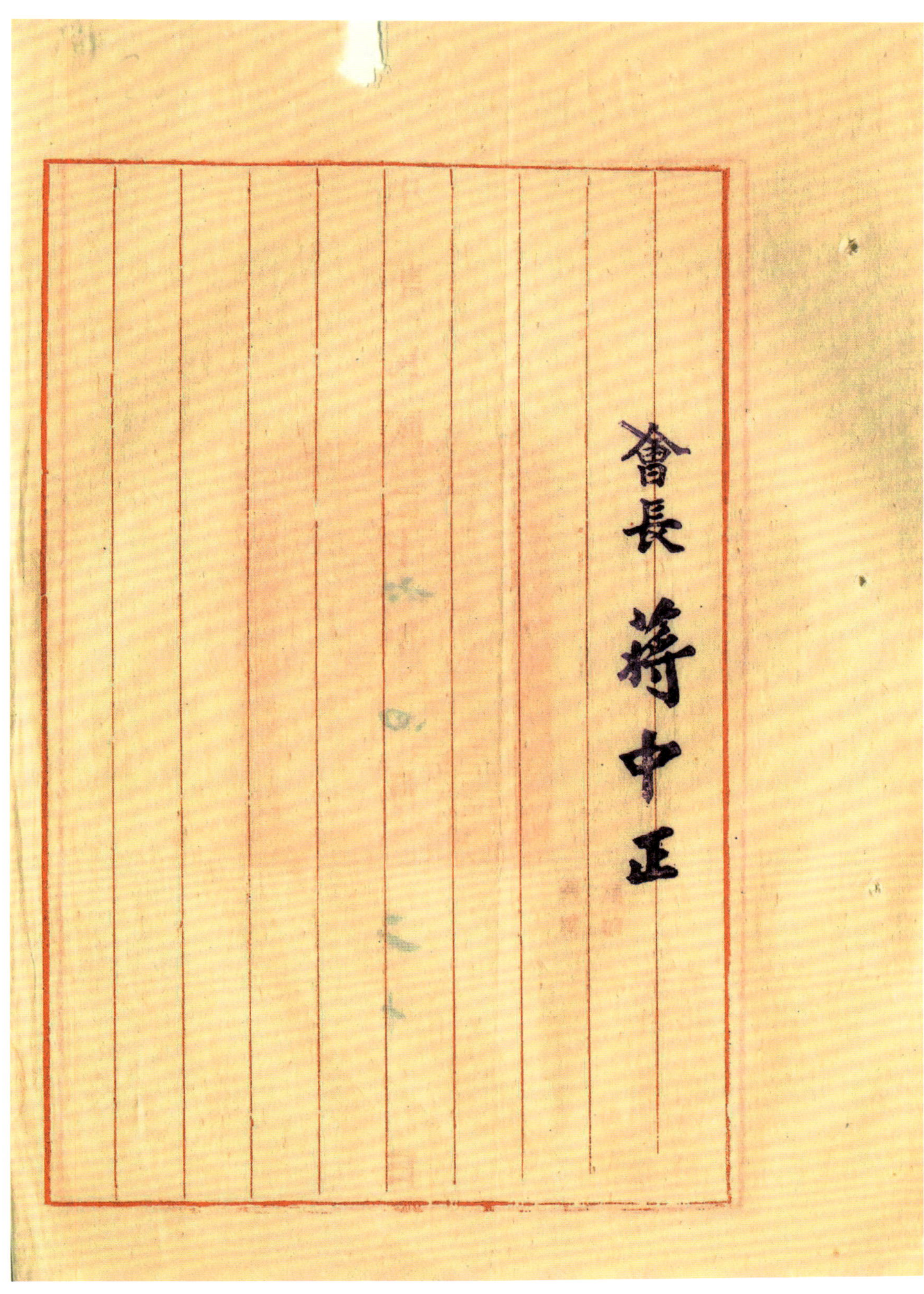

會長 蔣中正

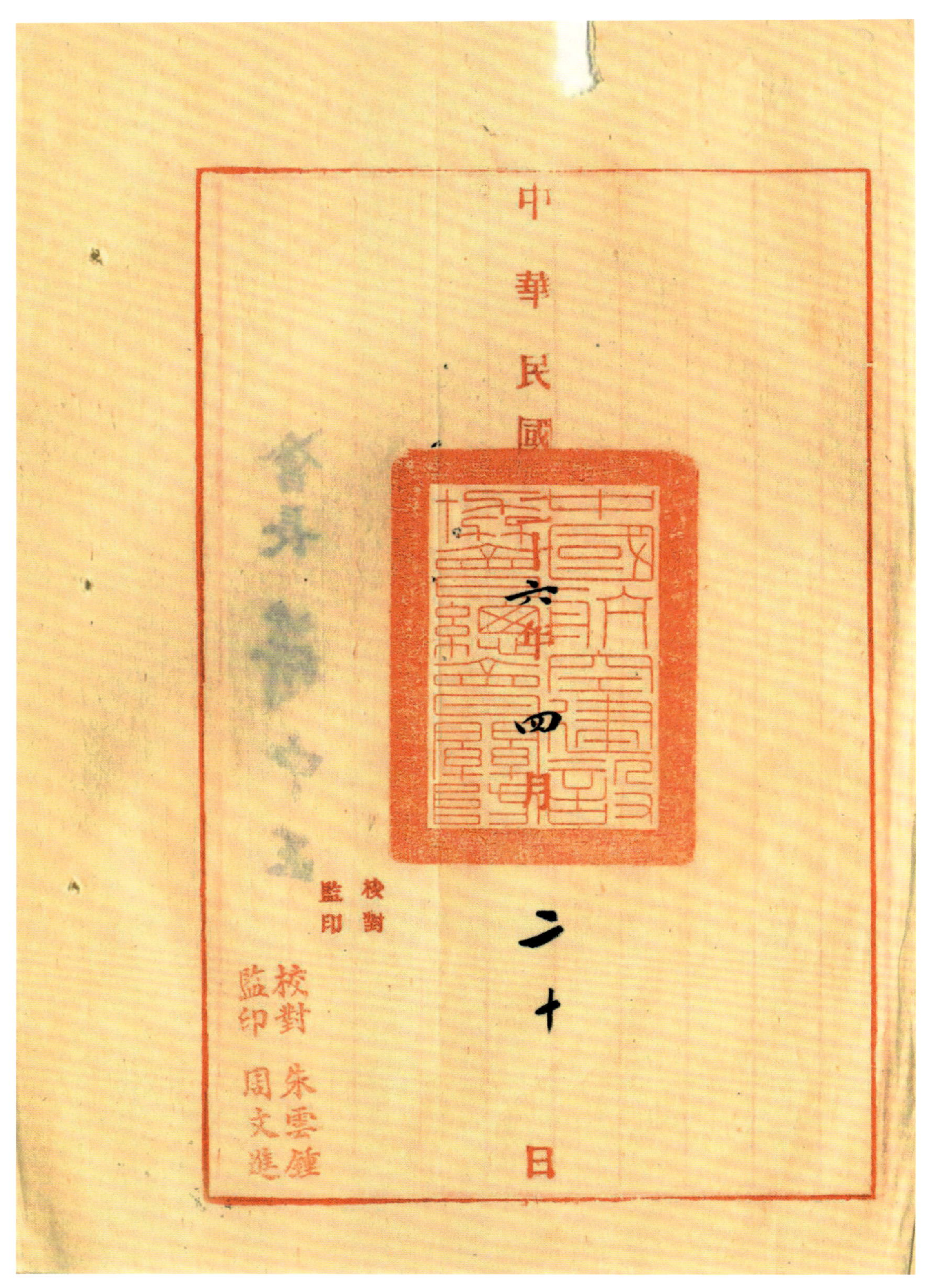
中華民國 六年 四月 二十 日
會長 蔣中正
校對 監印
校對 朱雲鍾
監印 周文進

总理陵园管理委员会为送一九三七年四月份职员应缴飞机捐款及清册并请给予正式收据事致中国航空建设协会总会公函及中国航空建设协会总会临时收据（一九三七年五月十三日至十四日）

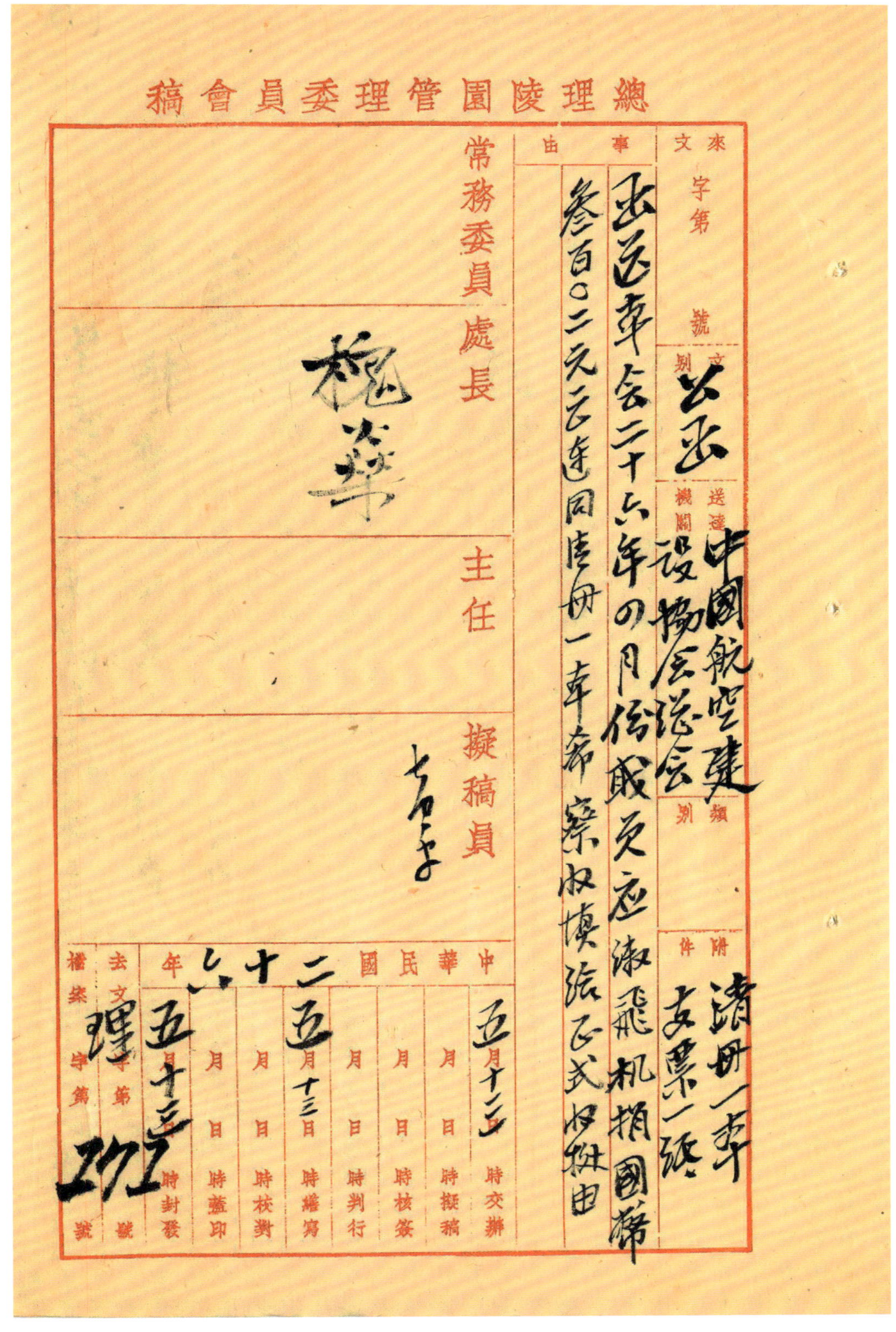
總理陵園管理委員會稿

來文字第　號

文別：公函

送達機關：中國航空建設協會總會

事由：函送本會二十六年四月份職員應繳飛機捐國幣叁百〇二元二角，連同清册一本，希察收，填給正式收據由

附件：清册一本，支票一張

常務委員處長：槐華

主任

擬稿員：古之

中華民國二十六年

交辦：五月十三日
繕寫：五月十三日
封發：五月十五日

去文理字第271號

案查二十六年四月份本会各職員應該飛机捐、業經扣足，合計國幣叁百〇二元二角，開具交通銀行A005331支票一張，連同清冊一本，備函送請查照核收。按人填發收據過会，以資存查為荷。〇二

此致

中國航空建設協会總会

附支票一張、清冊一本

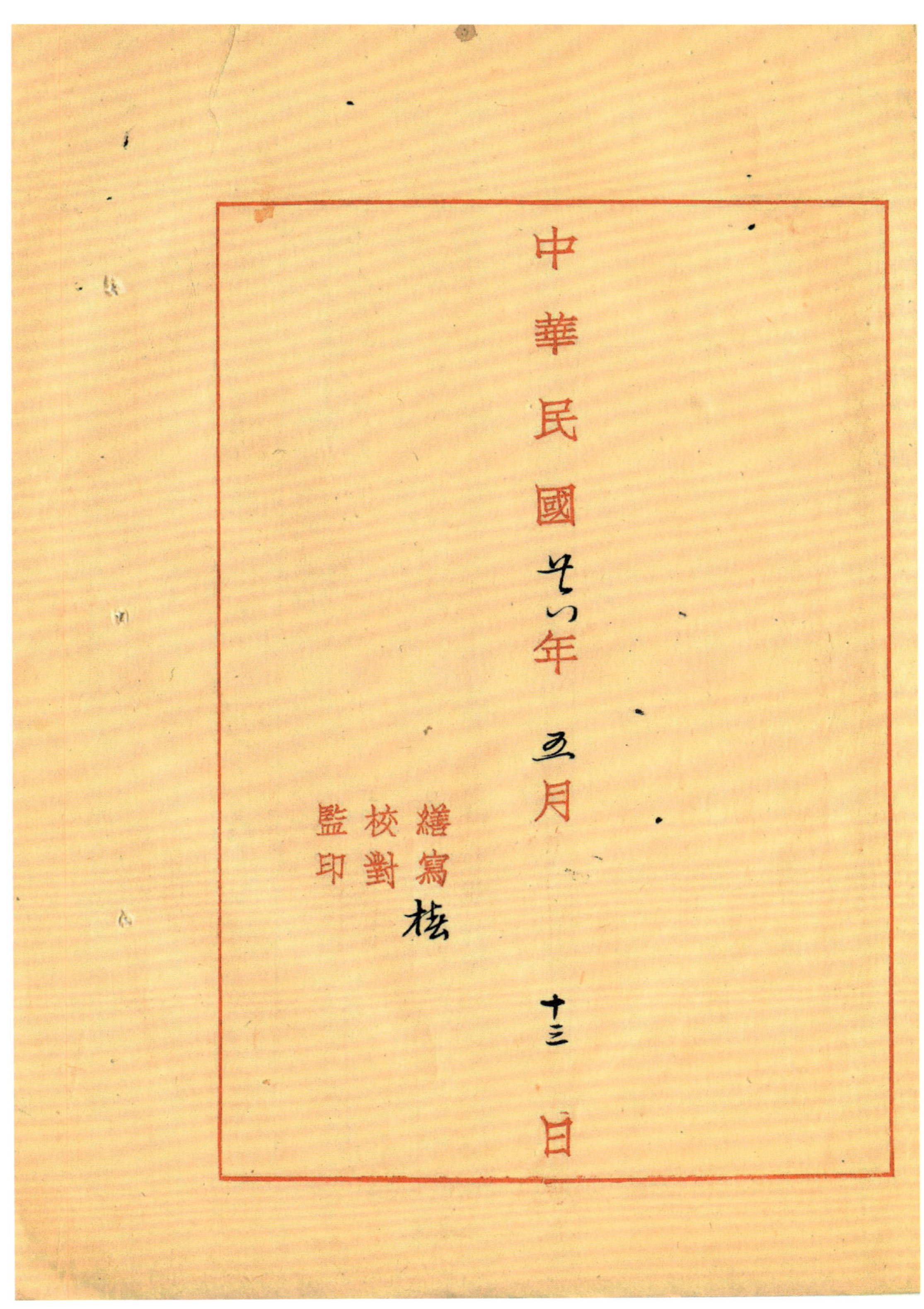

中華民國廿八年五月十三日

繕寫桂

校對

監印

臨時收據

貝字第壹叁伍玖號

中國航空建設協會總會今收到
總理陵園管理委員會
繳到四月份飛機捐款共國幣叁伯另式元式角正
此據

總幹事周至柔
經收人財務股幹事

中華民國二十六年五月十四日

注意：俟本會正式收據寄到後請將此據寄還註銷

为送一九三七年续征五月份公务员飞机捐款支票及捐数表册并请给予收据事的往来文件

总理陵园管理委员会致中国航空建设协会总会的函（一九三七年五月二十九日）

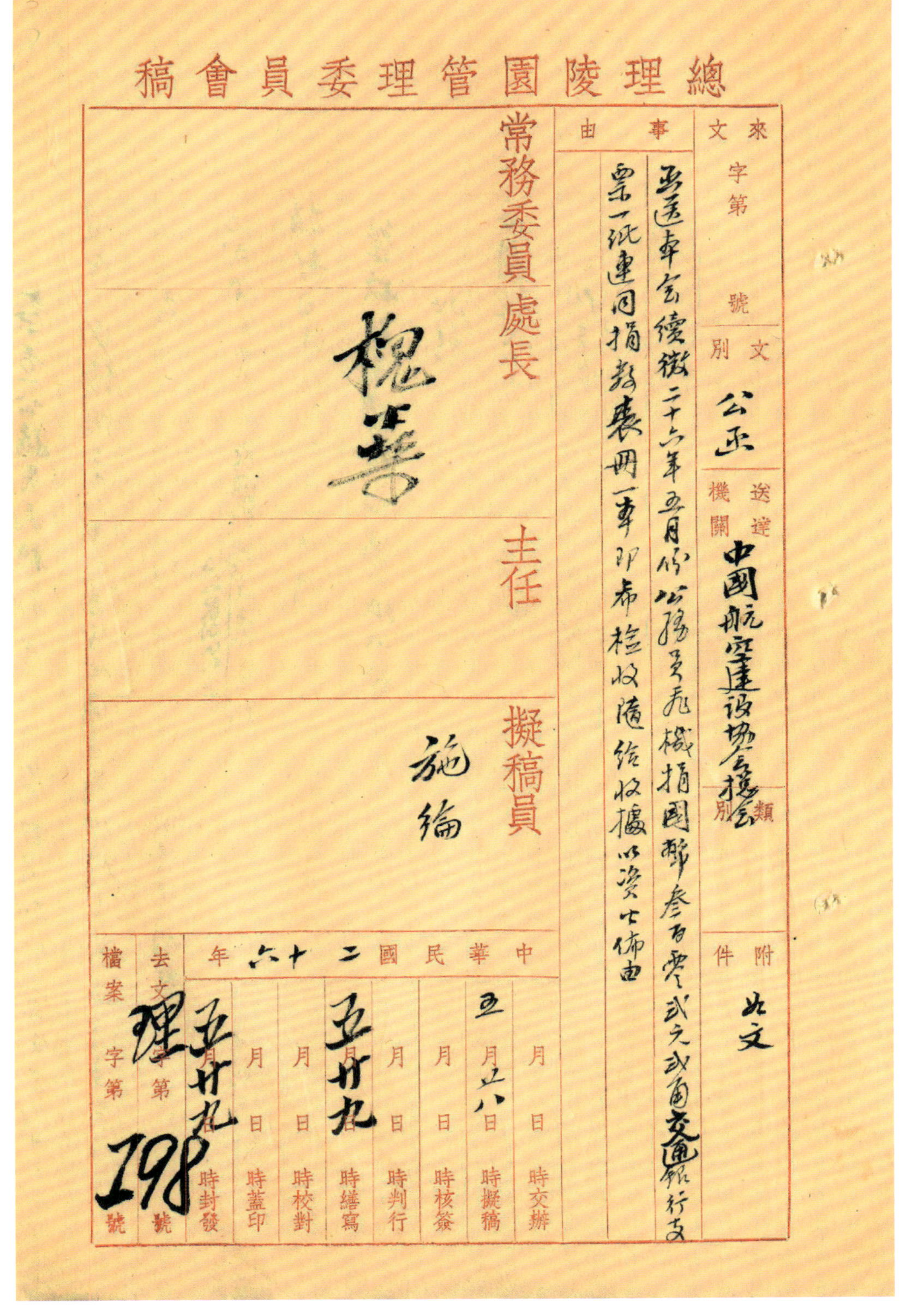

總理陵園管理委員會稿

來文：字第 號

文別：公函

送達機關：中國航空建設協會總會

類別：

附件：如文

事由：函送本会續徵二十六年五月份公務員飛機捐國幣叁百零貳元貳角交通銀行支票一紙連同捐數表冊一本，即希查收，隨給收據，以資備查由

常務委員：

處長：槐（簽）

主任：

擬稿員：施編

中華民國二十六年

交辦：月日時

擬稿：五月廿八日時

核簽：月日時

判行：月日時

繕寫：五月廿九日時

校對：月日時

蓋印：月日時

封發：五月廿九日時

去文：理字第198號

檔案：字第號

案查公務員飛機捐業經本會按月扣繳彙解在案

現在已陸續徵二十六年五月份公務員飛機捐之期，兹有本会各

職員應繳五月份飛機捐業經如數扣繳，共計國幣叁百零貳

元貳角正，兹具交通銀行支票壹紙計三百零貳元貳角，連同飛機

捐款目表一份，備函送請

察收，即乞隨給收據一紙，以便揭示為荷

此致

中國航空建設協会總會

附支票壹紙計三百零貳元貳角

五月份飛機捐款目表冊一份

A005332号

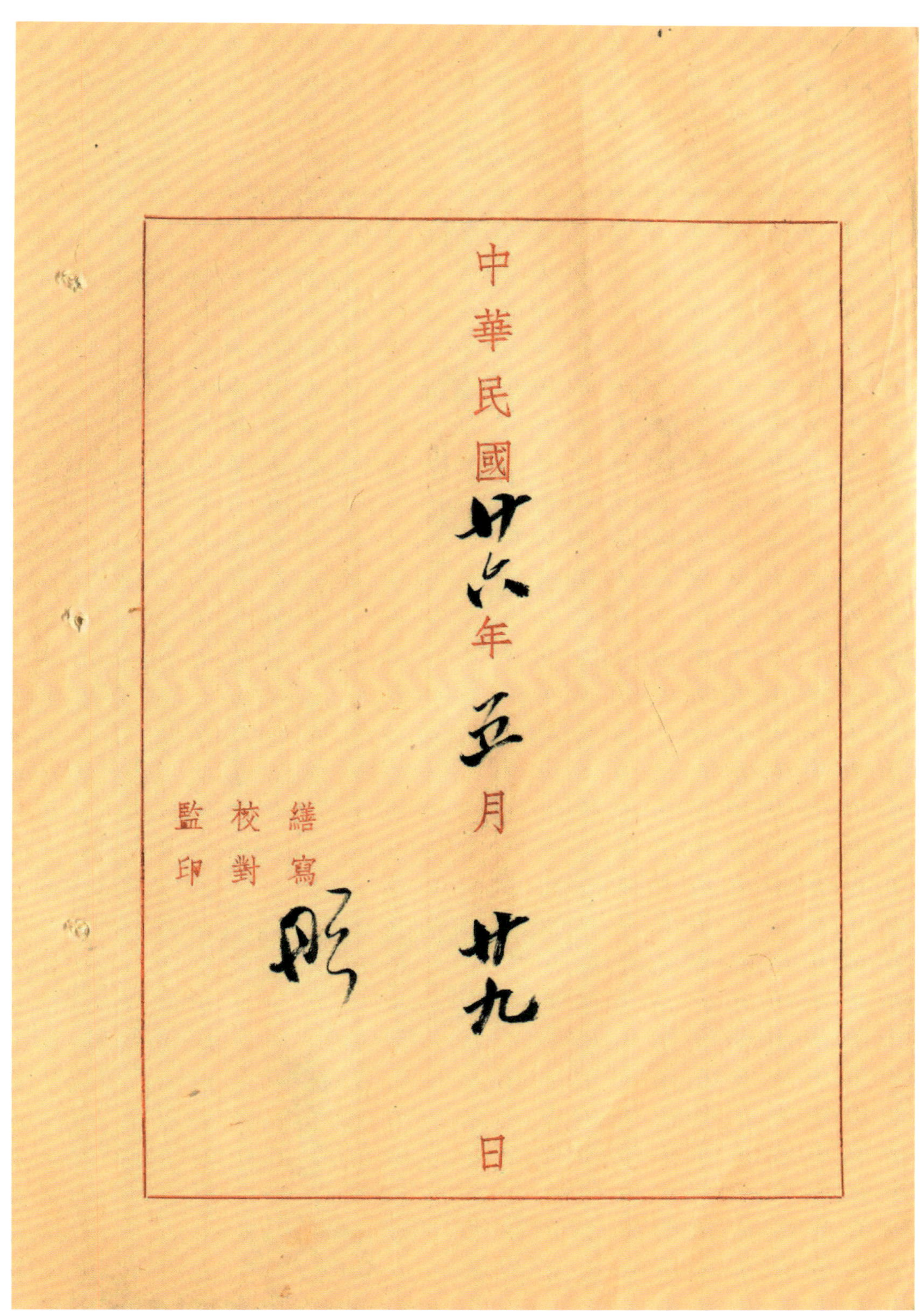

中華民國廿六年五月廿九日

繕寫

校對

監印

中国航空建设协会总会致总理陵园管理委员会的函及中国航空建设协会总会收据（一九三七年六月四日）

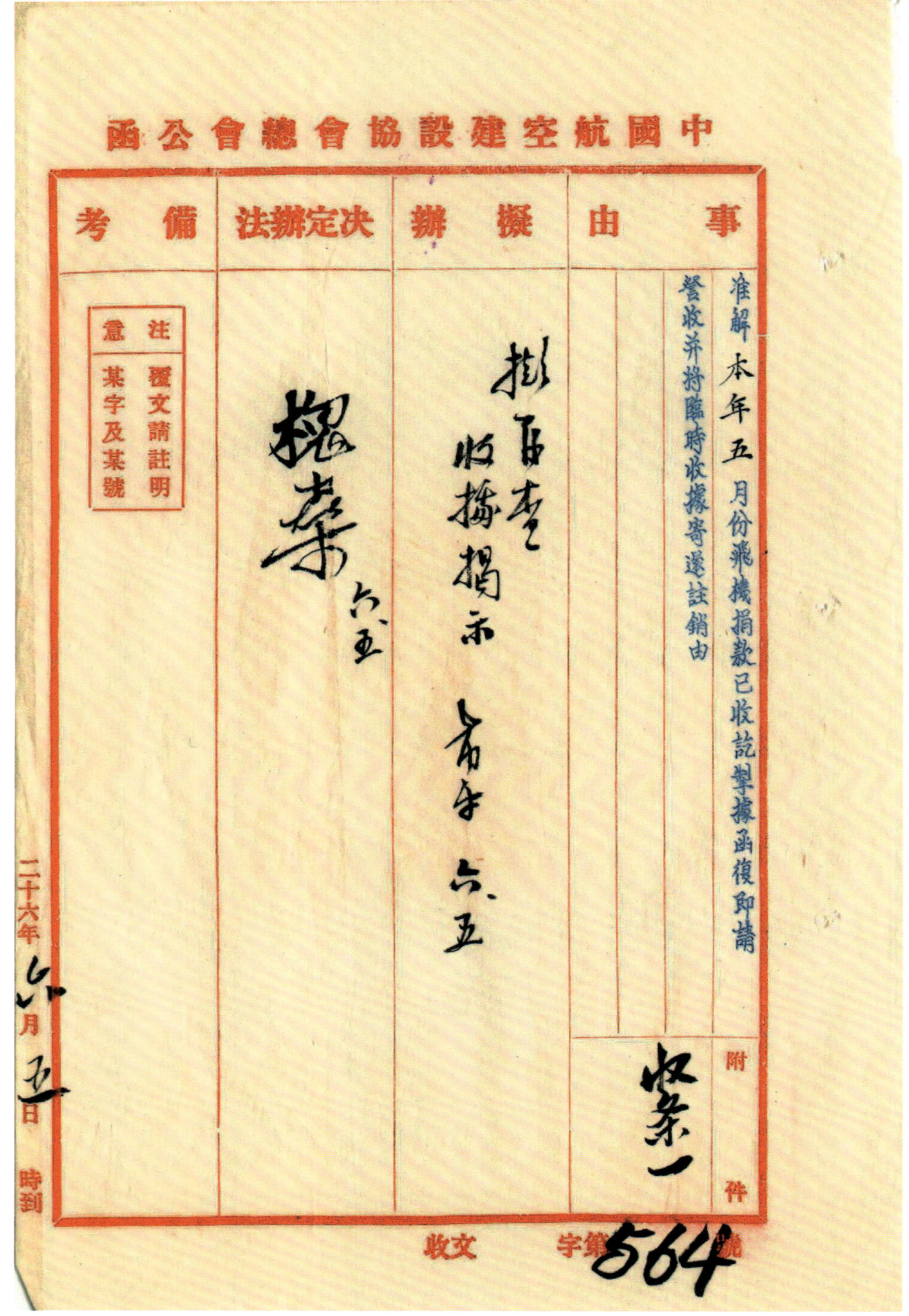

中國航空建設協會總會公函

事由	擬辦	決定辦法	備考
准解本年五月份飛機捐款已收訖掣據函復即請詧收并將臨時收據寄還註銷由	擬存查 收據揭示 [illegible] 六、五	存案 六、五	注意：覆文請註明某字及某號

附件：收条一

收文 字第564號

二十六年六月五日 時到

中國航空建設協會總會　公函

財字第3727號

案准

貴會解繳本年五月份飛機捐款，共國幣叁百弍元弍角正，

附清冊一份，囑查收掣據，等由；准此，上款業經如數收

訖，並填給臨時收據在案。除將清冊存查外，相應掣據函

復，即希

詧收，并將臨時收據寄還註銷爲荷！此致

總理陵園管理委員會

附正式收據一紙。

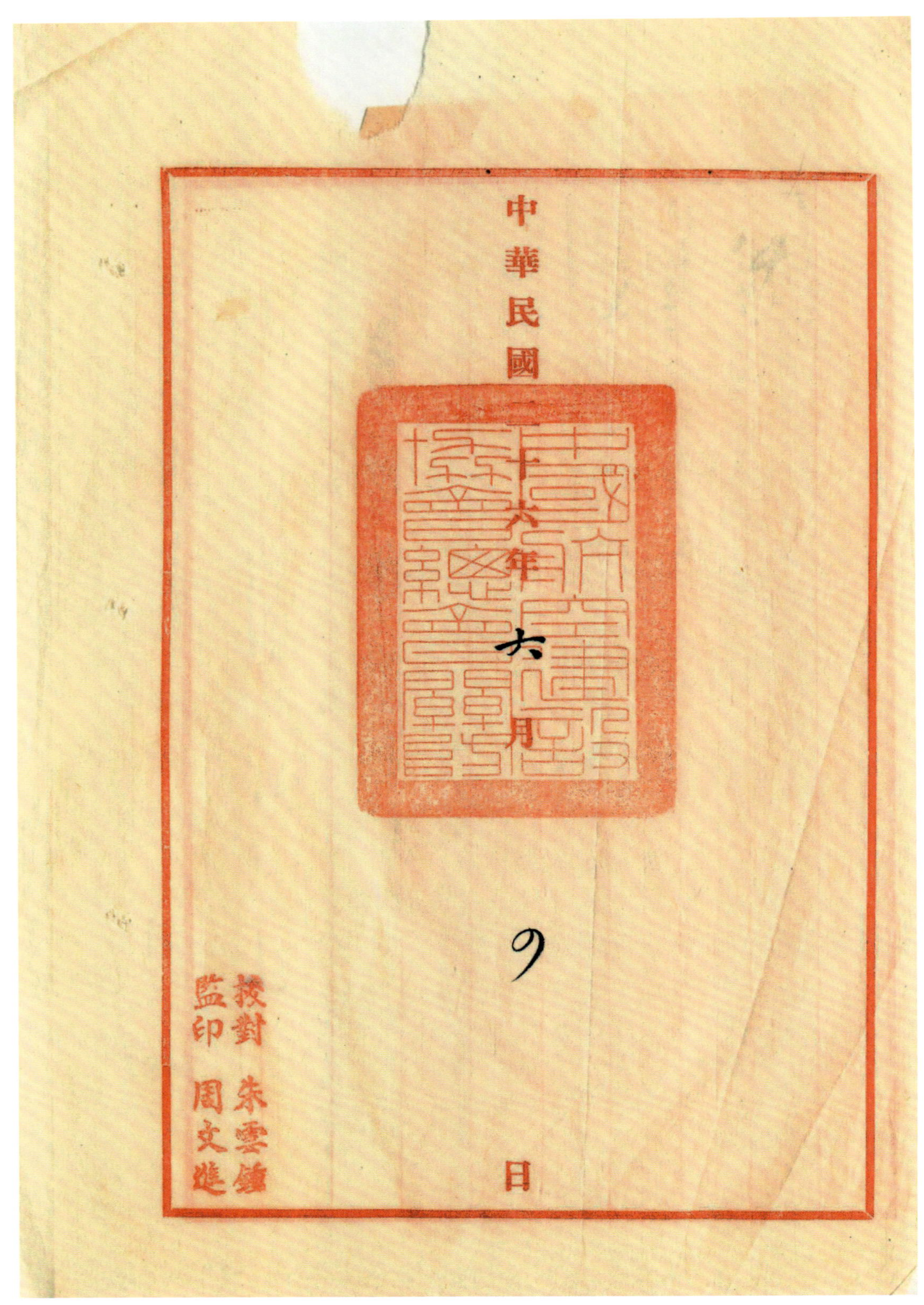
中華民國二十六年六月9日

校對 朱雲鐘
監印 周文進

會長　蔣中正

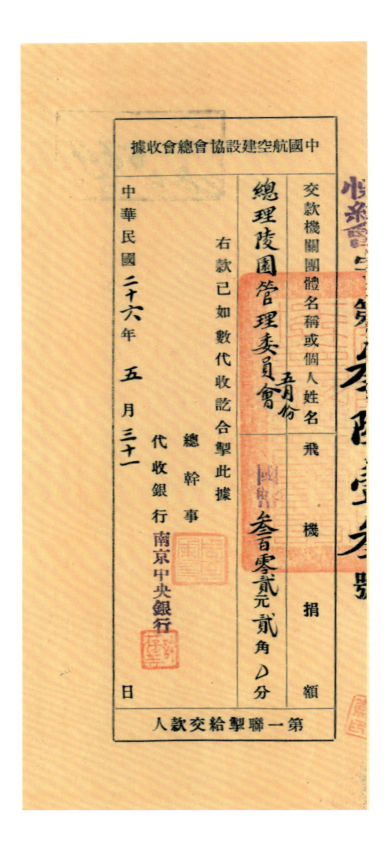

中國航空建設協會總會收據

（字第 號）

交款機關團體名稱或個人姓名：總理陵園管理委員會 五月份

飛機捐額：國幣叁百零貳元貳角〇分

右款已如數代收訖合掣此據

總幹事

代收銀行 南京中央銀行

中華民國二十六年五月三十一日

第一聯掣給交款人

关于为送一九三七年六月份职员飞机捐款支票及清册并请给予收据事的往来文件

总理陵园管理委员会致中国航空建设协会总会的函（一九三七年七月一日）

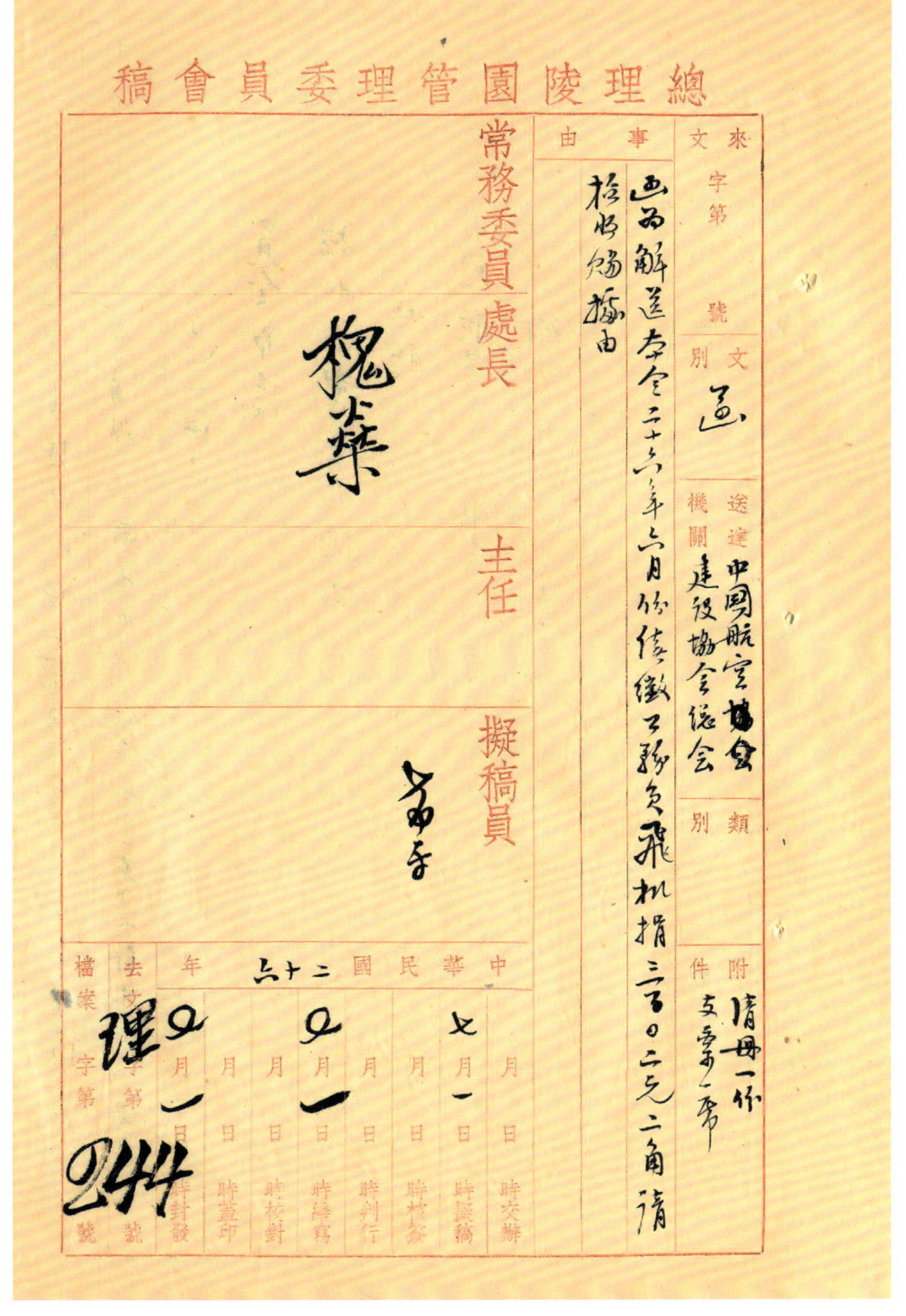

總理陵園管理委員會稿

來文字第　號	
文別	函
送達機關	中國航空建設協會總會
類別	
附件	清冊一份 支票一張

事由：函為解送本會二十六年六月份職員飛機捐三百〇二元二角請檢收給據由

常務委員

處長

主任

擬稿員

中華民國二十六年

七月一日 擬稿

七月一日 繕寫

七月一日 封發

去文 理字第 2444 號

檔案字第　號

案查本会二十六年六月份续缴公务员飞机捐业已分别相集，计共国币三百零二元二角。兹将缴款数目表清册一份并开具中央银行支票一纸（计法币三百〇二元二角）一併送達

貴会即请

检收并掣发收据为荷

此致

中国航空建设协会總會

附清册原支票一纸

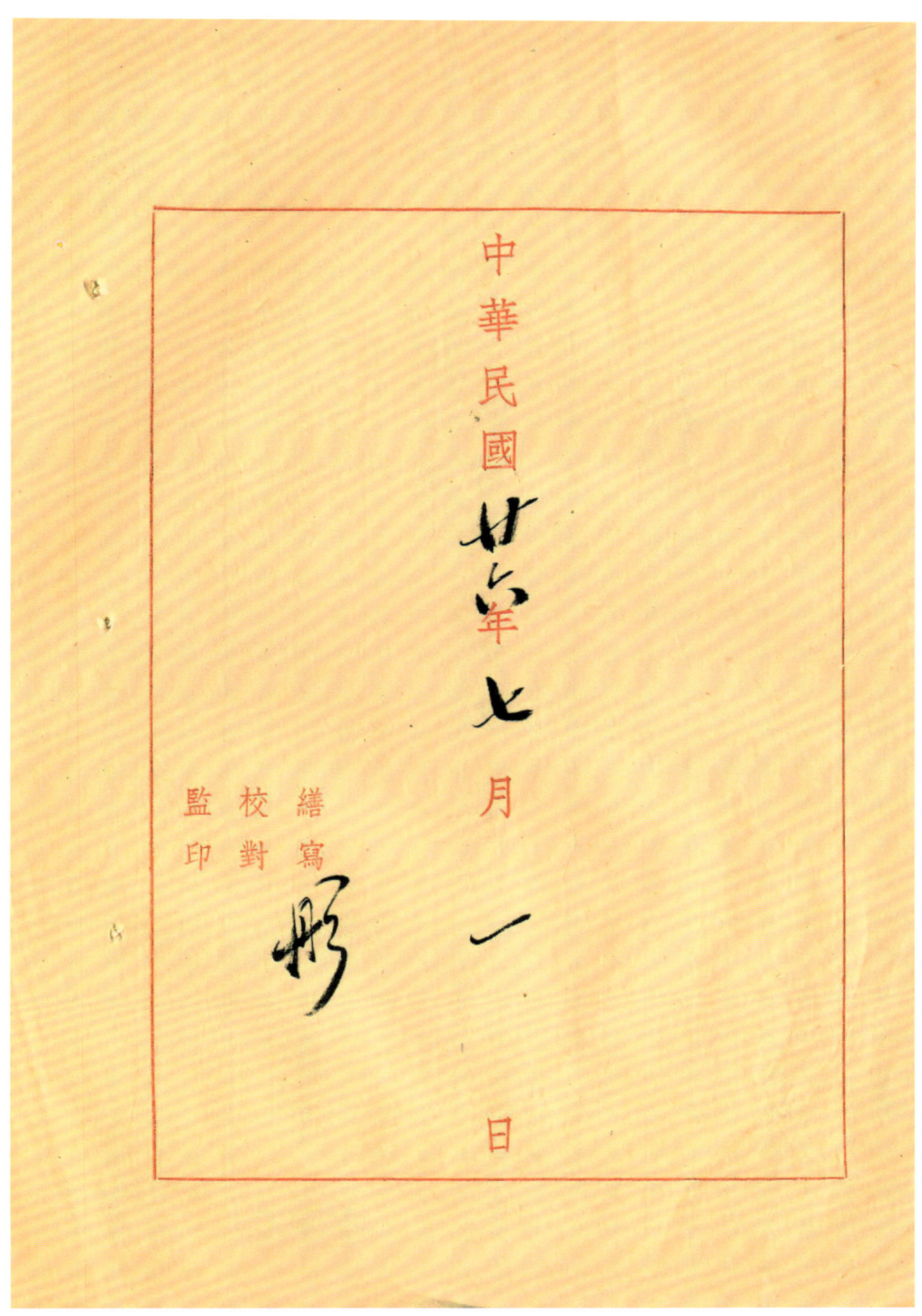

中華民國廿六年七月一日

繕寫

校對

監印

中国航空建设协会总会致总理陵园管理委员会的公函（一九三七年七月十五日）

附：正式收据一份

中國航空建設協會總會公函

事由	擬辦	決定辦法	備考
准解二十六年六月份飛機捐款已收訖掣據函復即請察收并將臨時收據寄還註銷由	擬存查臨时收據檢出寄还 七月十九	擬存 七、廿九	注意：覆文請註明某字及某號
附件：收據一			

二十六年七月十九日時到　即日送寄

文收 第 786 號

中國航空建設協會總會　公函

財字第4661號

案准

貴會解繳二十六年六月份飛機捐款，共國幣叁百○貳元貳角正，附清冊一份，囑查收掣據，等由；准此，上款業經如數收訖，並填給臨時收據在案。除將清冊存查外，相應掣據函復，即希

詧收，并將臨時收據寄還註銷為荷！此致

總理陵園管理委員會

附正式收據一紙。

中華民國二十六年七月十五日

校對 侯孔璧
監印 周文進

太平巷卅号
二百七日

會長　蔣中正

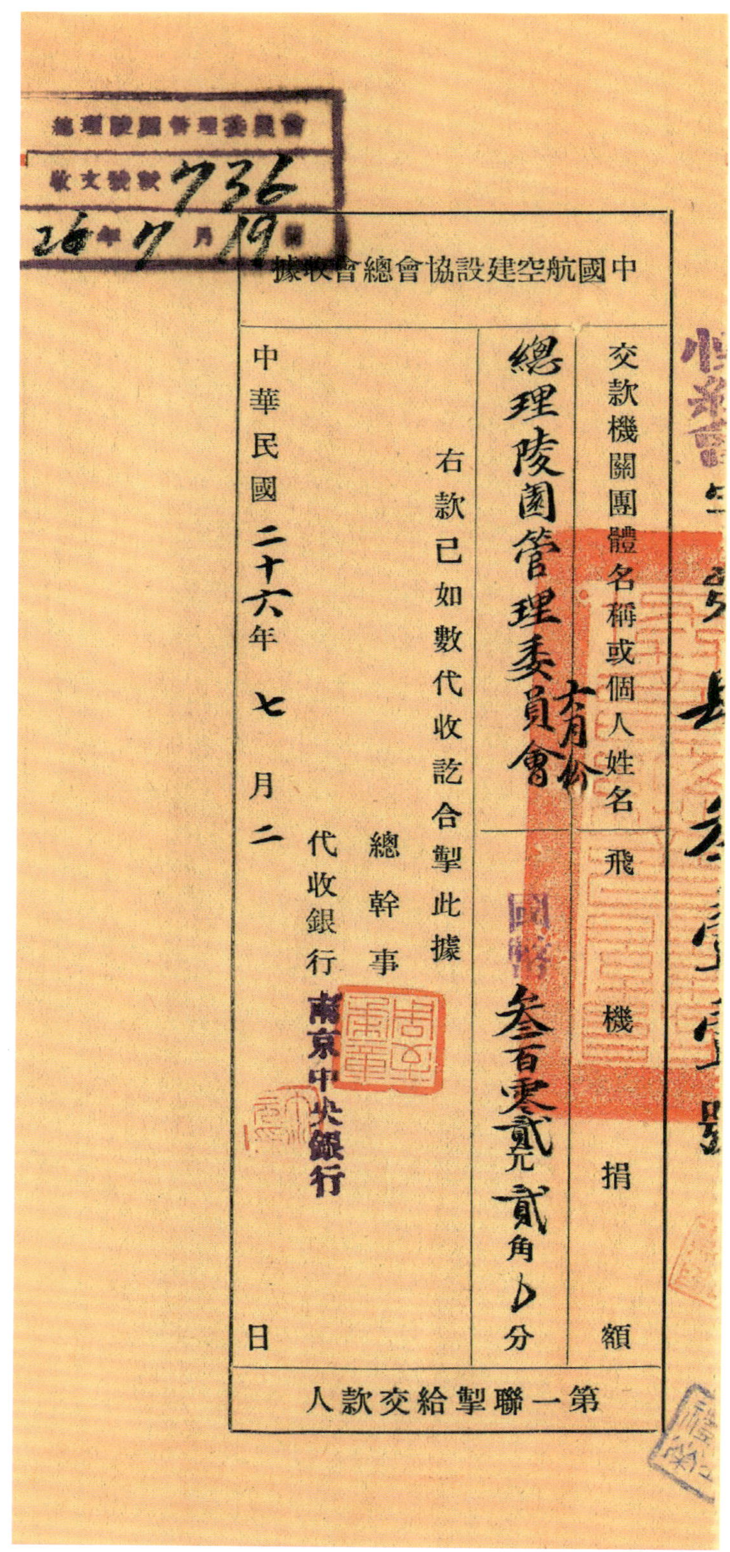

總理陵園管理委員會
收文號數 736
26年7月19日

中國航空建設協會總會收據

交款機關團體名稱或個人姓名：總理陵園管理委員會六月份
飛機捐額：國幣叁百零貳元貳角〇分

右款已如數代收訖合製此據
總幹事
代收銀行 南京中央銀行

中華民國二十六年七月二日

第一聯製給交款人

总理陵园管理委员会为送一九三七年七月份职员应缴飞机捐款支票及清册并请给予正式收据事致中国航空建设协会总会公函（一九三七年八月二十三日）

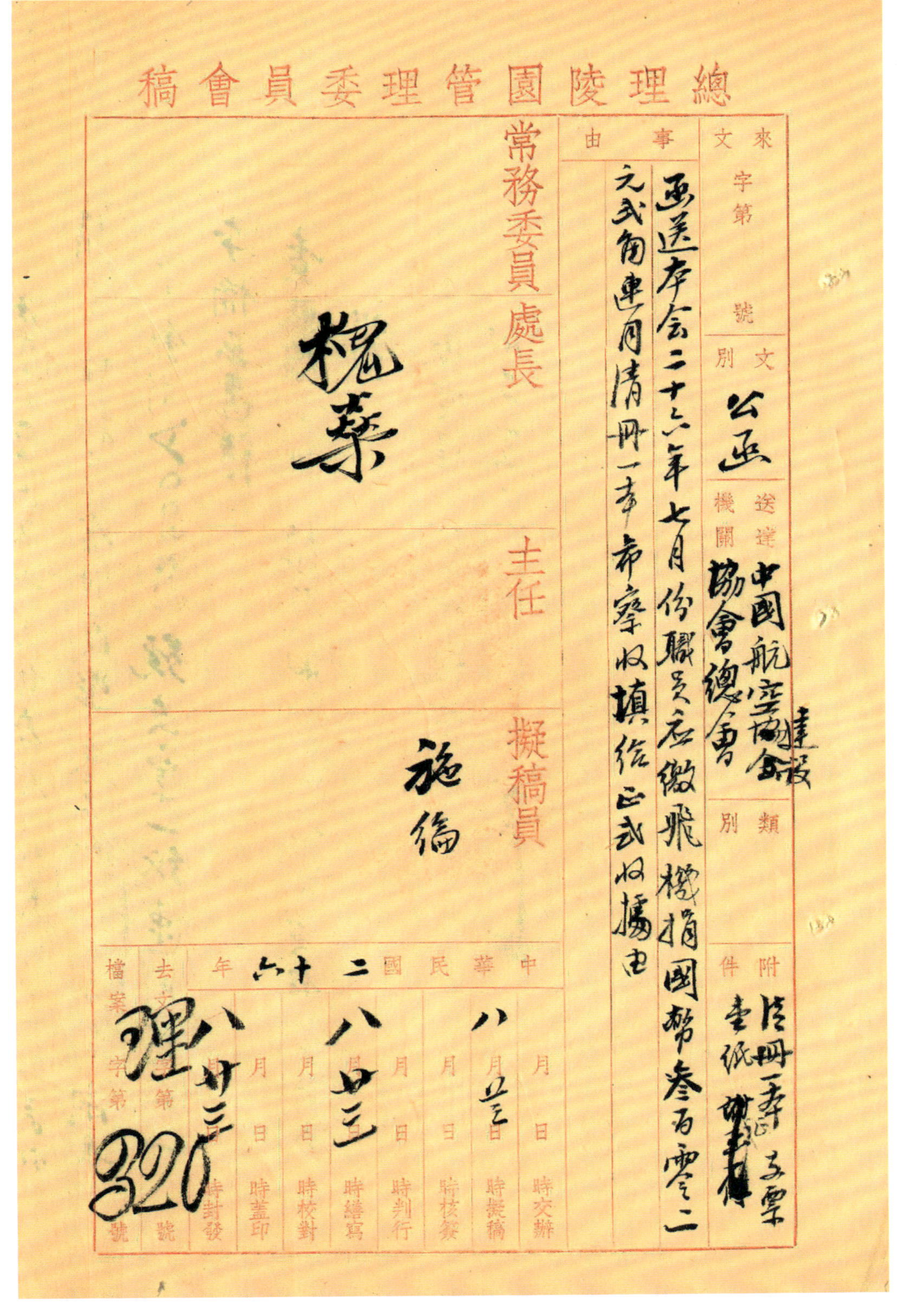

總理陵園管理委員會稿

來文字第　號

文別：公函

送達機關：中國航空建設協會總會

類別

事由：函送本会二十六年七月份職員應繳飛機捐國幣叁百零二元貳角連同清册一本希察收填给正式收據由

附件：清册一本　支票一纸

常務委員：標桑

處長

主任

擬稿員：施綸

中華民國二十六年　八月廿三日交擬　八月廿三日擬稿　月日核簽　月日判行　八月廿三日繕寫　月日校對　月日蓋印　八月廿三日封發

去文字第　號

檔案字第　號

理 320

案查二十六年七月份本会各职员应缴飞机捐业经扣足，合计国币叁百零贰元贰角，开具交通银行A0055555号支票一纸，连同清册一本，备函送请

查照检收，掣人填发收据过会，以资存查为荷。

此致

中国航空建设协会总会

附支票一纸　清册一本

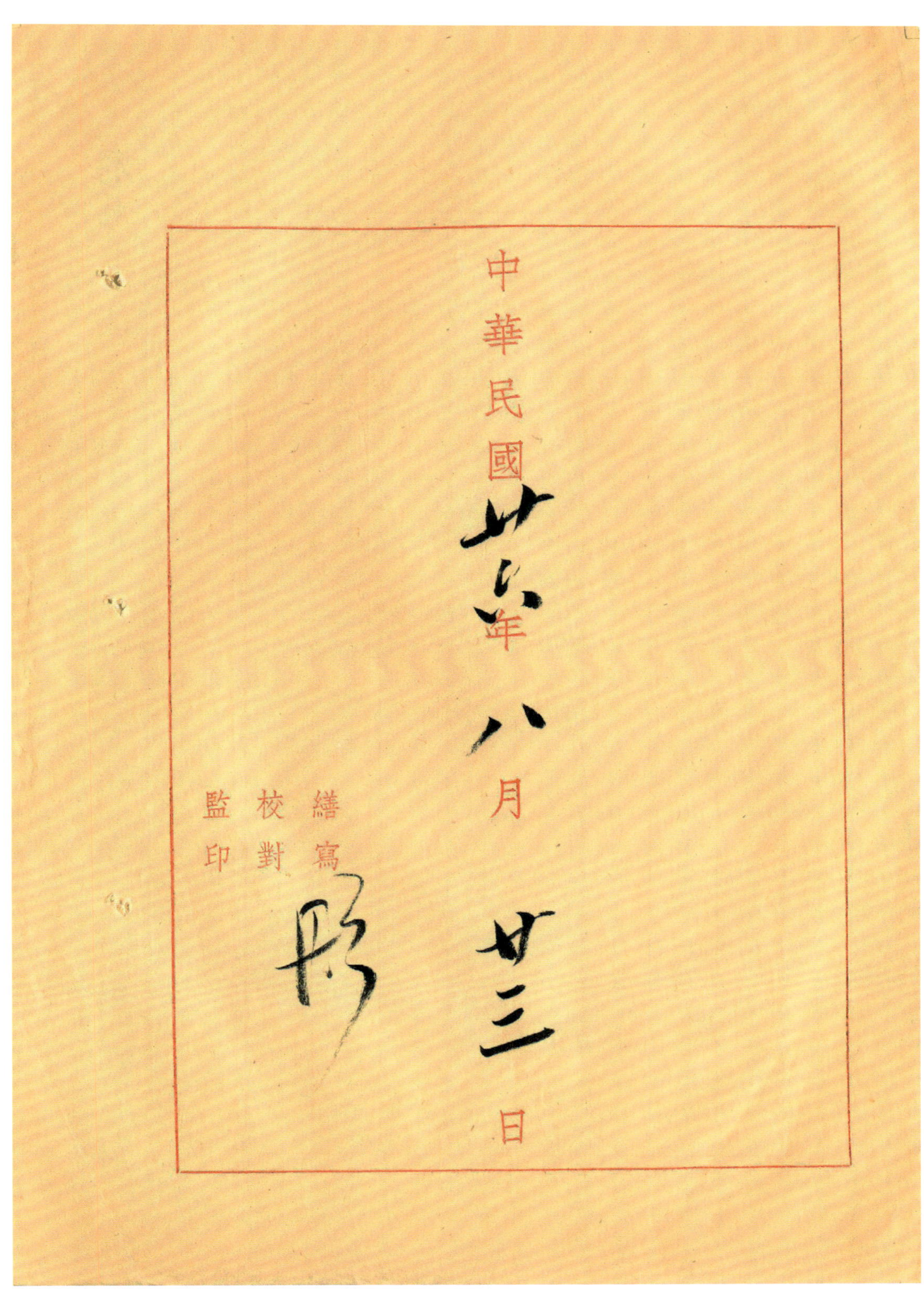

中華民國廿六年八月廿三日

繕寫

校對

監印

总理陵园管理委员会扣缴一九三七年九月份续征公务员飞机捐数目表（一九三七年九月）

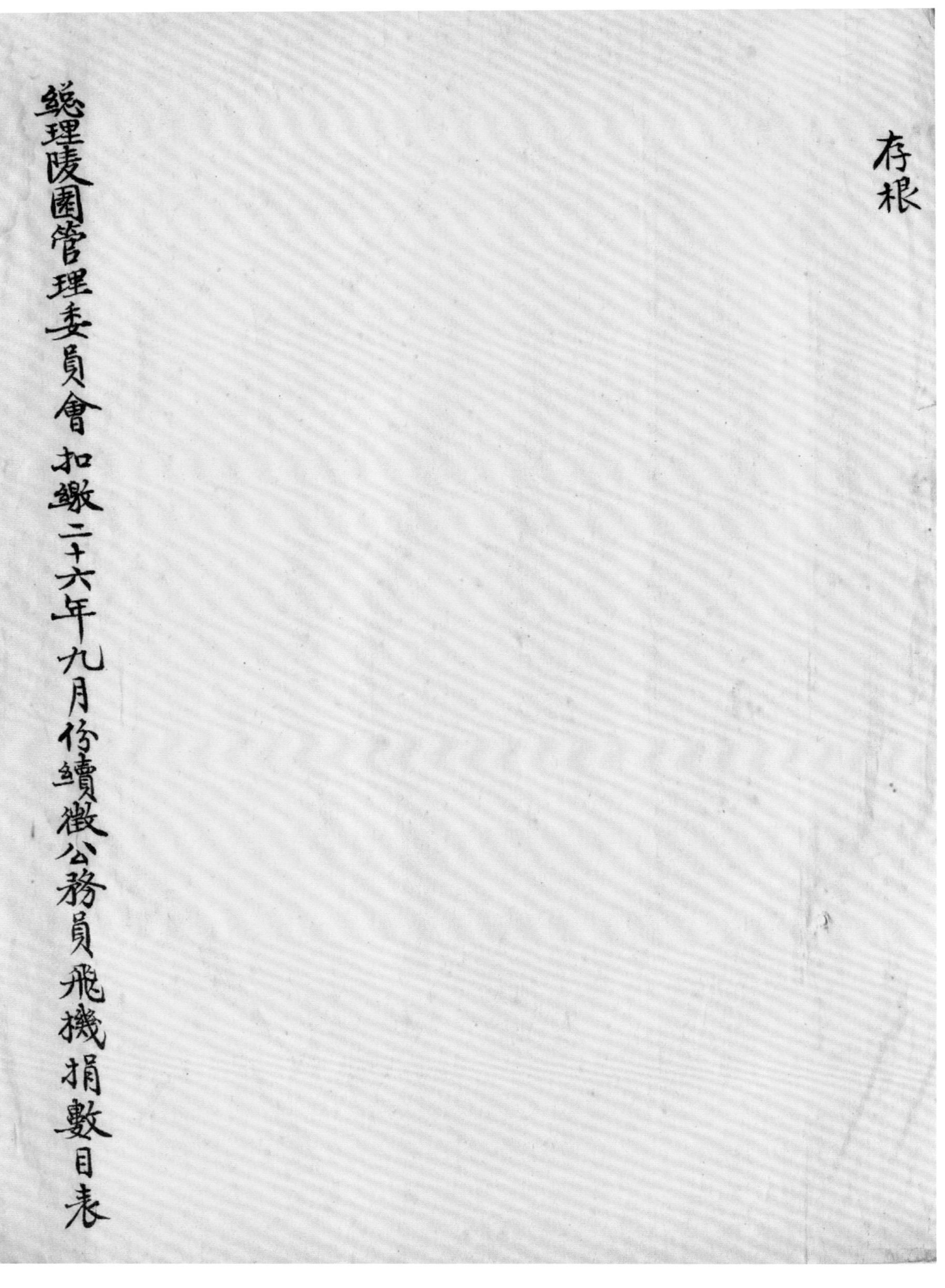
存根

總理陵園管理委員會扣繳二十六年九月份續徵公務員飛機捐數目表

存根

總理陵園管理委員會扣繳二十六年九月份續徵公務員飛機捐數目表

職別	姓名	薪額	捐率	捐額	備考
總務處處長兼會計主任	林槐蓀	五二二〇〇	8%	四一七六	
文牘課主任	陳希平	二一八〇〇	3%	六五四	
課員	張彤叔	一一四〇〇	1.5%	一七一	
僱員	王世椿	六六〇〇	1%	六六	
事務課主任	余纘庚	一五四〇〇	2%	三〇八	
課員	吉予觀	一七〇〇〇	2%	三四〇	
仝上	沈玉書	一三八〇〇	1.5%	二〇七	
仝上	劉自稗	一〇六〇〇	1.5%	一五九	

總理陵園管理委員會

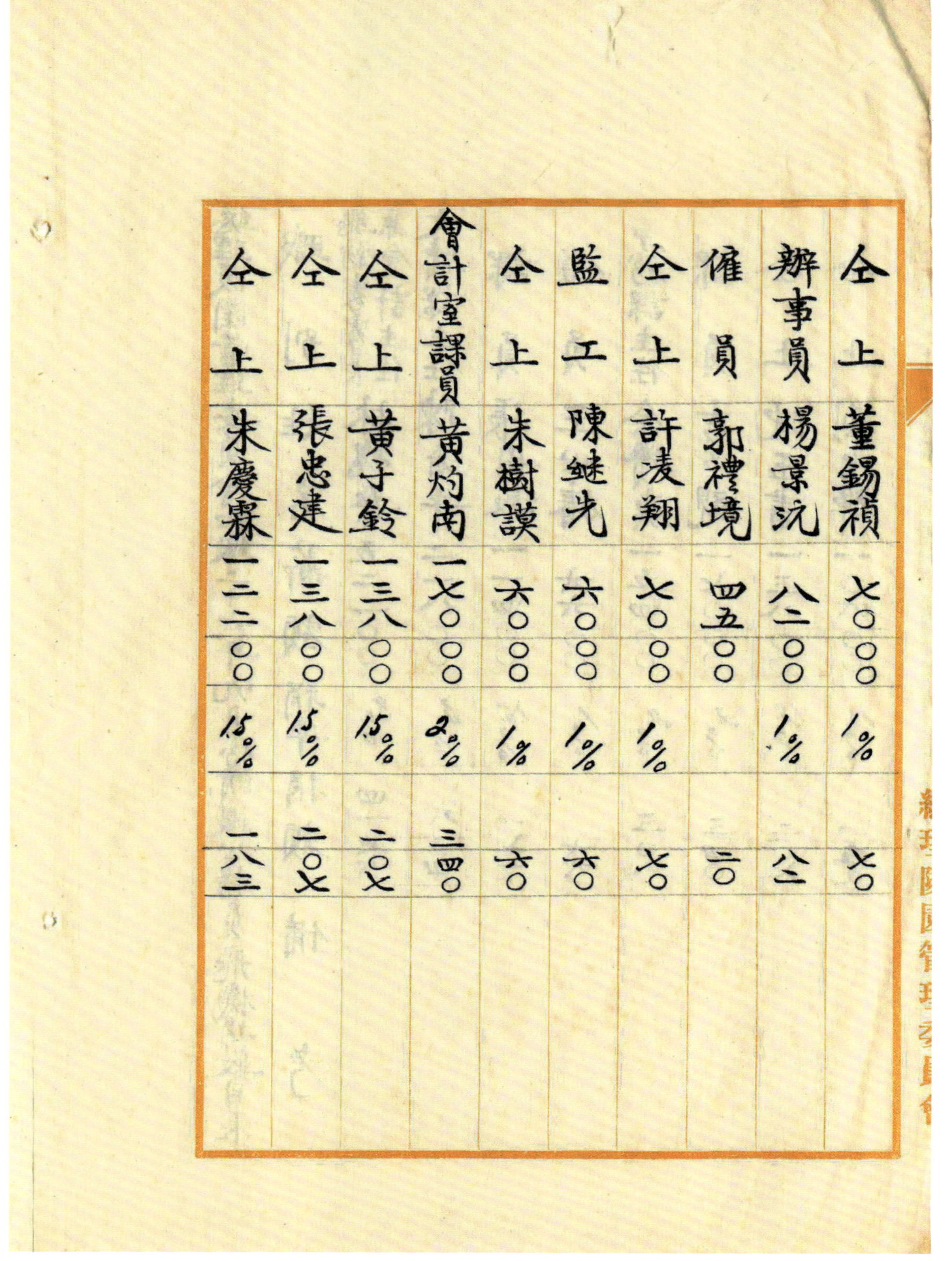

仝上	董錫禎	七〇	〇〇	1%	七〇
辦事員	楊景沅	八二	〇〇	1%	八二
僱員	郭禮境	四五	〇〇		二〇
仝上	許凌翔	七〇	〇〇	1%	七〇
監工	陳繼光	六〇	〇〇	1%	六〇
仝上	朱樹謨	六〇	〇〇	1%	六〇
會計室課員	黃灼南	一七〇	〇〇	2%	三四〇
仝上	黃子銓	一三八	〇〇	1.5%	二〇七
仝上	張忠建	一三八	〇〇	1.5%	二〇七
仝上	朱慶霖	一二二	〇〇	1.5%	一八三

總理陵園管理委員會

仝上	林大沾	一一四〇〇	1.5%	一七一
僱員	彭漢業	五〇〇〇		二〇
工程組主任	劉光黎	一七〇〇〇	2%	三四〇
工務員	楊光煦	一五四〇〇	2%	三〇八
仝上	夏行時	一一四〇〇	1.5%	一七一
仝上	應詩華	九〇〇〇	1%	九〇
工務助理員	王功亮	一〇六〇〇	1.5%	一五九
僱員	陳秀山	五〇〇〇		二〇
仝上	蘇登科	五四〇〇	1%	五四
仝上	劉玉鼎	五〇〇〇		二〇

園林組主任	傅煥光	三三〇〇〇	5%	一六五
課員	張受祉	一二〇〇〇	15%	一八〇
技術員	王承鼎	一一四〇〇	15%	一七一
仝上	何競仁	一一四〇〇	15%	一七一
傭員	周陞勲	三五〇〇		二〇
仝上	沈德卿	三五〇〇		二〇
森林股主任	林祐光	二九八〇〇	3%	八九四
技師	唐建光	二一八〇〇	3%	六五四
技術員	吳敬立	一〇六〇〇	15%	一五九
園藝股主任	王太一	二三四〇〇	3%	七〇二

技師	章守玉	二一八〇〇	3%	六五四
技術員	沈善棟	一〇六〇〇	1.5%	一五九
僱員	汪德馨	三二〇〇		二〇
植物園技師	葉培忠	二一〇〇〇	3%	六三〇
技術員	趙志立	九〇〇〇	1%	九〇
仝上	沈藻中	九〇〇〇	1%	九〇
僱員	賀文銘	三五〇〇		二〇
警衛處處長	馬湘	五二〇〇	8%	四一六
管理課主任	朱祖漢	二五〇〇	3%	七五〇
課員	張大鵬	一二二〇〇	1.5%	一八三

職别	姓名	金額	百分比	數額
仝上	李昌	五四〇〇	1%	五四
僱員	趙廣怡	四五〇〇		二〇
仝上	施大鈞	三五〇〇		二〇
總務課代理主任	范良	一二二〇〇	1.5%	一八三
課員	魏克民	一〇六〇〇	1.5%	一五九
仝上	周志民	五四〇〇	1%	五四
警衛大隊隊附	劉醴泉	九〇〇〇	1%	九〇
警衛大隊副隊長	溫燕	一〇六〇〇	1.5%	一五九
仝上	張光耀	九〇〇〇	1%	九〇
小隊長	鄭釗	三六〇〇		二〇

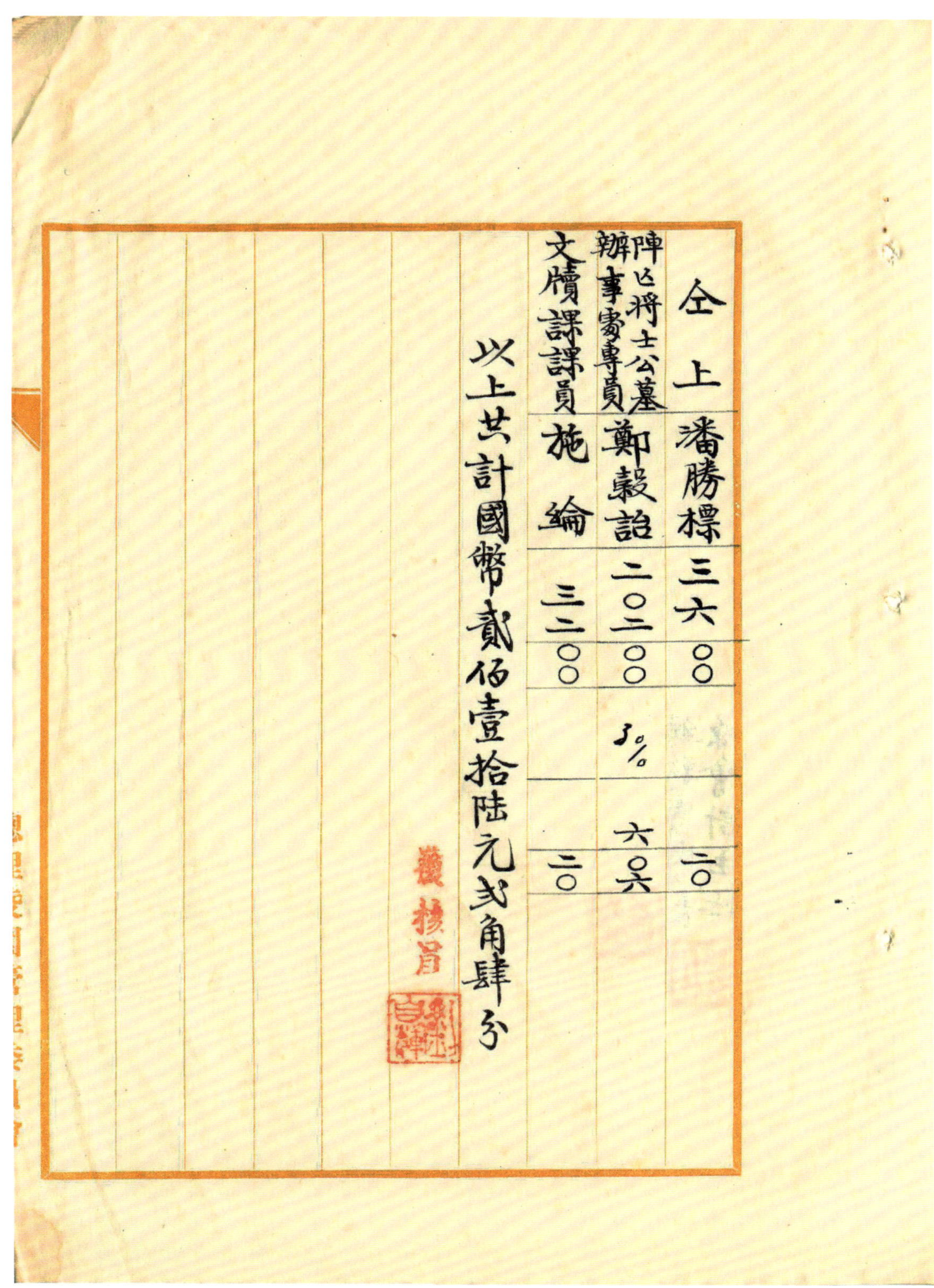

仝上	潘勝標	三六〇〇		二〇
陣亡將士公墓辦事處專員	鄭穀詒	二〇二〇〇	3%	六〇六
文牘課課員	施綸	三二〇〇		二〇

以上共計國幣貳佰壹拾陸元貳角肆分

總理陵園管理委員會常務委員

總務處處長兼會計主任

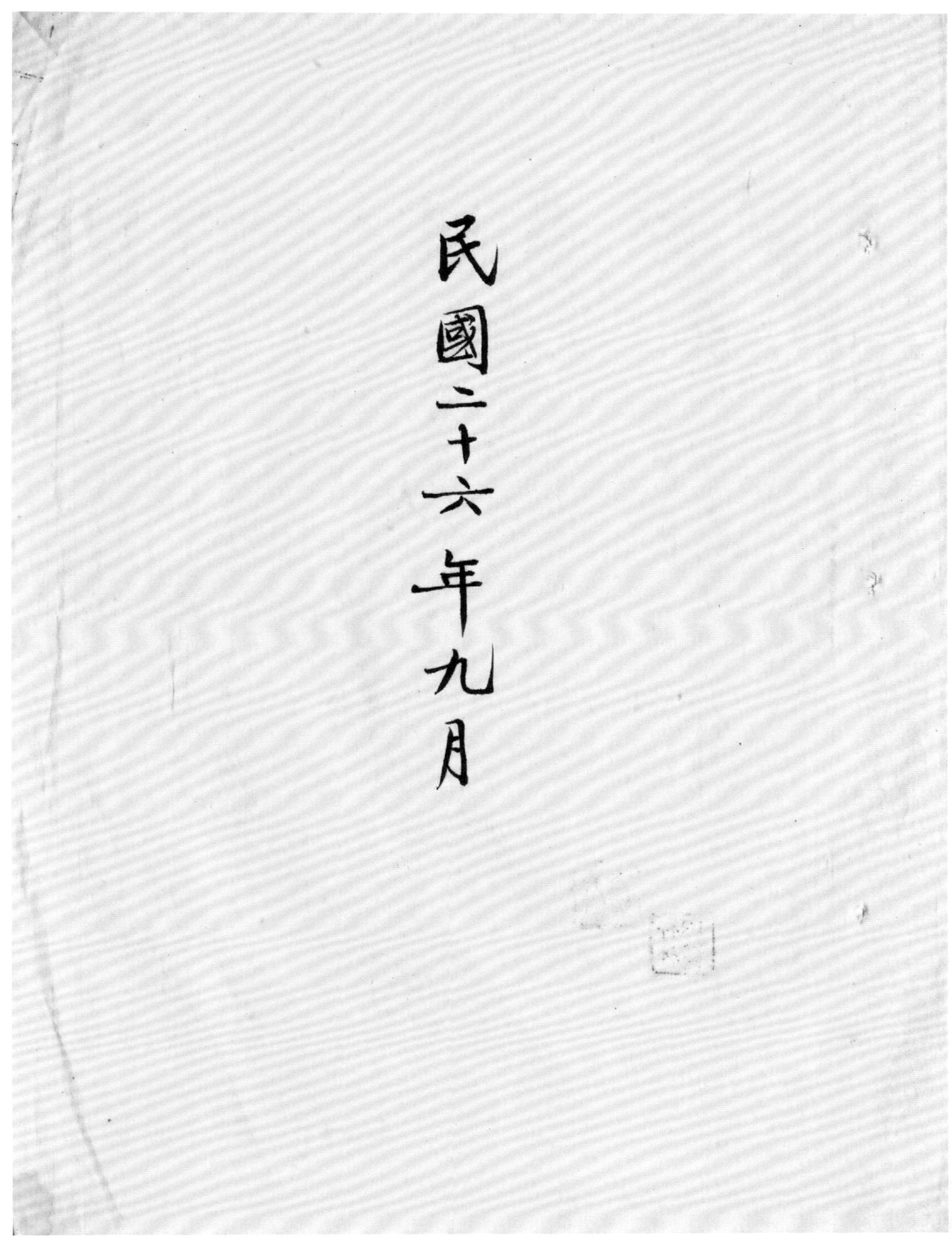
民國二十六年九月

总理陵园管理委员会扣缴一九三七年十月份续征公务员飞机捐数目表（一九三七年十月）

存根

總理陵園管理委員會扣繳二十六年十月份續徵公務員飛機捐數目表

寧波黄炳南

總理陵園管理委員會扣繳二十六年十月份續徵公務員飛機捐數目表

職別	姓名	薪額	捐率	捐額	備考
總務處處長兼會計主任	林槐森	五二二〇〇	8%	四一七六	
文牘課主任	陳希平	二一八〇〇	3%	六五四	
課員	張彤叔	二一四〇〇	1.5%	一七二	
僱員	王世椿	六六〇〇	1%	六六	
事務課主任	余纘庚	一五四〇〇	2%	三〇八	
課員	吉予觀	一七〇〇〇	2%	三四〇	
仝上	沈玉書	一三八〇〇	1.5%	二〇七	
仝上	劉自輝	一〇六〇〇	1.5%	一五九	

仝上	董錫禎	七〇〇〇	1%	七〇
辦事員	楊景沅	八二〇〇	1%	八二
僱員	郭禮境	四五〇〇		二〇
仝上	許凌翔	三五〇〇		二〇
會計室課員	黄灼南	一七〇〇〇	2%	三四〇
仝上	黄子鈴	一三八〇〇	15%	二〇七
仝上	張忠建	一三八〇〇	15%	二〇七
仝上	朱慶霖	一二二〇〇	15%	一八三
仝上	林大沾	一一四〇〇	15%	一七一
僱員	彭漢業	五〇〇〇		二〇

總理陵園管理委員會

職別	姓名	薪額		比率	數額
工程組主任	劉光黎	一七〇	〇〇	2%	三四〇
工務員	楊光煦	一五四	〇〇	2%	三〇八
仝上	夏行時	一一四	〇〇	15%	一七一
仝上	應詩棨	九〇	〇〇	1%	九〇
工務助理員	王功亮	一〇六	〇〇	15%	一五九
僱員	陳秀山	五〇	〇〇		二〇
仝上	蘇登科	五四	〇〇	1%	五四
仝上	劉玉鼎	五〇	〇〇		二〇
園林組主任	傅煥光	三三〇	〇〇	5%	一六五〇
課員	張受祉	一二二	〇〇	15%	一八三

技術員	王承鼎	一一四〇〇	15%	一七一
仝上	何競仁	一一四〇〇	15%	一七一
傭員	周陞勳	三五〇〇		二〇
仝上	沈德卿	三五〇〇		二〇
森林股主任	林祜光	二九八〇〇	3%	八九四
技師	唐迪光	二一八〇〇	3%	六五四
技術員	吴敬立	一〇六〇〇	15%	一五九
園藝股主任	王太一	二三四〇〇	3%	七〇二
技師	章守玉	二一八〇〇	3%	六五四
技術員	沈善棟	一〇六〇〇	15%	一五九

僱員	汪德馨	三二〇〇		二〇
植物園技師	葉培忠	一五〇〇〇	15%	二二五
技術員	趙志立	七五〇〇	1%	七五
仝上	沈葆中	七五〇〇	1%	七五
僱員	賀文鎔	三五〇〇		二〇
警衛處處長	馬湘	五二二〇〇	8%	四一七六
管理課主任	朱祖漢	二五〇〇〇	3%	七五〇
課員	張大鵬	一二二〇〇	15%	一八三
仝上	李昌	五四〇〇	1%	五四
僱員	趙廣怡	四五〇〇		二〇

职别	姓名				
仝上	施大鈞	三五〇	〇〇		二〇
總務課代理主任	范良	一二二	〇〇	15%	一八三
課員	魏克民	一〇六	〇〇	15%	一五九
仝上	周志民	五四	〇〇	1%	五四
警衛大隊隊附	劉醴泉	九〇	〇〇	1%	九〇
警衛大隊副隊長	温燕	一〇六	〇〇	15%	一五九
仝上	張光耀	九〇	〇〇	1%	九〇
小隊長	鄭劍	三六	〇〇		二〇
仝上	潘勝標	三六	〇〇		二〇
陣亡將士公墓辦事處專員	鄭毅詒	二〇二	〇〇	3%	六〇六

總理陵園管理委員會

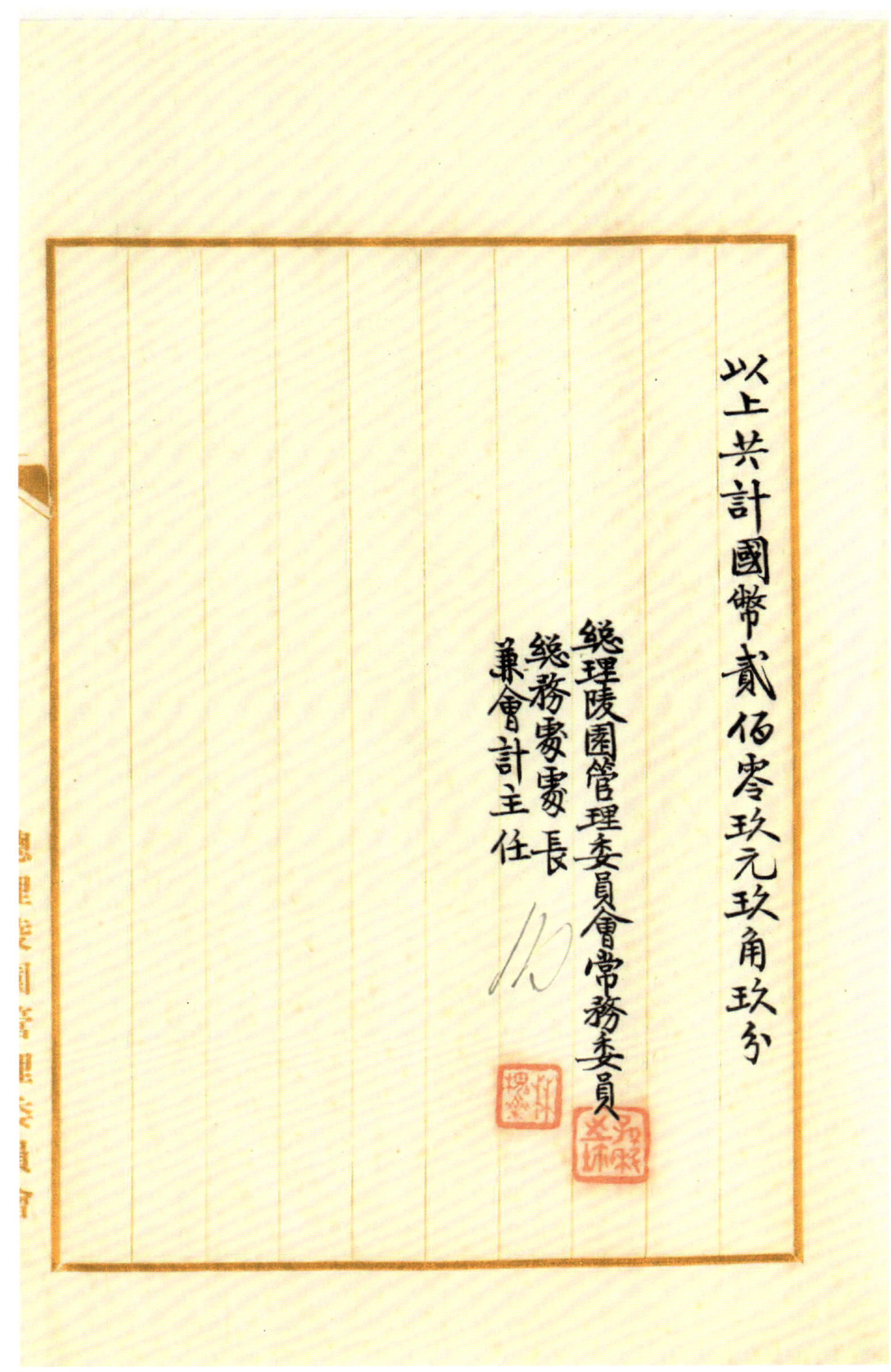

以上共計國幣貳佰零玖元玖角玖分

總理陵園管理委員會常務委員

總務處處長

兼會計主任

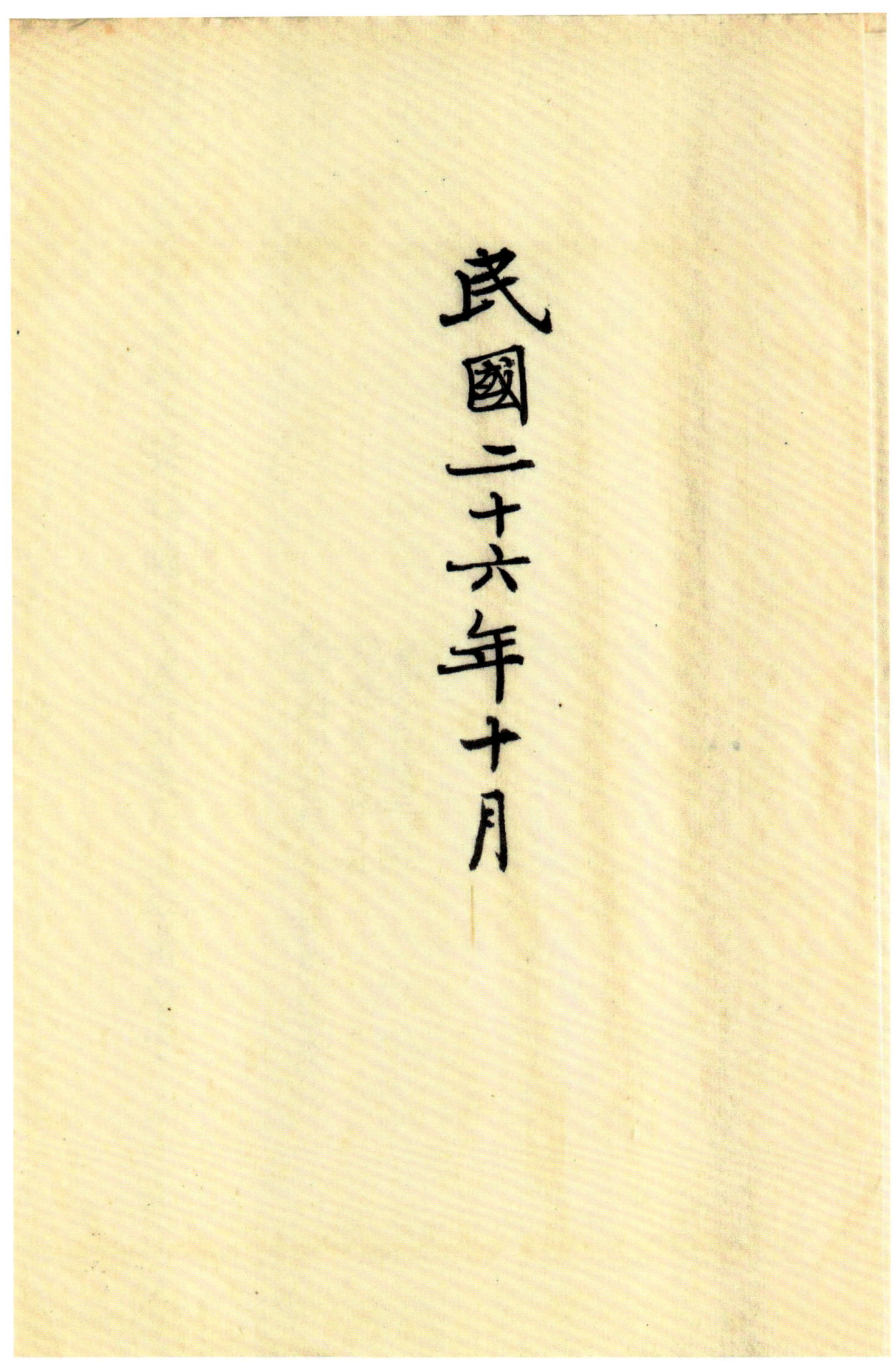

民國二十六年十月

总理陵园管理委员会扣缴一九三七年十一月份续征公务员飞机捐数目表（一九三七年十一月）

總理陵園管理委員會扣繳二十六年十一月份續徵公務員飛機捐數目表

職別	姓名	薪額	捐率	捐額	備考
總務處處長兼會計主任	林槐森	五二二 〇〇	8%	四一 七六	
文牘課主任	陳希平	二一八 〇〇	3%	六 五四	
課員	張彤叔	一一四 〇〇	1.5%	一 七一	
僱員	王世楨	六六 〇〇	1%	六六	
事務課主任	余纘庚	一五四 〇〇	2%	三 〇八	
課員	吉予觀	一七〇 〇〇	2%	三 四〇	
仝上	沈玉書	一三八 〇〇	1.5%	二 〇七	
仝上	劉自輝	一〇六 〇〇	1.5%	一 五九	

職務	姓名	薪額		成數	合計
仝上	董錫禎	七〇	〇〇	1%	七〇
辦事員	楊景沅	八二	〇〇	1%	八二
僱員	郭禮境	四五	〇〇		二〇
會計室課員	黃灼南	一七〇	〇〇	2%	三四〇
仝上	黃子鈴	一三八	〇〇	1.5%	二〇七
仝上	張忠建	一三八	〇〇	1.5%	二〇七
仝上	朱慶霖	一二二	〇〇	1.5%	一八三
仝上	林大沾	一一四	〇〇	1.5%	一七一
僱員	彭漢業	五〇	〇〇		二〇
工程組主任	劉光黎	一七〇	〇〇	2%	三四〇

工務員	楊光煦	一五四	〇〇	2%	三	〇八
仝上	夏行時	一一四	〇〇	1.5%	一	七一
仝上	應詩桀	九〇	〇〇	1%		九〇
工務助理員	王功亮	一〇六	〇〇	1.5%	一	五九
僱員	陳秀山	五〇	〇〇			二〇
仝上	蘇登科	五四	〇〇	1%		五四
仝上	劉玉鼎	五〇	〇〇			二〇
園林組主任	傅煥光	三三〇	〇〇	5%	一六	五〇
課員	張受祉	一二二	〇〇	1.5%	一	八三
技術員	王承鼎	一一四	〇〇	1.5%	一	七一

仝上	何競仁	一一四〇〇	15%	一	七一
僱員	周陞勲	三五〇〇			一〇
仝上	沈德卿	三五〇〇			一〇
森林股主任	林祐光	二九八〇〇	3%	八	九四
技師	唐廸光	二一八〇〇	3%	六	五四
技術員	吳敬立	一〇六〇〇	15%	一	五九
園藝股主任	王太一	二三四〇〇	3%	七	〇二
技師	章守玉	二一八〇〇	3%	六	五四
技術員	沈善棟	一〇六〇〇	15%	一	五九
僱員	汪德馨	三二〇〇			一〇

植物園技師	葉培忠	一五〇	〇〇	15%	二二五
技術員	沈葆中	七五	〇〇	1%	七五
傭員	賀文鎔	三五	〇〇		二〇
警衛處處長	馬湘	五二二	〇〇	8%	四一七六
管理課主任	朱祖漢	二五〇	〇〇	3%	七五〇
課員	張大鵬	一二二	〇〇	15%	一八三
仝上	李昌	五四	〇〇	1%	五四
傭員	趙廣怡	四五	〇〇		二〇
仝上	施大鈞	三五	〇〇		二〇
總務課代理主任	范良	一二二	〇〇	15%	一八三

總理陵園管理委員會

職別	姓名	金額		扣數
課員	魏克民	一〇六〇〇	15%	一五九
仝上	周志民	五四〇〇	1%	五四
警衛大隊隊附	劉醴泉	九〇〇〇	1%	九〇
警衛大隊副隊長	温燕	一〇六〇〇	15%	一五九
仝上	張光耀	九〇〇〇	1%	九〇
小隊長	鄭劍	三六〇〇		二〇
仝上	潘勝標	三六〇〇		二〇
陣亡將士公墓辦事處專員	鄭穀詒	二〇二〇〇	3%	六〇六

以上共計國幣貳佰零玖元零肆分

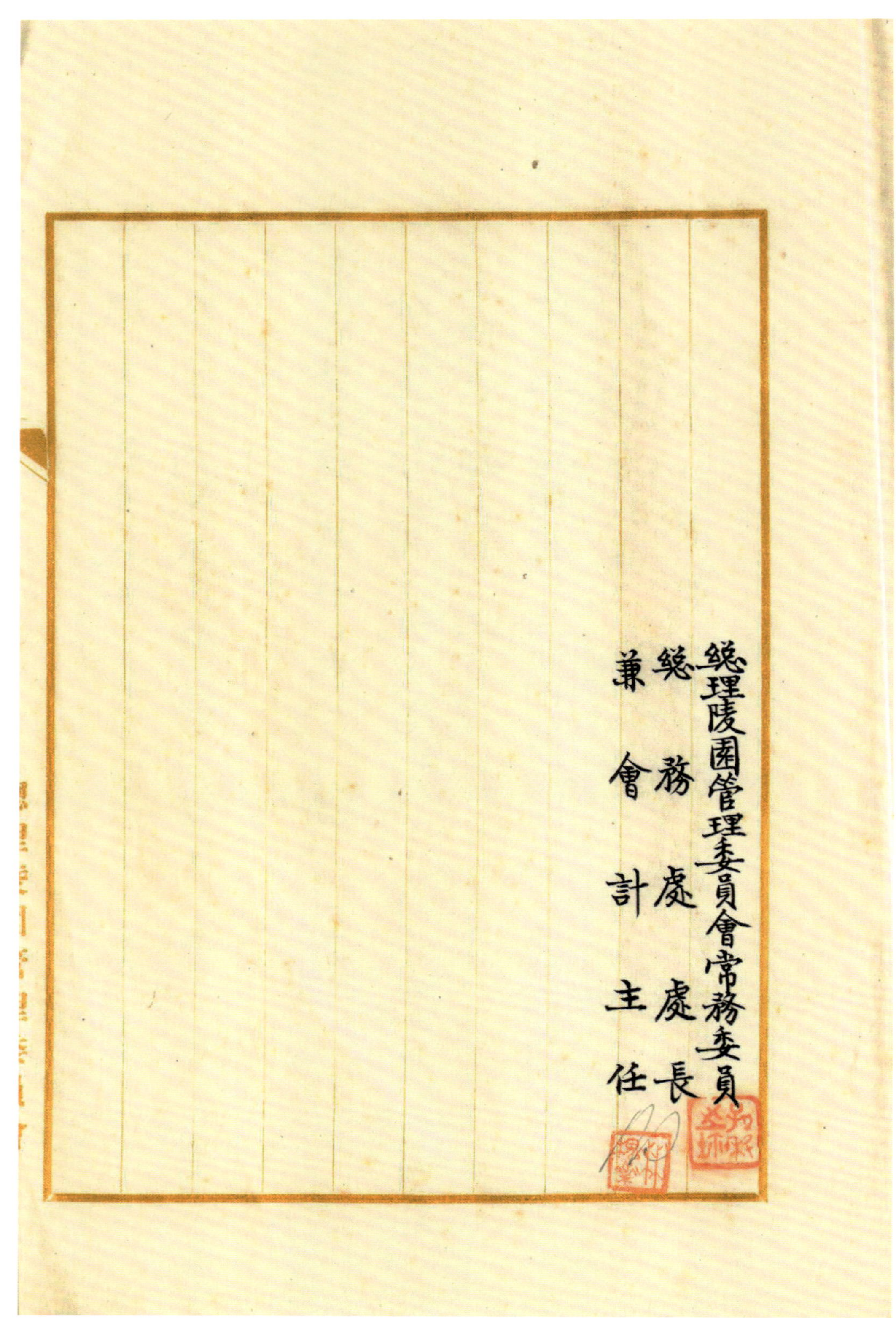

總理陵園管理委員會常務委員
總務處處長
兼會計主任

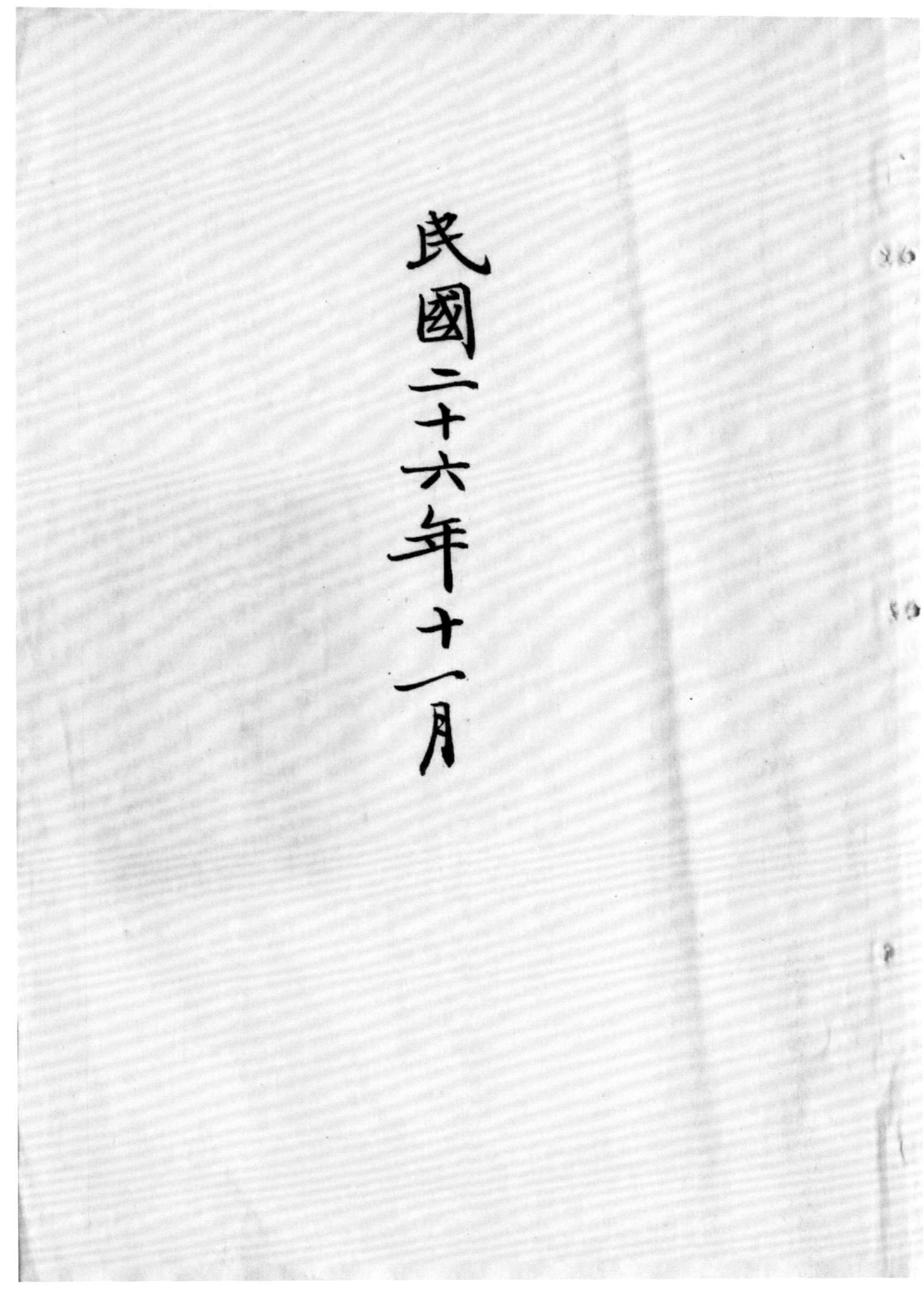
民國二十六年十一月

总理陵园管理委员会扣缴一九三七年十二月份续征公务员飞机捐数目表（一九三八年八月）

總理陵園管理委員會扣繳民國二十六年十二月份續徵公務員飛機捐數目表

總理陵園管理委員會扣繳二十六年十二月份續徵公務員飛機捐數目表

職別	姓名	薪額	捐率	捐額	備考
總務處處長兼會計主任	林槐燊	五二二〇〇	8%	四一七六	
事務課主任	余鑽庚	一五四〇〇	2%	三〇八	
會計室課員	黄灼南	一七〇〇〇	2%	三四〇	
仝上	朱慶霖	一二二〇〇	1.5%	一八三	

以上共計國幣伍拾元零柒分

總理陵園管理委員會常務委員

總務處處長
兼會計主任

總理陵園管理委員會

民國二十七年八月

四、阵亡将士公墓

（一）国民革命军阵亡将士公墓

第七次常務會議　二十一年五月十八日

陳果夫

傅焕光

夏光宇

建築陣亡將士公墓籌備委員會第七次常務會議紀錄

地點　靈谷寺本會辦公處

時間　二十一年五月十八日下午二時

出席者　陳果夫　夏光宇　傅焕光

列席者　劉夢錫　許　政　梁鼎銘

主　席　傅焕光　　紀錄　許　政

主席恭讀　總理遺囑

報告事項

一、宣讀上次會議紀錄

二、報告四月份收支總結　附件一

三、報告藝術股見習員苗子建于本月十一日到差

四、報告軍事委員會來函及淞滬抗日陣亡將士營葬委員會組織章程

五、劉工程師報告工程經過情形

討論事項

一、請推舉淞滬抗日陣亡將士營葬委員會代表案

決議　推舉夏光宇、劉夢錫二委員代表出席

二、見習員苗子建月支津貼三十六元請予核准案

決議　照准

三、決議　東首公墓改稱第一公墓，西首公墓改稱第二公墓

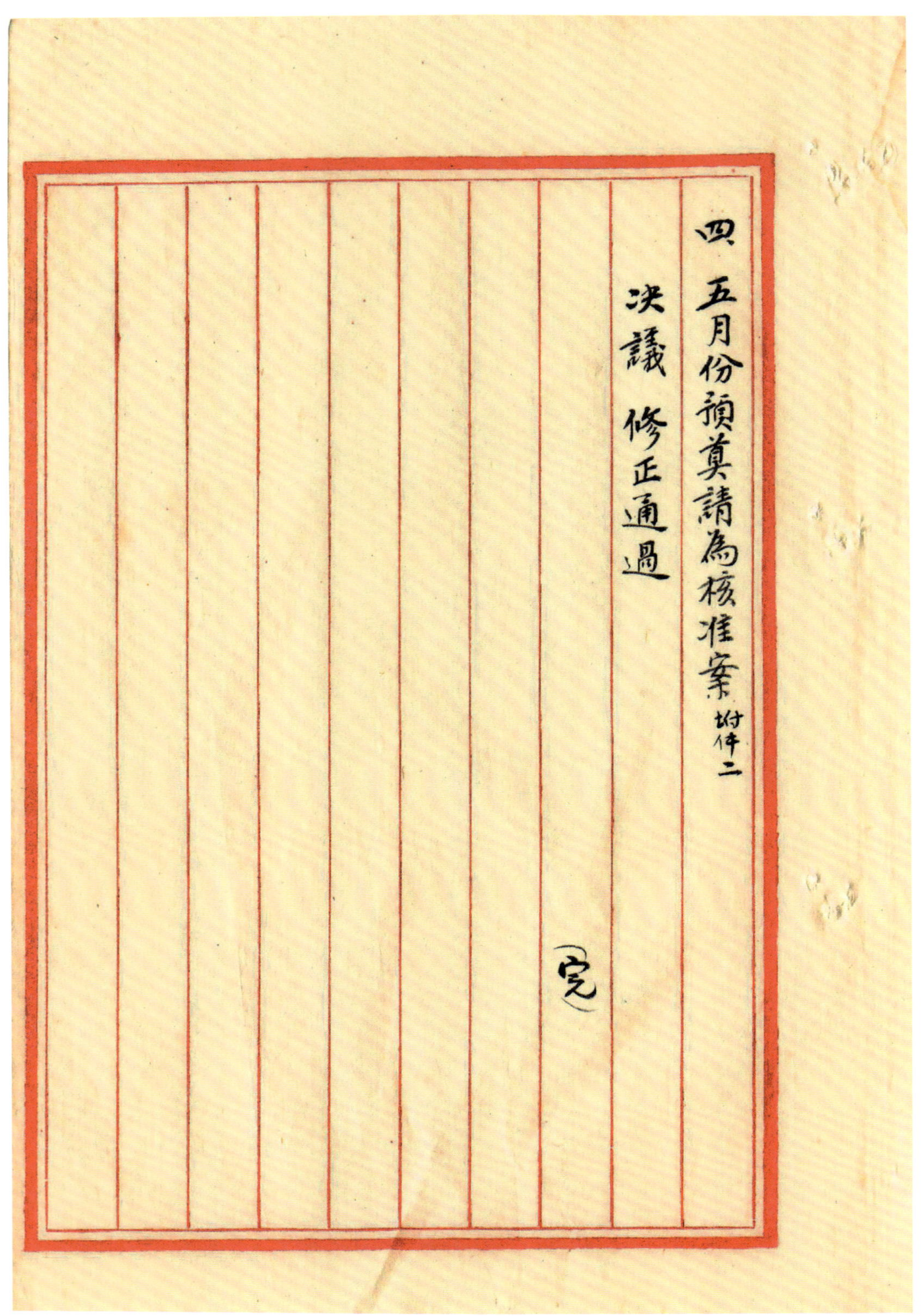
四、五月份预算请为核准案附件二
决议　修正通过
（完）

建筑阵亡将士公墓筹备委员会第八次常务会议纪录（一九三二年六月十七日）

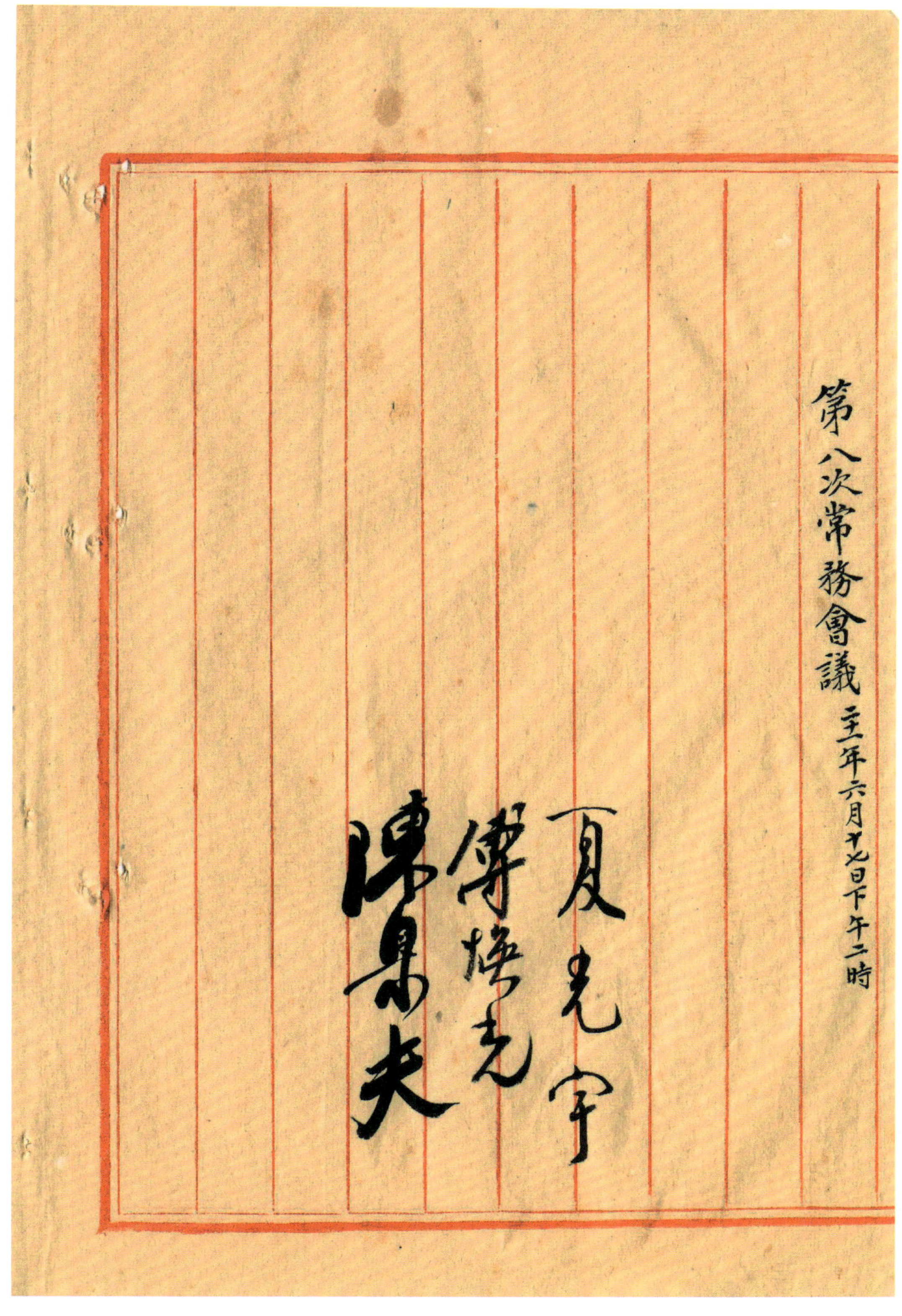

第八次常務會議 二十一年六月十七日下午二時

夏光宇

傅煥光

陳果夫

建築陣亡將士公墓籌備委員會第八次常務會議紀録

地點 靈谷寺本會辦公處

時間 二十一年六月十七日下午二時

出席者 陳果夫 夏光宇 傅焕光

列席者 黄爲材 劉夢錫 許政 梁鼎銘

沈博文

主席 夏光宇 紀録 沈博文

主席恭讀 總理遺囑

報告事項

一、宣讀上次會議紀録

二、報告五月份收支總結　附件一
三、報告甘副師長来函
四、報告淞滬抗日陣亡將士營葬委員會借本會開第一次會議及
本會代表出席情形
五、報告茂菲建築師来函
六、劉工程師報告濟南調查碑石之經過
七、劉工程師報告工程經過情形
討論事項
一、茂菲建築師函請改裝紀念塔頂電燈案
決議　請劉工程師與首都電燈廠接洽後再行核辦

二、建築師茂菲函請改換紀念塔滴水瓦案

決議、准改換綠色滴水瓦本會担任實價三分之一

三、劉工程師請建築第二第三公墓橋樑案

決議　第二公墓橋樑照劉工程師圖樣招標第三公墓橋樑改用磚砌涵筒所需水泥黃沙先准支材料費洋伍百元正

四、紀念塔第三期款洋伍萬元到期已照付請為追認案

決議、追認

五、建築師費第三期第十四次款洋柒佰伍拾陸元業已到期照付請為追認案

決議　追認

六、紀念塔碑石料請爲决定案

决議　採用山東石料由元吉工廠以貳仟壹佰貳拾元承包并就近委託曹松山監採督運一次致送伕馬洋貳佰元正

七、决議　公墓大門以内所有馬路兩旁用一尺半寬石條一條中鋪石片分段拓標興築

八、决議　誌公塔改用黑瓦不做走廊四週改築平台

九、六月份預算請爲核准案附件二

决議　修正通過

（完）

建筑阵亡将士公墓筹备委员会第十四次常务会议纪录（一九三三年一月十四日）

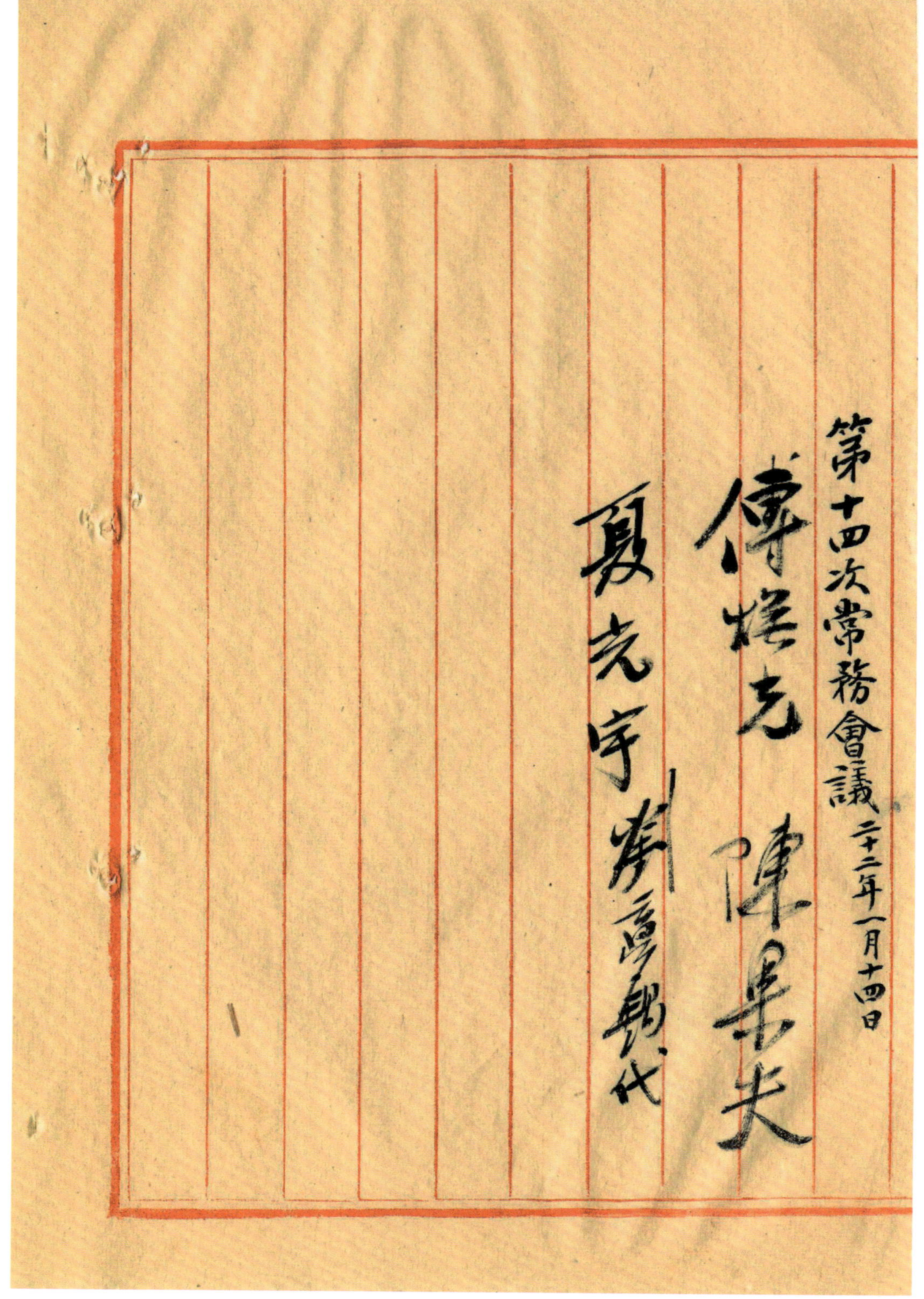

第十四次常務會議 二十二年一月十四日

傅焕光 陳果夫

夏光宇 劉彥邦代

建築陣亡將士公墓籌備委員會第十四次常務會議紀録

地點　靈谷寺本會辦公廳

時間　二十二年一月十四日下午五時

出席者　陳果夫　夏光宇劉夢錫代　傅焕光

列席者　許　政　劉夢錫　梁鼎銘

主　席　傅焕光　紀　録　許　政

主席恭讀　總理遺囑

報告事項

一　宣讀上次會議紀録

二　報告十、十一月份收支總結附件一、二

三 報告紀念塔碑石工程

四 許幹事報告會同各師代表赴申調查淞滬抗日陣亡將士墓地情形及與上海各慈善團體接洽之經過

五 劉工程師報告工程進行情形

六 梁藝術專員報告壁畫工作情形

討論事項

一 無量殿第五期造價洋貳萬叁仟元正到期已照付請為追認案

決議 追認

二 建築師費叁佰伍拾元到期已照付請為追認案

決議　追認

三　徵集革命博物館陳列品案

決議　先徵集陣亡將士遺像遺物遺著其登報啓事稿

請傅委員撰文

四　決議　暫撥二千元爲淞滬抗日陣亡將士營葬委員會經費

五　二十一年十二月份及二十二年一月份預算請爲核准案附件三四

決議　修正通過

（完）

白鹤昌等一百二十八名淞沪抗战阵亡将士入葬第一公墓名单（一九三三年）

姓名	部隊	階級	碑號	墓位			安葬時日	何處運來	葬別	表別
白鶴昌	第六〇師	少校連長	第145號	第一公墓	第一圈	第四區	二十二年六月二日	江蘇省閔行縣	棺	甲二
伍澤林	第六〇師	上尉營附	第146號	第一公墓	第一圈	第四區	仝年月日	仝省縣	棺	甲三
李芳輝	第六〇師	上尉連長	第147號	第一公墓	第一圈	第四區	仝年月日	仝省縣	棺	甲七
譚啟友	第六〇師	上尉連長	第148號	第一公墓	第一圈	第四區	仝年月日	仝省崑山縣	棺	甲六
張慶雲	第六〇師	中尉代連附	第149號	第一公墓	第一圈	第四區	仝年月日	仝省上海縣	棺	甲一六
丁子堅	第六〇師	中尉連附	第150號	第一公墓	第一圈	第四區	仝年月日	仝省縣	碑	甲一一

第　頁

姓名	部隊	階級	碑號	墓位	安葬時日	何處運來	葬別	表別
韋蘭香	第六〇師	少尉連坿	第151號	第一公墓第一圈第四區	二十二年六月二日	江蘇省上海縣	棺	甲二四
唐庚生	第六〇師	少尉連坿	第152號	第一公墓第一圈第四區	仝年月日	仝省縣	棺	甲二三
宋福	第六〇師	中士班長	第153號	第一公墓第一圈第四區	仝年月日	仝省真茹縣	棺	甲五七
甯伯權	第六〇師	中士班長	第154號	第一公墓第一圈第四區	仝年月日	仝省上海縣	棺	甲四三
王雲貴	第六〇師	中士軍士	第155號	第一公墓第一圈第四區	仝年月日	仝省縣	棺	甲六四
陸星臣	第六〇師	下士軍士	第156號	第一公墓第一圈第四區	仝年月日	仝省真茹縣	棺	甲八
葉伍	第六〇師	上等兵	第157號	第一公墓第一圈第四區	仝年月日	仝省閔行縣	棺	甲八九
齊初義	第六〇師	一等兵	第158號	第一公墓第一圈第四區	仝年月日	仝省上海縣	棺	甲二五二
劉真標	第六〇師	一等兵	第159號	第一公墓第一圈第四區	仝年月日	仝省閔行縣	棺	甲一八七
李正安	第六〇師	一等兵	第160號	第一公墓第一圈第四區	仝年月日	仝省上海縣	棺	甲一六五

姓名	部隊	階級	碑號	墓位			安葬時日	何處運來	葬別	表別
金開亨	第六〇師	二等兵	第161號	第一公墓	第一圈	第五區	二十二年六月二日	江蘇省上海縣	棺	甲三四八
黃金龍	第六〇師	二等兵	第162號	第一公墓	第一圈	第五區	仝年月日	仝省縣	棺	甲三四六
董國華	第六〇師	二等兵	第163號	第一公墓	第一圈	第五區	仝年月日	仝省縣	棺	甲三五八
郭玉田	第六〇師	二等兵	第164號	第一公墓	第一圈	第五區	仝年月日	仝省縣	棺	甲二七七
王堅民	第六一師	中校團附	第165號	第一公墓	第一圈	第五區	仝年月日	仝省縣	棺	甲二
李榮熙	第六一師	少校營長	第166號	第一公墓	第一圈	第五區	仝年月日	仝省大場縣	棺	甲二
駱名揚	第六一師	上尉連長	第167號	第一公墓	第一圈	第五區	仝年月日	仝省上海縣	棺	甲一一
楊得昆	第六一師	中尉連附	第168號	第一公墓	第一圈	第五區	仝年月日	仝省縣	棺	甲二六
梁錫英	第六一師	中尉連附	第169號	第一公墓	第一圈	第五區	仝年月日	仝省閔行縣	棺	甲一七
黃少卿	第六一師	少尉排長	第170號	第一公墓	第一圈	第五區	仝年月日	仝省大場縣	棺	甲五二

姓名	部隊	階級	碑號	墓位	安葬時日	何處運來	葬別	表別
陳超	第六一師	少尉連附	第171號	第一公墓第一圈第五區	二十二年六月二日	江蘇省閔行縣	棺	
陳廷輝	第六一師	少尉連附	第172號	第一公墓第一圈第五區	仝年月日	仝省縣	棺	甲三八
吳子和	第六一師	中尉連附	第173號	第一公墓第一圈第五區	仝年月日	仝省縣	棺	甲二七
張煦才	第六一師	准尉連附	第174號	第一公墓第一圈第五區	仝年月日	仝省縣	棺	
陳玉廷	第六一師	上士班長	第175號	第一公墓第一圈第五區	仝年月日	仝省閔行縣	棺	甲六〇
車得初	第六一師	中士軍士	第176號	第一公墓第一圈第五區	仝年月日	仝省大場縣	棺	甲一一七
周云發	第六一師	中士	第177號	第一公墓第一圈第五區	仝年月日	仝省上海縣	棺	
劉受才	第六一師	中士軍士	第178號	第一公墓第一圈第五區	仝年月日	仝省閔行縣	棺	甲九四
李從陛	第六一師	下士	第179號	第一公墓第一圈第五區	仝年月日	仝省上海縣	棺	
林爵文	第六一師	下士	第180號	第一公墓第一圈第五區	仝年月日	仝省縣	棺	

第　頁

姓名	部隊	階級	碑號	墓位	安葬時日	何處運來	葬別	表別
王　輝	第六一師	上等兵	第181號	第一公墓第一圈第五區	二十二年六月二日	江蘇省大場縣	棺	甲二五六
王有才	第六一師	上等兵	第182號	第一公墓第一圈第五區	仝　年　月　日	仝　省閔行縣	棺	
羅天才	第六一師	一等兵	第183號	第一公墓第一圈第五區	仝　年　月　日	仝　省　縣	棺	
陳明亮	第六一師	二等兵	第184號	第一公墓第一圈第五區	仝　年　月　日	仝　省　縣	棺	
唐之章	第六一師	少校團附	第185號	第一公墓第一圈第五區	仝　年　月　日	仝　省安亭縣	棺	甲一
蔡幹青	第六一師	上尉連長	第186號	第一公墓第一圈第五區	仝　年　月　日	仝　省閔行縣	棺	
馬文聖	第六一師	上尉連長	第187號	第一公墓第一圈第五區	仝　年　月　日	仝　省上海縣	棺	
羅　彬	第六一師	上尉連長	第188號	第一公墓第一圈第五區	仝　年　月　日	仝　省嘉定縣	棺	甲六
温振群	第六一師	中尉連附	第189號	第一公墓第一圈第五區	仝　年　月　日	仝　省吳縣	棺	
陸　凱	第六一師	中尉書記	第190號	第一公墓第一圈第五區	仝　年　月　日	仝　省真茹縣	碑	

姓名	部隊	階級	碑號	墓位			安葬時日	何處運來	葬別	表別
羅漢屏	第七八師	中尉連附	第191號	第一公墓	第一圈	第五區	二十二年六月二日	江蘇省　縣	碑	甲一五
黎青天	第七八師	少尉連附	第192號	第一公墓	第一圈	第五區	仝年月日	仝省真茹縣	棺	甲二八
龎傑	第七八師	少尉排長	第193號	第一公墓	第一圈	第五區	仝年月日	仝省吴縣	棺	甲三二
王靖	第七八師	少尉幹事	第194號	第一公墓	第一圈	第五區	仝年月日	仝省　縣	碑	
蔣金	第七八師	少尉連附	第195號	第一公墓	第一圈	第五區	仝年月日	仝省上海縣	棺	
潘盛益	第七八師	准尉連附	第196號	第一公墓	第一圈	第五區	仝年月日	仝省　縣	碑	甲三七
黃貴蒼	第七八師	上士班長	第197號	第一公墓	第一圈	第五區	仝年月日	仝省　縣	碑	甲四二
蕭助民	第七八師	上士班長	第198號	第一公墓	第一圈	第五區	仝年月日	仝省上海縣	棺	
歐威良	第七八師	中士班長	第199號	第一公墓	第一圈	第五區	仝年月日	仝省　縣	碑	甲四四
王勝標	第七八師	中士班長	第200號	第一公墓	第一圈	第五區	仝年月日	仝省　縣	碑	甲四三

姓名	部隊	階級	碑號	墓位			安葬時日	何處運來	葬別	表別
周興武	第七八師	中士班長	第201號	第一公墓	第一圈	第五區	三十二年六月二日	省縣	碑	
林漢斌	第七八師	中士班長	第202號	第一公墓	第一圈	第五區	仝年月日	江蘇省上海縣	棺	
王明軒	第七八師	下士副班長	第203號	第一公墓	第一圈	第五區	仝年月日	仝省縣	棺	甲一三
龍南林	第七八師	下士班長	第204號	第一公墓	第一圈	第五區	仝年月日	仝省吳淞縣	棺	
曾漢民	第七八師	下士班長	第205號	第一公墓	第一圈	第五區	仝年月日	仝省閔行縣	棺	
趙海山	第七八師	上等兵	第206號	第一公墓	第一圈	第五區	仝年月日	仝省上海縣	棺	
何根	第七八師	上等兵	第207號	第一公墓	第一圈	第五區	仝年月日	仝省閔行縣	棺	甲二二
劉德祥	第七八師	上等兵	第208號	第一公墓	第一圈	第五區	仝年月日	仝省上海縣	棺	
陳德才	第七八師	一等兵	第209號	第一公墓	第一圈	第五區	仝年月日	仝省縣	棺	
張建漢	第七八師	一等兵	第210號	第一公墓	第一圈	第五區	仝年月日	仝省縣	棺	

第 頁

姓名	部隊	階級	碑號	墓位			安葬時日	何處運來	葬別	表別
鍾桂南	第七八師	一等兵	第211號	第一公墓	第一圈	第五區	二十三年六月二日	江蘇省上海縣	棺	
李少良	第七八師	二等兵	第212號	第一公墓	第一圈	第五區	仝年月日	仝省大場縣	棺	
何華	第七八師	二等兵	第213號	第一公墓	第一圈	第五區	仝年月日	仝省上海縣	棺	
崔崑崙	第七八師	二等兵	第214號	第一公墓	第一圈	第五區	仝年月日	仝省縣	棺	
唐循	第八八師	上校營長	第215號	第一公墓	第一圈	第六區	仝年月日	浙江省杭縣	棺	
陳振新	第八八師	少校營長	第216號	第一公墓	第一圈	第六區	仝年月日	江蘇省上海縣	棺	
施汝德	第八八師	上尉連長	第217號	第一公墓	第一圈	第六區	仝年月日	仝省閔行縣	棺	
唐鄴	第八八師	上尉連長	第218號	第一公墓	第一圈	第六區	仝年月日	仝省吳縣	棺	
駱建郎	第八八師	上尉連長	第219號	第一公墓	第一圈	第六區	仝年月日	仝省上海縣	棺	
萬羽	第八八師	上尉連長	第220號	第一公墓	第一圈	第六區	仝年月日	仝省閔行縣	棺	

姓名	部隊	階級	碑號	墓位			安葬時日	何處運來	葬別	表別
連逸卿	第八八師	中尉排長	第221號	第一公墓	第一圈	第六區	二十二年六月二日	江蘇省上海縣	棺	
劉光鑑	第八八師	中尉排長	第222號	第一公墓	第一圈	第六區	仝年月日	仝省縣	棺	
高鵬翼	第八八師	中尉排長	第223號	第一公墓	第一圈	第六區	仝年月日	仝省縣	棺	
黃茂松	第八八師	中尉排長	第224號	第一公墓	第一圈	第六區	仝年月日	仝省廟行縣	棺	
陳德芳	第八八師	上士班長	第225號	第一公墓	第一圈	第六區	仝年月日	仝省閔行縣	棺	
成槐州	第八八師	上士砲車長	第226號	第一公墓	第一圈	第六區	仝年月日	仝省縣	棺	
魏熊	第八八師	中士班長	第227號	第一公墓	第一圈	第六區	仝年月日	仝省縣	棺	
賀春林	第八八師	下士班長	第228號	第一公墓	第一圈	第六區	仝年月日	仝省吳縣	棺	
陳清美	第八八師	中士班長	第229號	第一公墓	第一圈	第六區	仝年月日	仝省閔行縣	棺	
駱得標	第八八師	中士班長	第230號	第一公墓	第一圈	第六區	仝年月日	省縣	棺	

姓名	部隊	階級	碑號	墓位			安葬時日	何處運來	葬別	表別
喻志高	第八八師	上等兵	第231號	第　公墓	第　圈	第六區	二十二年六月二日	江蘇省閔行縣	棺	
李腮妹	第八八師	上等兵	第232號	第一公墓	第一圈	第六區	仝年月日	仝省南京縣	棺	
胡選中	第八八師	一等兵	第233號	第一公墓	第一圈	第六區	仝年月日	仝省上海縣	棺	
王興	第八八師	一等兵	第234號	第一公墓	第一圈	第六區	仝年月日	仝省閔行縣	棺	
徐福堂	第八八師	一等兵	第235號	第一公墓	第一圈	第六區	仝年月日	仝省上海縣	棺	
張寶貴	第八八師	一等兵	第236號	第一公墓	第一圈	第六區	仝年月日	仝省廟行縣	棺	
徐家敎	第八八師	一等兵	第237號	第一公墓	第一圈	第六區	仝年月日	仝省閔行縣	棺	
虞孝常	第八八師	一等兵	第238號	第一公墓	第一圈	第六區	仝年月日	仝省上海縣	棺	
蔡永奎	第八八師	一等兵	第239號	第一公墓	第一圈	第六區	仝年月日	仝省閔行縣	棺	
劉敬光	第八八師	一等兵	第240號	第一公墓	第一圈	第六區	仝年月日	仝省　縣	棺	

姓名	部隊	階級	碑號	墓位			安葬時日	何處運來	葬別	表別
王振興	第八八師	一等兵	第241號	第一公墓	第一圈	第六區	二十三年六月二日	江蘇省閔行縣	棺	
聞鶴皋	第八八師	二等兵	第242號	第一公墓	第一圈	第六區	仝年月日	仝省南京縣	棺	
袁炳榮	第八八師	二等兵	第243號	第一公墓	第一圈	第六區	仝年月日	仝省閔行縣	棺	
廖有式	第八八師	學兵	第244號	第一公墓	第一圈	第六區	仝年月日	仝省縣	棺	
朱耀章	第八七師	少校營長	第245號	第一公墓	第一圈	第六區	仝年月日	省縣	碑	甲一
湯皋	第八七師	少校營附	第246號	第一公墓	第一圈	第六區	仝年月日	仝省太倉縣	棺	甲二
伍子憲	第八七師	上尉連附	第247號	第一公墓	第一圈	第六區	仝年月日	仝省吴縣	棺	甲八
朱明悠	第八七師	上尉連長	第248號	第一公墓	第一圈	第六區	仝年月日	仝省上海縣	棺	甲六
劉宏揚	第八七師	少校連長	第249號	第一公墓	第一圈	第六區	仝年月日	仝省吴縣	棺	甲三
劉克堯	第八七師	中尉排長	第250號	第一公墓	第一圈	第六區	仝年月日	仝省閔行縣	棺	甲

第 頁

姓名	部隊	階級	碑號	墓位			安葬時日	何處運來	葬別	表別
李慶豐	第八七師	中尉排長	第251號	第一公墓	第一圈	第六區	二十二年六月二日	江蘇省真茹縣	棺	甲一六
張翰	第八七師	上士	第252號	第一公墓	第一圈	第六區	仝年月日	仝省吳縣	棺	
王正龍	第八七師	上士	第253號	第一公墓	第一圈	第六區	仝年月日	仝省閔行縣	棺	
張育英	第八七師	上士排長	第254號	第一公墓	第一圈	第六區	仝年月日	仝省太倉縣	棺	甲二四
張金裕	第八七師	上士測量員	第255號	第一公墓	第一圈	第六區	仝年月日	仝省吳縣	棺	
孫文華	第八七師	中士班長	第256號	第一公墓	第一圈	第六區	仝年月日	仝省縣	棺	
陳德勝	第八七師	中士班長	第257號	第一公墓	第一圈	第六區	仝年月日	省縣	碑	
董樹祥	第八七師	下士班長	第258號	第一公墓	第一圈	第六區	仝年月日	仝省真茹縣	棺	甲八六
羅福明	第八七師	中士傳令	第259號	第一公墓	第一圈	第六區	仝年月日	仝省閔行縣	棺	甲六〇
尹得美	第八七師	列兵	第260號	第一公墓	第一圈	第六區	仝年月日	仝省吳縣	棺	

姓名	部隊	階級	碑號	墓位			安葬時日	何處運來	葬別	表別
胡彪	第八七師	列兵	第261號	第一公墓	第一圈	第六區	二十二年六月二日	江蘇省閔行縣	棺	甲五一
安嘉耀	第八七師	列兵	第262號	第一公墓	第一圈	第六區	仝年月日	仝省縣	棺	
袁文彬	第八七師	列兵	第263號	第一公墓	第一圈	第六區	仝年月日	仝省上海縣	棺	
譚道亮	第八七師	列兵	第264號	第一公墓	第一圈	第六區	仝年月日	仝省吳縣	棺	甲三二〇
鄒冠雄	稅警旅	上尉連長	第265號	第一公墓	第一圈	第七區	仝年月日	省縣	碑	甲三
古錚	稅警旅	上尉連長	第266號	第一公墓	第一圈	第七區	仝年月日	省縣	碑	甲一
葉思如	稅警旅	准尉副排長	第267號	第一公墓	第一圈	第七區	仝年月日	仝省大場縣	棺	甲一三
王明正	稅警旅	中士班長	第268號	第一公墓	第一圈	第七區	仝年月日	仝省縣	棺	甲三〇
岳占波	憲兵團	一等兵	第269號	第一公墓	第一圈	第七區	仝年月日	省縣	棺	
奚少康	憲兵團	一等兵	第270號	第一公墓	第一圈	第七區	仝年月日	省縣	棺	

姓名	部隊	階級	碑號	墓位			安葬時日	何處運來	葬別	表別
滕久壽	吳淞要塞	中校參謀長	第271號	第一公墓	第一圈	第七區	二十二年六月二日	江蘇省上海縣	棺	甲一
莫錦榮	吳淞要塞	下士班長	第272號	第一公墓	第一圈	第七區	仝年月日	仝省吳淞縣	棺	甲六

第　頁

国民政府为举行阵亡将士公墓落成典礼事致总理陵园管理委员会训令（一九三五年十一月十三日）

國民政府訓令

第八九八號

令總理陵園管理委員會

為令飭事，據本府文官處簽呈稱，「准中央執行委員會秘書處第一四八五一號函開，『案據建築陣亡將士公墓籌備委員會呈中央為「該會定於本年十一月二十日上午八時，舉行陣亡將士公墓落成典禮，懇通飭各省市黨部及海外黨部屆時一律派遣高級人員代表參加，並請函國府通飭各院部會及所屬機關文職簡任以上，武職上校以上，屆時一律參加，以崇祀典，並參加人員，均限本月十六日以前，到典禮籌備處報到，以便排列席次，發給參加證。再是日爲中央主持公祭先烈日期，似宜通飭全國一體下半旗誌哀，祈核示」等情，經本常務委員批照辦。並通知各省市黨部及海外黨部出席五全大會代表代表各該黨部參加。除通知各代表外，相應函達查照轉陳辦理」等由，理合簽請鑒核」等情，據此，應即照辦。除飭處函復并分行外，合行令仰遵照，并分別轉飭所屬一體遵照辦理。

此令。

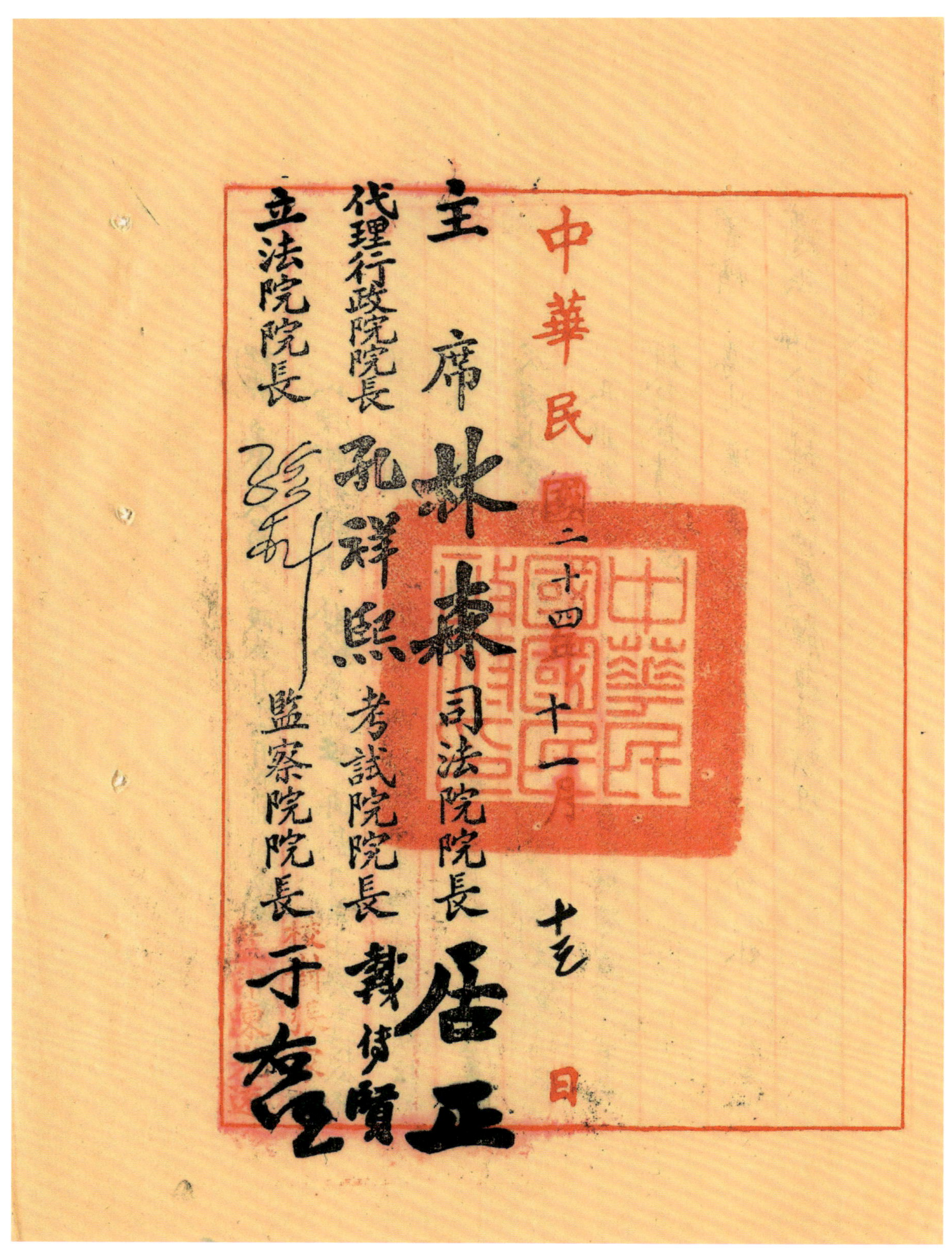

中華民國二十四年十一月十三日

主　席　林森

司法院院長　居正

代理行政院院長　孔祥熙

考試院院長　戴傳賢

立法院院長　孫科

監察院院長　于右任

国民政府文官处为据刘光斗呈报接收中央阵亡将士公墓经过情形转饬主管机关派员接收等事致总理陵园管理委员会公函（一九三六年七月二十五日）

附：抄中国国民党中央执行委员会秘书处原函（一九三六年七月二十三日）

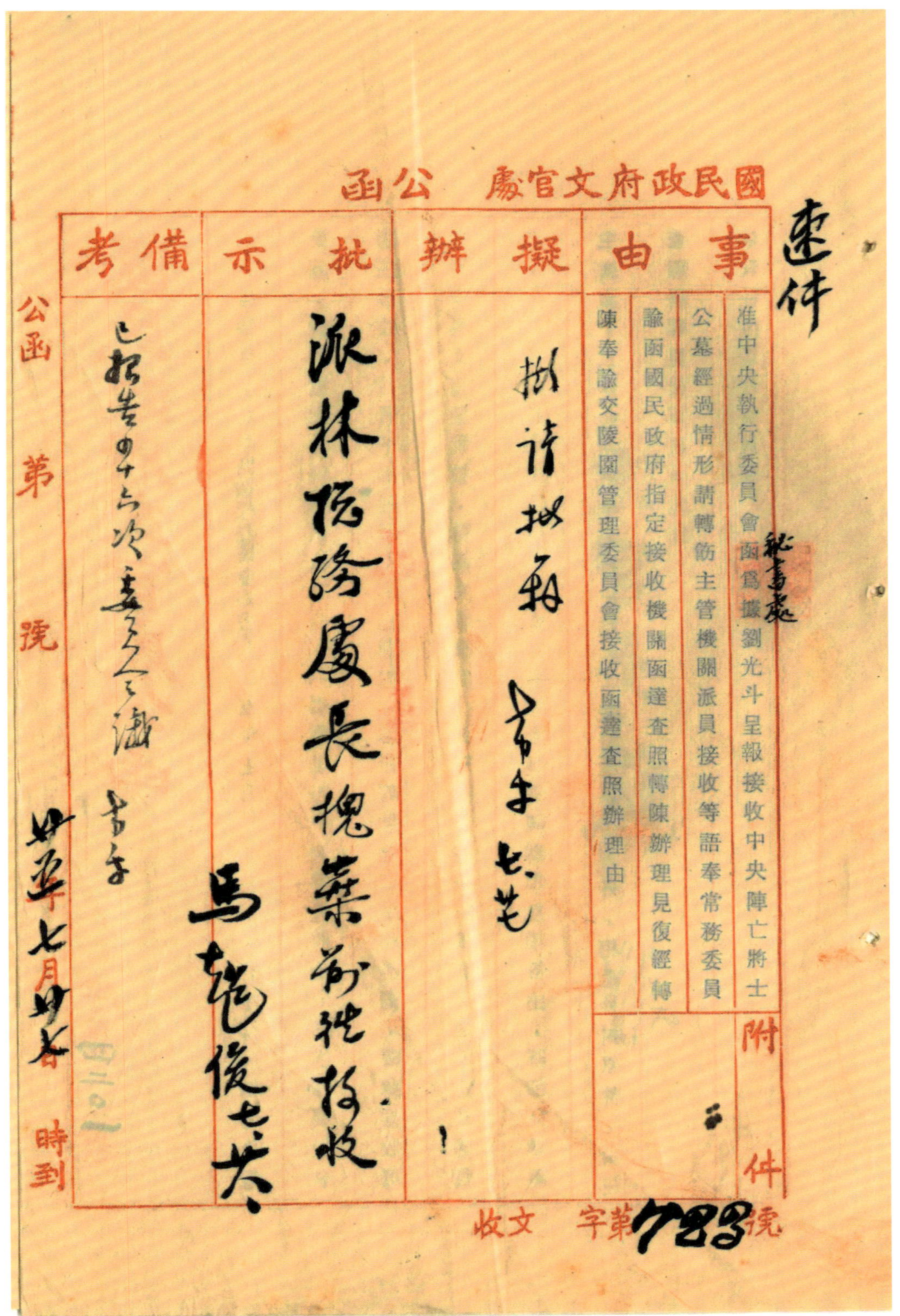

速件

國民政府文官處公函

事由	擬辦	批示	備考
准中央執行委員會函爲據劉光斗呈報接收中央陣亡將士公墓經過情形請轉飭主管機關派員接收等語奉常務委員諭函國民政府指定接收機關函達查照轉陳辦理見復經轉陳奉諭交陵園管理委員會接收函達查照辦理由	擬請擬稿	派林總務處長挽蘇前往接收 馬龍俊 七.廿六	

附件

公函第　號

收文　字第783號

國民政府文官處公函

字第四二〇一號

逕啓者，准中央執行委員會祕書處二十五年七月二十三日，忠字第一零零九零號函，爲據劉光斗同志呈報略稱，「奉諭派赴中央陣亡將士公墓籌備委員會擔任接收，並暫予臨時保管事宜等因，遵即前往分別接收清楚，謹將接收經過情形具文呈請鑒核，轉飭主管機關，迅予派員接收」等語，陳奉常務委員諭，「函國民政府指定接收機關」函達查照轉陳辦理見復等由，經即轉陳奉主席諭，「交陵園管理委員會接收」等因，除函復外，相應抄同原件，函達查照辦理見復爲荷。此致

總理陵園管理委員會

計抄送原函一件。

文官長魏懷

中華民國廿五年七月二十五日

文官長

監印陳光遠

校對張家桂

原函

案查建築陣亡將士公墓籌備委員會前以籌備工事告竣呈由中央於本年五月間派劉光斗同志臨時接收管理在案茲據劉同志呈報略稱：「奉諭派赴中央陣亡將士公墓籌備委員會担任接收並暫予臨時保管事宜茲因遵即前往所有該會辦事處內各項家俱應用物品以及林園樹木均一一點收清楚有冊可稽至於經濟方面有國華銀行支票簿壹本計國幣叁千零百伍拾伍元七角五分預付金字據計貳千四百三十一元正現金計國幣一百一十九元零八角九分至於

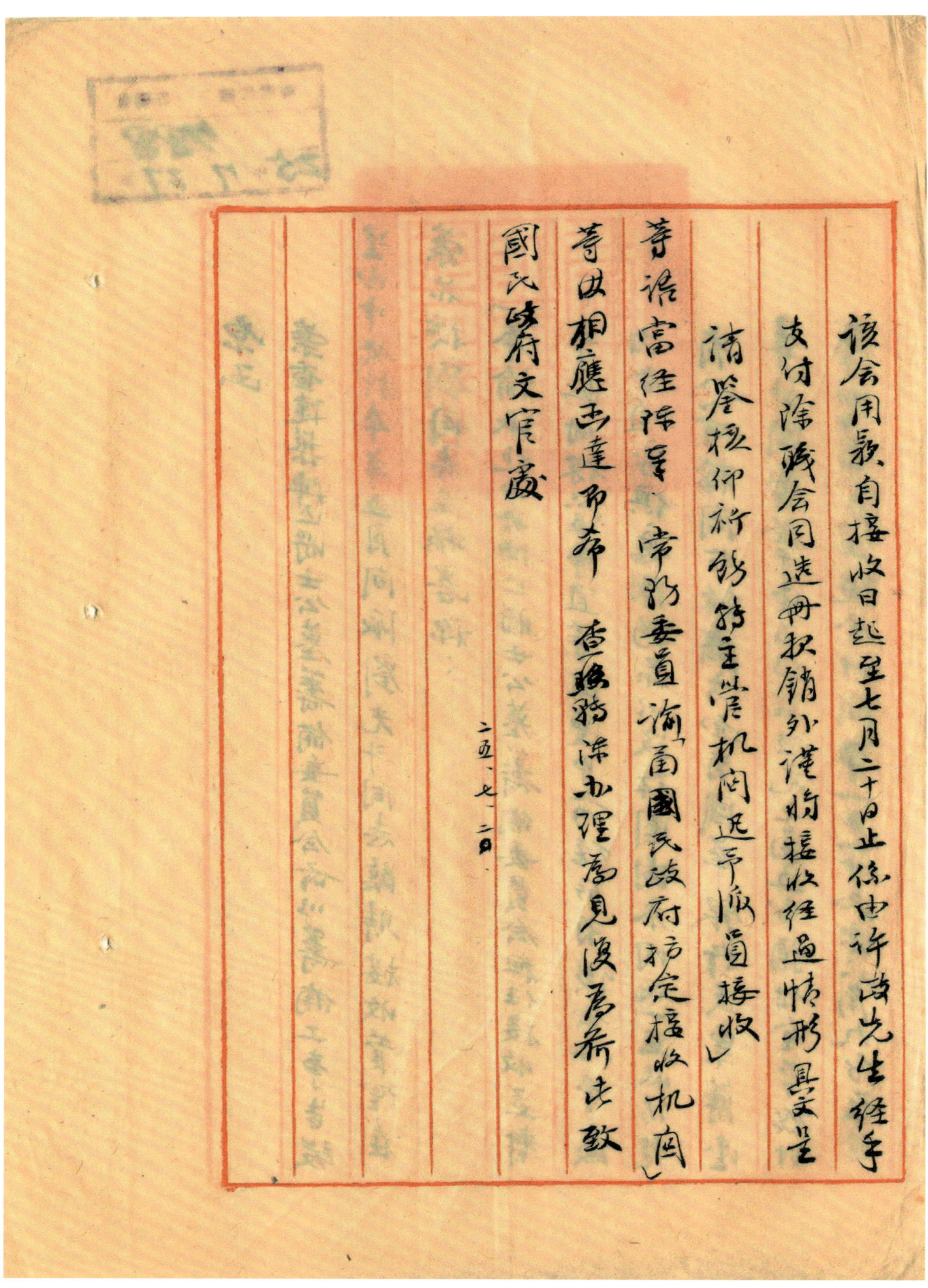
該会用款自接收日起至七月二十日止係由许政先生经手
支付除另造冊報銷外謹將接收经過情形具文呈
請鑒核仰祈飭行主管机関迅予派員接收
等語當经陈奉 常務委員諭「由國民政府指定接收机関」
等因相應函達即希 查照轉陈办理為見復為荷此致
國民政府文官處

二五、七、二四

为报接收阵亡将士公墓筹委会情形请准予备案，并送该会方印请销毁的往来文件

总理陵园管理委员会致国民政府呈文（一九三六年九月十日）

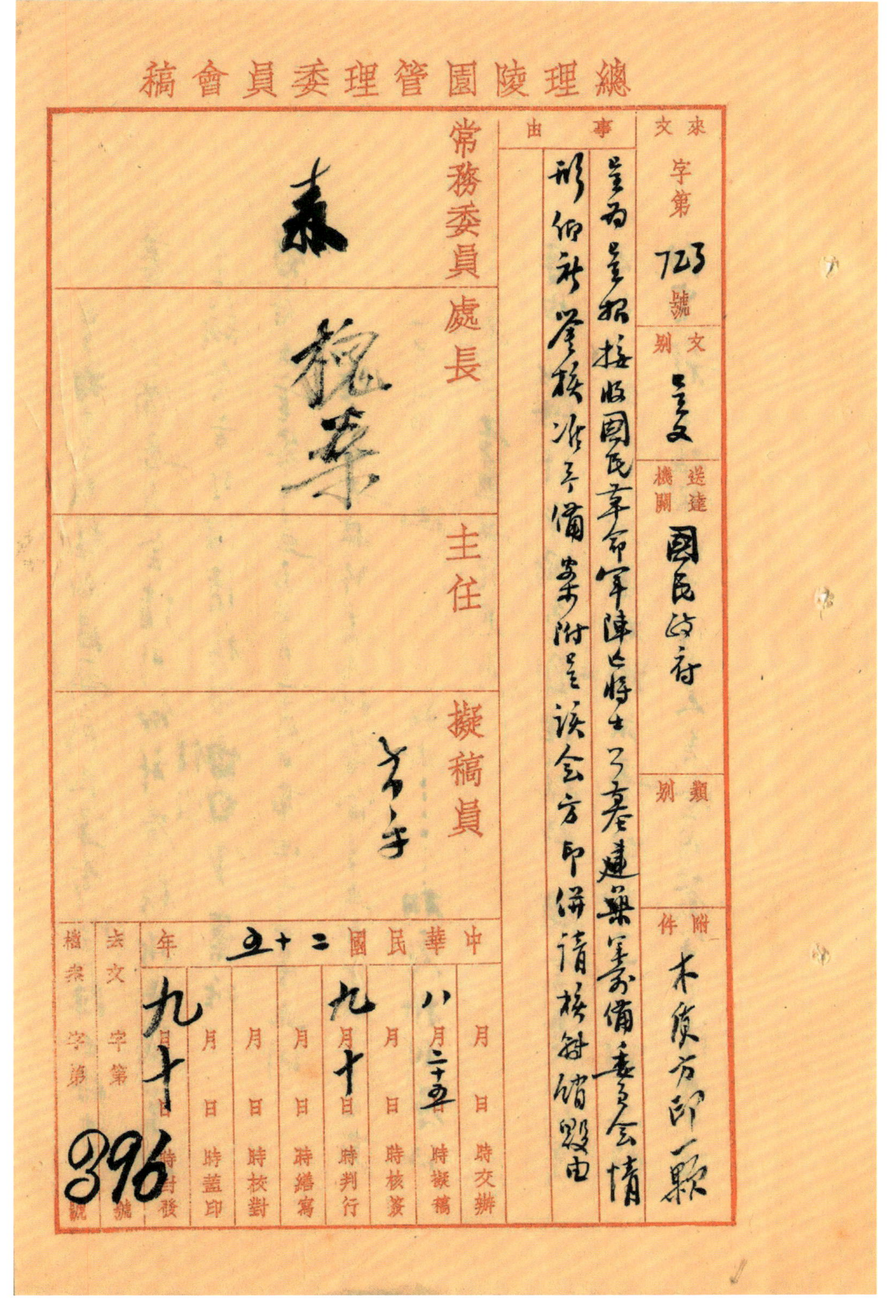

總理陵園管理委員會稿

來文	字第 723 號
文別	呈文
送達機關	國民政府
類別	
附件	木質方印一顆

事由：呈為呈報接收國民革命軍陣亡將士公墓建築籌備委員會情形仰祈鑒核准予備案並附呈該會方印請核銷燬由

常務委員 林

處長

主任

擬稿員

中華民國二十五年

月日時交辦	八月二十五日時擬稿	月日時核簽	九月十日時判行	月日時繕寫	月日時校對	月日時蓋印	九月十日時封發

去文 字第 號

檔案 字第 396 號

呈为呈报接收建筑国民革命军阵亡将士公
墓筹备委员会情形仰祈鉴核准予备案附
呈该会方印併请核转销毁事案准
钧府令字二十五年七月二十五日第四二〇一号函开
「准中央执行委员会秘书处二十五年七月二十三日第
一〇〇九〇号函……知照……相应抄同原件
函达查照办理见复」
等因准此经即派员前往接收该会印信经费
及各项物品器皿园林树木等均已一一分别点收
列有移交接收双方经手人员会同签字之清册可稽

所有接收經過情形理合備文呈請

鈞府鑒核准予備案仰祈

指令示遵再該會既經奉令接收■■■■■聯

總會■■■■理該會原有中央頒發應用之方

印照例應送繳原發機關收回銷毀謹將該會方印

一枚連同呈送

鈞府備查

俾銷接轉實為公便

謹呈

國民政府

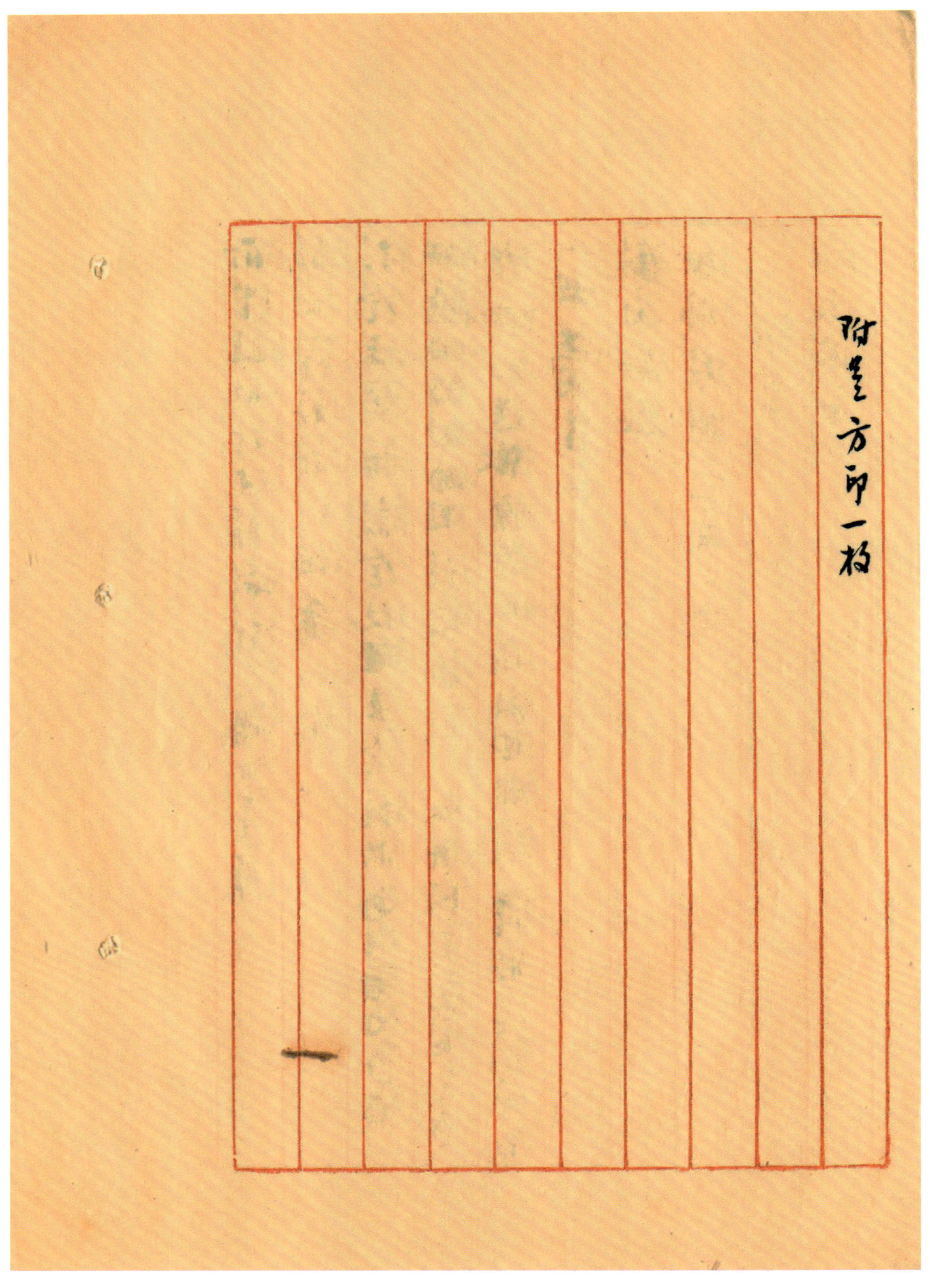
附呈方印一枚

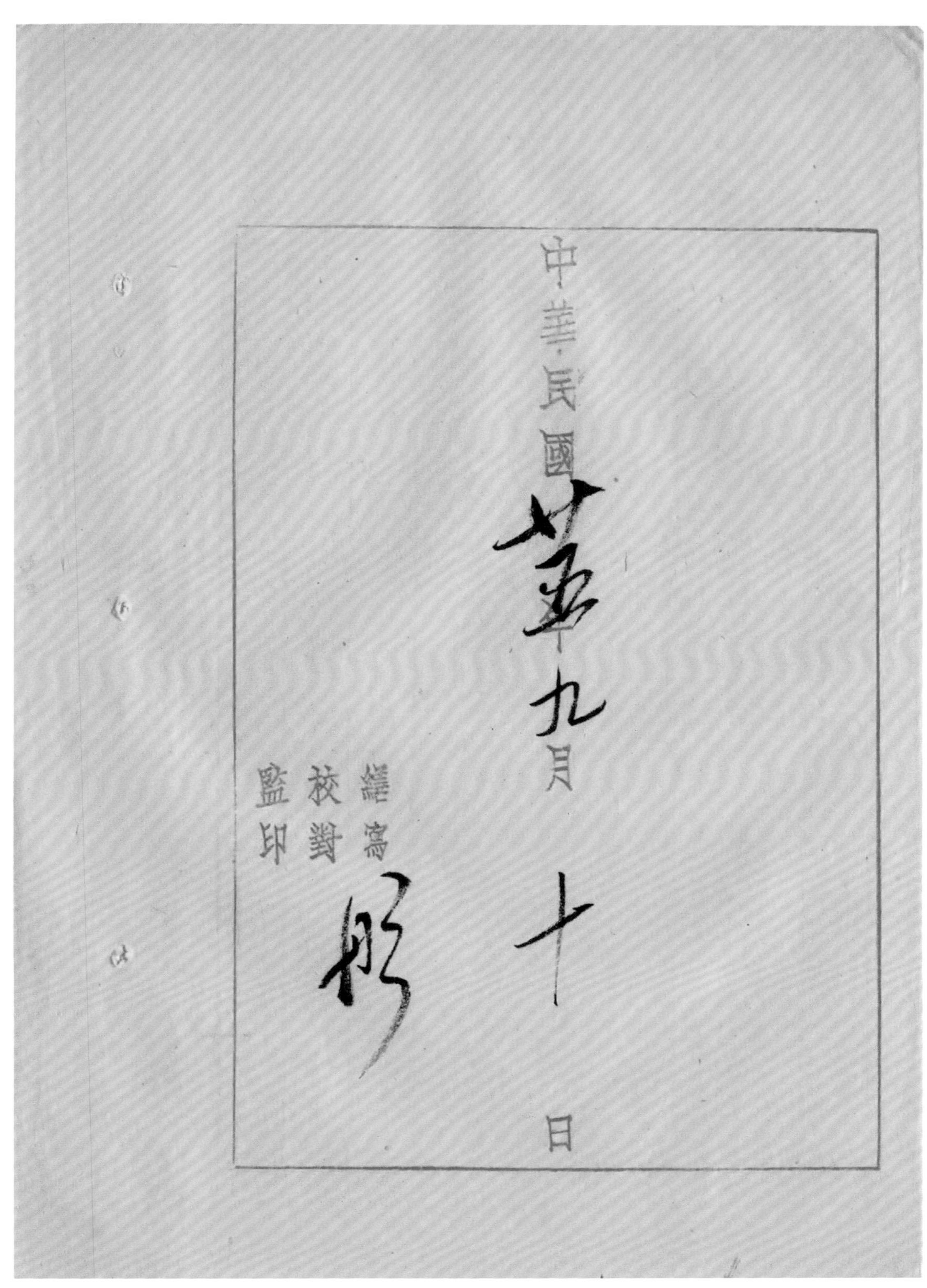
中華民國廿五年九月十日
繕寫
校對
監印

国民政府致总理陵园管理委员会指令（一九三六年九月十九日）

國民政府指令

事由	擬辦	決定辦法	備考
據呈為呈報接收建築國民革命軍陣亡將士公墓籌備委員會情形仰祈鑒核准予備案附呈該會方印一顆併請核轉銷毀等情指令應准照辦	擬呈閱並通函各有關係機關 上甫 九.廿	閱 華 九.廿	

附件

指令第　號　廿五年九月廿一日時到

收文　字第947號

國民政府指令

第一九九二號

令總理陵園管理委員會

二十五年九月十日總字第三九六號呈一件，爲呈報接收建築國民革命軍陣亡將士公墓籌備委員會情形，仰祈鑒核，准予備案，附呈該會方印一顆，併請核轉銷毀由。

呈悉。應准照辦。此令。

中華民國二十五年九月十九日

國民政府主席林森

監印陳光遠

校對曾伯球

国民政府为举行一九三六年绥远抗战阵亡军民追悼大会于是日一律下半旗志哀致总理陵园管理委员会训令

（一九三七年三月十一日）

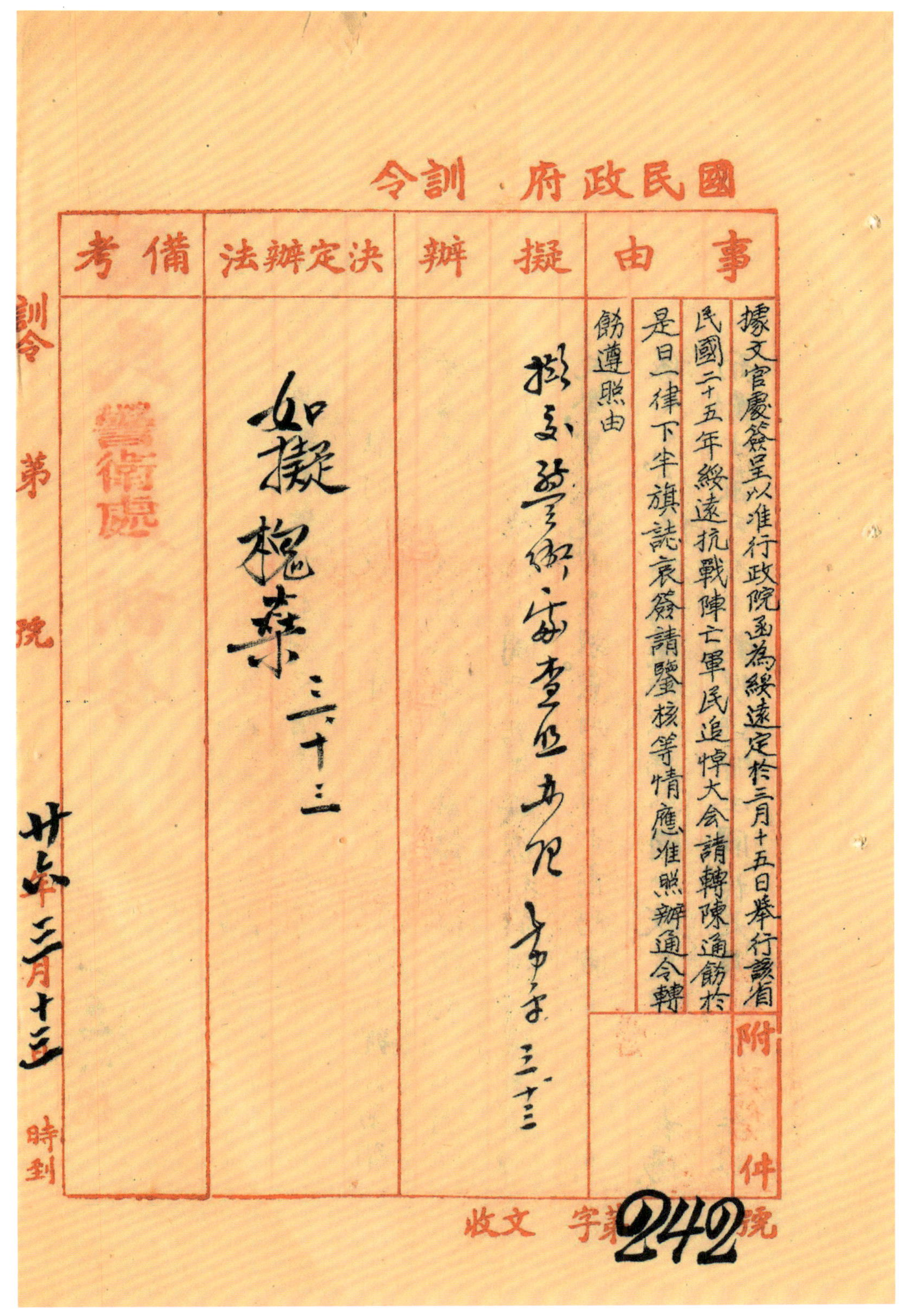
國民政府 訓令

事由	擬辦	決定辦法	備考
據文官處簽呈以准行政院函為綏遠定於三月十五日舉行該省民國二十五年綏遠抗戰陣亡軍民追悼大會請轉陳通飭於是日一律下半旗誌哀簽請鑒核等情應准照辦通令轉飭遵照由	擬交警衛處查照辦理 三十三	如擬 槐森 三十三	警衛處

附件

訓令第　號

廿六年三月十三

時到

收文　字第 242 號

國民政府訓令

第一六八號

令總理陵園管理委員會

為令遵事，案據本府文官處簽呈稱，「准行政院二十六年三月六日第七九七號公函開，『案據綏遠省政府主席傅作義、蕭朱總電稱，「本省三月十五日舉行民國二十五年綏遠抗戰陣亡軍民追悼大會，業經銑電呈報。查此次陣亡前防國軍及地方團隊人民，均係為國犧牲，似應全國一致哀悼，以資表揚，而勵士氣。可否由鈞院通電全國於是日一律下半旗誌哀之處，尚祈鑒核示遵」等情，據此，除復電照准，並飭屬一體遵照，暨函達中央執行委員會秘書處查照轉陳電飭各級黨部遵照外，相應函請查照轉陳電令直轄各機關一體遵照」等由，准此，理合簽請

鑒核」

等情，據此，應准照辦。除飭復並分令外，合行令仰遵照，並飭屬一體遵照。二

此令。

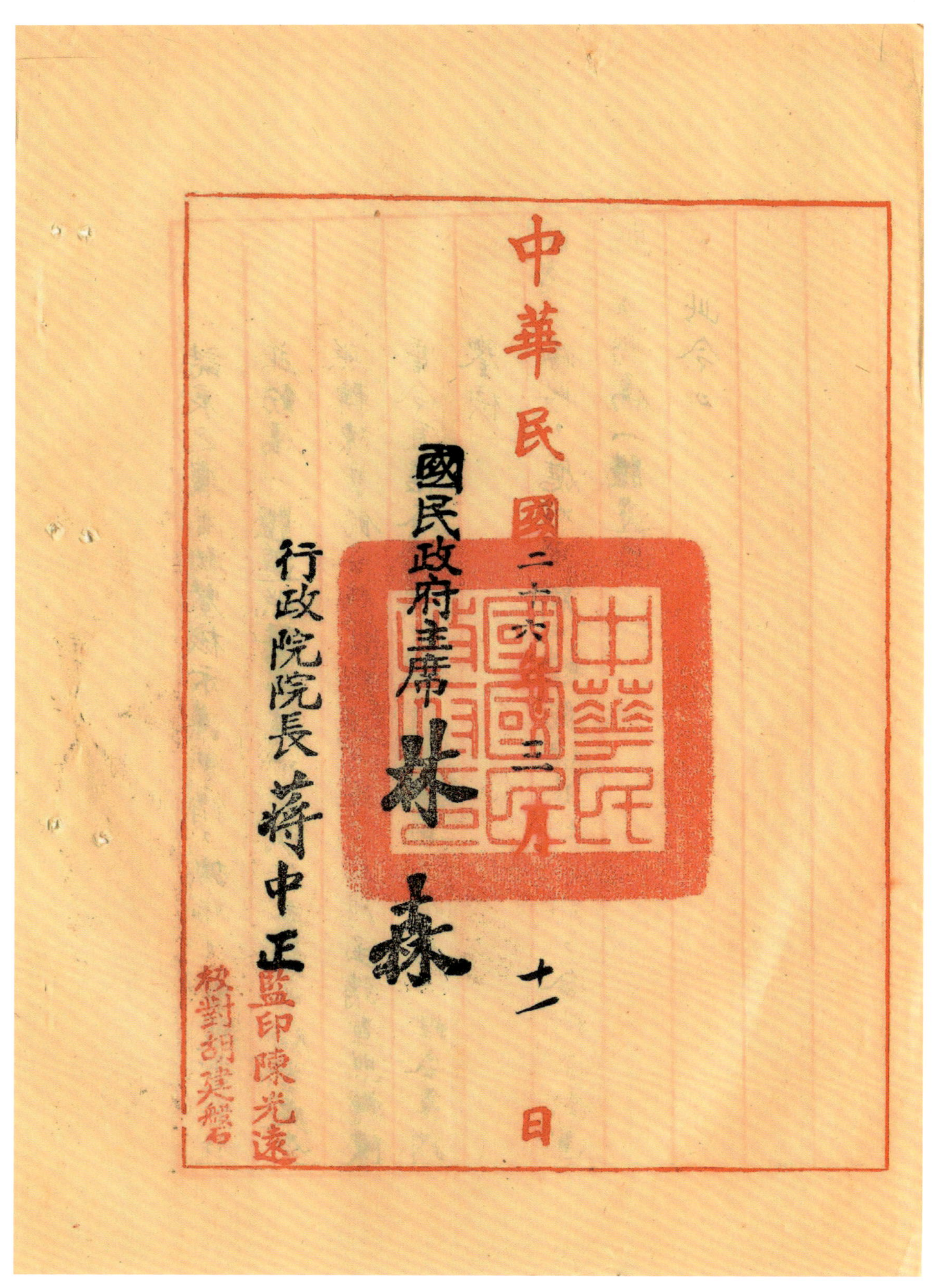
中華民國二十六年三月十一日

國民政府主席林森

行政院院長蔣中正

監印陳光遠

校對胡建磐

国民政府军事委员会为依照所送调查表每一阶级选送代表忠榇一具运京公葬致各部队公函事宜致总理陵园管理委员会公函及附件（一九三七年五月十一日）

國民政府軍事委員會用牋

奉交

貴會大函暨公文五件郵票九角清單一紙均悉除將原文番號函改並註明駐地外相應檢同原文五件郵票九角清單一紙隨函復請

查照為荷此致

總理陵園管理委員會

附原文五件郵票九角清單一紙

（印）

五、十一

附（一）总理陵园管理委员会给各部队的公函（一九三七年三月二十六日）

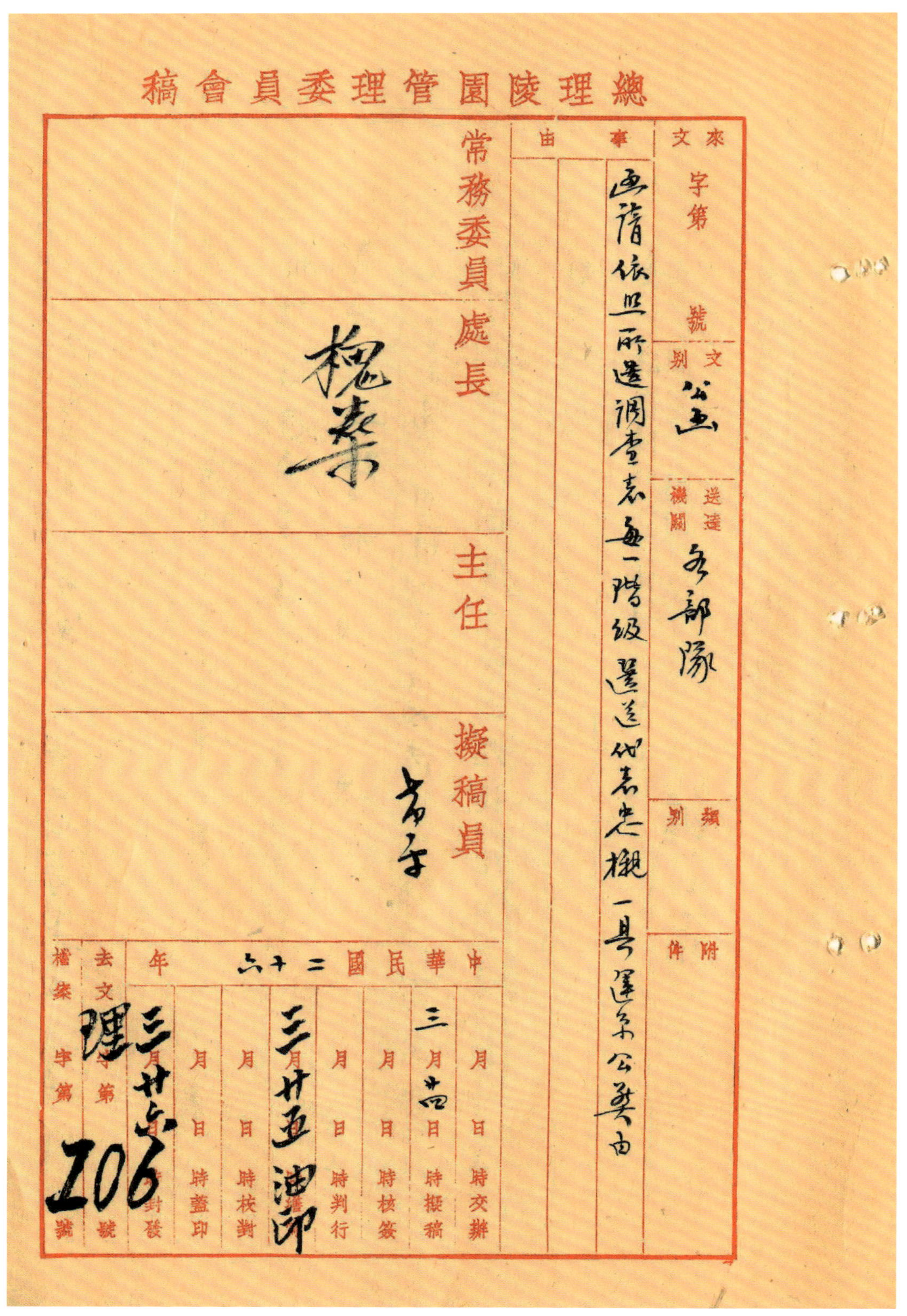

总理陵园管理委员会稿

来文字第 号	
文别	公函
送达机关	各部队
类别	
附件	
事由	函请依照所选调查表每一阶级选送代表忠骨一具运京公葬由
常务委员处长	魁案
主任	
拟稿员	尚平

中华民国二十六年 三月廿四日拟稿 三月廿五日缮印 三月廿六日封发 去文理字第206号

案查國民革命軍陣亡將士公墓籌備委員會
前經本會奉
令接管在案所有營葬事宜自應由本會賡續
辦理茲查自二十四年七月起至二十五年十二月止
貴會所送陣亡將士調查表共計　　　係由
本會彙編名冊鐫刻碑石以誌紀念惟照營葬條例之
規定每一階級應選送代表忠櫬一具至公墓安葬用
彰忠烈
貴　所送陣亡將士調查表中計有
應即選送代表忠櫬　具

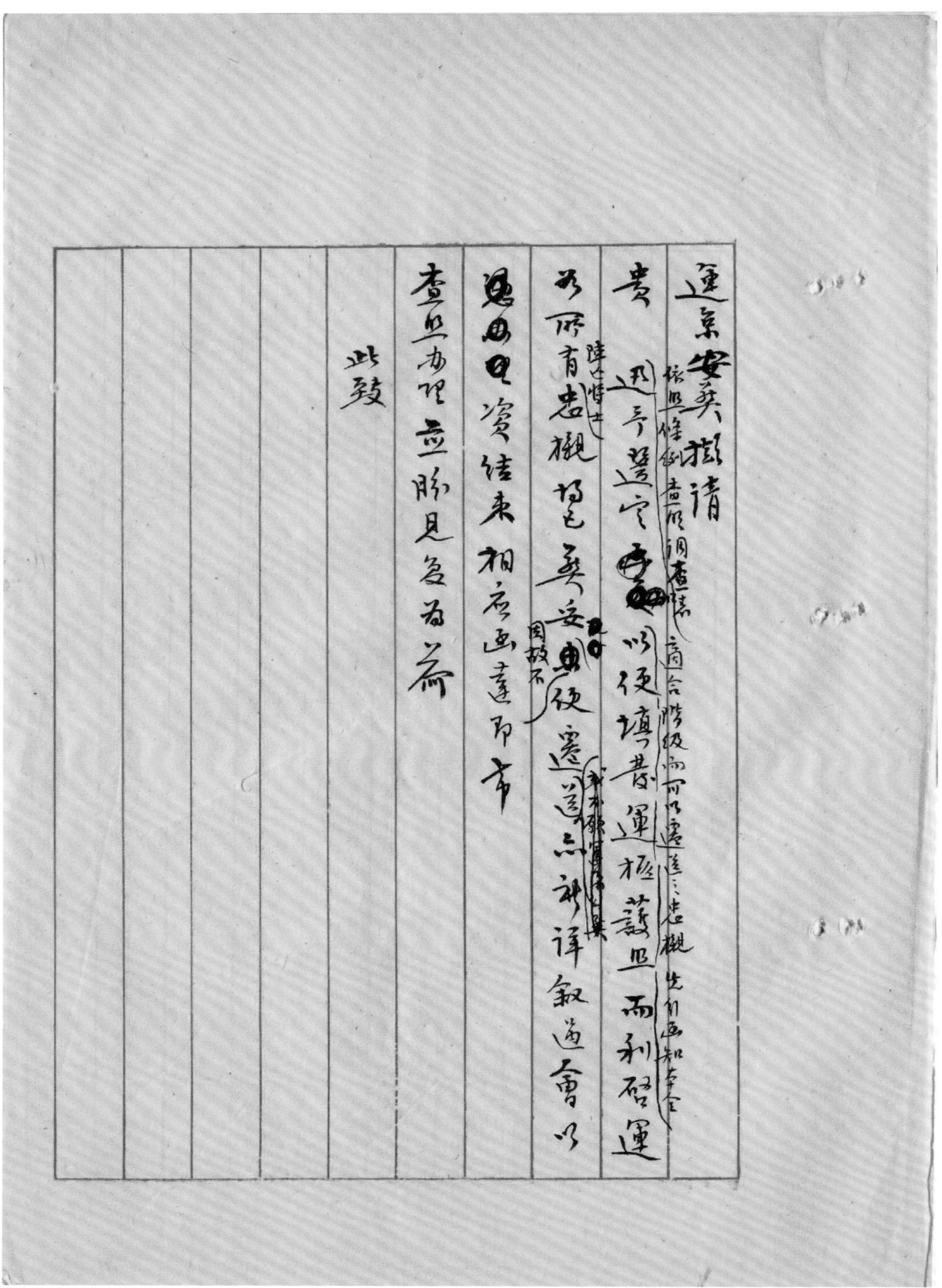

逕啟者：安葬擬請

貴

迅予選定以便填發運柩護照而利啟運

於所有忠櫬均已葬安俾便運詳敘運會以

憑由照資結束相應函達即希

查照办理並賜見復為荷

此致

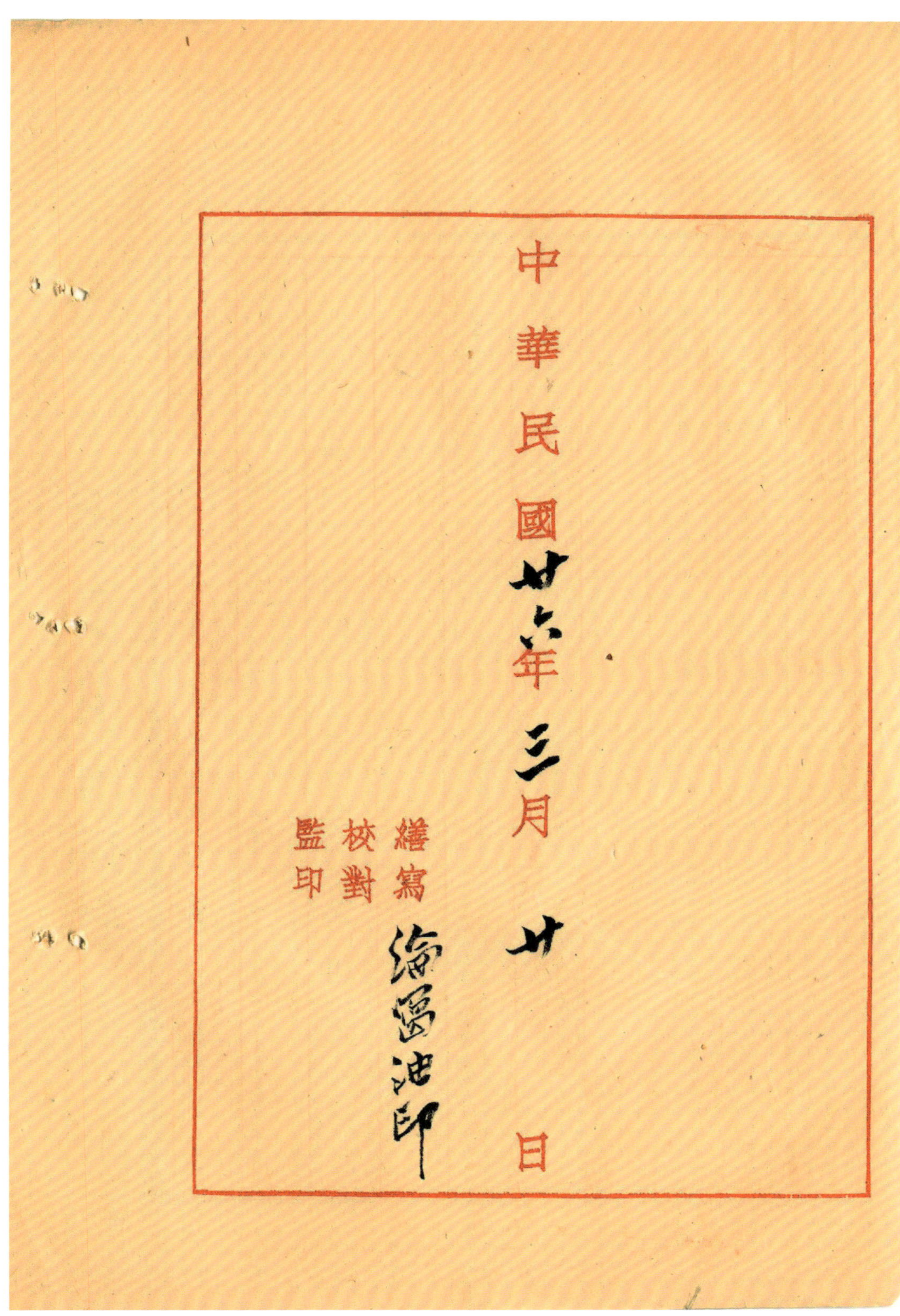

中華民國廿六年三月廿日

繕寫 徐寫池印

校對

監印

陵文一〇六号附件

级	部队	份数	阶级	部队	份数	阶级	级
三级	第一师	三份	少将、上校、少校、	第一二九师	五八	中尉、少尉、中士、下士、上一二等兵	七级
七级	第三师	九四	上尉、少尉、中士、下士、上一二等兵	第一三〇师	一份	一等兵、	一级
十三级	第二十五师	八五三	上校、少校、上尉、中尉、少尉、准尉、上士、中士、下士、上一二等兵	第一三九师	七五	上尉、少尉、上士、中士、下士、上一二等兵	八级
十三级	第二十六师	二四一	中校、少校、上尉、中尉、少尉、准尉、上士、中士、下士、上一二等兵	第四军教导第一师	三份	少校、中尉、	二级
六级	第八十师	二三	少尉、准尉、下士、上一二等兵	第四军教导第二师	一份	中尉、	一级
	第八十八师	一份	已葬本公墓	第四军教导第四师	二份	上尉、少尉、	二级
十一级	第九十五师	二二	上校、少校、上尉、中尉、少尉、准尉、中士、下士、上一二三等兵	第四军独立旅	五份	少校、上尉、中尉、	三级
十三级	第一〇九师	七一	少将、上校、中校、少校、上尉、中尉、少尉、准尉、[illegible]、中士、下士、上一二等兵	第四军第十二师	一八	上校、少校、上尉、中尉、少尉、准尉、上士、	七级
八级	第一一〇师	三五	中将、少将、上校、少校、上尉、中尉、少尉、准尉、	第四军第二十五师	四份	上尉、中尉、上士、	三级
五级	第一一八师	八份	中尉、中士、上一二等兵	第四军第二十六师	一六	中将、上校、少校、上尉、中尉、	五级

槐荣 三、廿四

部队	数量	阶级	旁注
第九军第三师	一份	已葬本公墓	
第二十一军第三师	七三	上尉、少尉、准尉、中士、下士、上一二等兵	八级
第二十三军第四师	二一三三	少校、上尉、中尉、少尉、准尉、中士、下士、上一二等兵	十级
第二十九军第一师	七二三	中校、少校、上尉、中尉、少尉、准尉、上士、中士、下士、上一二等兵	十二级
第二十九军第五师	一一八	上尉、中尉、少尉、准尉、上士、中士、下士、上一二等兵	十级
第三十二军第一四一师	四份	一等兵	一级
第四十一军第三师	一三五	中士、下士、上一二等兵	五级
第四十二军第一二二师	三六	中尉、少尉、中士、下士、上一二等兵	七级
第四十二军第一二三师	一五一	少校、上尉、中尉、少尉、准尉、上士、中士、下士、上一二等兵	十一级
第五十七军第一〇九师	一份	已葬本公墓	
第六十七军军部	二份	少校、上等兵、	二级
第六十七军第一〇七师	一九九	中校、少校、上尉、中尉、少尉、准尉、中士、下士、上一二等兵	十一级
第六十七军独立工兵团	二〇	上尉、上一二等兵	四级
骑兵第三师	二四	上尉、少尉、中士、下士、上一二等兵	七级
骑兵第六师	一三	中士、下士、上一二等兵	五级

附（二）部队更改番号清单（一九三七年五月十四日）

總理陵園管理委員會

原来番號	現改番號	駐在地
陸軍第廿一軍第三師司令部	陸軍第一百六十一師司令部	四川重慶
陸軍第四十一軍第三師司令部	陸軍第四十一軍第一二四師司令部	四川綿陽
陸軍第二十九軍第一師司令部	陸軍第四十一軍第一二三師司令部	仝前
陸軍第二十九軍第五師司令部	陸軍第四十一軍第一二四師司令部	仝前
陸軍第二十一軍第四師司令部	陸軍第二十一軍第一四六師司令部	四川新都

單委会查

第 頁

有線電報掛號五五二零號

中華民國廿六年五月十四日發

南京中山門外總理陵園茅山路一號
電話二一九六八

国民政府为公布公祭礼节致总理陵园管理委员会训令（一九三七年六月二十二日）

附：公祭礼节

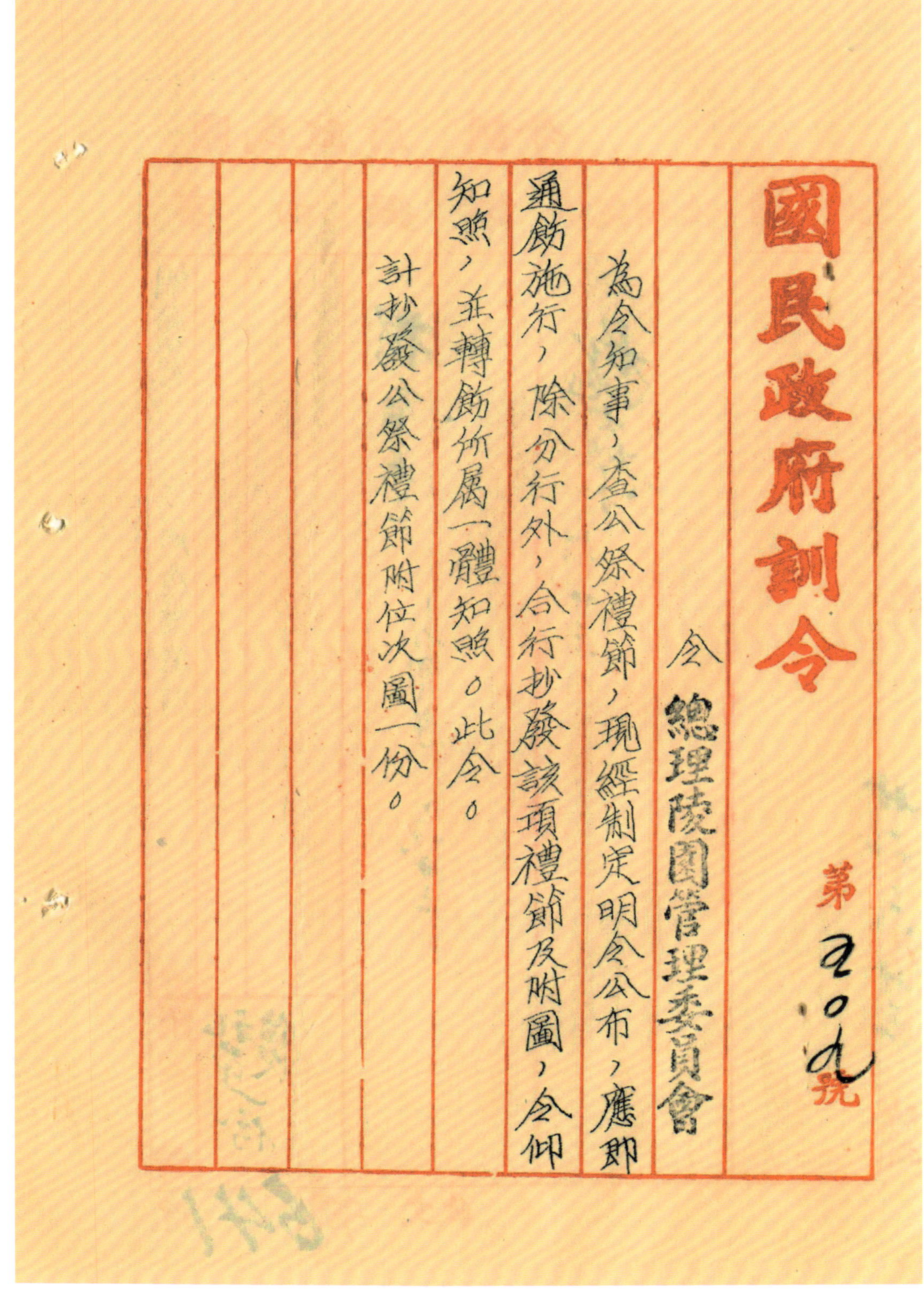
國民政府訓令

第二〇九號

令總理陵園管理委員會

為令知事，查公祭禮節，現經制定明令公布，應即通飭施行，除分行外，合行抄發該項禮節及附圖，令仰知照，並轉飭所屬一體知照。此令。

計抄發公祭禮節附位次圖一份。

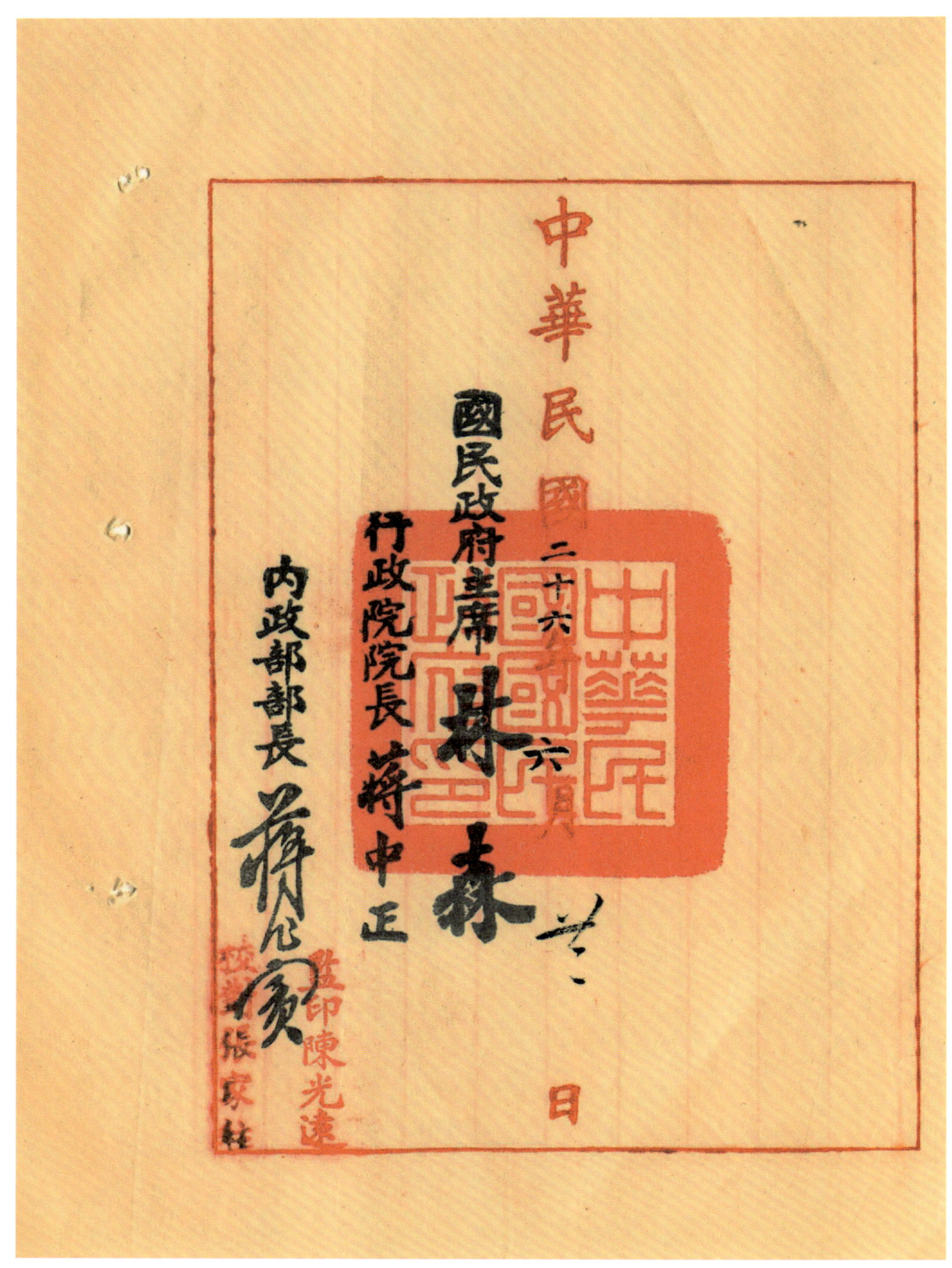

國民政府主席林森
行政院院長蔣中正
内政部部長蔣作賓

中華民國二十六年六月廿二日

監印陳光遠
校對張家桂

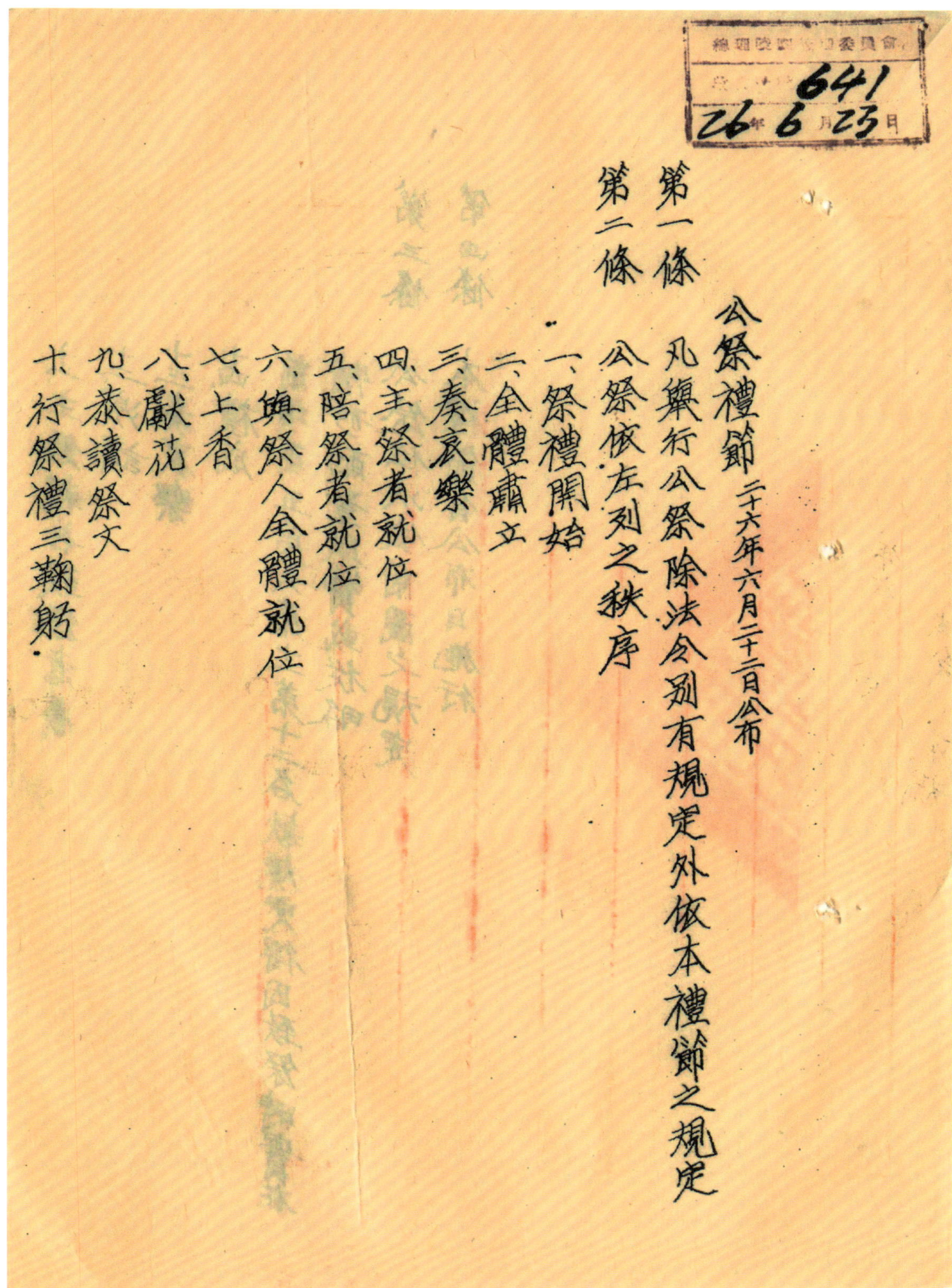

公祭禮節 二十六年六月二十二日公布

第一條 凡舉行公祭除法令別有規定外依本禮節之規定

第二條 公祭依左列之秩序

一、祭禮開始

二、全體肅立

三、奏哀樂

四、主祭者就位

五、陪祭者就位

六、與祭人全體就位

七、上香

八、獻花

九、恭讀祭文

十、行祭禮三鞠躬

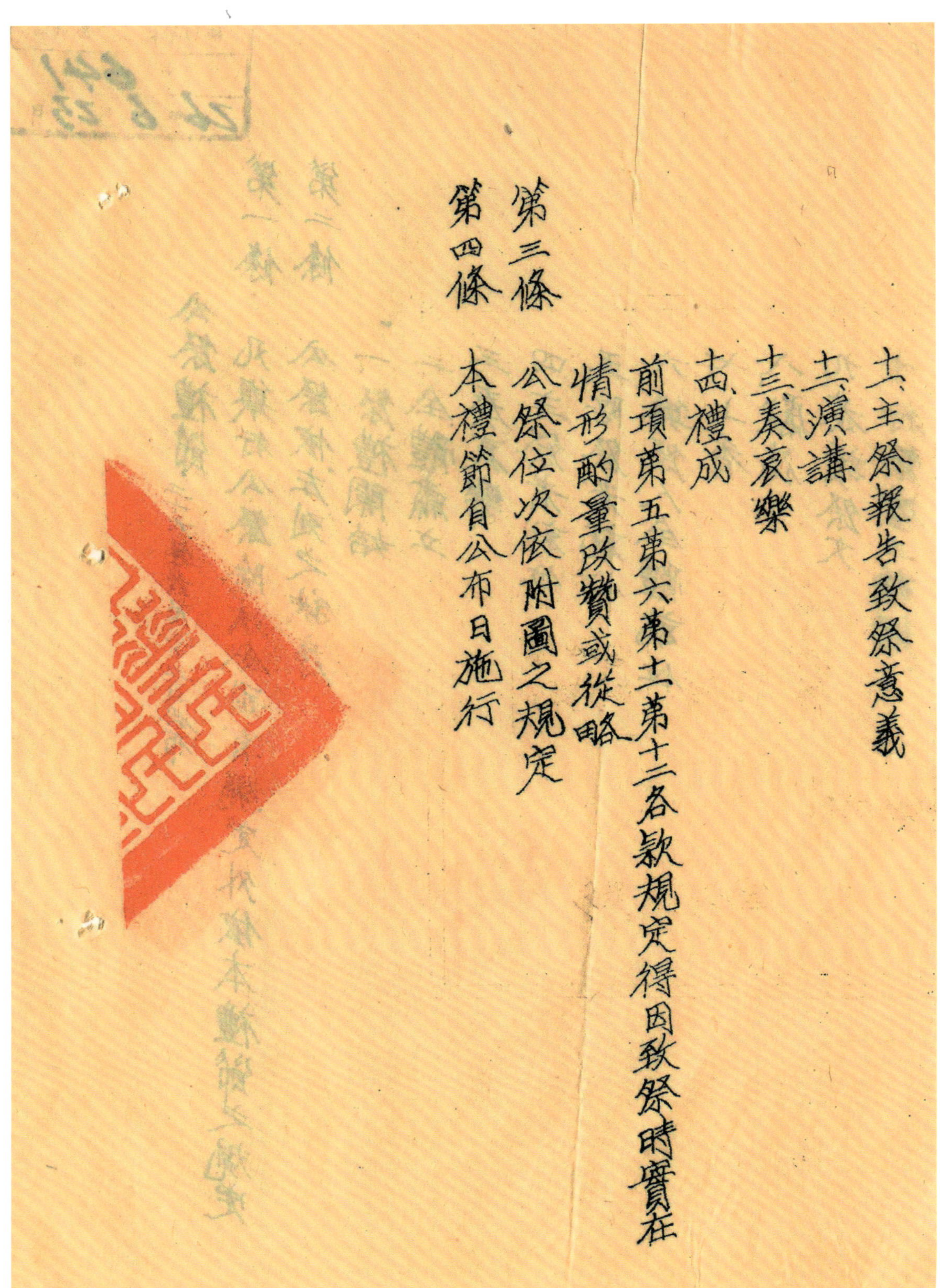

十一、主祭報告致祭意義

十二、演講

十三、奏哀樂

十四、禮成

前項第五第六第十一第十二各款規定得因致祭時實在情形酌量改變或從略

第三條 公祭位次依附圖之規定

第四條 本禮節自公布日施行

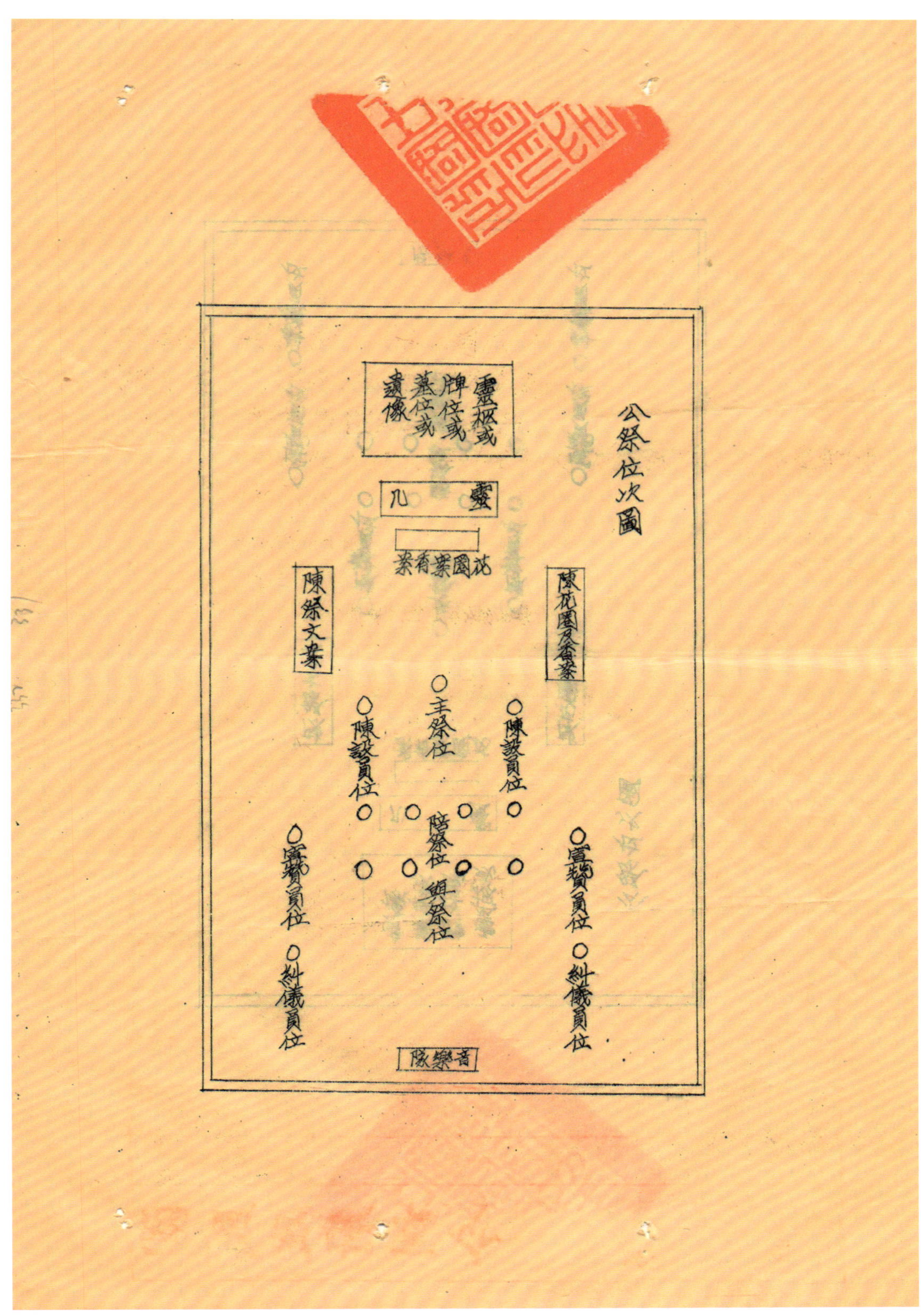
公祭位次圖
靈柩或
牌位或
燕位或
遺像
靈
几
花圈案香案
陳祭文案
陳花圈及香案
主祭位
陳設員位
陳設員位
陪祭位
與祭位
宣讀員位
宣讀員位
糾儀員位
糾儀員位
音樂隊

（二）航空烈士公墓

中国国民党中央执行委员会秘书处为航空烈士公墓墓址事宜致总理陵园管理委员会公函（一九三一年九月二日）

附：抄行政院原呈（一九三一年八月十四日）

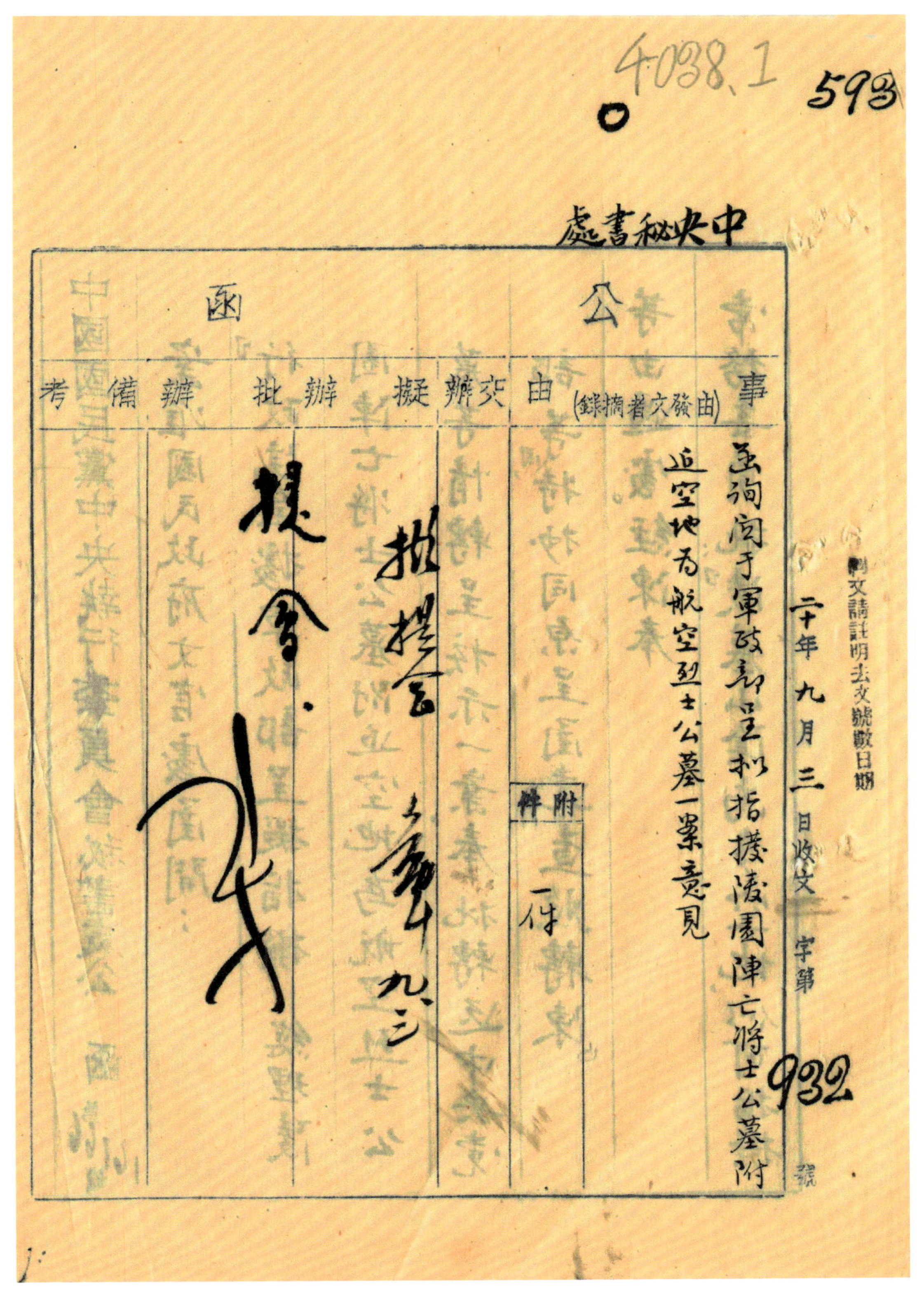

4038.1

593

中央秘書處

公函

事由（發文者摘錄）	函詢關于軍政部呈擬指撥陵園陣亡將士公墓附近空地為航空烈士公墓一案意見
附件	一件
擬辦	擬存
批	存
辦	
備考	

二十年九月三日收文　字第932號

中國國民黨中央執行委員會秘書處公函 第161號

案准國民政府文官處函開：

「行政院呈據軍政部呈擬指撥總理陵園陣亡將士公墓附近空地為航空烈士公墓等情，轉呈核示一案，奉批轉送中央黨部等因，特抄同原呈函達查照轉陳」

等由，過處。經陳奉

常務委員批：「陵墓山陰尚多空地，似可指撥

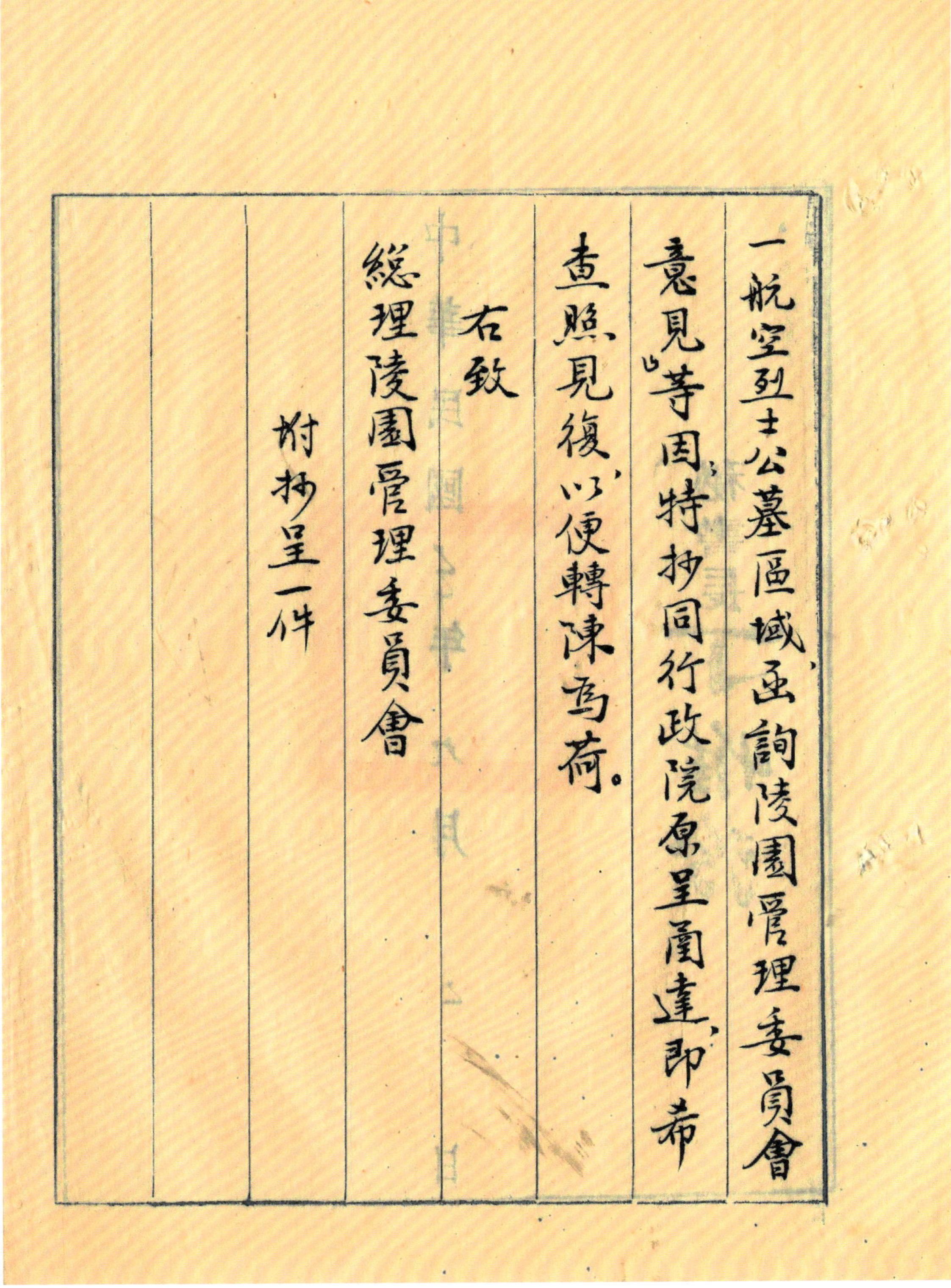
一航空烈士公墓區域，函詢陵園管理委員會
意見。等因。特抄同行政院原呈，函達，即希
查照見復，以便轉陳爲荷。
右致
總理陵園管理委員會
附抄呈一件

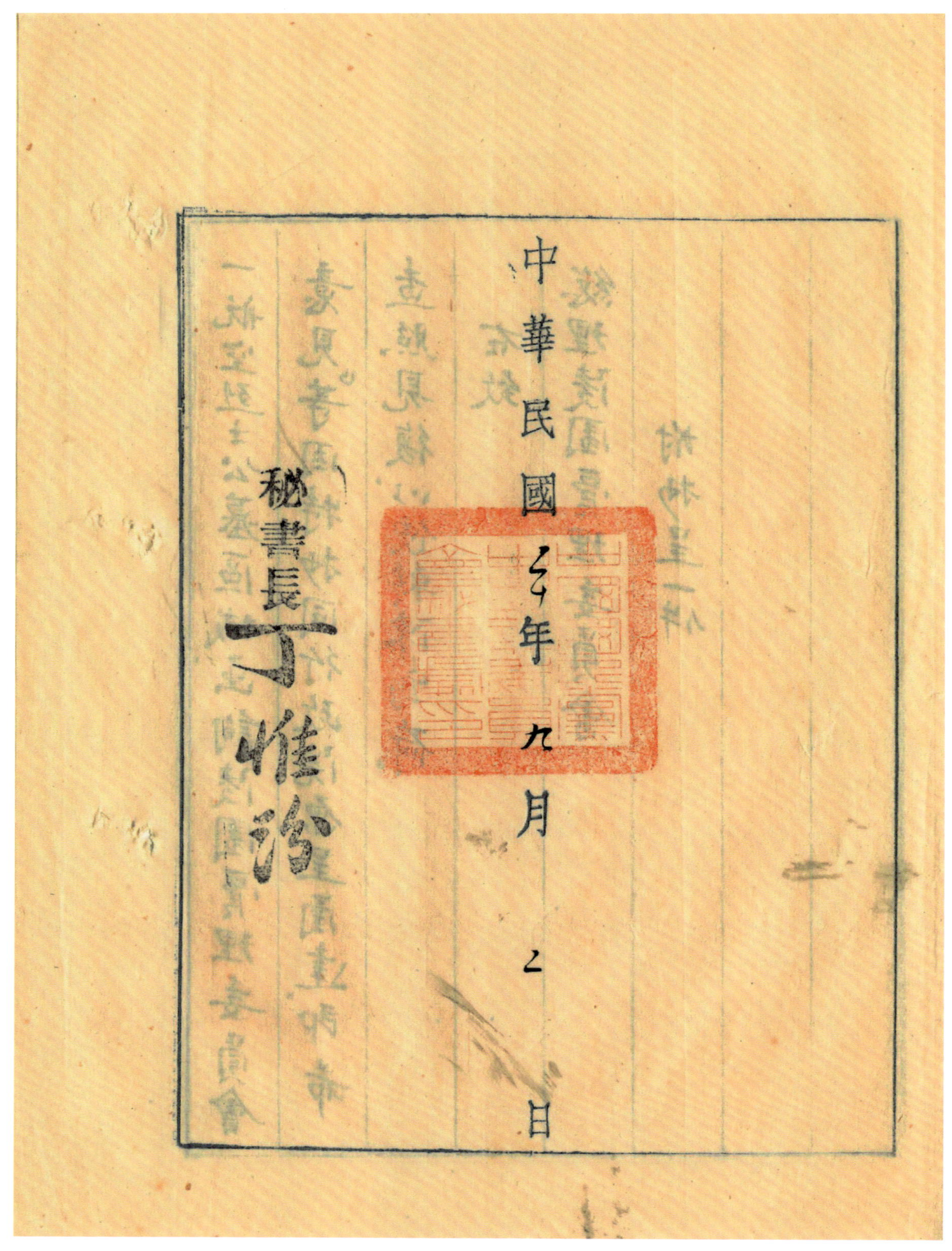

中華民國廿年九月二日

秘書長丁惟汾

抄呈

呈為轉呈事竊據軍政部呈稱航空署署長黃秉衡呈稱竊自北伐以來戰事頻仍空軍同志參加作戰無役不與因而為國赴義殞命捐軀者實屬不少均經先後呈請分別給卹各在案惟查各先烈原籍有遠在邊省交通阻梗往往無從運柩回籍否就京畿擇地安葬即在附近省區或因家屬無人本署未便袖手旁觀亦當代為措葬以安窀穸惟以無相當墓地現均浮厝荒郊以致遺骸暴棄旅魂無依言念及此能不心傷伏思弔死扶傷飾終旌烈下以慰死者之幽靈上以安生者之遺族政府固宜

有恩典本署屢經該先烈未經安葬若長此暴露於心
難安此航空烈士公墓之建築實為急不容緩之圖
祇京城附近查其相當空地堪為墓址爰此擬懇鈞部
准予轉呈 中央在 總理陵園陣亡將士公墓附近指
撥空地為該先烈遺骸籌建公墓之所以慰幽靈而昭
恩恤至籌建公墓經費擬由空軍各同志醵金措辦
等情據此查該署擬建航空烈士公墓洵為刻不容
緩之舉惟請撥陵園陣亡將士公墓附近空地以為籌
建公墓之所是否可行未便擅專理合據情備文
呈請鑒核轉呈示遵等情據此查空軍同參加

中國國民黨中央執行委員會

作战殒命诸先烈究应葬于阵亡将士公墓抑应于
阵亡将士公墓附近拨地另建航空烈士公墓之处理
合备文呈请
钧府鉴核转呈
中央核示谨呈
国民政府

行政院院长蒋中正　二十、八、十四、

总理陵园管理委员会为航空烈士公墓决定以陵园内紫金山北岔路口后地段为建筑地址附送地图等致中国国民党中央执行委员会秘书处公函（一九三二年一月十九日）

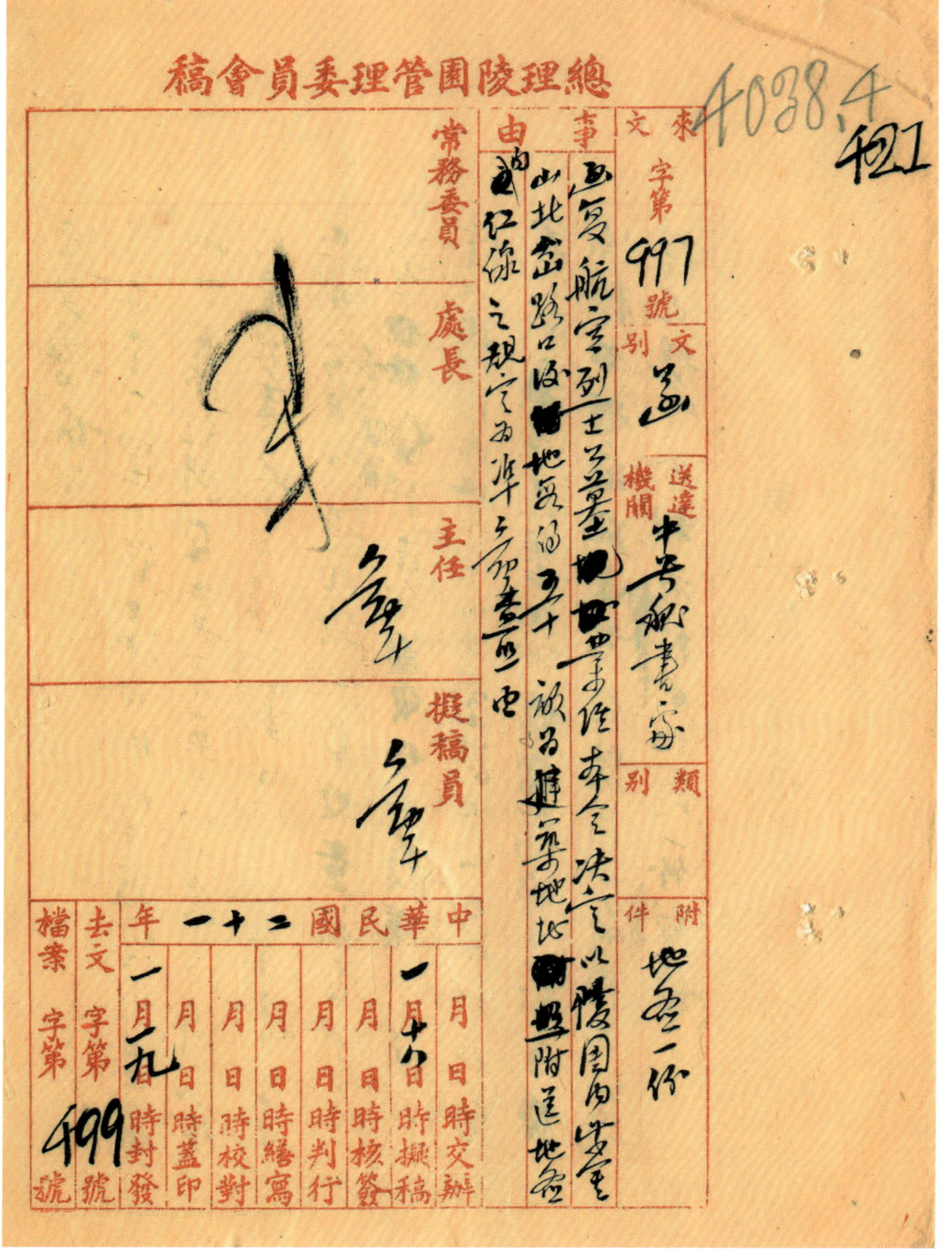

總理陵園管理委員會稿

4038.4
421

來文	字第997號
文別	函
送達機關	中央秘書處
類別	
附件	地圖一份

事由

常務委員

處長

主任

擬稿員

中華民國二十一年	
交辦	月 日 時
擬稿	一月十八日 時
核簽	月 日 時
判行	月 日 時
繕寫	月 日 時
校對	月 日 時
蓋印	月 日 時
封發	一月十九日 時
去文	字第499號
檔案	字第 號

逕復者：前准
貴府第六四二七號函，内開關于航空烈士公墓
地址案，經提本市第一五九次市參會決議，交陵
園管理委員會通盤計劃，用特録案函達，查
照辦理見復，等由。准此，當經查航空烈士公
墓地址業經本會議決
定以陵園内紫金山北麓路口原劃歸為
五十畝為建築地址，除派員前往勘定
界樁，並於陵園地圖内用紅線
標明規定外，相應檢同地圖一份函復

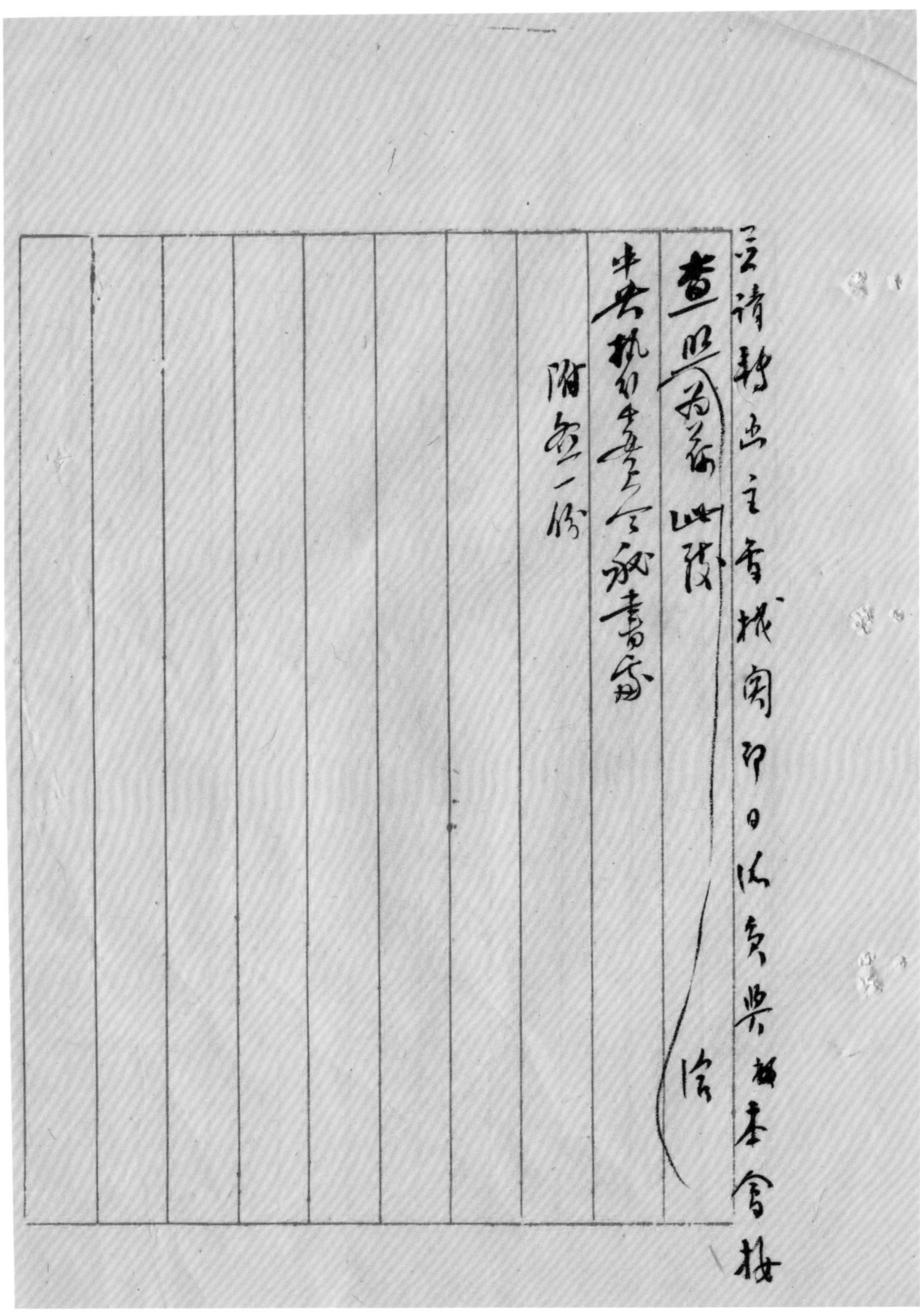

函请转函主管机关即日派员赴本会接洽
查照为荷 此致
陵园
中央执行委员会秘书处
附函一份

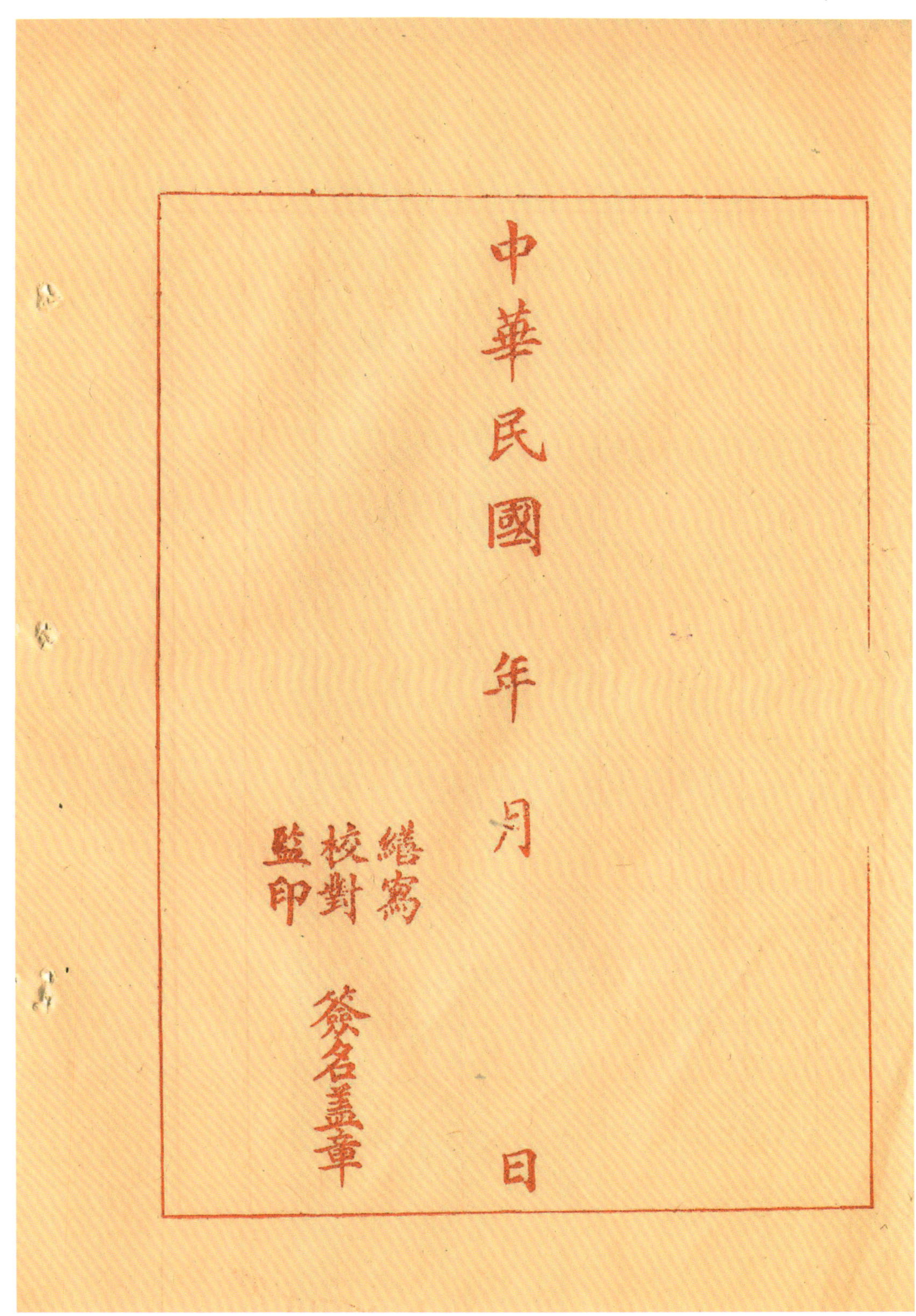

中華民國　年　月　日

繕寫

校對

監印

簽名蓋章

航空烈士墓地形图（一九三二年七月）

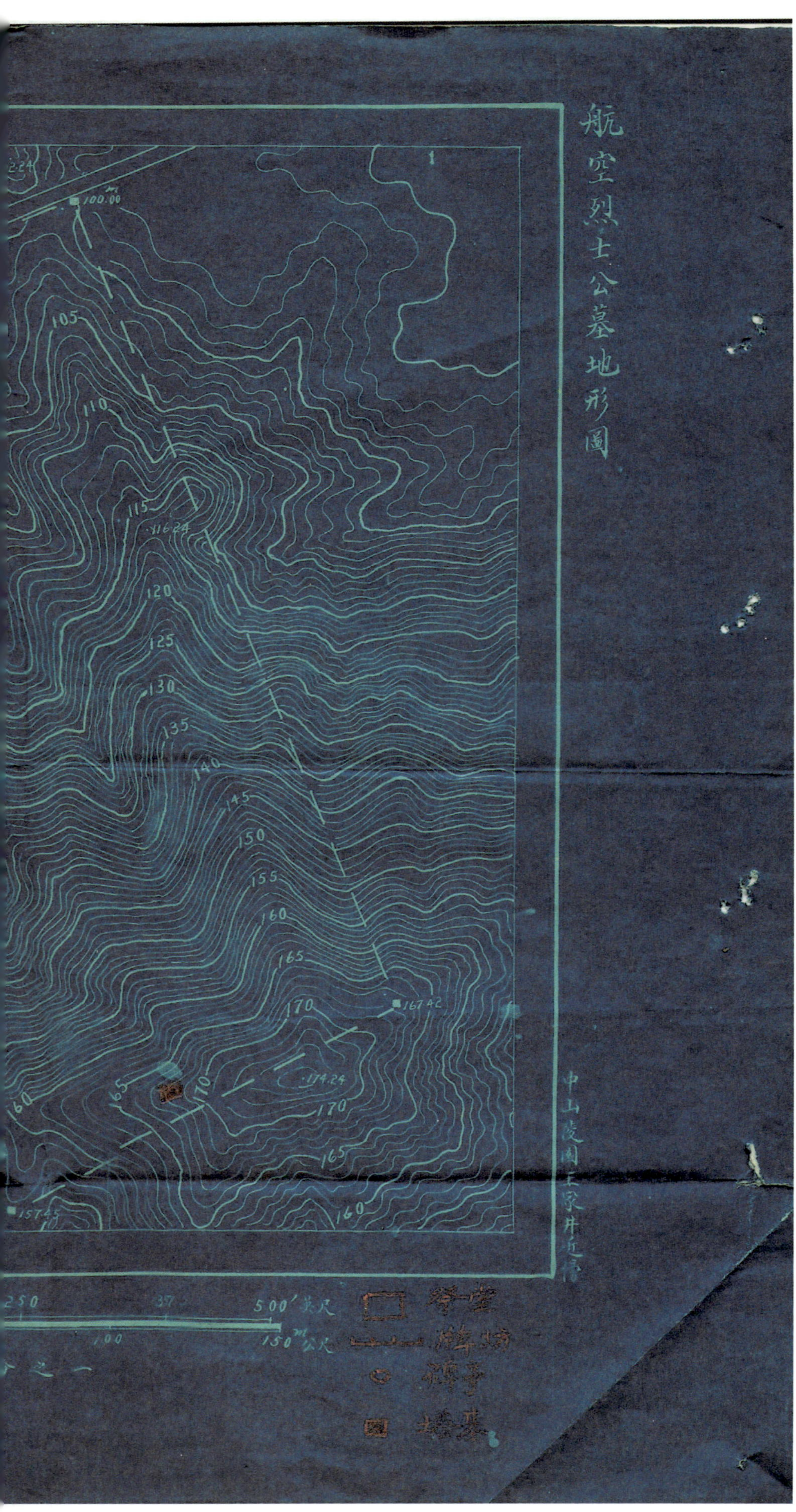

中華民國二十一年七月
航務科測繪
圖例
界石及界線
水平曲線
馬路
茅屋
比例尺
94.80
93.42
100
105
108.74
110
115
120
125
130
135
140

航空委员会为略述筹建航空烈士公墓概况致总理陵园管理委员会公函（一九三七年四月十七日）

航空委員會公函

事由	擬辦	決定辦法	備考
為據函略述籌建航空烈士公墓概況抄附碑文傳記復請查照辦理由	擬交新告編纂查照彙編 四、十七	四、十九	注意 覆文請註明某字及某號
附件：碑文一 傳記卅三			

二十六年四月十七日到

收文 字第352號

航空委員會公函

（丙）字第 2279 號

三事丁

案准

貴會三月十八日理字第一○二號函，以編纂報告第二輯，囑將航空烈士公墓經辦各項事業撰文製片送會，俾便刊登專載，以利宣傳等由，准此，自當照辦。查年來空軍効力黨國，對於剿匪靖難各役，無役不從，因而犧牲殞命者，頗不乏人，本會為彰德報功追崇先烈計，對於烈士公墓，極其重視，民國二十一年，前航空署請准畫撥紫金山北麓興建，該署改組後，改由本會賡續辦理，舉凡空軍作戰陣亡或因公殞命人員，例由本會繼承其家屬同意，於每年三月廿九日公祭一次，並舉行公葬，用資景仰，據該公墓歸陵園以內範圍，籌建時曾成立管理委員會設計籌理，當時以經費無着，先行募捐一部分，着手開拓山林，建築祭堂、碑亭、牌樓，及左右平房各三間，迨捐款用盡，其餘工程費，始由本會開支，再就祭堂後面及左右兩方開闢墳場，分為中左右三區，以便分別安葬，計設中區墳位一百九十號，左區墳位四十一號，右區墳位二十九號，每墳間築彈石交通路，中區及東南西三面開築水溝，中區祭堂後台坡與兩傍土坡上砌冰紋石等工程，業經建築完竣，粗具規模矣，此外並樹有紀念石碑一座，勒誌碑文，矗立於公墓前紀念亭中，足供觀感，現經舉行烈士公葬兩次，已埋葬之航空先烈，共有四十餘人，每一烈士墓并刊刻傳記一篇，使憑弔者詳悉各該烈士生前事略，藉資景慕。除該公墓全景影片，容俟攝就若干幅，再另函送外，准函前由，相應函復，并略述公墓籌建概況，抄附紀念碑文及各烈士傳記，隨函送達，即請

查核，彙收辦理為荷。此致

總理陵園管理委員會

計附碑文一篇，傳記三十三篇

-13

中華民國二十八年四月　　日

十七

校對項蘭藩
監印宋雲飛